施工企业会计核算实务

索晓辉　编著

北京理工大学出版社
BEIJING INSTITUTE OF TECHNOLOGY PRESS

内 容 提 要

本书根据最新的企业会计准则和税收法律法规，从专业的角度对建筑施工企业的会计实务与税务问题进行了具体分析。

本书的基本框架是根据施工企业的重要核算操作，来详细介绍每项经济业务的会计账务处理问题，并将涉税实务这一重要的关乎企业收益的事项单独进行讲解。由于建筑施工企业会计账务核算具有其复杂性和特殊性，对其进行分类透彻的说明，将有助于会计人员迅速而又清晰地了解和掌握施工企业的实务工作。此外，本书在对每个知识点进行讲解时，尽量通过具有逻辑性的表格形式汇总排列出来，同时搭配经典案例，实现理论和实践相结合的目的。

本书可作为从事施工企业工作的会计人员的工具书，也可供对建筑业进行会计核算和税务处理特点研究的人员参考。

图书在版编目（CIP）数据

施工企业会计核算实务 / 索晓辉编著 . —北京：北京理工大学出版社，2016.7
ISBN 978-7-5682-2549-6

Ⅰ . ①施… Ⅱ . ①索… Ⅲ . ①施工企业 - 会计 - 基本知识 Ⅳ . ① F407.967.2

中国版本图书馆 CIP 数据核字（2016）第 150801 号

出版发行 / 北京理工大学出版社有限责任公司
社 址 / 北京市海淀区中关村南大街 5 号
邮 编 / 100081
电 话 /（010）68914775（总编室）
（010）82562903（教材售后服务热线）
（010）68948351（其他图书服务热线）
网 址 / http://www.bitpress.com.cn
经 销 / 全国各地新华书店
印 刷 / 廊坊市华北石油华星印务有限公司
开 本 / 787 毫米 ×1092 毫米 1/16
印 张 / 28
字 数 / 648 千字
版 次 / 2016 年 7 月第 1 版 2016 年 7 月第 1 次印刷
定 价 / 68.00 元

责任编辑 / 张慧峰
文案编辑 / 张慧峰
责任校对 / 周瑞红
责任印制 / 王美丽

前 言

在我国，建筑业是国民经济的重要物质生产部门，它与整个国家经济的发展、人民生活的改善有着密切的关系。我国正处于从低收入国家向中等收入国家发展的过渡阶段，建筑业的快速发展推动了国民经济的增长。未来50年，中国城市化率将提高到76%以上，城市对整个国民经济的贡献率将达到95%以上。都市圈、城市群、城市带和中心城市的发展预示了中国城市化进程的高速起飞，也预示了建筑业更广阔的市场即将到来。

面对广阔的前景，施工企业应实行集约化经营和精细化管理，提高经济效益，增强发展后劲。企业集约化经营和精细化管理对企业“信息流”的要求越来越高，因而对作为决策信息重要组成部分的会计信息质量提出了更高要求。这迫切需要施工企业根据企业会计准则统一会计处理流程，实现会计工作的程序化与规范化，提高会计工作效率，保证会计信息及时、准确、完整，从而保障企业经营目标的实现。

正是基于此目的，我们在深入研究现代建筑施工企业会计核算特点和现行会计法规制度的基础上，为帮助建筑施工企业的财务会计人员领会会计的精髓、提高建筑施工企业财务会计的实务操作技能编写了本书。

本书从实用性和适用性出发，将《企业会计准则》对企业会计核算的一般要求和原则规定与建筑施工企业经营活动的特殊性相结合，在阐明相关理论与方法的基础上，辅助大量的实例，系统地论述了建筑施工企业经济业务的会计核算理论与方法。

本书的重点和亮点体现在以下四方面：

一、依据最新的企业会计准则及相关法规编写

本书以财政部的《企业会计准则》《企业会计准则指南》《企业会计准则讲解》为依据，结合建筑施工企业的特点，对建筑施工企业会计的概念、企业会计政策选择、会计科目的设置与使用、账务处理的基本流程及方法、财务报表的编制与披露等进行了详细的论述。

二、结构新颖，打造以业务流程为主线的会计用书

作为对在房地产开发企业一线工作的会计人员提供参考的一本书，必须要做到因地制宜，简洁高效地解释和说明问题。正因如此，本书一改传统会计用书的讲解模式，不再按照会计科

目分章节，而是以施工企业特有的物料准备、工程预算、工程施工、工程结算等业务流程为主线安排框架，结构新颖，让读者不仅能够学习到房地产开发企业的会计账务知识，而且可以快速地根据实践过程中遇到的问题找到相对应的处理方式，这也是一本工具型用书所应起到的作用。

三、结合实例分析来解读会计

本着适用性的原则，根据实践性的要求，本书应用了大量的实例来解读各部分的内容并附以大量的凭证、合同、协议书等实样单据，以帮助读者更直观、更容易地理解和掌握建筑施工企业会计核算的要求。

四、突出建筑施工企业会计核算的特点

建筑施工企业专门从事土木工程、建筑工程、线路管道和设备安装工程及装修工程的新建、扩建、改建和拆除等有关活动，其会计核算具有一定的特殊性，尤其是在收入的确认与成本的核算上。在不违背《企业会计准则》及其应用指南的前提下，本书结合建筑施工企业的特性来介绍建筑施工企业会计全流程各环节会计核算的内容和方法，将《企业会计准则》的统一性、原则性和建筑施工企业业务的特殊性结合起来，针对性强，指导价值高。

由于水平有限，本书编写过程中对有些问题的讲解可能不尽完善，疏漏之处敬请读者批评指正。我们的联系邮箱是 suoxh@139.com，欢迎大家与我们联系。

作　者

2016 年 6 月于魏公村

目　录

第一章 总 论

第一节 施工企业会计概述

施工企业一般是指主要从事建筑工程、设备安装工程和其他专门工程施工的企业，主要包括各类建筑安装公司、机械化施工公司、基础工程公司、电力建设工程公司、市政工程公司、装修和装饰工程公司等。施工企业一般都具有独立的组织结构，是实行自主经营、独立核算、自负盈亏的经济实体。

施工企业是国民经济中一个重要的物质生产部门，也是从事基本建设、建筑安装施工活动的基层生产单位。由于其从事行业的特殊性，施工企业也有着不同于其他行业的以下特点：

第一，建筑产品固定性、单体性、形体庞大、多样性和使用寿命长等。施工企业建造的产品主要是房屋、建筑物、道路、桥梁、码头和设备的安装等，涉及国家基础建设项目和国计民生工程。这些产品一般为不动产，施工企业野外施工，施工条件千变万化，即使是同一张图纸，因地质、气象、水文等条件不同，其生产也会有很大的差别。

第二，施工企业建筑生产过程具有流动性、长期性、综合协作性等。在经营方式上，施工企业与其他企业有显著的不同，它一般是通过招投标或议标等方式取得工程项目承包合同。这种合同投资额大、建设周期长，需要分期或分段验工计量来确认合同完成情况和工程款支付。从项目开工建设到项目完工验收、交付使用、质保金支付完毕是一个长期的复杂过程。它的人员、机构、施工设备等要在不同地区、不同项目、不同类别的工程间流动施工。

第三，施工企业生产经营管理具有生产经营业务不稳定、管理环境多变、机构人员变动大等特点。由于建筑施工一般是野外作业，时间长、投资大、隐蔽性工程多，施工中不确定性因素非常多，如地震、洪水、飓风、滑坡、溶洞、地质水文变化等，都将给施工企业带来损失。施工企业是订单式生产，其产品一般又是固定的不动产，施工企业必须在现场施工生产才能完成产品设计要求。项目部为临时机构，项目建设完成竣工交付后，该项目部撤消，新项目上马后再重新组建另一项目部。

一、施工企业会计的概念和特点

施工企业会计是以货币为主要计量单位，按照现行会计法规体系要求，运用一套专门核算方法，对施工企业的经济活动进行连续、系统、全面的核算和监督，真实、准确、及时地提供会计信息。它是加强施工企业管理，促进经济效益提高的经济管理活动。施工企业通过会计计量、计算和登记，能及时地取得生产经营管理所必需的各种信息和数据。这对施工企业的管理具有重要意义。

施工企业在经营和管理上的特点，直接影响和决定了施工企业会计具有不同于其他行业会计的特点。

第一，分级核算。可避免集中核算造成会计核算与施工生产相脱节的现象。我国一般采取三级核算体制（即公司、工区和施工队）或者两级核算体制（即公司与工区）。

第二，单独计算每项工程成本。由于其产品的多样性、施工生产的单件性和施工企业建筑产品的多样性，因此只能将工程的实际成本与预算成本进行比较。

第三，分阶段进行工程成本核算和工程价款核算。施工企业很有必要把已完成预算定额规定的工程内容作为“已完工程”，以分期计算预算成本和实际成本，并及时与建设单位进行工程价款的中间结算。工程全部竣工后，再进行清算。另外，对于跨年度施工的工程，施工企业一般采用完工百分比法分别计量和确认各年度的工程价款结算收入和工程施工费用，以确定各年度的经营成果。

二、施工企业会计的职能

施工企业会计的职能是会计在经济管理过程中所具有的功能，在不同的经济发展水平下，在不同管理水平的企业中，会计职能的发挥有很大的不同。从我国当前会计实践和会计法规的规定来看，主要有会计核算和会计监督两大职能。

《会计法》第 5 条明确规定：“会计机构、会计人员依照本法规定进行会计核算，实行会计监督。”

（一）进行会计核算

会计核算贯穿于工业企业经济活动的全过程，是会计最基本的职能，也称为会计的反映职能。它是指会计以货币为主要计量单位，对特定主体的经济活动进行确认、计量、记录和报告，为有关各方提供会计信息。

会计核算的内容具体表现为生产经营过程中的各种经济业务。《会计法》第 10 条对会计核算内容的具体规定如表 1-1 所示。

表 1-1　　《会计法》第 10 条对会计核算内容的具体规定

《会计法》规定的应当办理会计手续，进行会计核算的经济业务事项	款项和有价证券的收付
	财物的收发、增减和使用
	债权债务的发生和结算
	资本、基金的增减
	收入、支出、费用、成本的计算
	财务成果的计算和处理
	需要办理会计手续、进行会计核算的其他事项

会计核算的要求是真实、准确、完整、及时。会计核算的内容包括确认、计量、记录和报告，详见表 1-2。

表 1-2　　会计核算的内容

确认	运用特定会计方法、以文字和金额同时描述某一交易或事项，使其金额反映在特定主体财务报表的合计数中的会计程序。确认分为初始确认和后续确认
计量	确定会计确认中用以描述某一交易或事项的金额的会计程序
记录	对特定主体的经济活动采用一定的记账方法、在账簿中进行登记的会计程序
报告	在确认、计量和记录的基础上，对特定主体的财务状况、经营成果和现金流量情况（行政、事业单位是对其经费收入、经费支出、经费结余及其财务状况），以财务报表的形式向有关方面报告

（二）实施会计监督

会计监督职能，也称会计控制职能。它是指会计人员在进行会计核算的同时，通过预测、决策、控制、分析、考评等具体方法，对特定会计对象所发生的经济业务的合法性、合理性进行审查。会计监督的审查内容及目的详见表 1-3。

表 1- 3　　会计监督的审查内容及目的

审查内容	审查目的
合法性审查	保证各项经济业务符合国家法律法规及有关财务会计制度的各项规定
合理性审查	检查各项财务收支是否符合特定会计主体的财务收支计划，是否有利于预算目标的实现，是否有违背内部控制制度要求等现象，为提高企业经济效益严格把关

会计监督是会计工作的重要组成部分，贯穿于企业经济活动的全过程。

施工企业会计的核算职能与监督职能是相辅相成的，只有在对经济业务活动进行正确核算的基础上，才可能提供可靠资料作为监督依据；同时，也只有搞好会计监督，保证经济业务按规定的要求进行，并且达到预期的目的，才能发挥会计核算的作用。

施工企业会计除具有核算和监督两项基本职能外，还具有预测经济前景、参与经济决策、计划组织以及绩效评价等职能。随着生产力水平的日益提高、社会经济关系的日益复杂和管理理论的不断深化，会计所发挥的作用日益重要，其职能也在不断丰富和发展，会计的职能将随着经济的发展而不断发展变化。

第二节 施工企业会计基础工作

会计基础工作是会计工作构架中基本的组成部分，是会计行为、会计核算和会计管理工作的最基本环节，是会计实现其职能的基础保证，也是其他经济管理工作的重要基础。会计基础工作的基本内容包括：会计机构的设立，会计岗位的设置，会计人员的职责，会计账簿、会计账户的建立，会计记账、结账、核算，会计报告，会计监督，会计信息管理，会计档案管理。会计基础工作是一个比较广泛的概念，大部分工作与会计核算和管理工作紧密联系或衔接。

会计基础工作的作用是不可忽视的。会计基础工作质量直接影响到会计工作质量，影响到会计信息质量、报告质量，进而影响到企业管理、企业决策、投资者利益，甚至影响到国家经济秩序、宏观政策制定等。提高企业会计基础工作质量，可以加强和带动企业的各项基础管理，提高企业管理水平；可以保证企业依法经营，维护各方经济利益；可以提高会计队伍素质，培养会计人员职业道德；可以加强内部控制，防止或减少企业资产损失；可以提高会计信息质量，保证财务报告准确、真实；可以防止腐败滋生，从源头上扼制贪污腐败行为。随着企业管理水平的不断提高，对会计基础工作的要求也不断提高，因而对会计基础工作管理也要不断加强。要实现会计核算工作的统一规范，也需要标准化会计基础工作来支持。

施工企业流动施工，机构处于流动状态，会计人员变化较快，会计基础工作不易规范，本身存在着很多薄弱环节。一是参与施工的单位和人员多，第三方参与多，不规范因素多，给企业会计核算的规范化带来难度，如原始凭证问题；二是项目部是临时机构，项目部本身对会计基础工作重视不够，不按规定设置会计机构和配备相应的会计人员，或会计人员不具备规定从业资格，会计部门缺乏必要的支持；三是没有统一规范的基础工作标准，也缺乏必要的检查与考核，会计核算随意性较大，不按规定设置和使用会计科目、会计账簿不全、会计核算流程混乱；四是缺乏科学的财务内部控制制度，内部控制执行不严格。

第三节 施工企业会计核算特点

施工企业是特殊的生产领域，经营方式与其他企业有显著的不同，一般通过招投标或议标等方式取得工程项目承包合同，合同投资额大，建设周期长；项目部通常为临时机构，项目建设完成竣工交付后，项目部随之撤消。

改革开放后，我国会计核算制度进行了一系列的改革，逐渐建立了统一的会计制度，改变了以前多行业、多种会计制度的复杂局面，提高了会计信息的准确性、可比性。但是建筑施工企业具有的行业特征，决定了施工企业会计核算有其自身的特点。

第一，会计核算体制具有多级性。我国施工企业的机构体系基本由计划经济时代的体系转变而来，施工企业由多级构成，如有总公司、集团公司、子公司、分公司、项目部等级次。企业多构架决定了会计核算的多层次，因此，施工企业的会计核算是多层次、多级性的。

第二，营业收入确认依据和方法具有独特性。建筑产品投资大，建设时间长，往往超过一个会计年度，甚至达到 4 年、5 年或更长，其营业收入不能待工程完工、合同履约结束后才确认。施工工期超过 1 年的工程，其营业收入（合同收入）需按工程完工程度来确认。

第三，工程价款结算具有独特性。同样由于工程项目投资大、建设周期长的原因，施工企业在建设过程中会垫付大量的流动资金和工程设备款，建设过程中扣留工程质保金，有的还需要向业主（建设单位）支付现金履约保证金等，造成施工企业资金紧张、周转困难。所以一般要求业主按月、按季或分段确认已完工程量，按合同约定的付款规则向施工企业支付工程价款。

第四，资产核算与管理具有特殊性。施工企业野外流动施工，资产流动快、损耗大，必须加强统一管理，所以施工企业的资产一般由企业本部设专门机构统一管理、统一调拨、统一核算；施工企业在施工生产过程中，还需利用大量的辅助设施、辅助材料，这类资产的价值需要按一定的标准分摊计入工程成本；另外，施工企业应收质保金金额大、时间长，其初始金额需采用现金流量折现方法来确认。

第五，产品成本核算的独特性。施工企业的产品成本，也叫工程成本、合同成本。由于建筑产品的单件性和多样性，每一个建筑产品的成本数额和成本构成都是不一样的，所以，施工企业不仅要核算总成本，还要以单项工程或单位工程为核算对象计算成本；施工企业的成本构成还包括直接成本和间接费用，不能直接计入工程核算对象的成本费用需要用特定的方法归集后再分摊计入成本。

第六，财务报告的特殊性。施工企业的特点和机构体系决定了其财务报告的特殊性。首先，施工企业的管理级次多，除层层的行政机构外，甚至同一工程项目由两到三级机构参与管理，所以，施工企业财务报告多级，财务信息要经过多级汇总、合并、抵销后才能反映完整的经营结果；另外，施工企业的成本费用种类繁多、金额大，建设过程中情况不断变化，加上产品的不可比性，导致财务信息可比性程度差，分析困难。

第二章 货币资金核算

第一节 货币资金概述

一、货币资金的定义及分类

货币资金是指企业在生产经营过程中处于货币形态的那部分资金，按其形态和用途不同可分为库存现金、银行存款和其他货币资金。它是企业最活跃的资金，流动性强，是企业的重要支付手段和流通手段，因而是流动资产的审查重点。其他货币资金包括外埠存款、银行汇票存款、银行本票存款、信用证保证金存款、信用卡存款、存出投资款等。

施工企业在经营过程中，大量的经济活动都是通过货币资金的收支来进行的。例如：材料物资的购进、销售，工资的发放，税金的缴纳，股利、利息的支付以及进行投资活动等，都需要通过货币资金进行收付结算。同时，一个企业货币资金拥有量的多少，标志着其偿债能力和支付能力的大小，是投资者分析、判断财务状况的重要指标，在企业资金循环周转过程中起着连接和纽带的作用。因此，商业企业需要经常保持一定数量的货币资金，既要防止不合理占压资金，又要保证业务经营的正常需要，并按照货币资金管理的有关规定，对各种收付款项进行结算。

二、货币资金管理的相关规定

（一）现金管理制度

(1) 库存现金由会计机构负责人或会计主管指定的出纳人员保管。

(2) 现金库存余额不得超过银行核定的限额。

(3) 不得坐支现金，当日收取的款项必须当日存入银行，不得以不符合会计制度的票据抵冲库存现金。

(4) 现金支出范围按照《现金管理暂行条例》执行，超过结算起点的支出 (1 000 元) 应办理转账结算，不得现金支付。

(5) 出纳人员必须根据经会计人员计算审核后的收付款凭证或单据方能办理收付款业务。

(6) 出纳人员对库存现金要日清月结，每日核对，会计机构负责人或会计主管每月对出纳人员保管的库存现金至少核对两次，并做好记录。

(7) 出纳人员不得兼管会计档案管理、稽核和债权债务、收入、费用账目的登记工作。

（二）银行存款余额定期核对制度

“银行存款日记账”应定期与“银行对账单”核对，至少每月核对一次。月份终了，日记账余额与银行对账单余额核对，如有差额，必须逐笔查明原因进行处理，按月编制“银行存款余额调节表”，并调节相符。

（三）支票签发审批制度

支票和其他有关结算票据一般由出纳人员保管，需要签发时根据已审核完毕、经财务主管或负责人签章后的记账凭证签发，各种支票和票据签发时要按顺序登记，由领票人在领用登记簿上签收，收款人在支票存根上签字。各单位原则上不能签发空白支票，特殊情况下需签发空白支票时，须经会计机构负责人或会计主管签字审批，但同一人不能同时持有超过两张空白支票，并必须在支票上注明日期、限额及收款人名称，限期报销。

对作废的支票不得自行销毁，应在支票上加盖“作废”戳记，并将作废支票与下一张支票（连号）粘贴在同一张记账凭证上。

各单位银行存款销户时，应将在该行购买尚未用完的空白支票交存银行，并做好记录。

（四）财务印鉴保管制度

各单位财务印鉴应分别由两个人保管，严禁一人保管支付款项所需要的全部印章。一般由出纳人员管理各种空白票据；不得在空白支票或其他票据上预留印章，妥善保管预留的印鉴卡，印鉴管理人员外出时应指定出纳以外的会计人员或委托主管财务工作的行政领导保管印鉴中的其中一枚印章。工点上只有一名会计人员的，应由单位主管财务工作的行政领导保管印鉴中的其中一枚印章。

（五）会计人员回避制度

单位负责人的直系亲属不得担任本单位财务的会计机构负责人或会计主管，会计机构负责人、会计主管的直系亲属不得在本单位会计机构中担任出纳工作。

（六）会计工作岗位内部控制制度

各单位应当建立货币资金和有价证券业务的岗位责任制，明确相关岗位的职责权限，确保不相容岗位相互分离、制约和监督。不相容岗位至少包括：

(1) 开具发票和收款。

(2) 出纳人员除登记现金日记账和银行存款日记账外，不得兼任稽核、会计档案保管和有关收入、支出、费用、债权债务账目的登记工作。

(3) 经办与制单、复核和审批。

(4) 有价证券的保管和记账。

第二节 现金的核算

库存现金是指通常存放于企业财会部门、由出纳人员经管的货币资金。库存现金是企业流动性最强的资产，企业应当严格遵守国家有关现金管理制度，正确进行现金收支的核算，监督现金使用的合法性与合理性。

一、我国现行的现金管理制度

（一）现金的支付范围

企业发生的费用支出，并不是所有的都能以现金进行支付，现金的支付范围有具体的规定，如表 2-1 所示。

表 2-1　现金支付的范围

根据国务院发布的《现金管理暂行条例》的规定，企业可用现金支付的款项的范围	职工工资、津贴
	个人劳务报酬
	根据国家规定颁发给个人的科学技术、文化艺术、体育等各种奖金
	各种劳保、福利费用以及国家规定的对个人的其他支出
	向个人收购农副产品和其他物资的款项
	出差人员必需随身携带的差旅费
	结算起点以下的零星支出
	中国人民银行确定需要支付现金的其他支出

（二）现金的限额

现金的限额是指为了保证企业日常零星开支的需要，允许单位留存现金的最高数额。不同情况的企业所规定的现金限额是不同的，如表 2-2 所示。

表 2-2　　留存现金限额表

开户银行核定的单位的实际需要	开户单位的库存现金限额
一般单位	3 ~ 5 天日常零星开支的金额
边远地区和交通不便地区	多于 5 天但不超过 15 天的日常零星开支的金额
注：核定后的现金限额，开户单位必须严格遵守，超过部分应于当日终了前存入银行。需要增加或减少现金限额的单位，应向开户银行提出申请，由开户银行核定	

（三）现金收支的规定

国家对现金的收支也有详细的规定，如表 2-3 所示。

表 2-3　　现金收支规定

现金收支情况	相关规定
开户单位收入现金	当日送存开户银行，当日送存确有困难的，由开户银行确定送存时间
开户单位支付现金	从本单位库存现金中支付或从开户银行提取，不得“坐支”现金，因特殊情况需要坐支现金的单位，应事先报经有关部门审查批准，并在核定的范围和限额内进行，同时，收支的现金必须入账
开户单位从开户银行提取现金	应如实写明提取现金的用途，由本单位财会部门负责人签字盖章，并经开户银行审查批准后予以支付
因采购地点不确定、交通不便、抢险救灾及其他特殊情况必须使用现金	向开户银行提出书面申请，由本单位财会部门负责人签字盖章，并经开户银行审查批准后予以支付
不符合国家统一的会计制度	“白条顶库”；谎报用途套取现金；用银行账户代其他单位和个人存入或支取现金、用单位收入的现金以个人名义存入储蓄；“公款私存”；设置“小金库”

注：银行对于违反上述规定的单位，将按照违规金额的一定比例予以处罚。

（四）现金盘点的规定

为了及时发现现金收付差错，如实反映现金库存余额，防止贪污挪用等行为的发生，企业建立健全库存现金的定期盘点和不定期盘点相结合的制度对库存现金的管理具有重要的意义。

二、现金的会计核算

（一）账户与科目的设置

企业应当设置现金总账和现金日记账，分别进行企业库存现金的总分类核算和明细分类核算。为了较形象地进行说明，我们在表 2-4 中进行了举例。

表 2-4　　会计科目的设置举例

会计科目	反映的经济业务	借贷方含义
库存现金	总括地反映企业库存现金的收入、支出和结存情况	借方：现金的增加 贷方：现金的减少 期末余额在借方，反映企业实际持有的库存现金的金额
备用金	企业内部各部门周转使用的备用金	借方：向各部门支付备用金 贷方：各部门报销的备用金

现金日记账由出纳人员根据收付款凭证，按照业务发生顺序逐笔登记。每日终了，应当在现金日记账上计算出当日的现金收入合计额、现金支出合计额和结余额，并将现金日记账的账面结余额与实际库存现金额相核对，保证账款相符；月度终了，现金日记账的余额应当与现金总账的余额核对，做到账账相符。

（二）库存现金业务的核算

1. 库存现金收支业务的核算

该部分包括库存现金的增加和减少的业务，其具体会计分录见表 2-5。

表 2-5　　库存现金收支业务的核算

库存现金收支业务	对应的会计分录
库存现金增加	借：库存现金 　贷：相关科目
库存现金减少	借：相关科目 　贷：库存现金

2. 库存现金清查业务的核算

如果账款不符，发现的有待查明原因的现金短缺或溢余，应先通过“待处理财产损溢”科目核算。具体做法见表 2-6。

表 2-6　　库存现金清查业务的核算

库存现金的清查情况，按管理权限报经批准	“待处理财产损溢”科目的处理
现金短缺	应由责任人赔偿或保险公司赔偿的部分，计入其他应收款；属于无法查明的其他原因，计入管理费用
现金溢余	应支付给有关人员或单位的，计入其他应付款；属于无法查明原因的，计入营业外收入

【例 2-1】立兴建筑工程公司在盘点现金时发现长款 10 元，经核查未能发现其实际原因，经财务主管同意，作为营业外收入处理。应编制如下会计分录，反映清查结果。

发现现金长款时：

借：库存现金　　10

　　贷：待处理财产损溢　　10

查明原因后，处理长款结果：

借：待处理财产损溢　　10

　　贷：营业外收入　　10

（三）备用金的会计核算

备用金是指企业预付给职工和内部有关单位用作差旅费、零星采购和日常零星开支事后需要报销的款项。为了防止浪费和挪用公款，必须建立备用金的预借、使用和报销制度，并严格加以执行。如果企业备用金业务很少，可不设立“备用金”科目，通过“其他应收款——备用金”科目进行核算，账务处理方法与“库存现金”科目一致。不同形式的备用金的具体规定见表2-7，其账务处理的具体方法见表2-8。

表2-7　备用金的具体规定

备用金的形式	含义及特点	相关内容
定额备用金	为了满足企业有关部门日常零星开支需要的备用金，一经核定不得随意增减 特点：一次领用、定期报销、简化核算、补足定额	领用部门，应设置“备用金登记簿”，逐笔序时登记提取和支出情况，并按时将款项支出的单据送交财会部门报销，财会部门再给予补足定额
非定额备用金	用款单位根据实际需要向财会部门借款，凭各种支付凭证向财会部门报销时，作为冲减备用金处理，如需再用，重新办理借款手续	适用于预借差旅费等备用金的管理

表2-8　备用金的账务处理

	会计分录
单独设置“备用金”科目的企业，由企业财务部门单独拨给企业内部各单位周转使用的备用金	借：备用金 　　贷：库存现金或银行存款科目
自备用金中支付零星支出	借：管理费用等科目 　　贷：备用金科目或“银行存款”

注：除了增加或减少拨入的备用金外，使用或报销有关备用金支出时不再通过“备用金”科目核算。

【例2-2】立兴建筑工程公司职工张强出差采购物品，预支备用金600元，出差返回报销差旅费580元，并交回多余现金20元。

(1) 领出备用金时，根据付款凭证，作会计分录如下：

借：其他应收款——备用金（张强）　　600

贷：库存现金　　600

(2) 报销差旅费时，根据差旅费报销单，作会计分录如下：

借：管理费用　　580

　　库存现金　　20

　　贷：其他应收款——备用金　　600

第三节 银行存款的核算

银行存款是指企业存入银行或其他金融机构的各种款项。企业应当根据业务需要，按照规定在其所在地银行开设账户，运用所开设的账户，进行存款、取款以及各种收支转账业务的结算。银行存款的收付应严格执行银行结算制度的规定。

一、银行存款账户的开立

我国银行存款包括人民币存款和外币存款两种。企业银行存款账户的分类及具体规定见表 2-9。

表 2-9　银行存款账户的分类及具体规定

银行存款账户分类	具体规定
基本存款账户	企业办理日常转账结算和现金收付的账户，工资、奖金等现金的支取只能通过本账户办理
一般存款账户	企业因借款或其他结算需要在基本存款账户开户银行以外的银行营业机构开立的银行结算账户，企业可以通过本账户办理转账结算和现金交存，但不能办理现金的支取
临时存款账户	企业因临时需要并在规定期限内使用而开立的账户，本账户可以办理转账和根据国家现金管理的规定办理现金收付
专用账户	企业对其特定用途资金进行专项管理和使用而开立的账户

一个企业只能选择一家银行的一个营业机构开立一个基本存款账户，不得在多家银行机构同时开立基本存款账户；不得在同一家银行的几个分支机构同时开立一般存款账户。

二、银行存款账户的设置

为了总括反映银行存款的收支和结存情况，企业应设置“银行存款”总账科目。有外币业务的企业，应在本科目下分别按人民币和各种外币设置银行存款日记账进行明细核算。具体的设置规定见表 2-10。

表 2-10 银行存款账户的设置

银行存款的设置	核算内容	相关内容
银行存款总账	进行银行存款的总分类核算	由会计登记掌管
银行存款日记账	企业可按开户银行和其他金融机构、存款种类等设置明细账户，根据收付款凭证，按照业务的发生顺序逐笔登记。每日终了，应结出余额	由出纳逐笔登记，并经常与银行提供的对账单进行核对，以便进行内部控制

银行存款的收付由出纳人员办理，由专人保管空白支票和签发支票。“银行存款日记账”应定期与“银行对账单”核对，至少每月核对一次。企业银行存款账面余额与银行对账单余额之间如有差额，应编制“银行存款余额调节表”调节相符，如没有记账错误，调节后的双方余额应相等。银行存款余额调节表只是为了核对账目，并不能作为调整银行存款账面余额的记账依据。

三、银行存款收付的核算

单位与银行之间经常发生现金的存入、提取和办理转账结算等收支业务，为了反映和监督银行存款的收付动态，应办理银行存款收付的核算。

企业在不同的结算方式下，根据有关的原始凭证编制银行存款的收付款凭证，记入企业的“银行存款”科目。具体会计分录见表 2-11。

表 2-11 银行存款收付的核算

相关业务	会计分录
将款项存入银行或其他金融机构	借记“银行存款”，贷记“库存现金”或有关科目
提取或支付在银行或其他金融机构中的存款	借记“库存现金”或有关科目，贷记“银行存款”科目

四、银行存款的对账

为了保证银行存款的安全和核算的正确，企业应按期对账。

一般来说，即使截止日期一致，银行存款日记账余额与银行对账单余额也可能是不相等的，除记账错误外，未达账项的影响是主要原因。所谓未达账项，是指银行与企业之间，由于凭证传递上的时间差，一方已登记入账，而另一方尚未入账的收支项目。

对于未达账项，应编制“银行存款余额调节表”进行调节。调节后，若无记账差错，双方调整后的银行存款余额应该相等；调节后，双方余额如果仍不相符，说明记账有差错，需进一步查对，更正错误记录。调节公式如下：

银行存款日记账余额 + 银行已收单位未收款项 - 银行已付单位未付款项

= 银行对账单余额 + 单位已收银行未收款项 - 单位已付银行未付款项

调节后的银行存款余额，反映了企业可以动用的银行存款实有数额。

【例 2-3】2013 年 3 月 30 日某单位的银行存款日记账账面余额是 76 205 元，银行对账单的余额是 76 560 元。经逐项检查，发现下列未达款项：

第一，单位已收，银行未收款项 2 795 元；

第二，单位已付，银行未付款项 9 250 元；

第三，银行已收，单位未收款项 3 500 元；

第四，银行已付，单位未付款项 9 600 元。

根据上述资料，编制银行存款余额调节表如表 2-12 所示。

表 2-12　　银行存款余额调节表

银行对账单余额	76 560.00	企业银行账余额	76 205.00
加：单位已收银行未收		加：银行已收单位未收	
	2 795.00		3 500.00
减：单位已付银行未付		减：银行已付单位未付	
	9 250.00		9 600.00
调整后存款余额	70 105.00	调整后存款余额	70 105.00

经过调节，双方存款余额均为 70 105 元，证明没有记账差错。如果调节后余额仍不等，则记账有差错，应进一步检查。属于单位方面的记账差错应立即更正，属于银行方面的记账差错要通知银行及时更正。

第四节　其他货币资金的核算

其他货币资金是指企业除库存现金、银行存款以外的各种货币资金，主要包括银行汇票存款、银行本票存款、信用卡存款、信用证保证金存款、存出投资款、外埠存款等。

一、科目与账户的设立

企业通过设立“其他货币资金”科目对企业的银行汇票存款、银行本票存款、信用卡存款、信用证保证金存款、存出投资款、外埠存款等其他货币资金进行核算。其相关规定见表 2-13。

表 2-13　　其他货币资金相关规定

其他货币资金	相关分录、科目
增加	借记“其他货币资金”科目，贷记“银行存款”科目
减少	借记有关科目，贷记“其他货币资金”科目

续表

其他货币资金	相关分录、科目
明细科目	“银行汇票”“银行本票”“信用卡”“信用证保证金”“存出投资款”“外埠存款”

二、其他货币资金的会计核算（表 2-14）

表 2-14　　其他货币资金的会计核算

其他货币资金	含义	发生的相关业务	对应的会计分录	其他说明
银行汇票	由出票银行签发的，由其在见票时按照实际结算金额无条件支付给收款人或者持票人的票据	取得银行汇票后，根据银行签章退回的申请书存根联编制付款凭证	借：其他货币资金——银行汇票 贷：银行存款	付款人为银行汇票的出票银行；单位和个人各种款项的结算，均可使用；可用于转账，填明“库存现金”字样的银行汇票可支取现金
		根据发票账单等有关凭证编制转账凭证	借记“材料采购”或“原材料”“库存商品”“应交税费——应交增值税（进项税额）”等科目，贷记“其他货币资金——银行汇票”	
		多余款或因汇票超过付款期限等原因而退回款项	借记“银行存款”科目，贷记“其他货币资金——银行汇票”科目	
银行本票	银行签发的，承诺自己在见票时无条件支付确定的金额给收款人或持票人的票据	取得银行签发的银行本票后，应根据银行签章退回的“银行本票申请书”存根联编制付款凭证	借记“其他货币资金——银行本票”科目，贷记“银行存款”科目	单位和个人在同一票据交换区域需要支付的各种款项，均可使用银行本票。银行本票可以用于转账，注明“现金”字样的银行本票可以用于支取现金
		根据发票账单等有关单据编制转账凭证	借记“材料采购”或“原材料”“库存商品”“应交税费——应交增值税（进项税额）”等科目，贷记“其他货币资金——银行本票”科目	
		本票因超过付款期等原因要求退款	借记“银行存款”科目，贷记“其他货币资金——银行本票”科目	
信用卡存款	企业为取得信用卡而存入银行信用卡专户的款项	连同支票和有关资料一并送交发卡银行，根据银行盖章退回的进账单第一联	借记“其他货币资金——信用卡”科目，贷记“银行存款”科目	信用卡按使用对象分为单位卡和个人卡；按信用等级分为金卡和普通卡；按是否向发卡银行交存备用金分为贷记卡和准贷记卡
		用信用卡购物或支付有关费用	借记有关科目，贷记“其他货币资金——信用卡”	
		向其账户续存资金	借记“其他货币资金——信用卡”科目，贷记“银行存款”科目	

续表

其他货币资金	含义	发生的相关业务	对应的会计分录	其他说明
信用证保证金存款	采用信用证结算方式的企业为开具信用证而存入银行信用证保证金专户的款项	向银行交纳保证金	借记“其他货币资金——信用证保证金”科目，贷记“银行存款”科目	企业向银行申请开立信用证，应按规定向银行提交开证申请书、信用证申请人承诺书和购销合同
		开证行交来的信用证通知书及有关单据标明的金额	借记“材料采购”或“原材料”“库存商品”“应交税费——应交增值税（进项税额）”等科目，贷记“其他货币资金——信用证保证金”科目	
		未用完的信用证保证金余额转回开户银行	借记“银行存款”，贷记“其他货币资金——信用证存款”	
存出投资款	企业已存入证券公司但尚未进行投资的资金	向证券公司划出资金	借记“其他货币资金——存出投资款”科目，贷记“银行存款”科目	
		购买股票、债券等	借记“交易性金融资产”等科目，贷记“其他货币资金——存出投资款”科目	
外埠存款	企业为了到外地进行临时或零星采购，而汇往采购地银行开立采购专户的款项	将款项委托当地银行汇往采购地开立专户	借记“其他货币资金——外埠存款”科目，贷记“银行存款”科目	该账户的存款不计利息、只付不收、付完清户，除了采购人员可从中提取少量现金外，一律采用转账结算
		收到采购人员交来的供货单位发货票、账单等报销凭证	借记“材料采购”或“原材料”“库存商品”“应交税费——应交增值税（进项税额）”等科目，贷记“其他货币资金——外埠存款”科目	
		采购结束将多余资金转回	借记“银行存款”科目，贷记“其他货币资金——外埠存款”科目	

第三章 金融资产核算

第一节 金融资产的定义和分类

金融资产属于企业资产的重要组成部分，主要包括：货币资金、银行存款、应收账款、应收票据、其他应收款项、股权投资、债权投资和衍生金融工具形成的资产等。

本章不涉及以下金融资产的会计处理：①货币资金；②长期股权投资。

施工企业应当结合自身业务特点、投资策略和风险管理要求，将取得的金融资产在初始确认时划分为以下几类：①以公允价值计量且其变动计入当期损益的金融资产；②持有至到期投资；③贷款和应收款项；④可供出售的金融资产。

金融资产分类与金融资产计量密切相关。不同类别的金融资产，其初始计量和后续计量采用的基础也不完全相同。因此，上述分类一经确定，不应随意变更。

长期股权投资的确认和计量虽然没有在《金融工具确认和计量》准则中规范，但长期股权投资也属于金融资产。

第二节 以公允价值计量且其变动计入当期损益的金融资产

以公允价值计量且其变动计入当期损益的金融资产，可以进一步分为交易性金融资产和指定为以公允价值计量且其变动计入当期损益的金融资产。同时，某项金融资产划分为以公允价值计量且其变动计入当期损益的金融资产后，不能再重分类为其他类别的金融资产；其他类别的金融资产也不能再重分类为以公允价值计量且其变动计入当期损益的金融资产。

一、以公允价值计量且其变动计入当期损益的金融资产概述

（一）交易性金融资产

金融资产满足下列条件之一的，应当划分为交易性金融资产（表 3-1）：

(1) 取得该金融资产的目的，主要是近期内出售或回购。比如，企业以赚取差价为目的从二级市场购入的股票、债券、基金等。

(2) 属于进行集中管理的可辨认金融工具组合的一部分。

(3) 属于衍生工具。比如，国债期货、远期合同、股指期货等，不被企业指定为有效套期工具的，其公允价值变动大于零时，应将其相关变动金额确认为交易性金融资产，同时计入当期损益。

表 3-1　金融资产或金融负债应当划分为交易性金融资产或金融负债的条件

金融资产或金融负债应当划分为交易性金融资产或金融负债的条件	取得该金融资产或承担该金融负债的目的，主要是近期内出售或回购
	属于进行集中管理的可辨认金融工具组合的一部分，且有客观证据表明企业近期采用短期获利方式对该组合进行管理
	属于衍生工具，但是，被指定且为有效套期工具的衍生工具、属于财务担保合同的衍生工具、与在活跃市场中没有报价且其公允价值不能可靠计量的权益工具投资挂钩并须通过交付该权益工具结算的衍生工具除外

（二）指定为以公允价值计量且其变动计入当期损益的金融资产

企业将某项金融资产指定为以公允价值计量且其变动计入当期损益的金融资产，通常是指该金融资产不满足确认为交易性金融资产的条件，企业仍可在符合某些特定条件时将其按公允价值计量，并将其公允价值变动计入当期损益。

通常情况下，只有符合下列条件之一的金融资产，才可以在初始确认时指定为以公允价值计量且其变动计入当期损益的金融资产（参见表 3-2）：

(1) 该指定可以消除或明显减少由于该金融资产的计量基础不同所导致的相关利得或损失在确认或计量方面不一致的情况。

(2) 企业风险管理或投资策略的正式书面文件已载明，该金融资产组合或该金融资产和金融负债组合，以公允价值为基础进行管理、评价并向关键管理人员报告。

表 3-2 初始确认时指定为以公允价值计量且其变动计入当期损益的金融资产或金融负债的条件

<table>
<tr><td rowspan="2">除了可以将可转换公司债券等混合工具指定为以公允价值计量且其变动计入当期损益的金融资产或金融负债以外，符合右面条件之一的金融资产或金融负债，才可以在初始确认时指定为以公允价值计量且其变动计入当期损益的金融资产或金融负债</td><td>该指定可以消除或明显减少由于该金融资产或金融负债的计量基础不同所导致的相关利得或损失在确认或计量方面不一致的情况</td></tr>
<tr><td>企业风险管理或投资策略的正式书面文件已载明，该金融资产组合、该金融负债组合、该金融资产和金融负债组合，以公允价值为基础进行管理、评价并向关键管理人员报告</td></tr>
</table>

二、以公允价值计量且其变动计入当期损益的金融资产的会计处理

企业对以公允价值计量且其变动计入当期损益的金融资产的会计处理，应着重于该金融资产与金融市场的紧密结合性，反映该类金融资产相关市场变量变化对其价值的影响，进而对企业财务状况和经营成果的影响。

以公允价值计量且其变动计入当期损益的金融资产初始确认时，应按公允价值计量，相关交易费用应当直接计入当期损益。其中，交易费用是指可直接归属于购买、发行或处置金融工具新增的外部费用。所谓新增的外部费用，是指企业不购买、发行或处置金融工具就不会发生的费用。交易费用包括支付给代理机构、咨询公司、券商等的手续费和佣金及其他必要支出，不包括债券溢价、折价、融资费用、内部管理成本及其他与交易不直接相关的费用。企业为发行金融工具所发生的差旅费等，不属于此处所讲的交易费用。

企业取得以公允价值计量且其变动计入当期损益的金融资产所支付的价款中，包含已宣告但尚未发放的现金股利或已到付息期但尚未领取的债券利息的，应当单独确认为应收项目，不构成该金融资产的初始入账金额。在持有期间取得的利息或现金股利，应当确认为投资收益。

在资产负债表日，企业应将以公允价值计量且其变动计入当期损益的金融资产的公允价值变动计入当期损益。

处置该金融资产时，其公允价值与初始入账金额之间的差额应确认为投资收益，同时调整公允价值变动损益。

下面以交易性金融资产为例，介绍其具体核算方法。

（一）交易性金融资产的取得

企业划分为以公允价值计量且其变动计入当期损益的金融资产的股票、债券、基金，以及不作为有效套期工具的衍生工具，应当按照取得时的公允价值作为初始确认金额，相关的交易费用在发生时计入当期损益。取得以公允价值计量且其变动计入当期损益的金融资产所支付价款中包含的已宣告发放的现金股利或债券利息，应当作为应收款项，单独列示。

【例 3-1】 2013 年 5 月 8 日，立兴股份有限公司购入 F 公司在公开市场流通的普通股票 10 000 股，此种股票已宣告但尚未实际分派现金股利，立兴股份有限公司将该笔股票作为交易性金融资产核算。成交时，这种股票的成交价为 12 元，其中已宣告但尚未分派的现金股利为 0.6 元，股

权登记日为5月10日，立兴股份有限公司以银行存款的方式支付了价款及交易税费5 000元。该公司于5月20日收到甲公司发放的现金股利。对于以上的经济业务，立兴股份有限公司应该进行如下的会计处理：

(1)5月8日购入股票时：

借：交易性金融资产——成本　　114 000

　　投资收益　　5 000

　　应收股利　　6 000

　　贷：银行存款　　125 000

(2)5月10日收到现金股利时：

借：银行存款　　6 000

　　贷：应收股利　　6 000

（二）交易性金融资产持有期间取得的现金股利和利息

关于现金股利、利息的会计处理详见表3-3。

表3-3　　关于现金股利、利息的会计处理

会计业务	会计处理
持有交易性金融资产期间被投资单位宣告发放现金股利或在资产负债表日按债券票面利率计算利息	借记“应收股利”或“应收利息”，贷记“投资收益”
收到现金股利或债券利息	借记“银行存款”，贷记“应收股利”或“应收利息”

票面利率与实际利率差异较大的，应采用实际利率计算确定债券利息收入。

（三）交易性金融资产的期末计量

资产负债表日，交易性金融资产的公允价值高于其账面余额的差额，借记“交易性金融资产——公允价值变动”科目，贷记“公允价值变动损益”科目；公允价值低于其账面余额的差额，作相反的会计分录。

【例3-2】立兴股份有限公司对其拥有的交易性金融资产采用公允价值进行期末计量。假设该公司2013年6月30日交易性金融资产的账面价值和公允价值的资料如表3-4所示。

表3-4　　账面价值与公允价值比较表

项目	2013年6月30日		
	账面价值	公允价值	差额
交易性金融资产——债券			
F企业债券	120 000.00	110 000.00	10 000.00
E企业债券	55 000.00	60 000.00	-5 000.00

续表

项目	2013年6月30日		
	账面价值	公允价值	差额
D企业债券	90 000.00	88 000.00	2 000.00
小计	265 000.00	258 000.00	7 000.00
交易性金融资产——股票			
A企业股票	40 000.00	44 000.00	-4 000.00
B企业股票	55 000.00	54 000.00	1 000.00
小计	95 000.00	98 000.00	-3 000.00
合计	360 000.00	356 000.00	4 000.00

根据上述资料，立兴公司应在2013年6月30日作如下会计分录：

借：公允价值变动损益　　4 000

　　贷：交易性金融资产——公允价值变动　　4 000

这样，立兴公司2013年6月30日资产负债上“交易性金融资产”的金额应为356 000元，反映企业交易性金融资产的公允价值。

（四）交易性金融资产的处置

企业处置交易性金融资产时，将处置时该交易性金融资产的公允价值与初始金额之间的差额确认为投资收益，同时调整公允价值变动损益。出售交易性金融资产的会计处理见表3-5。

表3-5　出售交易性金融资产的会计处理

出售交易性金融资产	按实际收到的金额，借记“银行存款”等，按该项交易性金融资产的成本，贷记“交易性金融资产——成本”，按该项交易性金融资产的公允价值变动，贷记或借记“交易性金融资产——公允价值变动”，按其差额，贷记或借记“投资收益”。同时，将原计入该项交易性金融资产的公允价值变动转出，借记或贷记“公允价值变动损益”，贷记或借记“投资收益”

【例3-3】接【例3-2】，立兴公司于2013年11月1日以78 000元的价格将E公司债券全部出售，假定交易费用为零，2013年12月31日交易性金融资产的账面价值和公允价值的资料如表3-6所示。

表3-6　账面价值与公允价值比较表

项目	2013年12月31日		
	账面价值	公允价值	差额
交易性金融资产——债券			
F企业债券	120 000.00	120 000.00	-
D企业债券	90 000.00	88 000.00	2 000.00

续表

项目	2013年12月31日		
	账面价值	公允价值	差额
小计	210 000.00	208 000.00	2 000.00
交易性金融资产——股票			
A企业股票	40 000.00	44 000.00	-4 000.00
B企业股票	55 000.00	56 000.00	-1 000.00
小计	95 000.00	100 000.00	-5 000.00
合计	305 000.00	308 000.00	-3 000.00

根据上述资料，立兴公司应作如下会计分录：

(1)2013年11月1日，E公司债券全部出售时：

借：银行存款　78 000

　贷：交易性金融资产——成本　55 000

　　交易性金融资产——公允价值变动　5 000

　　投资收益　18 000

借：公允价值变动损益　5 000

　贷：投资收益　5 000

(2)2013年12月31日，期末计量时：

借：交易性金融资产——公允价值变动　3 000

　贷：公允价值变动损益　3 000

这样，立兴公司2013年12月31日资产负债表上"交易性金融资产"的金额为308 000元。

第三节 持有至到期投资

一、持有至到期投资概述

持有至到期投资，是指到期日固定、回收金额固定或可确定，且企业有明确意图和能力持有至到期的非衍生金融资产。不能划分为持有至到期投资的非衍生金融资产具体包括的种类见表3-7。

表 3-7　　不能划分为持有至到期投资的非衍生金融资产

不能划分为持有至到期投资的非衍生金融资产	初始确认时即被指定为以公允价值计量且其变动计入当期损益的非衍生金融资产
	初始确认时被指定为可供出售的非衍生金融资产
	符合贷款和应收款项的定义的非衍生金融资产

如果企业管理层决定将某项金融资产持有至到期，则在该金融资产未到期前，不能随意地改变其“最初意图”，除非遇到一些企业所不能控制、预期不会重复发生且难以合理预计的独立事件，否则将持有至到期。

1. 到期日固定、回收金额固定或可确定

到期日固定、回收金额固定或可确定，是指相关合同明确了投资者在确定的期间内获得或应收取现金流量（例如，投资利息和本金等）的金额和时间。因此，从投资者角度看，如果不考虑其他条件，在将某项投资划分为持有至到期投资时可以不考虑可能存在的发行方重大支付风险。其次，由于要求到期日固定，从而权益工具投资不能划分为持有至到期投资。再次，如果符合其他条件，不能由于某债务工具投资是浮动利率投资而不将其划分为持有至到期投资。

2. 有明确意图持有至到期

有明确意图持有至到期，是指投资者在取得投资时意图就是明确的，除非遇到一些企业所不能控制、预期不会重复发生且难以合理预计的独立事件，否则将持有至到期。没有明确意图将金融资产投资持有至到期的情形见表 3-8。

表 3-8　　企业没有明确意图将金融资产投资持有至到期的情形

企业没有明确意图将金融资产投资持有至到期的情形	持有该金融资产的期限不确定
	发生市场利率变化、流动性需要变化、替代投资机会及其投资收益率变化、融资来源和条件变化、外汇风险变化等情况时，将出售该金融资产（无法控制、预期不会重复发生且难以合理预计的独立事项引起的金融资产出售除外）
	该金融资产的发行方可以按照明显低于其摊余成本的金额清偿
	其他表明企业没有明确意图将该金融资产持有至到期的情况

据此，对于发行方可以赎回的债务工具，如发行方行使赎回权，投资者仍可收回其几乎所有初始净投资（含支付的溢价和交易费用），那么投资者可以将此类投资划分为持有至到期投资。但是，对于投资者有权要求发行方赎回的债务工具投资，投资者不能将其划分为持有至到期投资。

3. 有能力持有至到期

有能力持有至到期，是指企业有足够的财务资源，并不受外部因素影响将投资持有至到期。企业没有能力将固定期限的金融资产持有至到期的情形见表 3-9。

表 3-9　　企业没有能力将固定期限的金融资产持有至到期的情形

<table>
<tr><td rowspan="3">企业没有能力将具有固定期限的金融资产投资持有至到期的情形</td><td>没有可利用的财务资源持续地为该金融资产投资提供资金支持，以使该金融资产投资持有至到期</td></tr>
<tr><td>受法律、行政法规的限制，使企业难以将该金融资产投资持有至到期</td></tr>
<tr><td>其他表明企业没有能力将具有固定期限的金融资产投资持有至到期的情况</td></tr>
</table>

企业应当于每个资产负债表日对持有至到期投资的意图和能力进行评价。发生变化的，应当将其重分类为可供出售金融资产进行处理。

4. 到期前处置或重分类对所持有剩余非衍生金融资产的影响

企业将持有至到期投资在到期前处置或重分类，通常表明其违背了将投资持有到期的最初意图。如果处置或重分类为其他类金融资产的金额相对于该类投资（即企业全部持有至到期投资）在出售或重分类前的总额较大，则企业在处置或重分类后应立即将其剩余的持有至到期投资（即全部持有至到期投资扣除已处置或重分类的部分）重分类为可供出售金融资产。

不需要重新划分为持有至到期投资的情形见表 3-10。

表 3-10　　不需要重新划分为持有至到期投资的情形

<table>
<tr><td rowspan="7">不需要重新分类的持有至到期投资</td><td colspan="2">出售日或重分类日距离该项投资到期日或赎回日较近（如到期前三个月内），且市场利率变化对该项投资的公允价值没有显著影响</td></tr>
<tr><td colspan="2">根据合同约定的偿付方式，企业已收回几乎所有初始本金</td></tr>
<tr><td rowspan="5">出售或重分类是由于企业无法控制、预期不会重复发生且难以合理预计的独立事件所引起</td><td>因被投资单位信用严重恶化，将持有至到期投资予以出售</td></tr>
<tr><td>因相关税收法规取消了持有至到期投资的利息税前可抵扣政策，或显著减少了税前可抵扣金额，将持有至到期投资予以出售</td></tr>
<tr><td>因发生重大企业合并或重大处置，为保持现行利率风险头寸或维持现行信用风险政策，将持有至到期投资予以出售</td></tr>
<tr><td>因法律、行政法规对允许投资的范围或特定投资品种的投资限额作出重大调整，将持有至到期投资予以出售</td></tr>
<tr><td>因监管部门要求大幅度提高资产流动性，或大幅度提高持有至到期投资在计算资本充足率时的风险权重，将持有至到期投资予以出售</td></tr>
</table>

二、持有至到期投资的会计处理

持有至到期投资的会计处理，着重于该金融资产的持有者打算“持有至到期”，未到期前通常不会出售或重分类。因此，持有至到期投资的会计处理主要应解决该金融资产实际利率的计算、摊余成本的确定、持有期间的收益确认及将其处置时损益的处理。相关的会计业务的处理见表 3-11。

表 3-11　　持有至到期投资的相关会计处理

相关的会计业务	相关的账务处理
取得的持有至到期投资	按该投资的面值，借记“持有至到期投资——成本”，按支付的价款中包含的已到付息期但尚未领取的利息，借记“应收利息”，按实际支付的金额，贷记“银行存款”等，按其差额，借记或贷记“持有至到期投资——利息调整”
资产负债表日，持有至到期投资属于分期付息、一次还本债券投资	按票面利率计算确定的应收未收利息，借记“应收利息”，按持有至到期投资摊余成本和实际利率计算确定的利息收入，贷记“投资收益”，按其差额，借记或贷记“持有至到期投资——利息调整”
资产负债表日，持有至到期投资属于一次还本付息债券投资	按票面利率计算确定的应收未收利息，借记“持有至到期投资——应计利息”，按持有至到期投资摊余成本和实际利率计算确定的利息收入，贷记“投资收益”，按其差额，借记或贷记“持有至到期投资——利息调整”
持有至到期投资重分类为可供出售金融资产	在重分类日按其公允价值，借记“可供出售金融资产”，按其账面余额，贷记“持有至到期投资——成本、利息调整、应计利息”，按其差额，贷记或借记“资本公积——其他资本公积”。已计提减值准备的，还应同时结转减值准备
出售持有至到期投资	按实际收到的金额，借记“银行存款”等，按其账面余额，贷记“持有至到期投资——成本、利息调整、应计利息”，按其差额，贷记或借记“投资收益”。已计提减值准备的，还应同时结转减值准备

【例 3-4】甲公司是建筑施工企业，2010 年 1 月 1 日甲公司支付价款 1 000 元（含交易费用）从活跃市场上购入某公司 5 年期债券，面值 1 250 元，票面年利率 4.72%，按年支付利息（即每年 59 元），本金最后一次支付。合同约定，该债券的发行方在遇到特定情况时可以将债券赎回，且不需要为提前赎回支付额外款项。甲公司在购买该债券时，预计发行方不会提前赎回。

甲公司将购入的该公司债券划分为持有至到期投资，且不考虑所得税、减值损失等因素。为此，甲公司在初始确认时先计算确定该债券的实际利率：

设该债券的实际利率为 R，则可列出如下等式：

$$59\times(1+r)^{-1}+59\times(1+r)^{-2}+59\times(1+r)^{-3}+59\times(1+r)^{-4}+(59+1\ 250)\times(1+r)^{-5}=1\ 000(\text{元})$$

采用插值法，可以计算得出 R=10%，由此可编制表 3-12。

表 3-12　　单位：元

年份	期初摊余成本 (a)	实际利息收入 (b)（按 10% 计算）	现金流入 (c)	期末摊余成本 ($d=a+b-c$)
2010	1 000	100	59	1 041
2011	1 041	104	59	1 086
2012	1 086	109	59	1 136
2013	1 136	114*	59	1 191
2014	1 191	118**	1 309	0

* 数字四舍五入取整；

** 数字考虑了计算过程中出现的尾差。

根据上述数据，甲公司的有关账务处理如下：

(1)2010 年 1 月 1 日，购入债券：

借：持有至到期投资——成本　　1 250

　　贷：银行存款　　1 000

　　　　持有至到期投资——利息调整　　250

(2)2010 年 12 月 31 日，确认实际利息收入、收到票面利息等：

借：应收利息　　59

　　持有至到期投资——利息调整　　41

　　贷：投资收益　　100

借：银行存款　　59

　　贷：应收利息　　59

(3)2011 年 12 月 31 日，确认实际利息收入、收到票面利息等：

借：应收利息　　59

　　持有至到期投资——利息调整　　45

　　贷：投资收益　　104

借：银行存款　　59

　　贷：应收利息　　59

(4)2012 年 12 月 31 日，确认实际利息收入、收到票面利息等：

借：应收利息　　59

　　持有至到期投资——利息调整　　50

　　贷：投资收益　　109

借：银行存款　　59

　　贷：应收利息　　59

(5)2013 年 12 月 31 日，确认实际利息、收到票面利息等：

借：应收利息　　59

　　持有至到期投资——利息调整　　55

　　贷：投资收益　　114

借：银行存款　　59

　　贷：应收利息　　59

(6)2014 年 12 月 31 日，确认实际利息、收到票面利息和本金等：

借：应收利息　　59

　　持有至到期投资——利息调整　　59

　　贷：投资收益　　118

借：银行存款　　59

　　贷：应收利息　　59

借：银行存款等　　1 250

贷：持有至到期投资——成本　　1 250

假定甲公司购买的债券不是分次付息，而是到期一次还本付息，且利息不是以复利计算。此时，甲公司所购买债券的实际利率 R，可以计算如下：

$(59+59+59+59+59+1\ 250)\times(1+R)^{-5}=1\ 000$（元），由此得出 $R\approx 9.05\%$。

据此，调整表 3-12 中相关数据后如表 3-13 所示。

表 3-13　　单位：元

年份	期初摊余成本 (a)	实际利息收入 (b)（按 9.05% 计算）	现金流入 (c)	期末摊余成本 ($d=a+h-e$)
2010	1 000	90.5	0	1 090.5
2011	1 090.5	98.69	0	1 189.19
2012	1 189.19	107.62	0	1 296.81
2013	1 296.81	117.36	0	1 414.17
2014	1 414.17	130.83*	1 545	0

根据上述数据，甲公司的有关账务处理如下：

(1)2010 年 1 月 1 日，购入债券：

借：持有至到期投资——成本　　1 250

　贷：银行存款　　1 000

　　持有至到期投资——利息调整　　250

(2)2010 年 12 月 31 日，确认实际利息收入：

借：持有至到期投资——应计利息　　59

　　——利息调整　　31.5

　贷：投资收益　　90.5

* 考虑了计算过程中出现的尾差 2.85 元。

(3)2011 年 12 月 31 日，确认实际利息收入：

借：持有至到期投资——应计利息　　59

　　——利息调整　　39.69

　贷：投资收益　　98.69

(4)2012 年 12 月 31 日：

借：持有至到期投资——应计利息　　59

　　——利息调整　　48.62

　贷：投资收益　　107.62

(5)2013 年 12 月 31 日，确认实际利息：

借：持有至到期投资——应计利息　　59

　　——利息调整　　58.36

贷：投资收益　117.36

(6)2014 年 12 月 31 日，确认实际利息、收到本金和名义利息等：

借：持有至到期投资——应计利息　59

——利息调整　71.83

贷：投资收益　130.83

借：银行存款　1 545

贷：持有至到期投资——成本　1 250

——应计利息　295

【例 3-5】2014 年 6 月，由于贷款基准利率的变动和其他市场因素的影响，甲公司持有的、原划分为持有至到期投资的丙公司债券价格持续下跌。为此，甲公司于 7 月 1 日对外出售该持有至到期债券投资的 10%，收取价款 1 150 000 元（即部分所出售债券的公允价值）。假定 7 月 1 日该债券出售前的账面余额（成本）为 10 000 000 元，不考虑债券出售等其他相关因素的影响，则甲公司相关的账务处理如下：

借：银行存款　1 150 000

贷：持有至到期投资——成本　1 000 000

投资收益　150 000

借：可供出售金融资产——成本　10 350 000

贷：持有至到期投资——成本　9 000 000

其他综合收益　1 350 000

假定 7 月 15 日，甲公司将该债券剩余部分全部出售，收取价款 12 000 000 元，则甲公司相关账务处理如下：

借：银行存款　12 000 000

贷：可供出售金融资产——成本　10 350 000

投资收益　1 650 000

借：其他综合收益　1 350 000

贷：投资收益　1 350 000

第四节　贷款和应收款项

一、贷款和应收款项概述

贷款和应收款项，是指在活跃市场中没有报价、回收金额固定或可确定的非衍生金融资产。比如，金融企业发放的贷款和其他债权，但又不限于金融企业发放的贷款和其他债权。非金融企业持有的现金和银行存款、销售商品或提供劳务形成的应收款项、企业持有的其他企业的债权（不包括在活跃市场上有报价的债务工具）等，只要符合贷款和应收款项的定义，可以划分为这一类。

企业不应当将下列非衍生金融资产划分为贷款和应收款项：①准备立即出售或在近期出售的非衍生金融资产，这类非衍生金融资产应划分为交易性金融资产；②初始确认时被指定为以公允价值计量且其变动计入当期损益的非衍生金融资产；③初始确认时被指定为可供出售的非衍生金融资产；④因债务人信用恶化以外的原因，使持有方可能难以收回几乎所有初始投资的非衍生金融资产，如企业所持有的证券投资基金或类似的基金等。

划分为贷款和应收款项类的金融资产与划分为持有至到期投资的金融资产，其主要差别在于前者不是在活跃市场上有报价的金融资产，并且不像持有至到期投资那样在出售或重分类方面受到较多限制。如果某债务工具投资在活跃市场上没有报价，则企业不能将其划分为持有至到期投资。

对于施工企业这样的非金融企业，其拥有的贷款和应收款项类金融资产主要是销售商品或提供劳务形成的应收款项等债权。根据《企业会计准则第 22 号——金融工具确认和计量》第三十条规定，企业初始确认金融资产，应当按照公允价值计量。施工企业销售商品或提供劳务形成的应收款项除应收工程质量保证金外，收款信用期通常都较短，根据《企业会计准则第 22 号——金融工具确认 和计量》第五十四条规定，没有标明利率的短期应收款项的现值与实际交易价格相差很小的，可以按照实际交易价格计量。因此，对于施工企业而言，除应收工程质量保证金外，对外销售商品或提供劳务形成的应收债权，通常应按从购货方或发包方应收的合同或协议价款作为初始确认金额。

二、应收工程质量保证金的会计核算

（一）应收工程质量保证金的含义

应收工程质量保证金（简称“质保金”）是指在缺陷责任期内，没有发生合同规定的质量问题的，到期后承包人向发包人应收的原在工程款中预留的保证金。工程项目通常在工程办理竣工决算完毕后进入质保期（质保期即为缺陷责任期，具体进入质保期的时间视合同的规定而定），未折现的质保金总额为进入质保期时从各期（按季或按月）工程结算中预留的保证金累计金额。

由于质保金在合同中一般都有确定的回收期（一般在 2 至 5 年）、回收金额通常可确定，根据《企业会计准则第 22 号——金融工具确认和计量》规定，其可归于贷款和应收款项类金融资产。按准则要求，企业应按公允价值对金融资产进行初始计量，由于应收质保金在活跃市场中没有报价，对其初始确认金额可采用现金流量折现法计量。在资产负债表日对质保金进行折现时，折现年限为合同规定的质保期（一般以合同约定为准，但如实际回收期与合同约定差异较大，则需考虑实际情况），折现率一般可以采用同期 1 年期银行定期存款利率（视同市场平均收益率）。

（二）应收工程质量保证金具体账务处理

(1) 发包方从每期结算中预留的质保金，承包方仍然在“应收账款——应收工程款”科目中核算，并按《企业会计准则第 8 号——资产减值》规定进行资产减值的相关会计处理。

(2) 按合同规定进入质保期时，根据每期预留的质保金累计额，会计分录为：

借：应收账款——应收工程质量保证金

　　贷：应收账款——应收工程款

进入质保期后，该部分质保金可不再计提减值准备。同时，根据合同规定的质保期和同期 1 年期银行定期存款利率进行折现，依据折现额与折现前的金额之间的差额，会计分录为：

借：主营业务收入

　　贷：应收账款——应收工程质量保证金

(3) 进入质保期后，根据剩余期限和同期 1 年期银行定期存款利率进行折现，依据各期的折现额与上一个资产负债表日的折现额之间的差额，会计分录为：

借：应收账款——应收工程质量保证金

　　贷：财务费用——利息收入

(4) 质保期满后，依据到期实际收回的质保金，会计分录为：

借：银行存款

　　贷：应收账款——应收工程质量保证金

若到期后，仍有部分质保金未收回，则将该部分未收回的质保金转入应收工程款，并按规定计提资产减值准备，会计分录为：

借：应收账款——应收工程款

　　贷：应收账款——应收工程质量保证金

第五节　可供出售金融资产

一、可供出售金融资产概述

可供出售金融资产，是指初始确认时即被指定为可供出售的非衍生金融资产，以及除下列各类资产以外的金融资产：①贷款和应收款项；②持有至到期投资；③以公允价值计量且其变动计入当期损益的金融资产。例如，企业购入的在活跃市场上有报价的股票、债券和基金等，没有划分为以公允价值计量且其变动计入当期损益的金融资产或持有至到期投资等金融资产的，可归为此类。

对于在活跃市场上有报价的金融资产，既可能划分为以公允价值计量且其变动计入当期损益的金融资产，也可能划分为可供出售金融资产；如果该金融资产属于有固定到期日、回收金额固定或可确定的金融资产，则该金融资产还可能划分为持有至到期投资。某项金融资产具体应分为哪一类，主要取决于企业管理层的风险管理、投资决策等因素。金融资产的分类应是管理层意图的如实表达。

二、可供出售金融资产的会计处理

可供出售金融资产的会计处理（表 3-14），与以公允价值计量且其变动计入当期损益的金融资产的会计处理有类似之处，但也有不同。

具体而言：①初始确认时，都应按公允价值计量，但对于可供出售金融资产，相关交易费用应计入初始入账金额；②资产负债表日，都应按公允价值计量，但对于可供出售金融资产，公允价值变动不是计入当期损益，而通常应计入所有者权益。

企业在对可供出售金额资产进行会计处理时，还应注意以下方面：

(1) 企业取得可供出售金融资产支付的价款中包含的已到付息期但尚未领取的债券利息或已宣告但尚未发放的现金股利，应单独确认为应收项目。

可供出售金融资产持有期间取得的利息或现金股利，应当计入投资收益。资产负债表日，可供出售金融资产应当以公允价值计量，且公允价值变动计入其他综合收益。

(2) 可供出售金融资产发生的减值损失，应计入当期损益；如果可供出售金融资产是外币货币性金融资产，则其形成的汇兑差额也应计入当期损益。采用实际利率法计算的可供出售金融资产的利息，应当计入当期损益；可供出售权益工具投资的现金股利，应当在被投资单位宣告发放股利时计入当期损益。

(3) 处置可供出售金融资产时，应将取得的价款与该金融资产账面价值之间的差额，计入投资损益；同时，将原直接计入其他综合收益的公允价值变动累计额对应处置部分的金额转出，计入投资损益。

表 3-14　　可供出售金融资产的会计处理

<table>
<tr><td rowspan="4">可供出售金融资产的会计处理</td><td rowspan="4">初始计量</td><td rowspan="2">债券投资</td><td>按公允价值和交易费用之和计量（其中，交易费用在“可供出售金融资产—利息调整”科目核算）</td></tr>
<tr><td>实际支付的款项中包含的已到付息期但尚未领取的利息，应单独确认为应收利息</td></tr>
<tr><td rowspan="2">股票投资</td><td>按公允价值和交易费用之和计量</td></tr>
<tr><td>实际支付的款项中包含的已宣告但尚未发放的现金股利，应当确认为应收股利</td></tr>
</table>

续表

<table>
<tr><td rowspan="4">可供出售金融资产的会计处理</td><td>后续计量</td><td>资产负债表日按公允价值计量，公允价值变动计入其他综合收益（不考虑减值因素）</td></tr>
<tr><td>持有至到期投资重分类为可供出售金融资产</td><td>可供出售金融资产按重分类日公允价值计量，公允价值与账面价值的差额计入其他综合收益</td></tr>
<tr><td rowspan="2">处置</td><td>处置时，售价与账面价值的差额计入投资收益</td></tr>
<tr><td>将持有可供出售金融资产期间产生的“其他综合收益”转入“投资收益”</td></tr>
</table>

【例3-6】甲公司于2006年7月15日从二级市场购入股票100万股，每股市价14元，支付交易手续费25 000元；初始确认时，该股票划分为可供出售金融资产。甲公司至2006年12月31日仍持有该股票，该股票当时的市价为17元。2007年2月1日，甲公司将该股票出售，售价为每股12元，另支付交易费用20 000元。假定不考虑其他因素，甲公司的账务处理如下：

(1)2006年7月15日，购入股票：

借：可供出售金融资产——成本　　14 025 000

　　贷：银行存款　　14 025 000

(2)2006年12月31日，确认股票价格变动：

借：可供出售金融资产——公允价值变动　　2 975 000

　　贷：其他综合收益　　2 975 000

(3)2007年2月1日，出售股票：

借：银行存款　　11 980 000

　　其他综合收益　　2 975 000

　　投资收益　　2 045 000

　　贷：可供出售金融资产——成本　　14 025 000

　　　　　　　　　　　　——公允价值变动　　2 975 000

【例3-7】A公司是一家施工企业，2007年1月1日支付价款1 028.244万元购入某公司发行的3年期公司债券，该公司债券的票面总金额为1 000万元，票面利率为4%，实际利率为3%，利息每年末支付，本金到期支付。A公司将该公司债券划分为可供出售金融资产。2007年12月31日，该债券的市场价格为1 000.094万元。

假定无交易费用和其他因素的影响，A公司的账务处理如下（金额单位：万元）：

(1)2007年1月1日，购入债券：

借：可供出售金融资产——成本　　1 000

　　　　　　　　　　——利息调整　　28.244

　　贷：银行存款　　1 028.244

(2)2007年12月31日，收到债券利息、确认公允价值变动：

实际利息 =1 028.244×3%≈ 30.85(万元)

年末摊余成本 =1 028.244+30.85−40=1 019.094(万元)

借：应收利息　40

　贷：投资收益　30.85

　　可供出售金融资产——利息调整　9.15

借：银行存款　40

　贷：应收利息　40

借：其他综合收益　19

　贷：可供出售金融资产——公允价值变动　19

【例 3-8】2006 年 5 月 6 日，甲公司支付价款 10 300 000(含交易费用 50 000 元和已宣告但尚未发放的现金股利 250 000 元)，购入乙公司发行的股票 100 万股，占乙公司有表决权股份的 0.3%。甲公司将其划分为可供出售金融资产。其他资料如下：

(1)2006 年 5 月 10 日，甲公司收到乙公司发放的现金股利 250 000 元。

(2)2006 年 6 月 30 日，该股票市价为每股 13 元。

(3)2006 年 12 月 31 日，甲公司仍持有该股票；当日，该股票市价为每股 11 元。

(4)2007 年 5 月 9 日，乙公司宣告发放股利 1 000 万元。

(5)2007 年 5 月 13 日，甲公司收到乙公司发放的现金股利。

(6)2007 年 5 月 20 日，甲公司以每股 9 元的价格将该股票全部转让。

假定不考虑其他因素的影响，甲公司的账务处理如下：

(1)2006 年 5 月 6 日，购入股票：

借：应收股利　250 000

　可供出售金融资产——成本　10 050 000

　贷：银行存款　10 300 000

(2)2006 年 5 月 10 日，收到现金股利：

借：银行存款　250 000

　贷：应收股利　250 000

(3)2006 年 6 月 30 日，确认股票的价格变动：

借：可供出售金融资产——公允价值变动　2 950 000

　贷：其他综合收益　2 950 000

(4)2006 年 12 月 31 日，确认股票的价格变动：

借：其他综合收益　2 000 000

　贷：可供出售金融资产——公允价值变动　2 000 000

(5)2007 年 5 月 9 日，确认应收现金股利：

借：应收股利　30 000

　贷：投资收益　30 000

(6)2007 年 5 月 13 日，收到现金股利：

借：银行存款　　30 000

　　贷：应收股利　　30 000

(7)2007 年 5 月 20 日，出售股票：

借：银行存款　　9 000 000

　　投资收益　　1 050 000

　　其他综合收益　　950 000

　　贷：可供出售金融资产——成本　　10 050 000

　　　　　　　　　　　——公允价值变动　　950 000

第四章 材料物资核算

材料物资是构建所有建筑产品的物质基础，是工程成本的最重要组成部分，在建造过程中通过直接或间接消耗，构成材料成本。企业购进材料物资一般按实际成本计量，发出材料物资时采用先进先出法、加权平均法或个别计价法核算材料成本；施工企业由于材料种类繁多、收发频繁，为简化工作量，在实际操作中采取“计划成本法”核算材料成本（实质上也是“实际成本法”），期末通过“材料成本差异”将计划成本调整为实际成本。

第一节 材料物资概述

一、材料物资的分类

建筑施工企业的材料物资种类繁多，按其在施工中的作用和存放地点不同，可分为以下几类。

1. 原材料

指企业用以建筑安装工程施工而存放在仓库的各种材料。包括主要材料、结构件、机械配件和其他材料等。

(1) 主要材料是指用于工程施工并构成工程实体的各种材料，如黑色金属材料（如钢材）、有色金属材料（如铜材、铝材）、木材、硅酸盐材料（如水泥、砖瓦、石灰、砂、石等）、小五金材料、电器材料、化工原料（如油漆材料等）。

(2) 结构件是指经过吊装、拼砌或安装即能构成房屋建筑物实体的各种金属的、钢筋混凝土的和木质的结构件和构件。如钢窗、木门、钢筋混凝土预制件等。

(3) 机械配件是指在施工生产过程中使用的施工机械、生产设备、运输设备等替换、维修用的各种零件和配件，以及为机械设备准备的各种备品备件。如曲轴、活塞、轴承、齿轮、阀门等。

(4) 其他材料是指不构成工程实体，但有助于工程形成或便于施工生产进行的各种材料。如燃料、油料、催化剂、石料等。

2. 委托加工物资

指委托加工中的各种材料和构件。

3. 周转材料

指企业在施工生产过程中能够多次使用，并基本保持原有的物质形态，但价值逐渐转移的各种材料。如模板、挡板、架料等。

4. 低值易耗品

指使用期限较短、单位价值较低，不作为固定资产核算的各种用具物品。如铁锹、铁镐、手推车等生产工具；工作鞋、工作帽、安全带等劳保用品；办公桌椅等管理用品。

二、材料物资核算的主要方法

（一）材料物资初始成本的计量

材料物资初始成本的计量是指材料物资收入的计量。由于各种材料物资的来源不同，其成本组成的内容也不完全相同，因此，企业应按照制度的规定和不同的来源，分别计算和确定各类材料物资的实际成本。

(1) 外购材料物资的实际成本。由买价、运杂费、按规定应计入成本的税金和采购保管费组成。

(2) 自制材料物资的实际成本。将制造过程中的各项实际支出作为实际成本，包括制造过程中耗用的直接材料费、直接人工费和制造费用。

(3) 委托加工材料物资的实际成本。以实际耗用的原材料或者半成品以及加工费、运输费、装卸费和保险费等费用以及按规定应计入成本的税金，作为实际成本。

(4) 建设单位供应的材料物资的成本。应按合同确定的方法计价，通常是以材料的预算价格为依据，扣除一部分保管费作为材料物资的实际成本。

(5) 投资人投入的材料物资的成本。以投资各方确认的价值作为实际成本。

(6) 接受捐赠的材料物资的成本。按照发票账单所列金额加企业负担的相关税费作为实际成本。无发票账单的，应当参照同类或类似存货的市场价格估计的金额加上应支付的相关税费确定实际成本。

(7) 非货币性交易换入材料物资的成本。以换出资产的账面价值（或换入材料物资的公允价值）加上应支付的相关税费作为实际成本。

(8) 盘盈材料物资的成本。按照同类或类似材料物资的市场价格确定入账价值。

（二）材料物资收发的计量

1. 实际成本计价法

施工企业常用的收发材料物资计价方法有先进先出法、加权平均法、移动平均法和个别计价法等，每种计价方法都有各自的特点和优缺点。

注意：建筑施工企业材料物资日常核算采用哪种计价方法，由企业根据实际情况自行决定，但要遵守前后一致的原则，一经确定之后，不能随意变动。如需变更，要在会计报告中加以说明。

2. 计划成本计价法

采用计划成本计价法确定发出材料物资的成本，其基本方法如下：

(1) 企业应预先制订各种材料物资的计划成本目录，规定材料物资的分类、名称、规格、编号、计量单位和计划单价。计划单价在年度内一般不作调整。

(2) 平时领用、发出的材料物资，都按计划成本计价法计算，月份终了再将本月发出的材料物资应负担的成本差异进行分摊，将发出材料物资的计划成本调整为实际成本。

(3) 平时收到材料物资时，应按计划单价填入收料单内，并将实际成本与计划成本的差额作为“材料成本差异”分类登记。

【例 4-1】某建筑施工企业 2015 年 5 月初结存材料的计划成本为 10 万元，成本差异为节约 1 000 元；本月入库材料的计划成本为 15 万元，成本差异为超支 400 元。当月工程领用材料的计划成本为 20 万元。假定该企业按月末计算的材料成本差异率分配和结转材料成本差异。要求：计算当月工程领用材料的实际成本。

【答案】材料成本差异率 =（−1 000 +400）/ (100 000 +150 000)=−0.24%

领用材料应负担的材料成本差异 = 200 000×（−0.24%）=−480（元）

当月工程领用材料的实际成本 = 200 000+（− 480）=199 520（元）

采用计划成本计价的方法，发出的材料物资都按计划成本计算，大大简化了日常核算工作。

第二节 原材料的核算

按《企业会计制度》的规定，企业对原材料的日常核算，既可以按实际成本计价核算，也可以按计划成本计价和核算。下面分别介绍其核算方法。

一、原材料按实际成本计价的核算

规模较小、材料品种简单的施工企业，可以按实际成本计价进行核算。材料按实际成本计价核算，“原材料”等材料类账户的设置与计划成本计价的材料账户基本相同。由于材料收发均按实际成本计价，无需核算实际脱离计划的差异，故不设置“物资采购”和“材料成本差异”账户。但因采用实际成本计价，在材料物资的采购过程中，仍有发生在途材料物资的可能，所以要设置“在途物资”账户。各项材料物资收发业务，均按实际成本记账。收到材料时，借记材料类账户。

发出材料时根据具体情况选用先进先出法、加权平均法等方法，对发出材料重新计价。

采用实际成本进行材料核算的企业，月末汇总的物资采购——采购保管费用，不必计入材料的采购成本。而是采用一定的比例，按照发出材料的去向，直接分配计入用料对象的成本之中。

材料物资按实际成本计价核算，凭证账簿均按实际成本登记，因而具有反映准确的优点，但发出材料需要重新计价，对于材料收发业务频繁的企业不适宜。材料物资采用实际成本计价进行日常核算时，应按材料物资的类别、品种、规格和保管地点设置明细账，进行明细核算，具体见表 4-1。

表 4-1　　材料物资成本差异明细账

明细账户：主要材料　　2015 年

日期		凭证编号	摘要	借方（本月收入）			差异率/%	贷方（本月发出）			月末结存		
				计划成本	成本差异			计划成本	成本差异		计划成本	成本差异	
月	日				超支	节约			超支	节约		超支	节约
			月初余额			1 350					31 500		546
			外购	126 500							158 000		1 896
			自制										
			其他收入										
			本月发出				−1.2	100 000		1 200	58 000		696

二、原材料按计划成本计价的核算

按计划成本计价的材料核算，是指材料在购入、发出、结存各环节同时反映其实际成本与计划成本的一种核算方法。目前大多数企业采用这种方法进行材料核算。

(一) 账户设置

1. “物资采购”账户

用以核算企业购入各种材料物资的采购成本以及客户拨入抵作备料款的材料。借方核算企业外购材料物资支付的价款、发生的运杂费、分配计入材料物资采购成本的物资采购——采购保管费用，以及客户拨入抵作备料款的材料价款；贷方核算已经付款或已开出、承兑商业汇票并已验收入库的材料物资的计划成本，以及应向供应单位、运输单位等收回的材料短缺，或其他应冲减采购成本的赔偿款项。月末，将入库材料物资实际成本大于计划成本的差额，由本账户的贷方转入“材料成本差异”账户的借方；将入库材料物资实际成本小于计划成本的差额，由本账户的借方结转到“材料成本差异”账户的贷方。本账户期末借方余额反映已经付款或已开出、承兑商业汇票，但尚未到达或尚未验收入库的在途材料的实际成本。

2. “物资采购——采购保管费”账户

用以核算企业材料物资供应部门及仓库为采购、验收、保管和收发材料物资所发生的各种费用，一般包括：采购、保管人员的工资、工资附加费、办公费、差旅交通费、固定资产使用费、工具用具使用费、劳动保护费、检验试验费（检验试验收入）、材料整理及零星运费、材料物资盘亏及毁损（减盘盈）等。“物资采购——采购保管费”账户应按所列费用项目设置明细账进行明细核算。“物资采购——采购保管费”账户借方核算企业发生的各种物资采购——采购保管费用，贷方核算已分配计入材料物资采购成本的物资采购——采购保管费。

3. “原材料”账户

用以核算企业各种原材料（包括库存主要材料、结构件、机械配件和其他材料）的计划成本。借方核算企业外购、自制、委托外单位加工完成、客户转账拨入、其他单位投入、盘盈等原因增加的材料物资。已经验收入库，但月末发票账单仍未到，应按计划成本暂估入账，待下月初再用红字予以冲回。贷方核算领用、发出加工、对外销售以及盘亏、毁损等原因减少的材料。期末余额，反映原材料物资的计划成本。

4. “材料成本差异”账户

用以核算企业各种材料实际成本与计划成本的差异。本账户借方核算各种外购、自制、委托加工入库材料（包括低值易耗品、周转材料）的实际成本大于计划成本的差异（借差）；贷方核算各种材料实际成本小于计划成本的差异（贷差），以及分摊发出材料应负担的成本差异，其中实际成本大于计划成本的差异，用蓝字登记，实际成本小于计划成本的差异，用红字登记。月末借方余额，反映各种原材料、在库在用低值易耗品、在库在用周转材料实际成本大于计划成本的差异；贷方余额，反映实际成本小于计划成本的差异，当月材料成本差异率计算公式如下：

当月某类材料成本差异率 =（月初结存材料的成本差异 + 本月验收入库材料的成本差异）÷（月初结存材料的计划成本 + 本月验收入库材料的计划成本）× 100%

为了简化核算手续，及时计算投资转出材料或委托外部加工材料的实际成本，也可按上月差异率计算。

上月材料成本差异率的计算公式如下：

上月某类材料成本差异率 = 月初某类材料成本差异 / 月初某类材料计划成本 × 100%

（二）材料收入的总分类核算

建筑施工企业收入材料的来源有外购、自制、委托加工、拨入、投入和盘盈等，其中主要是外购。

从 2016 年 5 月 1 日起，建筑施工企业已开始实施“营业税改征增值税”改革，购入材料物资时，应按增值税专用发票上载明的不含税价格，计入所购货物的采购成本，所支付的增值税价款属于价外税，应计入应交增值税的销项税额。

建筑施工企业外购材料，要根据原始凭证，一方面办理收料、一方面办理货款结算。由于所采用的运输方式和结算方式不同，材料物资与其结算凭证往往不能同时达到，收料和付款的账务处理，要分别以下几种情况进行。

1. 付款同时收料

【例 4-2】某公司从本地购入 A 材料一批，由供应单位 A 公司送货上门。专用发票注明价格 10 000 元，增值税率为 17%，全部价税款项用商业承兑汇票付讫。该材料的计划成本为 12 000 元。账务处理为：

(1) 购入材料时：

借：物资采购	10 000	
应交税金——应交增值税（进项税额）	1 700	
贷：应付票据		11 700

(2) 材料验收入库，按计划成本入账：

借：原材料——A	12 000	
贷：物资采购		10 000
材料成本差异		2 000

2. 货款先付，材料后到

【例 4-3】某公司本月 1 日从 A 公司购入 B 材料一批，专用发票上注明价款 20 000 元，增值税 3 400 元，另外代垫运杂费 1 600，运杂费的增值税进项税额暂不考虑，价税款项用银行存款付讫。材料于本月 25 日收到。该材料的计划成本为 26 000。账务处理为；

(1) 购入材料时：

借：物资采购	21 600	
贷：银行存款		25 000

(2) 材料验收入库，按计划成本入账：

借：原材料——B	26 000	
贷：物资采购		25 000
材料成本差异		1 000

3. 预付材料款

【例 4-4】某公司本月 5 日根据合同预付材料定金 10 000 元，26 日收到供应单位 J 公司发来的 C 材料和结算凭证，价税共计 35 100 元，代垫运杂费 1 900 元。料款差额于月终前补付。该材料的计划成本为 38 000 元。账务处理为：

(1) 预付材料款（定金）：

借：预付账款	10 000	
贷：银行存款		10 000

(2) 收到材料发票账单 (35 100+1 900 ＝ 37 000)：

借：物资采购　　10 000

　　贷：预付账款　　10 000

(3)C 材料按计划成本验收入库：

借：原材料——C　　38 000

　　贷：物资采购　　37 000

　　　　材料成本差异　　1 000

(4) 补付料款差额 (37 000−10 000 ＝ 27 000)：

借：预付账款　　27 000

　　贷：银行存款　　27 000

4. 材料先到，货款未付

【例 4-5】某公司收到供应单位发来的 D 材料一批，计划成本 20 000 元。因发票账单等结算凭证未到，月末暂估入账，次月初用红字冲销。账务处理为：

(1) 月末账单未到，按暂估价入账：

借：原材料——D　　20 000

　　贷：应付账款　　20 000

(2) 次月初用红字冲销：

借：原材料——D　　20 000

　　贷：应付账款　　20 000

5. 材料入库，货款未付

【例 4-6】某公司从沪杭公司购入 E 材料一批，价税共计 46 800 元，代垫运杂费 2 000 元。材料已验收入库，货款无力承付。E 材料的计划成本为 50 000 元。账务处理程序如下。

(1) 赊购材料：

借：物资采购　　48 800

　　贷：应付账款　　48 800

(2) 验收入库：

借：原材料——E　　50 000

　　贷：物资采购　　48 800

　　　　材料成本差异　　1 200

6. 处理材料采购过程中发生的损耗

【例 4-7】B 材料发生超定额损耗 200 元，经查明属于本公司的责任事故，应将损耗计入 B 材料中采购成本。账务处理程序如下。

(1) 发现 B 材料超定额损耗：

借：待处理财产损失 B　　200

　　贷：物资采购　　200

(2) 将损失计入 B 材料采购成本：

借：物资采购　　200

　　贷：待处理财产损失——B　　200

7. 分配物资采购——采购保管费

【例 4-8】某公司本月共支付各种物资采购——采购保管费用 2 450 元，按实际分配率 2% 分配计入本月购入的 A、B、C、E 等四种材料的采购成本。

A 材料应分摊：11 700×2%＝234(元)

B 材料应分摊：25 000× 2%＝500(元)

C 材料应分摊：37 000×2%＝740(元)

E 材料应分摊：48 800×2%＝976(元)

分配当月物资采购——采购保管费用时：

借：物资采购——A　　234

　　物资采购——B　　500

　　物资采购——C　　740

　　物资采购——E　　976

　　贷：物资采购——采购保管费　　2 450

建筑施工企业的附属企业，购入材料按无税价值核算。购入材料所支付的增值税（进项税额）允许从销售额中抵扣。购入材料时要将价税金额分别反映。支付的材料价款贷记“银行存款”或“应付票据”账户。自制完工交库的材料按计划成本计入原材料账户，对实际成本脱离计划成本的差异，贷记或借记“材料成本差异”账户。收料业务较多的企业，可以编制收料凭汇总表，根据汇总表月末一次登记总账。收料凭证汇总表的一般格式见表 4-2。

表 4-2　　收料凭证汇总表

日期	材料	材料	计量	数量		实际成本				计划成本		备注
	类别	名称	单位	应收	实收	单价	货款	运杂费	合计	单价	金额	

（三）材料发出的总分类核算

日常业务中领料凭证较多，一般采用编制发料凭证汇总表的方法，月末一次登记总账。按照规定，计入成本费用的材料价值，必须按实际成本计算。因此，施工企业在核算发出材料费用时，必须根据有关资料计算分配发出材料应负担的差异额，把发出材料的计划成本调整为实际成本，确切反映各用材料对象耗用材料的实际价值。

为计算分配发出材料应负担的差异额，必须计算差异率，有关计算公式如下：

差异率 =（月初结存材料成本差异 + 本月收入材料成本差异）/（月初结存材料计划成本 + 本月收入材料计划成本）× 100%

发出材料应负担的成本差异 = 发出材料计划成本 × 材料成本差异率

发出材料实际成本 = 发出材料计划成本 ± 发出材料应负担的成本差异

【例 4-9】某公司月初结存主要材料的计划成本 31 500 元，其节约差异为 546 元。本月外购入库材料的计划成本为 126 500 元，收入材料的节约差异 1 350 元。本月甲工程领用主要材料的计划成本 100 000 元。计算本月发出主要材料的实际成本如下：

差异率 = [(−546)+(−1 350)]/(31 500+1 265 000) × 100% = −1.2%

差异额 = 100 000 × (−1.2%) = −1 200(元)

实际成本 = 100 000−1 200 = 98 800(元)

月末，通常由企业财会部门对各种领料凭证，按材料类别、领料部门和领料用途进行归类整理，编制发料凭证汇总分配表，计算分配领用材料的计划成本及其应负担的材料成本差异。从计划成本和应摊差异两个方面，综合反映领用材料的实际成本。发料凭证汇总分配表是核算发出材料的依据。发料凭证汇总分配表的一般格式如表 4-3 所示。

表 4-3　　　　发料凭证汇总分配表

2014 年　　　　单位：万元

材料类别 用途	主要材料			结构件			其他材料			合计		
1. 工程施工——合同成本	计划成本	成本差异	实际成本	计划成本	成本差异	实际成本	计划成本	成本差异	实际成本	计划成本	成本差异	实际成本
甲工程												
乙工程	10	−0.12	9.88	3	0.06	8.06	1	0.03	1.03	14	−0.03	13.97
丙工程												
小计												
2. 机械作业												
合计												

根据发料凭证汇总分配表，将领用材料的组合实际成本计入工程成本。

第三节　委托加工物资的核算

为了反映施工企业委托外单位加工的各种材料物资的实际成本及委托加工物资收发结存情况，企业应设置“委托加工物资”科目。其借方反映发送外单位加工的材料物资的实际成本或计划成本及成本差异，发生的加工费及往返运杂费；贷方反映加工完成并已验收入库的材料物资的实际成本和退回材料物资的实际成本；期末借方余额反映委托加工但尚未完成或尚未验收入库的材料物资的实际成本以及发生的运杂费及加工费。

委托加工物资的核算具体包括以下几方面。

(1) 发出物资的核算。发给外单位加工物资时，根据发出物资的实际成本，借记“委托加工物资”科目，贷记“原材料”等科目。如果采用计划成本核算，还应同时结转材料成本差异，贷记或借记“材料成本差异”科目。

(2) 支付加工费、运杂费等的核算。向受托加工单位支付加工费、运杂费等时，借记“委托加工物资”科目，贷记“银行存款”科目。需要缴纳消费税的委托加工物资，由受托方代收代交的消费税，借记“委托加工物资”科目（收回后用于直接销售的）或“应交税费——应交消费税”科目（收回后用于继续加工的），贷记“应付账款”“银行存款”等科目。

(3) 加工完成验收入库的核算。收回委托外单位加工完成验收入库的物资和剩余的物资，按加工收回物资的实际成本和剩余物资的实际成本，借记“原材料”等科目，贷记“委托加工物资”科目。

现举例说明施工企业委托加工物资的账务处理。

【例 4-10】某施工企业委托甲公司加工木模，业务如下：

(1) 发出材料物资委托甲单位加工，计划成本为 3 000 元，作如下分录：

借：委托加工物资　　3 000

　　贷：原材料　　3 000

(2) 支付运杂费及加工费 300 元，作如下分录：

借：委托加工物资　　300

　　贷：现金　　300

(3) 委托加工完毕验收入库，木模的计划成本为 3 200 元，作如下分录：

借：周转材料　　3 200

　　贷：委托加工物资　　3 200

(4) 加工剩余材料作价 60 元入库，作如下分录：

借：原材料　　60

　　贷：委托加工物资　　60

(5) 月末结转委托加工物资实际成本大于计划成本的差额，作如下分录：

借：材料成本差异　　40

　　贷：委托加工物资　　40

第四节 周转材料及低值易耗品的核算

一、周转材料的核算

(一) 周转材料的概念和内容

周转材料是指在施工生产过程中能多次反复周转使用、并基本保持其物质形态或经过整理便可以保持或恢复实物形态的材料。如模板、挡土板、脚手架、安全网等。企业的周转材料大多是用主要材料加工制成的或是直接从外部购入的。周转材料就其在施工生产中所起的作用来说，具有劳动资料的性质。但周转材料的使用期限较短、价值较低、领用频繁，一般作为流动资产进行管理和核算。

周转材料按用途不同可以分为以下几类：

(1) 模板。指浇灌混凝土用的木模、组合钢模等，包括配合模板使用的支撑材料、滑模材料和扣件。

(2) 挡板。指土方工程用的挡土板等，包括支撑材料在内。

(3) 架料。指搭脚手架用的竹竿、木杆、钢管(包括扣件)、竹木跳板等。

(4) 其他。如塔吊使用的轻轨、枕木等，但不包括附属于塔吊的钢轨。

周转材料按其使用情况可分为在库周转材料和在用周转材料。

由于周转材料在生产过程中能够多次周转使用，因此，它的价值应随同其损耗程度，逐渐转移、摊销计入工程成本或有关费用。

(二) 周转材料的核算方法

为了核算和监督周转材料的购入、领用、摊销和结存情况，企业可以设置“周转材料”账户。本账户用以核算库存和在用的各种周转材料的计划成本或实际成本；在本账户下设置“在库周转材料”“在用周转材料”和“周转材料摊销”三个明细账户。

“周转材料”账户借方核算企业库存、在用周转材料的计划成本或实际成本，贷方核算周转材料摊销额以及因盘亏、报废、毁损等减少的周转材料价值，期末余额反映企业在库周转材料的计划成本或实际成本以及在用周转材料的摊余价值。

1. 周转材料购入的核算

购入周转材料和库存周转材料的核算与原材料核算基本相同。

【例4-11】宏达建筑公司外购一批木板，实际成本10.2万元，计划成本10万元，货款已支付，木板验收入库。应作账务处理如下：

借：材料采购——周转材料　　102 000

　　贷：银行存款　　102 000

借：周转材料——在库周转材料　　100 000
　　贷：材料采购——周转材料　　100 000

月末结转购入周转材料成本差异。应作账务处理如下：

借：材料成本差异——周转材料　　2 000
　　贷：材料采购——周转材料　　2 000

2. 周转材料领用摊销的核算

实际工作中，为了使会计核算更具有实际意义，周转材料的摊销方法，应视周转材料价值的多少、耐磨程度、使用期限长短等具体因素进行确定。周转材料的摊销方法一般有一次摊销法、分次摊销法和五五摊销法等方法，企业可根据使用周转材料的具体情况，选择使用。

(1) 一次摊销法。指在领用周转材料时，将其全部价值一次计入工程成本或有关费用。这种方法一般适用于易腐、易潮、易损坏或价值较低、使用期限较短的周转材料，如安全网等。

【例4-12】某项工程领用一次摊销的安全网一批，计划成本4.2万元，材料成本差异率为−2%。应作账务处理如下：

借：工程施工　　42 000
　　贷：周转材料——在库周转材料　　41 160
　　　　材料成本差异——周转材料　　840

(2) 分次摊销法。指根据周转材料的预计使用次数、原值、预计残值确定每次摊销额，将其价值分次计入工程成本或有关费用。其计算公式为：

$$周转材料每月摊销额=\frac{周转材料原价\times(1-残值率)}{预计使用次数}$$

本期摊销额 = 每次摊销额 × 本期使用次数

这种方法适用于预制钢筋混凝土构件时所使用的定型模板、模板、挡板等周转材料。

【例4-13】某项工程领用的挡板的计划成本2 000元，预计使用10次，报废时预计残值为原价的5%，本月使用3次。应作账务处理如下：

借：周转材料——在用周转材料　　2 000
　　贷：周转材料——在库周转材料　　2 000

该项工程按规定的摊销方法，计算本期应摊销周转材料2.4万元，其中架料1.5万元，木模板0.9万元。应作账务处理如下：

借：工程施工　　24 000
　　贷：周转材料——周转材料摊销（架料）　　15 000
　　　　周转材料——周转材料摊销（木模板）　　9 000

(3) 五五摊销法。五五摊销法就是在第一次领用周转材料时，摊销其一半价值，在报废时再摊销其另一半价值的方法。在这种方法下，应在“周转材料”总账下，分设“周转材料——在库”“周转材料——在用”和“周转材料——摊销”三个二级科目。

其账务处理如下：

①领用时：按其账面余额，借记“周转材料——在用”，贷记“周转材料——在库”并摊销一半的账面价值，借记“销售费用、管理费用、生产成本、其他业务成本、工程施工”等科目，贷记“周转材料——摊销”。

②报废时：摊销另一半的账面价值，借记“销售费用、管理费用、生产成本、其他业务成本、工程施工”等科目，贷记“周转材料——摊销”；同时转销全部的周转材料已提摊销额，借记“周转材料——摊销”，贷记“周转材料——在用”。

③报废如有残值：报废的周转材料的价值应冲减有关资本成本或当期损益，借记“原材料、银行存款”等，贷记“销售费用、管理费用、生产成本、其他业务成本、工程施工”等账户。

各种周转材料的具体摊销方法，由企业根据具体情况确定，一经确定，一般不得随意改变，如果改变，需在会计报表附注中加以说明。

3. 周转材料报废、退库的核算

由于施工企业的周转材料大都在露天使用、堆放，受自然影响损耗较大，而且施工过程中安装拆卸周转材料的技术水平和施工生产工艺的高低对周转材料的使用寿命也有着直接影响。因此，在实际工作中，周转材料无论采用哪一种摊销方法，平时计算的摊销额，一般都不可能与实际价值损耗完全一致，所以，需在年度或工程竣工时，对周转材料进行盘点，根据实际损耗调整已提摊销额，以保证工程成本和有关费用的正确性。

(1) 企业清查盘点中发现短缺、报废的周转材料，应及时办理报废手续，并办理补提摊销。

报废、短缺周转材料应补提摊销额 = 应提摊销额 − 已提摊销额

应提摊销额 = 报废、短缺周转材料计划成本 − 残料价值（短缺的周转材料无残值）

$$\text{已提摊销额} = \text{报废、短缺周转材料计划成本} \times \frac{\text{该类在用周转材料账面已提摊销额}}{\text{该类在用周转材料账面计划成本}}$$

【例 4-14】乙工程领用的木模板全部报废，其计划成本为 2 万元，回收残料价值 0.1 万元，账面已提摊销 1.8 万元。应作账务处理如下：

应提摊销 = 20 000 −1 000 =19 000（元）

已提摊销 =18 000（元）

应补提摊销 =19 000 −18 000 =1 000（元）

根据以上计算结果，作补提摊销分录：

借：工程施工——乙工程	1 000	
贷：周转材料——周转材料摊销		1 000

残料验收入库，并转销报废木模板的计划成本。应作账务处理如下：

借：原材料——其他材料	1 000	
周转材料——周转材料摊销	19 000	

贷：周转材料——在用周转材料　　20 000

分配报废材料应负担的材料成本差异，假设材料成本差异率为2%。应作账务处理如下：

借：工程施工——乙工程　　200

贷：材料成本差异——周转材料　　200

(2) 对工程竣工或不再使用而退库的周转材料，应及时办理退库手续，并根据成色补提摊销。

退回周转材料应补提摊销额 = 应提摊销额 - 已提摊销额

应提摊销额 = 退回周转材料计划成本 ×（1- 退回时确定的成色即新旧程度率）

$$已提摊销额 = 退回周转材料计划成本 \times \frac{该类在用周转材料账面已提摊销额}{该类在用周转材料账面计划成本}$$

对于转移到其他工程的周转材料，也应及时办理转移手续，并比照上述的方法，确定其成色，补提摊销额。

【例4-15】某工程将领用的钢模板一部分退回仓库，计划成本4万元，退回时估计成色为50%，该类钢模板在用计划成本为8万元，账面已提摊销额3.2万元。

退库模板应提摊销 =40 000×(1-50%)=20 000（元）

退库模板已提摊销 =40 000×32 000/80 000 =16 000（元）

应补提摊销 = 20 000-16 000 =4 000（元）

根据以上计算结果，补提摊销应作账务处理如下：

借：工程施工　　4 000

贷：周转材料——周转材料摊销（在用）　　4 000

退回旧钢模板验收入库，应作账务处理如下：

借：周转材料——在库周转材料　　40 000

贷：周转材料——在用周转材料　　40 000

结转退库木模板的已提摊销额：

借：周转材料——周转材料摊销（在用）　　20 000

贷：周转材料——周转材料摊销（在库）　　20 000

【例4-16】某工程项目本月领用分次摊销的钢模板计划成本40 000元，本月应摊销8 000元。另外本月报废上年度领用的模板一批，计划成本为60 000元，已摊销数为70%，其余30%应在本月摊销。该模板的材料成本差异率为 -2%，残值率为6%。

(1) 领用时按计划成本由在库转为在用。作如下分录：

借：周转材料——在用周转材料　　40 000

贷：周转材料——在库周转材料　　40 000

(2) 同时，摊销8 000，作如下分录：

借：工程施工——合同成本　　8 000

贷：周转材料—周转材料摊销　　8 000

(3) 报废时将报废模板补提摊销，摊销额＝60 000×(1−6%)−60 000×70%＝14 400(元)，作如下分录：

借：工程施工——合同成本　　14 400

　　贷：周转材料——周转材料摊销　　14 400

(4) 将报废模板收回的残料交库，并转销报废模板的计划成本，作如下分录：

借：原材料　　3 600

　　周转材料——周转材料摊销　　56 400

　　贷：周转材料——在用周转材料　　60 000

(5) 月末结转报废模板应分配的材料成本差异 −1 200 元 [60 000×(−2%)]，作如下分录：

借：工程施工——合同成本　　1 200

　　贷：材料成本差异——周转材料　　1 200

【例 4-17】某工程项目本月领用分次摊销的钢模板一批，计划成本 30 000 元，本月应摊销 8 000 元。使用几个月后，报废模板一批，计划成本 10 000 元，估计残值 1 000 元作为其他材料已验收入库，报废当月模板计划成本 28 000 元，已摊销 19 500 元。该模板的材料成本差异率为贷差 2%。

(1) 领用时按计划成本由在库转为在用：

借：周转材料——在用周转材料　　30 000

　　贷：周转材料——在库周转材料　　30 000

(2) 计提摊销额 8 000 元：

借：工程施工——合同成本　　8 000

　　贷：周转材料——周转材料摊销　　8 000

以后各月计提各月摊销时，均按上述方法作摊销分录。

(3) 报废模板报废时补提摊销额的计算，公式如下：

报废模板报废应补提的摊销额＝应提摊销额—已提摊销额

已提摊销额 = 报废模板的计划成本 × 模板账面已提摊销额 / 模板账面计划本

根据上述计算公式，本例计算如下：

应提摊销额＝10 000−1 000＝9 000(元)

已提摊销额＝10 000×(19 500÷280 000)(元)≈6 964(元)

应补提摊销额＝9 000−6 964＝2 036(元)

根据上述计算结果，作如下分录：

借：工程施工——合同成本　　2 036

　　贷：周转材料——周转材料摊销　　2 036

(4) 将报废模板收回的残料交库，并转销报废模板的计划成本，作如下分录：

借：原材料——其他材料　　1 000

　　周转材料——周转材料摊销　　9 000

　　贷：周转材料——在用周转材料　　10 000

(5) 月末结转报废模板应分配的材料成本差异 200 元 (10 000 × 2%)，作如下分录：

借：工程施工——合同成本　　200

　　贷：材料成本差异——周转材料　　200

【例 4-18】W 工程项目年终盘点，把一批不需用的模板转到乙工程，计划成本 10 000 元，估计成色为 60%，W 工程在用模板账面计划成本 50 000 元，已提摊销额 15 000 元。

(1) 计算模板转移时应补提摊销额，公式如下：

转移模板应补提的摊销额＝应提摊销额 − 已提摊销额

应提摊销额＝转移模板的计划成本 ×(1− 转移时确定的成色)

已提摊销额＝转移模板的计划成本 × 模板账面已提摊销额 / 模板账面计划成本

根据上述计算公式，本例计算如下：

应提摊销额＝ 10 000 × (1−60%) ＝ 4 000(元)

已提摊销额＝ 10 000 × (15 000 ÷ 50 000) ＝ 3 000(元)

应补提摊销额＝ 4 000−3 000 ＝ 1 000(元)

根据上述计算结果，作如下分录：

借：工程施工——合同成本——W 工程　　1 000

　　贷：周转材料——周转材料摊销　　1 000

(2) 将模板由 W 工程移至乙工程时，作如下分录：

借：周转材料——在用 (乙工程)　　10 000

　　贷：周转材料——在用 (W 工程)　　10 000

借：周转材料——摊销 (W 工程)　　4 000

　　贷：周转材料——摊销 (乙工程)　　4 000

二、低值易耗品的核算

(一) 低值易耗品的概念和内容

低值易耗品是指单项价值在规定金额之内或使用期限低于规定时间，能多次使用且基本上保持其原有实物形态的物品。低值易耗品具有劳动资料的某些特征，但由于其价值较低，容易损坏等，所以在核算中一般是将其视作材料进行管理和核算。

施工企业的低值易耗品种类较多，但从其在施工生产中的作用来划分，不外乎四类：

(1) 生产工具。指在施工生产过程中使用的各种生产工具，如铁锹、铁镐、手推车等。

(2) 劳保用品。指发给工人在施工生产中使用的各种劳动保护用品。

(3) 管理用具。指在管理和服务工作中使用的价值较低而又易于损耗的各种家具和用具。

(4) 试验用的玻璃器皿。

对低值易耗品的确认，虽然在原则上可采用单项价值和使用期限两条标准，但实际工作中仍不免产生一些困难或混乱。因此，在我国常由企业主管部门征得财政部门同意后，制订低值易耗品目录，作为所属单位区分固定资产与低值易耗品的具体依据。

(二) 低值易耗品的摊销

由于低值易耗品可以多次使用而不改变其原有的实物形态，有的在使用过程中需要进行维修，报废时也有一定的残值，这些特点都与固定资产相似，但其价值损耗不是采用计提折旧的方式进行补偿，而是以摊销的方式计入成本。除容易破碎的可以在领用时一次摊销外，其余都应在领用时转作在用低值易耗品，并按一定的方法，将其价值分期摊销。施工企业低值易耗品的摊销方法主要有以下几种：

(1) 一次摊销法。价值较小的，可以在领用时一次计入成本、费用。玻璃器皿等易碎物品可不论其价值大小，在领用时一次计入成本。

(2) 分期摊销法。价值较大的，可以根据耐用期限分期摊入成本费用。

(3) 五五摊销法。是指在领用低值易耗品时，摊销其价值的 50%，报废时再摊销 50%(扣除残值)的一种方法。

低值易耗品的摊销方法，一般由企业主管部门或由企业根据具体情况自行规定。当企业规定采用某种摊销方法之后，则不能随意改变。

(三) 低值易耗品的核算

为了核算和监督低值易耗品的采购、领用和摊销的情况，施工企业应设置“低值易耗品”账户。本账户下设“在库低值易耗品”“在用低值易耗品”和“低值易耗品摊销”3 个明细账户。

现举例说明五五摊销法摊销低值易耗品的核算。

【例 4-19】 假设行政管理部门领用工具一批，计划成本为 3 000 元，本月报废工具计划成本为 600 元，残料 50 元入库，本月材料成本差异率为借差 2%。

(1) 领用时按计划成本由在库转为在用。作如下分录：

借：低值易耗品——在用低值易耗品　　3 000

　　贷：低值易耗品——在库低值易耗品　　3 000

(2) 同时，按计划成本摊销 50%，作如下分录：

借：管理费用　　1 500

　　贷：低值易耗品——低值易耗品摊销　　1 500

(3) 报废时将报废工具计划成本的 50% 扣除残料价值后摊销，作如下分录：

借：管理费用　　250

　　贷：低值易耗品——低值易耗品摊销　　250

(4) 将报废工具收回的残料作为其他材料入库，并转销报废生产工具的计划成本，作如下分录：

借：原材料　　50

　　低值易耗品——低值易耗品摊销　　550

贷：低值易耗品——在用低值易耗品　　600

(5) 月末结转报废工具应分配的材料成本差异 12 元 (600×2%)，作如下分录：

借：管理费用　　12

贷：材料成本差异——低值易耗品　　12

第五节　存货跌价准备的核算

一、材料物资期末计价

按照《企业会计准则——存货》规定，资产负债日，企业的存货应当按照成本与可变现净值孰低计量，对可变现净值低于存货成本的差额，计提存货跌价准备，计入当期损益。

“成本与可变现净值孰低”，是指对期末存货按照成本与可变现净值两者之中较低者进行计价的方法。即当成本低于可变现净值时，存货按成本计价；当可变现净值低于成本时，存货按可变现净值计价。

“成本”是指存货的历史成本，即按前面所介绍的以历史成本为基础的发出存货计价方法（如先进先出法等）计算的期末存货价值，或者是采用存货的简化核算方法（如计划成本法）下调整为实际成本的期末存货价值。

“可变现净值”是指在正常生产经营过程中，以存货的估计售价减去至完工估计将要发生的成本、估计的销售费用以及相关税费后的金额。

二、存货跌价准备核算操作

为了总括核算企业计提的存货跌价准备，施工企业应设置“存货跌价准备”账户，该账户属于资产类账户，是有关存货账户的备抵调整账户。该账户贷方登记企业于期末或年末实际计提的存货跌价准备，借方登记结转存货账面价值时冲销的已计提的存货跌价准备，以及因已计提的存货跌价准备的存货价值得以恢复，而按恢复增加的数额冲销已计提的存货跌价准备，但按恢复增加数冲销的存货跌价准备金额，应以本账户的余额冲减至零为限，该账户期末有贷方余额，反映企业已提取的存货跌价准备。

企业在根据成本与可变现净值孰低原则确定了期末存货的价值之后，应视具体情况进行有关的账务处理：

如果期末存货成本低于可变现净值，则不需要作账务处理，资产负债表中的存货仍按期末账面价值列示；

如果期末存货的可变现净值低于成本，则必须在当期确认存货跌价损失，并运用备抵法进行相关的账务处理，借记“资产减值损失”，贷记“存货跌价准备”；

当存货的可变现净值大于账面价值，若前期曾经计提减值准备，则应在原已计提的跌价准备的限额内转回可变现净值与账面价值的差额，借记“存货跌价准备”，贷记“资产减值损失”。

【例 4-20】宏达建筑公司按照“成本与可变现净值孰低”对期末存货进行计价。假设 2014 年年末存货的账面成本为 500 万元，预计可变现净值为 484 万元，应计提的存货跌价准备为 16 万元，“存货跌价准备”账户的余额为零，应作如下账务处理：

借：资产减值损失　　160 000

　　贷：存货跌价准备　　160 000

假设 2015 年 6 月末该存货的账面成本不变，预计可变现净值为 470 万元，则应再计提存货跌价准备 14 万元，应作账务处理如下：

借：资产减值损失　　140 000

　　贷：存货跌价准备　　140 000

2015 年年末，该存货的账面成本不变，可变现净值有所恢复，为 494 万元，则应冲减计提的存货跌价准备 24 万元，即：

借：存货跌价准备　　240 000

　　贷：资产减值损失　　240 000

【例 4-21】某施工企业在 2013 年 12 月 31 日，甲材料的账面成本为 200 000 元，预计可变现净值为 160 000 元，企业首次计提存货跌价准备；若 2014 年 3 月 31 日，甲材料由于市场供需关系的变化，使得甲材料的预计可变现净值为 190 000 元；若 2014 年 6 月 30 日，甲材料的预计可变现净值为 210 000 元；根据上述资料，作会计分录如下：

(1)2013 年 12 月 31 日：

借：管理费用——计提的存货跌价准备　　40 000

　　贷：存货跌价准备　　40 000

(2)2014 年 3 月 31 日：

应计提的存货跌价准备＝ 200 000−190 000 ＝ 10 000(元)

实际计提的存货跌价准备＝ 10 000−40 000 ＝ −30 000(元)

借：存货跌价准备　　30 000

　　贷：管理费用——计提的存货跌价准备　　30 000

(3)2014 年 6 月 30 日：

借：存货跌价准备　　10 000

　　贷：管理费用——计提的存货跌价准备　　10 000

第六节 材料物资的清查

一、材料物资清查的概述

为了保证材料的完整，做到账实相符，施工企业必须建立材料清查盘点制度。存货按规定应当定期盘点，每年至少盘点一次，并在年末进行全面清查。

建筑施工企业造成账实不符的原因主要有：①建筑安装材料种类繁多，收发频繁；②分散在各个仓库，现场存储；③材料计量不准；④自然损耗；⑤收发时点错数量；⑥人为短缺。

因此，必须通过清查盘点进行检查核实。材料的清查盘点，在平时应当轮流进行。每年在编制年度财务决算以前，还要进行一次全面清查盘点，使年度会计报表的数字正确可靠。

二、材料物资清查的程序、手续及核算的原始凭证

1. 清查的程序

(1) 清查盘点前，将已经收发的存货数量全部登记入账，并准备盘点清册，抄列各种材料物资的编号、名称、规格和存放地点；

(2) 清查盘点时，在盘点清册上，逐一登记各种材料物资的账面结存数量和实存数量，并进行核对；

(3) 清查盘点后，对于账实不符的材料物资，应查明原因，分清责任，并根据清查结果编制“材料物资盘存报告单”。

2. 清查的手续

根据企业会计准则规定，材料物资清查时，如果材料物资盘点的结果与账面结存不相符，应于办理年终结算前查明原因，并根据企业的管理权限，经过股东大会或董事会或经理（厂长）会议或类似机构批准后，在年终结账前处理完毕。企业存货的盘盈、盘亏和毁损，在期末结账前尚未经过批准，在对外提供财务会计报告时先按上述方法进行处理并在会计报表附注中做出说明；如果其后批准处理的金额与已处理的金额不一致，应当调整当期会计报表相关项目的年初数。

3. 清查核算的原始凭证

企业进行材料物资清查盘点，应当编制“材料物资盘存报告单”，并将其作为存货清查的原始凭证。

4. 清查核算的账户设置。

为了总括核算企业财产清查中查明的各种财产物资的盘盈、盘亏和毁损情况，企业应设置“待处理财产损溢”账户。其借方登记盘亏和毁损的各种财产物资的实际成本和经批准转销的盘盈数，贷方登记盘盈存货的实际成本和经批准转销的盘亏、毁损数，期末处理

后本账户应无余额。本账户应设置“待处理流动资产损溢”和“待处理固定资产损溢”两个明细账户进行明细核算。

三、材料物资盘盈、盘亏的核算操作

材料盘点的盈亏，可以分为两大类：一类是经查明属于材料明细账记录的错误，如收发数量登记错误，金额计算错误，明细账卡加减计算错误，登记时搞错材料规格，造成一种规格多、一种规格少，等等。对这些差错，可由材料核算人员开列清单，注明原因，经会计部门复核后，按规定的改正错误的方法进行更正。另一类是真正的材料盘点盈亏，当然，也可能包括未经查明属于明细账登记的错误。对于真正的材料盘点盈亏，应于期末前查明原因，并根据企业的管理权限，经股东大会或董事会或经理（厂长）会议或类似机构批准后，在期末结账前处理完毕。盘盈的存货，应当冲减当期的管理费用；盘亏的存货，在减去过失人或保险公司等赔款和残料价值后，计入当期管理费用；属于非常损失的，计入营业外支出 。

（一）材料物资盘盈的核算操作

发生盘盈的材料物资，经查明是由于收发计量或核算上的误差等原因造成的，应及时办理材料物资入账的手续，调整材料物资账的实存数，按盘盈存货的计划成本或估计成本记入“待处理财产损溢——待处理流动资产损溢”账户。经有关部门批准后，再冲减“管理费用”。

【例 4-22】宏达建筑公司在材料物资清查中盘盈木板一批，计划成本为 1.2 万元，应作账务处理如下：

借：原材料　　　　12 000

　　贷：待处理财产损溢——待处理流动资产损溢　　　　12 000

经批准，盘盈木板价值作冲减管理费用处理，应作账务处理如下：

借：管理费用　　　　12 000

　　贷：待处理财产损溢——待处理流动资产损溢　　　　12 000

【例 4-23】某施工企业在清查中发现下列材料账实不符：盘盈 W 材料（主要材料）一批，按计划成本价为 1 500 元；主要材料 P 材料盘亏 500 元，经确认其中属自然耗费 200 元，由于管理人员工作失职损失 50 元，因自然灾害造成的毁损 250 元，材料成本差异率为借差 2%。根据上述资料，对盘盈盘亏作会计分录。

(1) 根据盘盈盘亏结果，作如下分录：

借：原材料——W 材料　　　　1 500

　　贷：待处理财产损溢——待处理流动资产损溢　　　　1 500

借：待处理财产盘盈——待处理流动资产盘盈　　　　510

　　贷：原材料——P 材料　　　　500

材料成本差异　　10

(2) 上述盘盈盘亏材料按规定程序经批准予以转销，分录如下：

借：待处理财产损溢——待处理流动资产损溢　　1 500

　　贷：管理费用　　1 500

借：管理费用　　204

　　其他应收款——某人　　51

　　营业外支出　　255

　　贷：待处理财产损溢－待处理流动资产损溢　　510

（二）材料物资盘亏的核算程序

发生盘亏和毁损的存货，在报经批准以前，应按其成本（计划成本或实际成本）转入“待处理财产损溢——待处理流动资产损溢”账户。报经批准以后，再根据造成盘亏和毁损的原因，分别以下情况进行处理：

(1) 属于自然损耗产生的定额内损耗，经批准后转作采购保管费；

(2) 属于计量收发差错和管理不善等原因造成的存货短缺或毁损，应先扣除残料价值、可以收回的保险赔偿和过失人的赔偿，然后将净损失计入管理费用；

(3) 属于自然灾害或意外事故造成的存货毁损，应先扣除残料价值和可以收回的保险赔偿，然后将净损失转作营业外支出。

【例 4-24】宏达建筑公司在存货清查中盘亏水泥 8 000 元，应作账务处理如下：

借：待处理财产损溢——待处理流动资产损溢　　8 000

　　贷：原材料　　8 000

经查明，上述盘亏水泥，属于定额内损耗 2 400 元，自然灾害造成损失 4 000 元，由于管理不善造成的损失 1 600 元，经批准转销，应作账务处理如下：

借：采购保管费　　2 400

　　营业外支出　　4 000

　　管理费用　　1 600

　　贷：待处理财产损溢——待处理流动资产损溢　　8 000

第五章 长期股权投资及合营安排

长期股权投资，通常指企业长期持有，按所持股份比例享有被投资单位权益并承担相应责任的投资。企业进行长期股权投资，目的在于通过股权投资控制被投资单位，或对被投资单位施加重大影响，或为长期盈利，或为了与被投资单位建立密切关系，一般具有投资较大、期限较长、风险较大以及能为企业带来长期利益等特征。

根据《企业会计准则第 2 号——长期股权投资》，本章所指的长期股权投资主要包括以下内容：

(1) 企业持有的能够对被投资单位实施控制的权益性投资，即对子公司投资。

(2) 企业持有的能够与其他合营方一同对被投资单位实施共同控制的权益性投资，即对合营企业投资。

(3) 企业持有的能够对被投资单位施加重大影响的权益性投资，即对联营企业投资。

(4) 企业持有的对被投资单位不具有控制、共同控制或重大影响，并且在活跃市场中没有报价、公允价值不能可靠计量的权益性投资。

投资企业对被投资单位的权益性投资在重大影响以下（一般可以认为在 20% 以下），且在活跃市场中有报价、公允价值能可靠计量的投资，如交易性金融资产、可供出售金融资产，这部分权益性投资属于《金融工具确认和计量》准则规范的范畴。

企业应设置“长期股权投资”科目，采用权益法核算的，还应设置“成本”“损益调整”“其他权益变动”等明细科目，对因权益法核算所产生的影响长期股权投资账面余额的增减变动因素分别核算和反映。

第一节 长期股权投资的初始计量

长期股权投资在取得时，应按初始投资成本入账。长期股权投资的初始投资成本，应分别企业合并和非企业合并两种情况确定。

一、企业合并以外其他方式取得的长期股权投资

除企业合并形成的长期股权投资应遵循特定的会计处理原则外，其他方式取得的长期股权投资，取得时初始投资成本的确定应遵循以下规定：

(1) 以支付现金取得的长期股权投资，应当按照实际支付的购买价款作为初始投资成本，包括购买过程中支付的手续费等必要支出，但所支付价款中包含的被投资单位已宣告但尚未发放的现金股利或利润应作为应收项目核算，不构成取得长期股权投资的成本。

【例 5-1】A 公司于 2015 年 3 月 10 日自公开市场中买入 B 公司 30% 的股份，实际支付价款 10 000 万元。另外，在购买过程中支付手续费等相关费用 500 万元。A 公司取得该部分股权后能够对 B 公司的生产经营决策施加重大影响。

A 公司应当按照实际支付的购买价款作为取得长期股权投资的成本，其账务处理为：

借：长期股权投资　　105 000 000

　贷：银行存款　　105 000 000

(2) 以发行权益性证券方式取得的长期股权投资，其成本为所发行权益性证券的公允价值，但不包括被投资单位收取的已宣告但尚未发放的现金股利或利润。

确定发行的权益性证券的公允价值时，所发行的权益性证券存在公开市场，有明确市价可供遵循的，应以该证券的市价作为确定其公允价值的依据，同时应考虑该证券的交易量、是否存在限制性条款等因素的影响；所发行权益性证券不存在公开市场，没有明确市价可供遵循的，应考虑以被投资单位的公允价值为基础确定权益性证券的价值。

为发行权益性证券支付给有关证券承销机构等的手续费、佣金等与权益性证券发行直接相关的费用，不构成取得长期股权投资的成本。该部分费用按照《企业会计准则第 37 号——金融工具列报》的规定，应自权益性证券的溢价发行收入中扣除，权益性证券的溢价收入不足冲减的，应冲减盈余公积和未分配利润。

【例 5-2】2015 年 3 月，甲公司通过增发 8 000 万股本公司普通股（每股面值 1 元）取得乙公司 25% 的股权，按照增发前后的平均股价计算，该 8 000 万股股份的公允价值为 16 600 万元。为增发该部分股份，甲公司向证券承销机构等支付了 500 万元的佣金和手续费。假定甲公司取得该部分股权后，能够对乙公司的生产经营决策施加重大影响。

甲公司应当以所发行股份的公允价值作为取得长期股权投资的成本，账务处理为：

借：长期股权投资　　166 000 000

　贷：股本　　80 000 000

　　　资本公积——股本溢价　　86 000 000

发行权益性证券过程中支付的佣金和手续费，应冲减权益性证券的溢价发行收入，账务处理为：

借：资本公积——股本溢价　　5 000 000

　贷：银行存款　　5 000 000

(3) 投资者投入的长期股权投资，应当按照投资合同或协议约定的价值作为初始投资成本，但合同或协议约定的价值不公允的除外。

投资者投入的长期股权投资，是指投资者以其持有的对第三方的投资作为出资投入企业，接受投资的企业原则上应当按照投资各方在投资合同或协议中约定的价值作为取得投资的初始投资成本，但有明确证据表明合同或协议中约定的价值不公允的除外。

【例5-3】丙公司设立时，甲公司以所持有的乙公司的股票作为出资对丙公司进行投资，甲公司所持乙公司股票账面余额为3 500万元，未计提长期股权投资减值准备，根据投资协议，甲公司和丙公司约定对乙公司的长期股权投资价值为5 000万元，占丙公司注册资本的55%，丙公司的注册资本为8 000万元，则甲公司的账务处理为：

借：长期股权投资——丙公司	50 000 000	
贷：长期股权投资——乙公司		35 000 000
投资收益		15 000 000

丙公司的账务处理为：

借：长期股权投资——乙公司	50 000 000	
贷：实收资本		44 000 000
资本公积——资本溢价		6 000 000

(4) 以债务重组方式取得的长期股权投资，对债权人而言，将债务转为资本，应当将因放弃债权而享有股份的公允价值确认为对债务人的投资，重组债权的账面余额与股份的公允价值之间的差额，确认为债务重组损失，计入营业外支出。债权人已对债权计提减值准备的，应当先将该差额冲减减值准备，减值准备不足以冲减的部分，确认为债务重组损失计入营业外支出。

【例5-4】2014年2月11日，甲公司销售一批商品给乙公司，应收账款120 000元，合同约定5个月后结清款项。5个月后，由于乙公司发生财务困难，无法支付货款，与甲公司协商进行债务重组。经双方协议，甲公司同意乙公司以其股权抵偿该账款。甲公司对该项应收账款计提了坏账准备6 000元。假设乙公司注册资本为6 000 000元，净资产的公允价值为8 600 000元，抵债股权占乙公司注册资本的1%。相关手续已办理完毕。假定不考虑其他相关税费。

债权人甲公司重组债权应收账款的账面余额与所转让股权的公允价值之间的差额 = 120 000−8 600 000×1%=34 000(元)，该差额34 000元扣除已计提坏账准备6 000元后为28 000元，作为债务重组损失计入营业外支出，账务处理为：

借：长期股权投资——乙公司	86 000	
营业外支出——债务重组损失	28 000	
坏账准备	6 000	
贷：应收账款		120 000

(5) 以非货币性资产交换方式取得的长期股权投资，其初始投资成本的确定应区分以公允价值计量，和以换出资产账面价值计量两种情况分别处理：非货币性资产交换具有商

业实质且公允价值能够可靠计量的，应当以换出资产的公允价值和应支付的相关税费作为换入长期股权投资的成本；非货币性资产交换不具有商业实质，或者虽然具有商业实质但换入资产和换出资产的公允价值均不能可靠计量的，应当以换出资产账面价值为基础确定换入长期股权投资的成本。

【例 5-5】2014 年 9 月，甲公司以其持有的对乙公司的长期股权投资交换丙公司拥有的一项专利技术。在交换日，甲公司持有的长期股权投资账面余额 900 万元，已计提减值准备余额为 150 万元，在交换日的公允价值为 700 万元；丙公司专利技术的账面原价为 1 000 万元，累计已摊销金额为 260 万元，已计提减值准备为 100 万元，在交换日的公允价值为 700 万元。丙公司原已持有对乙公司的长期股权投资，从甲公司换入对乙公司的长期股权投资后，使乙公司成为丙公司的联营企业。假设整个交易过程中没有发生其他相关税费。

丙公司的账务处理为：

借：长期股权投资	7 000 000	
累计摊销	2 600 000	
无形资产减值准备	1 000 000	
贷：无形资产——专利权		10 000 000
营业外收入		600 000

(6) 为了规范管理层与作业层之间的两层分开，建筑施工企业投资入股新成立的劳务公司，对劳务公司投资的初始投资成本确定应区别投出的资产不同而采用不同的方法：若投出的资产是现金，初始投资成本的确定及会计处理方法参见上述第 (1) 项；若投出的资产是非现金资产，初始投资成本的确定及会计处理方法参见上述第 (2) 至 (5) 项，应注意的是若建筑施工企业是国有控股公司，其投出的非现金资产应经过具有相应资质的评估机构的估值，并报上级单位批准或备案。

二、企业合并形成的长期股权投资

企业合并形成的长期股权投资，应区分企业合并的类型，分别同一控制下控股合并与非同一控制下控股合并确定其初始投资成本。

(一) 同一控制下企业合并形成的长期股权投资

(1) 合并方以支付现金、转让非现金资产或承担债务方式作为合并对价的，应当在合并日按照取得被合并方所有者权益账面价值的份额作为长期股权投资的初始投资成本。长期股权投资的初始投资成本与支付的现金、转让的非现金资产及所承担债务账面价值之间的差额，应当调整资本公积（资本溢价或股本溢价）；资本公积（资本溢价或股本溢价）的余额不足冲减的，应当调整留存收益。

【例 5-6】甲、乙两家公司同属于某建筑施工企业集团的子公司，2014 年 5 月 1 日甲公司以 3 000 万元取得乙公司 80% 的股份，共计 1 000 万股，并以银行存款支付全部款项，乙公司股东大会于2014年4月20日通过了2013年股利分配方案，每股分配现金股利1元，于2014年5月15日发放，乙公司2014年5月1日所有者权益是5 000万元。则甲公司的账务处理为：

借：长期股权投资——乙公司　　(50 000 000×80%)40 000 000

　　应收股利　　10 000 000

　　贷：银行存款　　30 000 000

　　　　资本公积　　20 000 000

(2) 合并方以发行权益性证券作为合并对价的，应按发行股份的面值总额作为股本，长期股权投资初始投资成本与所发行股份面值总额之间的差额，应当调整资本公积（资本溢价或股本溢价）；资本公积（资本溢价或股本溢价）的余额不足冲减的，调整留存收益。

【例5-7】2014年6月30日，A公司向同一集团内B公司的原股东定向增发1 800万股普通股（每股面值为1元，市价为5.58元），取得B公司100%的股权，并于当日起能够对B公司实施控制。合并后B公司仍维持其独立法人资格继续经营。两公司在企业合并前采用的会计政策相同。合并日，B公司所有者权益的总额为5 505万元。

B公司在合并后维持其法人资格继续经营，合并日A公司在其账簿及个别财务报表中应确认对B公司的长期股权投资，账务处理为：

借：长期股权投资——B公司　　55 050 000

　　贷：股本　　18 000 000

　　　　资本公积——股本溢价　　37 050 000

应注意的是，上述在按照合并日应享有被合并方账面所有者权益的份额确定长期股权投资的初始投资成本时，前提是合并前合并方与被合并方采用的会计政策应当一致。企业合并前合并方与被合并方采用的会计政策不同的，应首先按照合并方的会计政策对被合并方资产、负债的账面价值进行调整，在此基础上计算确定形成长期股权投资的初始投资成本。

（二）非同一控制下企业合并形成的长期股权投资

(1) 非同一控制下的控股合并中，购买方应当按照确定的企业合并成本作为长期股权投资的初始投资成本。企业合并成本包括购买方付出的资产、发生或承担的负债、发行的权益性证券的公允价值以及为进行企业合并发生的各项直接相关费用。

【例5-8】A公司于2015年3月31日取得B公司70%的股权。为核实B公司的资产价值，A公司聘请专业资产评估机构对B公司的资产进行评估，支付评估费用300万元。合并中，A公司支付的有关资产在购买日的账面价值与公允价值如表5-1所示。

假定合并前A公司与B公司不存在任何关联方关系，A公司用作合并对价的土地使用权和专利技术原价为9 600万元，至控股合并发生时已累计摊销1 200万元。

表 5-1　　A 公司支付的有关资产在购买日的账面价值与公允价值

2015 年 3 月 31 日　　单位：万元

项　目	账面价值	公允价值
土地使用权（自用）	6 000	9 600
专利技术	2 400	3 000
银行存款	2 400	2 400
合　计	10 800	15 000

分析：本例中因 A 公司与 B 公司在合并前不存在任何关联方关系，应作为非同一控制下的控股合并处理。

A 公司对于形成控股合并的对 B 公司的长期股权投资，应按确定的企业合并成本作为其初始投资成本。A 公司应进行如下账务处理：

借：长期股权投资　　150 000 000
　　管理费用　　3 000 000
　　累计摊销　　12 000 000
　　贷：无形资产　　96 000 000
　　　　银行存款　　27 000 000
　　　　营业外收入　　42 000 000

(2) 通过多次交换交易，分步取得股权最终形成企业合并的，企业合并成本为每一单项交换交易的成本之和。其中，达到企业合并前对持有的长期股权投资采用成本法核算的，长期股权投资在购买日的成本应为原账面余额，加上购买日为取得进一步的股份新支付对价的公允价值之和；达到企业合并前对长期股权投资采用权益法等方法核算的，购买日应对权益法下长期股权投资的账面余额进行调整，将有关长期股权投资的账面余额调整至最初取得成本，在此基础上加上购买日新支付对价的公允价值作为购买日长期股权投资的成本。

【例 5-9】甲公司于 2014 年 3 月以 11 000 万元取得乙公司 35% 的股权，因能够对乙公司施加重大影响，对所取得的长期股权投资采用权益法核算，于 2014 年确认对乙公司的投资收益 500 万元。2014 年 5 月，甲公司又出资 9 000 万元取得乙公司另外 30% 的股权。假定甲公司在取得对乙公司的长期股权投资以后，乙公司并未宣告发放现金股利或利润。甲公司按净利润的 10% 提取盈余公积，甲公司对该项长期股权投资未计提任何减值准备。甲公司与乙公司不存在任何关联方关系，在购买日，甲公司的账务处理为：

借：盈余公积　　500 000
　　利润分配——未分配利润　　4 500 000
　　贷：长期股权投资——乙公司　　5 000 000
借：长期股权投资——乙公司　　90 000 000
　　贷：银行存款　　90 000 000

购买日甲公司对乙公司长期股权投资的账面余额 =(11 500−500)+9 000=20 000(万元)。

三、投资成本中包含的已宣告尚未发放现金股利或利润的处理

企业无论是以何种方式取得长期股权投资，取得投资时，对于支付的对价中包含的应享有被投资单位已经宣告但尚未发放的现金股利或利润应作为应收项目单独核算，不构成取得长期股权投资的初始投资成本。即企业在支付对价取得长期股权投资时，实际支付的价款中包含的对方已经宣告但尚未发放的现金股利或利润，应作为应收款，构成企业的一项债权，其与取得的对被投资单位的投资应作为两项金融资产。

【例 5-10】A 公司于 2015 年 3 月 10 日自公开市场中买入 B 公司 30% 的股份，实际支付价款 10 000 万元。另外，在购买过程中支付手续费等相关费用 500 万元，A 公司取得该部分股权后能够对 B 公司的生产经营决策施加重大影响。A 公司取得该项投资时，B 公司已经宣告但尚未发放现金股利，A 公司按其持股比例计算确定可分得 100 万元，则 A 公司在确认该长期股权投资时，应将包含的现金股利部分单独核算，其账务处理为：

借：长期股权投资	104 000 000	
应收股利	1 000 000	
贷：银行存款		105 000 000

第二节 长期股权投资的后续计量

长期股权投资在持有期间，根据投资企业对被投资单位的影响程度及是否存在活跃市场、公允价值能否可靠取得等进行划分，应当分别采用成本法及权益法进行核算。

一、长期股权投资的成本法

(一) 成本法的定义及适用范围

成本法，是指投资按成本计价的方法。长期股权投资的成本法适用于以下情况：

(1) 企业持有的能够对被投资单位实施控制的长期股权投资，即企业持有的对子公司投资。

(2) 投资企业对被投资单位不具有共同控制或重大影响，且在活跃市场中没有报价、公允价值不能可靠计量的长期股权投资。

(二) 成本法的核算

采用成本法核算的长期股权投资，核算方法如下：

(1) 初始投资或追加投资时，按照初始投资或追加投资时的成本增加长期股权投资的账面价值。

(2) 被投资单位宣告分派的现金股利或利润中，投资企业按应享有的部分，确认为当期投资收益；但投资企业确认的投资收益仅限于所获得的被投资单位在接受投资后产生的累积净利润的分配额。所获得的被投资单位宣告分派的利润或现金股利超过被投资单位在接受投资后产生的累积净利润的部分，应冲减长期股权投资的账面价值。

(三)应抵减初始投资成本金额的确定

按照成本法核算的长期股权投资，自被投资单位获得的现金股利或利润超过被投资单位在接受投资后产生的累积净利润的部分，应冲减投资的账面价值。在具体处理时，应分别按取得投资当年和以后年度采用不同的方法处理。

1. 取得投资当年的利润或现金股利的处理

企业当年实现的盈余一般在下一个年度分配，即应付利润或现金股利。因此，通常情况下，投资企业取得投资当年分得的利润或现金股利，是由投资前被投资单位实现的利润分配得来的，从而不能作为当期投资收益，而应作为初始投资成本的收回。如果投资企业投资当年分得的利润或现金股利，部分是来自投资后被投资单位的盈余分配，则该部分应作为投资企业取得投资当年的投资收益。

在具体计算时，如能分清投资前和投资后被投资单位实现的净利润，则应分别投资前和投资后计算确认属于投资收益和冲减投资成本的金额；否则，按以下公式计算确认投资收益或冲减初始投资成本的金额：

投资企业取得投资当年应享有的投资收益 = 取得投资当年被投资单位实现的净损益 × 投资企业持股比例 × 当年投资持有月份 ÷ 全年月份

应冲减初始投资成本的金额 = 取得投资当年被投资单位分派的利润或现金股利 × 投资企业持股比例 − 投资企业取得投资当年应享有的投资收益

如果投资企业取得投资当年应享有的被投资单位分派的利润或现金股利等于或小于投资企业取得投资当年应享有的投资收益，则将应分得的利润或现金股利全部确认为当期的投资收益。

2. 取得投资以后年度的利润或现金股利的处理

以后年度，被投资单位累积分派的现金股利或利润超过投资以后至上年末止被投资单位累积实现净损益的，投资企业按照持股比例计算应享有的部分应作为投资成本的收回。具体可按以下公式计算：

应冲减初始投资成本的金额 =[投资后至本年末（或本期末）止被投资单位分派的现金股利或利润 − 投资后至上年末止被投资单位累积实现的净损益] × 投资企业的持股比例 − 投资企业已冲减的初始投资成本

应确认的投资收益 = 投资企业当年获得的利润或现金股利 − 应冲减初始投资成本的金额

如果投资后至本年末（或本期末）止被投资单位累积分派的现金股利或利润大于投资

后至上年末止被投资单位累积实现的净损益，则按上述公式计算应冲减初始投资成本的余额；如果投资后至本年末（或本期末）止被投资单位累积分派的现金股利或利润等于或小于投资后至上年末止被投资单位累积实现的净损益，则被投资单位当期分派的利润或现金股利中应由投资企业享有的部分，应确认为投资收益。

【例5-11】甲施工企业2014年4月1日以150万元购入乙公司10%的股权，乙公司为一家未上市股份公司，其股权不存在活跃的市场价格亦无法通过其他方式可靠确定其公允价值。甲企业在取得该部分投资后，未参与乙公司的生产经营决策。2014年5月15日公司宣告分派2013年度现金股利100万元，2014年1月1日乙公司的股东权益合计为1 200万元，其中股本1 000万元，未分配利润200万元，2014年实现净利润280万元，其中1—3月份实现净利润50万元，2015年5月8日乙公司宣告分派现金股利320万元。

分析：对甲企业来讲，2014年取得投资时支付的150万元全部作为初始投资成本，2014年5月15日宣布发放的现金股利，甲企业应收取的10万元，应作为对乙公司初始投资成本的收回。2015年5月8日乙公司宣布发放的现金股利中，甲企业应收取现金股利32万元(320×10%)，甲企业2015年应享有的投资收益为23万元[(280−50)×10%]，由于应享有的乙公司分派的现金股利大于应享有的投资收益，故应冲减的投资成本为9万元(32−23)。还可以应用上述公式计算，即甲企业取得投资后的2015年应冲减初始投资成本的金额=(100+320−230)×10% −10=9万元，甲企业2015年应确认的投资收益=320×10% −9=23万元。甲企业的具体账务处理为：

(1)2014年4月1日，取得初始投资时：

借：长期股权投资——乙公司 1 500 000

　　贷：银行存款 1 500 000

(2)2014年5月15日公司宣布发放现金股利时：

借：应收股利——乙公司 100 000

　　贷：长期股权投资——乙公司 100 000

(3)2015年5月8日乙公司宣布发放现金股利时：

借：应收股利——乙公司 320 000

　　贷：长期股权投资——乙公司 90 000

　　　　投资收益 230 000

二、长期股权投资的权益法

(一)权益法的定义及其适用范围

权益法，是指投资以初始投资成本计量后，在投资持有期间根据投资企业享有被投资单位所有者权益的份额的变动对投资的账面价值进行调整的方法。

投资企业对被投资单位具有共同控制或重大影响的长期股权投资，即对合营企业投资及对联营企业投资，应当采用权益法核算。

(二)权益法核算

1. 初始投资成本的调整

投资企业取得对合营企业或联营企业的投资以后，对于取得投资时初始投资成本与应享有被投资单位可辨认净资产公允价值份额之间的差额，应区别具体情况处理。

(1) 初始投资成本大于取得投资时应享有被投资单位可辨认净资产公允价值份额的，该部分差额是投资企业在取得投资过程中通过作价体现出的与所取得股权份额相对应的商誉及不符合确认条件的资产价值，这种情况下不要求对长期股权投资的成本进行调整。

(2) 初始投资成本小于取得投资时应享有被投资单位可辨认净资产公允价值份额的，两者之间的差额体现为双方在交易作价过程中转让方的让步，该部分经济利益流入应作为收益处理，计入取得投资当期的营业外收入，同时调整增加长期股权投资的账面价值。

【例 5-12】甲公司于 2014 年 1 月取得乙公司 35% 的股权，支付价款 7 000 万元。取得投资时被投资单位净资产账面价值为 16 000 万元，被投资单位可辨认净资产公允价值为 18 000 万元。甲公司在取得乙公司股权后，能够对其施加重大影响，对该投资采用权益法核算。取得投资时，甲公司的账务处理为：

借：长期股权投资——投资成本　　70 000 000

　贷：银行存款　　70 000 000

长期股权投资的初始投资成本 7 000 万元大于取得投资时应享有被投资单位可辨认净资产公允价值的份额 6 300 万元 (18 000 × 35%)，该差额不调整长期股权投资的账面价值。

假设本例中取得投资时被投资单位可辨认净资产的公允价值为 22 000 万元，甲公司按照持股比例应享有的份额为 7 700 万元 (22 000 × 35%)，则初始投资成本与应享有被投资单位可辨认净资产公允价值份额之间的差额 700 万元应计入取得投资当期的营业外收入，具体账务处理为：

借：长期股权投资——投资成本　　77 000 000

　贷：银行存款　　70 000 000

　　营业外收入　　7 000 000

2. 投资损益的确认

投资企业取得长期股权投资后，应当按照应享有或应分担被投资单位实现净利润或发生净亏损的份额 (法规或章程规定不属于投资企业的净损益除外)，调整长期股权投资的账面价值，并确认为当期投资损益。

投资企业在计算应享有或应分担被投资单位实现净利润或发生净亏损的份额时，如果会计年度内持股比例未发生变动，应在年度终了时，按年度终了时的持股比例计算确认投资损益；如果会计年度内持股比例发生变化，应分别按年初持股比例和年末持股比例分段计算所持股份期间应享有的投资收益。如果无法得到被投资企业在投资企业持股比例变动前后所实现的净利润或净亏损数额，可根据投资持有时间加权平均计算。公式为：

加权持股比例 = 变动前持股比例 × 当年该比例持有月份 ÷ 全年月份 +

变动后持股比例 × 当年该比例持有月份 ÷ 全年月份

在确认应享有或应分担被投资单位的净利润或净亏损时，在被投资单位账面净利润的基础上，应考虑以下因素的影响进行适当调整：

一是被投资单位采用的会计政策及会计期间与投资企业不一致的，应按投资企业的会计政策及会计期间对被投资单位的财务报表进行调整。

二是以取得投资时被投资单位固定资产、无形资产的公允价值为基础计提的折旧额或摊销额，以及以投资企业取得投资时的公允价值为基础计算确定的资产减值准备金额等，对被投资单位净利润的影响。

在针对上述事项对被投资单位实现的净利润进行调整时，应考虑重要性原则，不具有重要性的项目可不予调整。符合下列条件之一的，投资企业可以以被投资单位的账面净利润为基础，计算确认投资损益，同时应在会计报表附注中说明不能按照准则中规定进行核算的原因：(1) 投资企业无法合理确定取得投资时被投资单位各项可辨认资产等的公允价值；(2) 投资时被投资单位可辨认资产的公允价值与其账面价值相比，两者之间的差额不具重要性的；(3) 其他原因导致无法取得被投资单位的有关资料，不能按照准则中规定的原则对被投资单位的净损益进行调整的。

三是在确认投资收益时，除考虑公允价值的调整外，对于投资企业与其联营企业及合营企业之间发生的未实现内部交易损益应予抵销。即投资企业与联营企业及合营企业之间发生的未实现内部交易损益按照持股比例计算归属于投资企业的部分应当予以抵销，在此基础上确认投资损益。投资企业与被投资单位发生的内部交易损失，按照《企业会计准则第 8 号——资产减值》等规定属于资产减值损失的，应当全额确认。投资企业对于纳入其合并范围的子公司与其联营企业及合营企业之间发生的内部交易损益，也应当按照上述原则进行抵销，在此基础上确认投资收益。

【例 5-13】甲企业于 2014 年 1 月取得乙公司 20% 有表决权股份，能够对乙公司施加重大影响。假定甲企业取得该项投资时，乙公司各项可辨认资产、负债的公允价值与其账面价值相同。2014 年 8 月，乙公司将其成本为 600 万元的某商品以 1 000 万元的价格出售给甲企业，甲企业将取得的商品作为存货。至 2014 年资产负债表日，甲企业仍未对外出售该存货。乙公司 2014 年实现净利润为 3 200 万元。假定不考虑所得税因素。

甲企业在按照权益法确认应享有乙公司 2014 年净损益时，应进行以下账务处理：

借：长期股权投资——损益调整　　(28 000 000 × 20%)5 600 000

　贷：投资收益　　5 600 000

进行上述处理后，投资企业有子公司，需要编制合并财务报表的，在合并财务报表中，因该未实现内部交易损益体现在投资企业持有存货的账面价值当中，应在合并财务报表中进行以下调整：

借：长期股权投资——损益调整　　[(10 000 000 − 6 000 000) × 20%] 800 000

　贷：存货　　800 000

3. 取得现金股利或利润的处理

按照权益法核算的长期股权投资，投资企业自被投资单位取得的现金股利或利润，应抵减长期股权投资的账面价值。在被投资单位宣告分派现金股利或利润时，会计分录为：

借：应收股利

　　贷：长期股权投资——损益调整

自被投资单位取得的现金股利或利润超过已确认损益调整的部分，应视同投资成本的收回，冲减长期股权投资的账面价值，会计分录为：

借：应收股利

　　贷：长期股权投资——损益调整

　　　　长期股权投资——成本（超过已确认损益调整的部分）

4. 超额亏损的确认

按照权益法核算的长期股权投资，投资企业确认应分担被投资单位发生的损失，原则上应以长期股权投资及其他实质上构成对被投资单位净投资的长期权益减记至零为限，投资企业负有承担额外损失义务的除外。这里所说的“其他实质上构成对被投资单位净投资的长期权益”通常是指长期应收项目，比如，企业对被投资单位的长期债权，该债权没有明确的清收计划且在可预见的未来期间不准备收回的，实质上构成对被投资单位的净投资，但不包括投资企业与被投资单位之间因销售商品、提供劳务等日常活动所产生的长期债权。

(1) 投资企业在确认应分担被投资单位发生的亏损时，具体应按照以下顺序处理：

首先，减记长期股权投资的账面价值。

其次，在长期股权投资的账面价值减记至零的情况下，对于未确认的投资损失，考虑除长期股权投资以外，账面上是否有其他实质上构成对被投资单位净投资的长期权益项目，如果有，则应以其他长期权益的账面价值为限，继续确认投资损失，冲减长期应收项目等的账面价值。

最后，经过上述处理，按照投资合同或协议约定，投资企业仍需要承担额外损失弥补等义务的，应按预计将承担的义务金额确认预计负债，计入当期投资损失。

企业在日常业务处理过程中，在发生投资损失时，会计分录为：

借：投资收益

　　贷：长期股权投资——损益调整

在长期股权投资的账面价值减记至零以后，考虑其他实质上构成对被投资单位净投资的长期权益，继续确认的投资损失时，会计分录为：

借：投资收益得投资时，被投资单位可辨认净资产公允价值之间的差额，属于通过投资作价体现的商誉部分（即原取得投资时投资成本大于应享有被投资单位可辨认净资产公允价值份额的部分），不调整长期股权投资的账面价值；属于原取得投资时因投资成本小于应享有被投资单位可辨认净资产公允价值份额的差额，一方面，应调整长期股权投资的账面价值；另一方面，应同时调整留存收益。

(2) 对于新取得的股权部分，应比较新增投资的成本与取得该部分投资时按照新增加的持股比例计算应享有被投资单位可辨认净资产公允价值的份额，其中投资成本大于投资时应享有被投资单位可辨认净资产公允价值份额的，不调整长期股权投资的成本；投资成本小于应享有被投资单位可辨认净资产公允价值份额的，应调整增加长期股权投资的成本，同时计入取得当期的营业外收入。

上述与原持股比例相对应的商誉或是应计入留存收益的金额与新取得投资过程中体现的商誉与计入当期损益的金额应综合考虑，在此基础上确定与整体投资相关的商誉或是因投资成本小于应享有被投资单位可辨认净资产公允价值份额应计入留存收益或是损益的金额。

(3) 对于原取得投资后至新取得投资的交易日之间被投资单位可辨认净资产公允价值的变动相对于原持股比例的部分，属于在此期间被投资单位实现的净损益中应享有份额的，一方面应调整长期股权投资的账面价值，同时对于原取得投资时至新增投资当期期初按照原持股比例应享有被投资单位实现的净损益，应调整留存收益，对于新增投资当期期初至新增投资交易日之间应享有被投资单位的净损益，应计入当期损益；属于其他原因导致的被投资单位可辨认净资产公允价值变动中应享有的份额，在调整长期股权投资账面价值的同时，应当计入“其他综合收益”。

【例 5-14】甲公司于 2014 年 2 月取得乙公司 10% 的股权，成本为 1 000 万元，取得时乙公司可辨认净资产公允价值总额为 9 000 万元 (假定公允价值与账面价值相同)。因对被投资单位不具有重大影响且无法可靠确定该项投资的公允价值，甲公司对其采用成本法核算。本例中甲公司按照净利润的 10% 提取盈余公积。

2015 年 1 月 10 日，甲公司又以 2 000 万元的价格取得乙公司 12% 的股权，当日乙公司可辨认净资产公允价值总额为 15 000 万元。取得该部分股权后，按照乙公司章程规定，甲公司能够派人参与乙公司的生产经营决策，对该项长期股权投资转为采用权益法核算。假定甲公司在取得乙公司 10% 的股权后，双方未发生任何内部交易。乙公司通过生产经营活动实现的净利润为 1 000 万元，未派发现金股利或利润。除所实现净利润外，未发生其他计入资本公积的交易或事项。

(1)2015 年 1 月 10 日，甲公司应确认对乙公司的长期股权投资，账务处理为：

借：长期股权投资　　20 000 000

　　贷：银行存款　　20 000 000

(2) 对长期股权投资账面价值的调整。确认该部分长期股权投资后，甲公司对乙公司投资的账面价值为 3 000 万元，其中与原持股比例相对应的部分为 1 000 万元，新增股权的成本为 2 000 万元。

①对于原 10% 股权的成本 1 000 万元与原投资时应享有被投资单位可辨认净资产公允价值份额 900 万元 (9 000 × 10%) 之间的差额 100 万元，属于原投资时体现的商誉，该部分差额不调整长期股权投资的账面价值。

对于被投资单位可辨认净资产在原投资时至新增投资交易日之间公允价值的变动 (15 000−9 000) 相对于原持股比例 10% 的部分 600 万元，其中属于投资后被投资单位实现净利润部分 100 万元 (1 000 × 10%)，应调整增加长期股权投资的账面余额，同时调整留存收益；除实现净损益外其他原因导致的可辨认净资产公允价值的变动 500 万元 (600−100)，应当调整增加长期股权投资的账面余额，同时计入“其他综合收益”。账务处理为：

借：长期股权投资　　6 000 000

　贷：其他综合收益　　5 000 000

　　盈余公积　　100 000

　　利润分配——未分配利润　　900 000

②对于新取得的股权，其成本为 2 000 万元，取得该投资时按照持股比例计算确定应享有被投资单位可辨认净资产公允价值的份额 1 800 万元 (15 000 × 12%) 之间的差额为投资作价中体现出的商誉，该部分商誉不要求调整长期股权投资的成本。

因处置投资导致对被投资单位的影响能力由控制转为具有重大影响或是与其他投资方一起实施共同控制的情况下，首先应按处置或收回投资的比例结转应终止确认的长期股权投资成本。在此基础上，应当比较剩余的长期股权投资成本与按照剩余持股比例计算原投资时应享有被投资单位可辨认净资产公允价值的份额，属于投资作价中体现的商誉部分，不调整长期股权投资的账面价值；属于投资成本小于应享有被投资单位可辨认净资产公允价值份额的，在调整长期股权投资成本的同时，应调整留存收益。

对于原取得投资后至转变为权益法核算之间被投资单位实现的净损益中应享有的份额，一方面应调整长期股权投资的账面价值，同时对于原取得投资时至处置投资当期期初被投资单位实现的净损益（扣除已发放及已宣告发放的现金股利及利润）中应享有的份额，调整留存收益，对于处置投资当期期初至处置投资之日被投资单位实现的净损益中享有的份额，调整当期损益；其他原因导致被投资单位所有者权益变动中应享有的份额，在调整长期股权投资账面价值的同时，应当计入“资本公积——其他资本公积”。

【例 5-15】甲公司原持有乙公司 60% 的股权，其账面余额为 15 000 万元，未计提减值准备。2014 年 1 月 5 日，甲公司将其持有的对乙公司长期股权投资中的 1/3 出售给某企业，出售取得价款 7 000 万元，当日被投资单位可辨认净资产公允价值总额为 35 000 万元。甲公司原取得对乙公司 60% 股权时，乙公司可辨认净资产公允价值总额为 22 500 万元（假定可辨认净资产的公允价值与账面价值相同）。自取得对乙公司长期股权投资后至处置投资前，乙公司实现净利润 9 000 万元。假定乙公司一直来进行利润分配。除所实现净损益外，乙公司未发生其他计入资本公积的交易或事项。本例中甲公司按净利润的 10% 提取盈余公积。

在出售 20% 的股权后，甲公司对乙公司的持股比例为 40%，在被投资单位董事会中派有代表，但不能对乙公司生产经营决策实施控制。对乙公司长期股权投资应由成本法改为按照权益法进行核算。

(1) 确认长期股权投资处置损益，账务处理为：

借：银行存款　　70 000 000

　贷：长期股权投资　　50 000 000

　　投资收益　　20 000 000

(2) 调整长期股权投资账面价值。剩余长期股权投资的账面价值为 10 000 万元，与原投资时应享有被投资单位可辨认净资产公允价值份额之间的差额 100 万元 (10 000−

22 500×40%) 为商誉，该部分商誉的价值不需要对长期股权投资的成本进行调整。

处置投资以后按照持股比例计算享有被投资单位自购买日至处置投资日期间实现的净损益为 3 600 万元 (9 000×40%)，应调整增加长期股权投资的账面价值，同时调整留存收益。甲公司的账务处理为：

借：长期股权投资　　36 000 000

　　贷：盈余公积　　3 600 000

　　　　利润分配——未分配利润　　32 400 000

第三节 长期股权投资核算方法的转换及处置

一、长期股权投资核算方法的转换

长期股权投资在持有期间，因各方面情况的变化，可能导致其核算需要由一种方法转换为另外一种方法。

（一）成本法转换为权益法

因处置投资导致对被投资单位的影响能力下降，由控制转为具有重大影响，或是与其他投资方一起实施共同控制的情况下，在投资企业的个别财务报表中，首先应按处置或收回投资的比例结转应终止确认的长期股权投资成本。在此基础上，应当比较剩余的长期股权投资成本与按照剩余持股比例计算原投资时应享有被投资单位可辨认净资产公允价值的份额，属于投资作价中体现的商誉部分，不调整长期股权投资的账面价值；属于投资成本小于应享有被投资单位可辨认净资产公允价值份额的，在调整长期股权投资成本的同时，应调整留存收益。对于原取得投资后至转变为权益法核算之间被投资单位实现的净损益中应享有的份额，一方面应调整长期股权投资的账面价值，同时对于原取得投资时至处置投资当期期初被投资单位实现的净损益（扣除已发放及已宣告发放的现金股利及利润）中应享有的份额，调整留存收益，对于处置投资当期期初至处置投资之日被投资单位实现的净损益中享有的份额，调整当期损益；由其他原因导致被投资单位所有者权益变动中应享有的份额，在调整长期股权投资账面价值的同时，应当计入“资本公积——其他资本公积”。

在合并财务报表中，对于剩余股权，应当按照其在丧失控制权日的公允价值进行重新计量。处置股权取得的对价与剩余股权公允价值之和，减去按原持股比例计算应享有原有子公司自购买日开始持续计算的净资产的份额之间的差额，计入丧失控制权当期的投资收益。与原有子公司股权投资相关的其他综合收益，应当在丧失控制权时转为当期投资收益。企业应当在附注中披露处置后的剩余股权在丧失控制权日的公允价值、按照公允价值重新计量产生的相关利得或损失的金额。

【例 5-16】2013 年 1 月 1 日，甲公司支付 600 万元取得乙公司 100% 的股权，投资当时乙公司可辨认净资产的公允价值为 500 万元，商誉 100 万元。2013 年 1 月 1 日至 2014 年 12 月 31 日，乙公司的净资产增加了 75 万元，其中按购买日公允价值计算实现的净利润 50 万元，持有可供出售金融资产的公允价值升值 25 万元。

2015 年 1 月 8 日，甲公司转让乙公司 60% 的股权，收取款项 480 万元存入银行，转让后甲公司对乙公司的持股比例为 40%，能对其施加重大影响。2015 年 1 月 8 日，即甲公司丧失对乙公司的控制权日，乙公司剩余 40% 股权的公允价值为 320 万元。假定甲、乙公司提取盈余公积的比例均为 10%。假定乙公司未分配现金股利，并不考虑其他因素。甲公司在其个别和合并财务报表中的处理分别如下：

(1) 甲公司个别财务报表的处理：

①确认部分股权处置收益：

借：银行存款　　4 800 000

　　贷：长期股权投资　　(6 000 000 × 60%)3 600 000

　　　　投资收益　　1 200 000

②对剩余股权改按权益法核算：

借：长期股权投资　　300 000

　　贷：盈余公积　　（500 000 × 40% × 10%）20 000

　　　　利润分配　　（500 000 × 40% × 90%）180 000

　　　　资本公积　　（250 000 × 40%）100 000

经上述调整后，在个别财务报表中，剩余股权的账面价值为 270 万元（600 × 40%+30）。

(2) 甲公司合并财务报表的处理：

合并财务报表中应确认的投资收益为 150 万元 [（480+320）−675+25]。由于个别财务报表中已经确认了 120 万元的投资收益，在合并财务报表中作如下调整：

①对剩余股权按丧失控制权日的公允价值重新计量的调整：

借：长期股权投资　　3 200 000

　　贷：长期股权投资　　（6 750 000 × 40%）2 700 000

　　　　投资收益　　500 000

②对个别财务报表中的部分处置收益的归属期间进行调整：

借：投资收益　　（500 000 × 60%）300 000

　　贷：未分配利润　　300 000

③从资本公积转出与剩余股权相对应的原计入权益的其他综合收益 10 万元，重分类转入投资收益：

借：资本公积　　100 000

　　贷：投资收益　　（250 000 × 40%）100 000

（二）公允价值计量或权益法转换为成本法

因追加投资原因导致原持有的对联营企业或合营企业的投资转变为对子公司投资的，长期股权投资账面价值的调整应当按照企业合并形成的长期股权投资部分的有关规定处理。除此之外，因减少投资导致长期股权投资的核算由权益法转换为成本法（投资企业对被投资单位不具有共同控制或重大影响，并且在活跃市场中没有报价，公允价值不能可靠计量的长期股权投资）的，应以转换时长期股权投资的账面价值作为按照成本法核算的基础。未来期间，自被投资单位实际分得的现金股利或利润未超过转换时被投资单位账面留存收益中本企业享有份额的，实际分得的现金股利或利润应冲减长期股权投资的成本，不作为投资收益。自被投资单位实际取得的现金股利或利润超过转换时被投资单位账面留存收益中本企业享有份额的部分，确认为当期损益。

【例 5-17】甲公司持有乙公司 30% 的有表决权股份，因能够对乙公司的生产经营决策施加重大影响，采用权益法核算。2013 年 10 月，甲公司将该项投资中的 50% 对外出售，出售以后，无法再对乙公司施加重大影响，且该项投资不存在活跃市场，公允价值无法可靠确定，出售以后转为采用成本法核算。出售时，该项长期股权投资的账面价值为 4 800 万元，其中投资成本 4 000 万元，损益调整为 800 万元，出售取得价款 2 800 万元。则甲公司确认处置损益相关的账务处理为：

借：银行存款	28 000 000	
贷：长期股权投资——成本		20 000 000
——损益调整		4 000 000
投资收益		4 000 000

处置投资后，甲公司对该项长期股权投资转为采用成本法核算，转换前该项长期股权投资的账面价值为 2 400 万元，其中包括投资成本 2 000 万元，原确认的损益调整 400 万元，则甲公司在转换改为成本法时的账务处理为：

借：长期股权投资	24 000 000	
贷：长期股权投资——成本		20 000 000
——损益调整		4 000 000

假定在转换时乙公司的账面留存收益为 3 000 万元，则甲公司未来期间自乙公司分得现金股利或利润时，取得的现金股利或利润未超过按持股比例计算享有的分配原留存收益 3 000 万元的金额，应冲减长期股权投资的账面价值，超过部分确认为投资收益。

（三）公允价值计量转为权益法

投资企业对原持有的被投资单位的股权不具有控制、共同控制或重大影响，按照金融工具确认和计量准则进行会计处理的，因追加投资等原因导致持股比例增加，使其能够对被投资单位实施共同控制或重大影响而转按权益法核算的，应在转换日，按照原股权的公允价值加上为取得新增投资而应支付对价的公允价值，作为改按权益法核算的初始投资成本；原股权投资于转换日的公允价值与账面价值之间的差额，以及原计入其他综合收益的累计公允价值变动转入改按权益法核算的当期损益。在此基础上，比较初始投资成本与获得被投资单位共同控制或重大影响时应享有被投资单位可辨认净资产公允价值份额之间的差额，前者大于后者的，不调整长期股权投资的账面价值；前者小于后者的，差额调整长期股权投资的账面价值，并计入当期营业外收入。

【例 5-18】甲公司于 2014 年 2 月取得乙公司 10% 股权，对乙公司不具有控制、共同控制和重大影响，甲公司将其分类为可供出售金融资产，投资成本为 900 万元，取得时乙公司可辨认净资产公允价值总额为 8 400 万元（假定公允价值与账面价值相同）。

2014 年 3 月 1 日，甲公司又以 1 800 万元取得乙公司 12% 的股权，当日乙公司可辨认净资产公允价值总额为 12 000 万元。取得该部分股权后，按照乙公司章程规定，甲公司能够派人参与乙公司的财务和生产经营决策，对该项长期股权投资转为采用权益法核算。假定甲公司在取得对乙公司 10% 的股权后，双方未发生任何内部交易。乙公司通过生产经营活动实现的净利润为 900 万元，未派发现金股利或利润。除所实现净利润外，未发生其他所有者权益变动事项。2015 年 3 月 1 日，甲公司对乙公司投资原 10% 股权的公允价值为 1 300 万元，原计入其他综合收益的累计公允价值变动收益为 120 万元。

本例中，2015 年 3 月 1 日，甲公司对乙公司投资原 10% 股权的公允价值为 1 300 万元，账面价值为 1 020 万元，差额计入损益；同时，因追加投资改按权益法核算，原计入其他综合收益的累计公允价值变动收益 120 万元转入损益。

甲公司对乙公司股权增持后，持股比例改为 22%，初始投资成本为 3 100 万元（1 300+1 800），应享有乙公司可辨认净资产公允价值份额为 2 640 万元（12 000×22%），前者大于后者 460 万元，不调整长期股权投资的账面价值。

甲公司对上述交易的会计处理如下：

借：长期股权投资——投资成本	31 000 000	
贷：银行存款		18 000 000
投资收益		2 800 000
可供出售金融资产		10 200 000
借：其他综合收益	1 200 000	
贷：投资收益		1 200 000

（四）权益法转公允价值计量

投资企业原持有的被投资单位的股权对其具有共同控制或重大影响，因部分处置等原因导致持股比例下降，不再能对被投资单位实施共同控制或重大影响的，应于失去共同控制或重大影响时，改按金融工具确认和计量准则的规定对剩余股权进行会计处理。即对剩余股权在改按公允价值计量时，公允价值与其原账面价值之间的差额计入当期损益。同时，原采用权益法核算的相关其他综合收益应当在终止采用权益法核算时，采用与被投资单位直接处置相关资产或负债相同的基础进行会计处理；因被投资单位除净损益、其他综合收益和利润分配以外的其他所有者权益变动而确认的所有者权益，应当在终止采用权益法时全部转入当期损益。

【例 5-19】甲公司持有乙公司 30% 的有表决权股份，能够对乙公司施加重大影响，对该股权投资采用权益法核算。2014 年 10 月，甲公司将该项投资中的 50% 出售给非关联方，取得价款 1 800 万元。相关股权划转手续于当日完成。甲公司持有乙公司剩余 15% 股权，无法再对乙公司施加重大影响，转为可供出售金融资产。股权出售日，剩余股权的公允价值为 1 800 万元。

出售该股权时，长期股权投资的账面价值为 3 200 万元，其中投资成本 2 600 万元，损益调整为 300 万元，因被投资单位的可供出售金融资产的累计公允价值变动享有部分为 200 万元，除净损益、其他综合收益和利润分配外的其他所有者权益变动为 100 万元。不考虑相关税费等其他因素影响。甲公司的会计处理如下：

(1) 确认有关股权投资的处置损益：

借：银行存款　　18 000 000

　贷：长期股权投资　　16 000 000

　　投资收益　　2 000 000

(2) 由于终止采用权益法核算，将原确认的相关其他综合收益全部转入当期损益：

借：其他综合收益　　2 000 000

　贷：投资收益　　2 000 000

(3) 由于终止采用权益法核算，将原计入资本公积的其他所有者权益变动全部转入当期损益：

借：资本公积——其他资本公积　　1 000 000

　贷：投资收益　　1 000 000

(4) 剩余股权投资转为可供出售金融资产，当天公允价值为 1 800 万元，账面价值为 1 600 万元，两者差异计入当期投资收益：

借：可供出售金融资产　　18 000 000

　贷：长期股权投资　　16 000 000

　　投资收益　　2 000 000

（五）成本法转公允价值计量

投资企业原持有被投资单位的股份达到控制，其后因部分处置等原因导致持股比例下降，不能再对被投资单位实施控制的，应将剩余股权改按金融工具确认和计量准则的要求进行会计处理，并于丧失控制权日将剩余股权按公允价值重新计量，公允价值与其账面价值的差额计入当期损益。

【例 5-20】甲公司持有乙公司 60% 股权并能控制乙公司，投资成本为 1 200 万元，按成本法核算。2014 年 5 月 12 日，甲公司出售所持乙公司股权的 90% 给非关联方，所得价款为 1 800 万元，剩余 6% 股权于丧失控制权日的公允价值为 200 万元，甲公司将其分类为以公允价值计量且其变动计入当期损益的金融资产中的交易性金融资产。假定不考虑其他因素，甲公司于丧失控制权日的会计处理如下：

(1) 出售股权：

借：银行存款　　18 000 000

　　贷：长期股权投资　　10 800 000

　　　　投资收益　　7 200 000

(2) 剩余股权的处理：

借：交易性金融资产　　2 000 000

　　贷：长期股权投资　　1 200 000

　　　　投资收益　　800 000

二、长期股权投资的处置

企业持有长期股权投资的过程中，出于各方面的考虑，决定将所持有的对被投资单位的股权全部或部分对外出售时，应相应结转与所售股权相对应的长期股权投资的账面价值，出售所得价款与处置长期股权投资账面价值之间的差额，应确认为处置损益。

采用权益法核算的长期股权投资，原记入资本公积中的金额，在处置时亦应进行结转，将与所出售股权相对应的部分在处置时自资本公积转入当期损益。

【例 5-21】A 企业原持有 B 企业 40 % 的股权，2014 年 12 月 20 日，A 企业决定出售 10% 的 B 企业股权，出售时 A 企业账面上对 B 企业长期股权投资的构成为：投资成本 1 800 万元，损益调整 480 万元，可转入损益的其他综合收益 100 万元，其他权益变动 200 万元。出售取得价款 705 万元。

(1)A 企业确认处置损益的账务处理为：

借：银行存款　　7 050 000

　　贷：长期股权投资　　[(1 800+480+100+200) ÷ 40% × 10%]6 450 000

　　　　投资收益　　600 000

(2) 除应将实际取得价款与出售长期股权投资的账面价值进行结转，确认出售损益以外，还应将原计入其他综合收益或资本公积的部分按比例转入当期损益：

借：资本公积——其他资本公积　　500 000

　　其他综合收益　　250 000

　　贷：投资收益　　750 000

【例 5-22】甲公司原持有乙公司 40% 的股权，2014 年 12 月 20 日，甲公司决定出售其持有的乙公司股权的 1/4，出售时甲公司账面上对乙公司长期股权投资的构成为：投资成本 1 500 万元，损益调整为 500 万元，其他权益变动为 400 万元，出售取得价款 700 万元。

(1) 甲公司确认处置损益的账务处理为：

借：银行存款　　7 000 000

　　贷：长期股权投资　　6 000 000

　　　　投资收益　　1 000 000

(2) 除应将实际取得价款与出售长期股权投资的账面价值进行结转，确认出售损益以外，还应将原计入资本公积的部分按比例转入当期损益：

借：资本公积——其他资本公积　1 000 000
　贷：投资收益　1 000 000

如为净亏损，作相反会计分录，结转后“本年利润”科目应无余额。

第四节 合营安排

一、合营安排的概念及认定

（一）合营安排

合营安排是指一项由两个或两个以上的参与方共同控制的安排。合营安排具有下列特征：

(1) 各参与方均受到该安排的约束。合营安排通过相关约定对各参与方予以约束。相关约定是指据以判断是否存在共同控制的一系列具有执行力的合约。在形式上，相关约定通常包括合营安排各参与方达成的合同安排，如合同、协议、会议纪要、契约等，也包括对该安排构成约束的法律形式本身。在内容上，相关约定包括但不限于对以下内容的约定：一是对合营安排的目的、业务活动及期限的约定；二是对合营安排的治理机构（如董事会或类似机构）成员的任命方式的约定；三是对合营安排相关事项的决策方式的约定，包括哪些事项需要参与方决策、参与方的表决权情况、决策事项所需的表决权比例等内容，合营安排相关事项的决策方式是分析是否存在共同控制的重要因素；四是对参与方需要提供的资本或其他投入的约定；五是对合营安排的资产、负债、收入、费用、损益在参与方之间的分配方式的约定。当合营安排通过单独主体达成时，该单独主体所制定的条款、章程或其他法律文件有时会涵盖相关约定的全部或部分内容。

(2) 两个或两个以上的参与方对该安排实施共同控制。任何一个参与方都不能够单独控制该安排，对该安排具有共同控制的任何一个参与方均能够阻止其他参与方或参与方组合单独控制该安排。共同控制不同于控制，共同控制由两个或两个以上的参与方实施，而控制由单一参与方实施。共同控制也不同于重大影响，享有重大影响的参与方只拥有参与安排的财务和经营政策的决策权力，但并不能够控制或者与其他方一起共同控制这些政策的制定。

（二）共同控制及判断原则

1. 共同控制

共同控制是指按照相关约定对某项安排所共同的控制，并且该安排的相关活动必须经过分享控制权的参与方一致同意后才能决策。在判断是否存在共同控制时，首先判断是否由所有参与方或参与方组合集体控制该安排，其次再判断该安排相关活动的决策是否必须经过这些参与方一致同意。相关活动是指对某项安排的回报产生重大影响的活动。某项安排的相关活动应当根据具体情况进行判断，通常包括商品或劳务的销售和购买、金融资产的管理、资产的购买和处置、研究与开发活动以及融资活动等。

(1) 集体控制。如果所有参与方或一组参与方必须一致行动才能决定某项安排的相关活动，则称所有参与方或一组参与方集体控制该安排。在判断集体控制时，需要注意以下几点：

①集体控制不是单独一方控制。为了确定相关约定是否赋予参与方对该安排的共同控制，主体首先识别该安排的相关活动，然后确定哪些权利能够赋予参与方主导相关活动的权力。

值得注意的是，“参与方组合”仅泛指参与方的不同联合方式，并不是一个专门的术语。如果某一个参与方能够单独主导该安排中的相关活动，则为控制。如果一组参与方或所有参与方联合起来才能够主导该安排中的相关活动，则为集体控制。即，在集体控制下，不存在任何一个参与方能够单独控制某安排，而是由一组参与方或所有参与方联合起来才能控制该安排。“一组参与方或所有参与方”即意味着要有两个或两个以上的参与方联合起来才能形成控制。

②尽管所有参与方联合起来一定能够控制该安排，但集体控制下，集体控制该安排的组合指的是那些既能联合起来控制该安排，又使得参与方数量最少的一个或几个参与方组合。

③能够集体控制一项安排的参与方组合很可能不止一个。

(2) 相关活动的决策。主体应当在确定是由参与方组合集体控制该安排，而不是某一参与方单独控制该安排后，再判断这些集体控制该安排的参与方是否共同控制该安排。当且仅当相关活动的决策要求集体控制该安排的参与方一致同意时，才存在共同控制。

当存在共同控制时，有关合营安排相关活动的所有重大决策必须经分享控制权的各方一致同意。一致同意的规定保证了对合营安排具有共同控制的任何一个参与方均可以阻止其他参与方在未经其同意的情况下就相关活动单方面作出决策。

“一致同意”中，并不要求其中一方必须具备主动提出议案的能力，只要具备对合营安排相关活动的所有重大决策予以否决的权力即可；也不需要该安排的每个参与方都一致同意，只要那些能够集体控制该安排的参与方意见一致，就可以达成一致同意。有时，相关约定中设定的决策方式也可能暗含需要达成一致同意。例如，假定两方建立一项安排，在该安排中双方各拥有 50% 的表决权。双方约定，对相关活动作出决策至少需要 51% 的表决权。在这种情况下，意味着双方同意共同控制该安排，因为如果没有双方的一致同意，就无法对相关活动作出决策。

当相关约定中设定了就相关活动作出决策所需的最低投票权比例时，若存在多种参与方的组合形式均能满足最低投票权比例要求的情形，则该安排就不是合营安排；除非相关约定明确指出，需要其中哪些参与方一致同意才能就相关活动作出决策。

如果存在两个或两个以上的参与方组合能够集体控制某项安排的，不构成共同控制。

【例5-23】假定一项安排涉及三方：A公司、B公司、C公司在该安排中拥有的表决权分别为50%、30%和20%。A公司、B公司、C公司之间的相关约定规定，75%以上的表决权即可对安排的相关活动作出决策。

在本例中，A公司和B公司是能够集体控制该安排的唯一组合，当且仅当A公司、B公司一致同意时，该安排的相关活动决策方能表决通过。因此A公司、B公司对安排具有共同控制权。

(3) 争议解决机制。在分析合营安排的各方是否共同分享控制权时，要关注对于争议解决机制的安排。相关约定可能包括处理纠纷的条款，例如，关于仲裁的约定。这些条款可能允许具有共同控制的各参与方在没有达成一致意见的情况下进行决策。这些条款的存在不会妨碍该安排构成共同控制的判断，因此，也不会妨碍该安排成为合营安排。但是，如果在各方未就相关活动的重大决策达成一致意见的情况下，其中一方具备“一票通过权”，或者潜在表决权等特殊权力，则需要仔细分析，很可能具有特殊权力的一方实质上具备控制权。

(4) 仅享有保护性权利的参与方不享有共同控制。保护性权利，是指仅为了保护权利持有人利益却没有赋予持有人对相关活动进行决策的一项权利。保护性权利通常只能在合营安排发生根本性改变或某些例外情况发生时才能够行使，它既没有赋予持有人对合营安排拥有权力，也不能阻止其他参与方对合营安排拥有权力。对于某些安排，相关活动仅在特定情况或特定事项发生时开展，例如，某些安排在设计时就确定了安排的活动及其回报，在特定情况或特定事项发生之前不需要进行重大决策。这种情况下，权利在特定情况或特定事项发生时方可行使并不意味该权利是保护性权利。

如果一致同意的要求仅仅与向某些参与方提供保护性权利的决策有关，而与该安排的相关活动的决策无关，那么拥有该保护性权利的参与方不会仅仅因为该保护性权利而成为该项安排的合营方。因此，在评估参与方能否共同控制合营安排时，必须具体区别参与方持有的权利是否为保护性权利，该权利不影响其他参与方控制或共同控制该安排。

(5) 一项安排的不同活动可能分别由不同的参与方或参与方组合主导。在不同阶段，一项安排可能发生不同的活动，从而导致不同参与方可能主导不同相关活动，或者共同主导所有相关活动。不同参与方分别主导不同相关活动时，相关的参与方需要分别评估自身是否拥有主导对回报产生最重大影响的活动的权利，从而确定是否能够控制该项安排，而不是与其他参与方共同控制该项安排。

(6) 综合评估多项相关协议。有时，一项安排的各参与方之间可能存在多项相关协议。在单独考虑一份协议时，某参与方可能对合营安排具有共同控制，但在综合考虑该安排的目的和设计的所有情况时，该参与方实际上不一定对该安排并不具有共同控制。因此，在判断是否存在共同控制时，需要综合考虑该多项相关协议。

2. 合营安排中的不同参与方

只要两个或两个以上的参与方对该安排实施共同控制，一项安排就可以被认定为合营安排，并不要求所有参与方都对该安排享有共同控制。对合营安排享有共同控制的参与方（分享控制权的参与方）被称为“合营方”；对合营安排不享有共同控制的参与方被称为“非合营方”。

二、合营安排的分类

合营安排分为共同经营和合营企业。共同经营，是指合营方享有该安排相关资产且承担该安排相关负债的合营安排。合营企业，是指合营方仅对该合营安排的净资产享有权利。合营方应当根据其在合营安排的正常经营中享有的权利和承担的义务，来确定合营安排的分类。对权利和义务进行评价时，应当考虑该合营安排的结构、法律形式以及合营安排中约定的条款、其他相关事实和情况等因素。

合营安排是为不同目的而设立的（例如，参与方为了共同承担成本和风险，或者参与方为了获得新技术或新市场），可以采用不同的结构和法律形式。一些安排不要求采用单独主体形式开展活动，另一些安排则涉及构造单独主体。在实务中，可以从合营安排是否通过单独主体达成为起点，判断一项合营安排是共同经营还是合营企业。

（一）单独主体

单独主体，是指具有单独可辨认的财务架构的主体，包括单独的法人主体和不具备法人主体资格但法律所认可的主体。单独主体并不一定要具备法人资格，但必须具有法律所认可的单独可辨认的财务架构，确认某主体是否属于单独主体必须考虑适用的法律法规。具有可单独辨认的资产、负债、收入、费用、财务安排和会计记录，并且具有一定法律形式的主体，构成法律认可的单独可辨认的财务架构。合营安排最常见的形式包括有限责任公司、合伙企业、合作企业等。某些情况下，信托、基金也可被视为单独主体。

（二）合营安排未通过单独主体达成

当合营安排未通过单独主体达成时，该合营安排为共同经营。在这种情况下，合营方通常通过相关约定享有与该安排相关资产的权利、并承担与该安排相关负债的义务，同时，享有相应收入的权利、并承担相应费用的责任，因此该合营安排应当划分为共同经营。

（三）合营安排通过单独主体达成

如果合营安排通过单独主体达成，在判断该合营安排是共同经营还是合营企业时，通常首先分析单独主体的法律形式，法律形式不足以判断时，将法律形式与合同安排结合进行分析，法律形式和合同安排均不足以判断时，进一步考虑其他事实和情况。

1．单独主体的法律形式

各参与方应当根据该单独主体的法律形式，判断该安排是赋予参与方享有与安排相关资产的权利、并承担与安排相关负债的义务，还是赋予参与方享有该安排的净资产的权利。即，各参与方应当依据单独主体的法律形式判断是否能将参与方和单独主体分离。例如，各参与方可能通过单独主体执行合营安排，单独主体的法律形式决定在单独主体中的资产和负债是单独主体的资产和负债，而不是各参与方的资产和负债。在这种情况下，基于单独主体的法律形式赋予了各参与方的权利和义务，可以初步判定该项安排是合营企业。

在各参与方通过单独主体达成合营安排的情形下，当且仅当单独主体的法律形式没有将参与方和单独主体分离（即单独主体持有的资产和负债是各参与方的资产和负债）时，基于单独主体的法律形式赋予参与方权利和义务的判断，足以说明该合营安排是共同经营。

2. 合同安排

当单独主体的法律形式并不能将合营安排的资产的权利和对负债的义务授予该安排的参与方时，还需要进一步分析各参与方之间是否通过合同安排，赋予该安排的参与方对合营安排资产的权利和对合营安排负债的义务。合同安排中常见的某些特征或者条款可能表明该安排为共同经营或者合营企业。共同经营和合营企业的一些普遍特征的比较包括但不限于表 5-2 所示。

表 5-2　　　　共同经营和合营企业对比表

对比项目	共同经营	合营企业
合营安排的条款	参与方对合营安排的相关资产享有权利并对相关负债承担义务	参与方对与合营安排有关的净资产享有权利，即单独主体（而不是参与方），享有与安排相关资产的权利，并承担与安排相关负债的义务
对资产的权利	参与方按照约定的比例分享合营安排的相关资产的全部利益（例如，权利、权属或所有权等）	资产属于合营安排，参与方并不对资产享有权利
对负债的义务	参与方按照约定的比例分担合营安排的成本、费用、债务及义务。第三方对该安排提出的索赔要求，参与方作为义务人承担索赔责任	合营安排对自身的债务或义务承担责任。参与方仅以其各自对该安排认缴的投资额为限对该安排承担相应的义务。合营安排的债权方无权就该安排的债务对参与方进行追索
收入、费用及损益	合营安排建立了各参与方按照约定的比例（例如按照各自所耗用的产能比例）分配收入和费用的机制。某些情况下，参与方按约定的份额比例享有合营安排产生的净损益不会必然使其被分类为合营企业，仍应当分析参与方对该安排相关资产的权利以及对该安排相关负债的义务	各参与方按照约定的份额比例享有合营安排产生的净损益
担保	参与方为合营安排提供担保（或提供担保的承诺）的行为本身并不直接导致一项安排被分类为共同经营	

有时法律形式和合同安排均表明一项合营安排中的合营方对该安排的净资产享有权利，此时，若不存在相反的其他事实和情况，该合营安排应当被划分为合营企业。有时，仅从法律形式判断，一项合营安排符合共同经营的特征，但是，综合考虑合同安排后，合营方享有该合营安排相关资产并且承担该安排相关负债，此时，该合营安排应当被划分为共同经营。

3. 其他事实和情况

如果一项安排的法律形式与合同安排均没有将该安排的资产的权利和对负债的义务授予该安排的参与方，则应考虑其他事实和情况，包括合营安排的目的和设计，其与参与方的关系及其现金流的来源等。在某些情况下，合营安排设立的主要目的是为参与方提供产出，这表明参与方可能按照约定实质上享有合营安排所持资产几乎全部的经济利益。这种安排下，参与方根据相关合同或法律约定有购买产出的义务，并往往通过阻止合营安排将其产出出售给其他第三方的方式来确保参与方能获得产出。这样，该安排产生的负债实质上是由参与方通过购买产出支付的现金流量而得以清偿。因此，如果参与方实质上是该安排持续经营和清偿债务所需现金流的唯一来源，这表明参与方承担了与该安排相关的负债。综合考虑该合营安排的其他相关事实和情况，表明参与方实质上享有合营安排所持资产几乎全部的经济利益，对合营安排所产生的负债的清偿，实质上也持续依赖于向参与方收取的产出的销售现金流，该合营安排的实质为共同经营。在实务中，参与方在合营安排中的产出分配比例与表决权比例不同，并不影响对该安排是共同经营还是合营企业的判断。

在区分合营安排的类型时，需要了解该安排的目的和设计。如果合营安排同时具有以下特征，则表明该安排是共同经营：(1) 各参与方实质上有权享有，并有义务接受由该安排资产产生的几乎所有经济利益（从而承担了该经济利益的相关风险，如价格风险、存货风险、需求风险等），如该安排所从事的活动主要是向合营方提供产出等；(2) 持续依赖于合营方清偿该安排活动产生的负债，并维持该安排的运营。

在考虑"其他事实和情况"时，只有当该安排产生的负债的清偿持续依赖于合营方的支持时，该安排才为共同经营，即强调参与方实质上是该安排持续经营所需现金流的唯一来源。

三、重新评估

对合营安排是否拥有共同控制权，以及评估该合营安排是共同经营还是合营企业，需要企业予以判断并持续评估。在进行判断时，企业需要对所有的相关事实和情况加以考虑。如果法律形式、合同条款等相关事实和情况发生变化，合营安排参与方应当对合营安排进行重新评估：一是评估原合营方是否仍对该安排拥有共同控制权；二是评估合营安排的类型是否发生变化。相关事实和情况的变化有时可能导致某一参与方控制该安排，从而使该安排不再是合营安排。由于相关事实和情况发生变化，合营安排的分类可能发生变化，可能由合营企业转变为共同经营，或者由共同经营转变为合营企业。应根据具体事实和情况进行判断。例如，经重新协商，修订后的合营安排的合同条款约定参与方拥有对资产的权利，并承担对负债的义务，这种情况下，该安排的分类可能发生了变化，应重新评估该安排是否由合营企业转为共同经营。

四、共同经营参与方的会计处理

（一）共同经营中合营方的会计处理

1. 一般会计处理

合营方应当确认其与共同经营中利益份额相关的下列项目，并按照相关企业会计准则的规定进行会计处理：一是确认单独所持有的资产，以及按其份额确认共同持有的资产；二是确认单独所承担的负债，以及按其份额确认共同承担的负债；三是确认出售其享有的共同经营产出份额所产生的收入；四是按其份额确认因出售产出所产生的收入；五是确认单独所发生的费用，以及按其份额确认共同经营发生的费用。

合营方可能将其自有资产用于共同经营，如果合营方保留了对这些资产的全部所有权或控制权，则这些资产的会计处理与合营方自有资产的会计处理并无差别。

合营方也可能与其他合营方共同购买资产来投入共同经营，并共同承担共同经营的负债，此时，合营方应当按照企业会计准则相关规定确认在这些资产和负债中的利益份额。如按照《企业会计准则第 4 号——固定资产》来确认在相关固定资产中的利益份额，按照金融工具确认和计量准则来确认在相关金融资产和金融负债中的份额。共同经营通过单独主体达成时，合营方应确认按照上述原则单独所承担的负债，以及按本企业的份额确认共同承担的负债。但合营方对于因其他股东未按约定向合营安排提供资金，按照我国相关法律或相关合同约定等规定而承担连带责任的，从其规定，在会计处理上应遵循《企业会计准则第 13 号——或有事项》。

有关合营合同的安排通常描述了该安排所从事活动的性质，以及各参与方打算共同开展这些活动的方式。例如，合营安排各参与方可能同意共同生产产品，每一参与方负责特定的任务，使用各自的资产，承担各自的负债。合同安排也可能规定了各参与方分享共同收入和分担共同费用的方式。在这种情况下，每一个合营方在其资产负债表上确认其用于完成特定任务的资产和负债，并根据相关约定确认相关的收入和费用份额。当合营安排各参与方可能同意共同拥有和经营一项资产时，相关约定规定了各参与方对共同经营资产的权利，以及来自该项资产的收入或产出和相应的经营成本在各参与方之间分配的方式。每一个合营方对其在共同资产中的份额、同意承担的负债份额进行会计处理，并按照相关约定确认其在产出、收入和费用中的份额。

【例 5-24】 2013 年 1 月 1 日，A 公司和 B 公司共同出资购买一栋写字楼，各自拥有该写字楼 50% 的产权，用于出租收取租金。合同约定，该写字楼相关活动的决策需要 A 公司和 B 公司一致同意方可做出；A 公司和 B 公司的出资比例、收入分享比例和费用分担比例均为各自 50%。该写字楼购买价款为 8 000 万元，由 A 公司和 B 公司以银行存款支付，预计使用寿命 20 年，预计净残值为 320 万元，采用年限平均法按月计提折旧。该写字楼的租赁合同约定，租赁期限为 10 年，每年租金为 480 万元，按月交付。该写字楼每月支付维修费 2 万元。另外，A 公司和 B 公司约定，该写字楼的后续维护和维修支出（包括再装修支出和任何其他的大修支出）以及与该写字楼相关的任何资金需求，均由 A 公司和 B 公司按比例承担。假设 A 公司和 B 公司均采用成本法对投资性房地产进行后续计量，不考虑税费等其他因素影响。

本例中，由于关于该写字楼相关活动的决策需要 A 公司和 B 公司一致同意方可作出，所以 A 公司和 B 公司共同控制该写字楼，购买并出租该写字楼为一项合营安排。由于该合营安排并未通过一个单独主体来架构，并明确约定了 A 公司和 B 公司享有该安排中资产的权利、获得该安排相应收入的权利、承担相应费用的责任等，因此该合营安排是共同经营。A 公司的相关会计处理如下（单位：万元）：

(1) 出资购买写字楼时：

借：投资性房地产　（8 000×50%）40 000 000

　贷：银行存款　40 000 000

(2) 每月确认租金收入时：

借：银行存款　（480×50%÷12）200 000

　贷：其他业务收入　200 000

(3) 每月计提写字楼折旧时：

借：其他业务成本　160 000

　贷：投资性房地产累计折旧　[（8 000−320）÷20÷12×50%]160 000

(4) 支付维修费时：

借：其他业务成本　(20 000×50%)10 000

　贷：银行存款　10 000

2. 合营方向共同经营投出或者出售不构成业务的资产的会计处理

合营方向共同经营投出或出售资产等（该资产构成业务的除外），在共同经营将相关资产出售给第三方或相关资产消耗之前（即，未实现内部利润仍包括在共同经营持有的资产账面价值中时），应当仅确认归属于共同经营其他参与方的利得或损失。如果投出或出售的资产发生符合《企业会计准则第 8 号——资产减值》等规定的资产减值损失的，合营方应当全额确认该损失。

3. 合营方自共同经营购买不构成业务的资产的会计处理

合营方自共同经营购买资产等（该资产构成业务的除外），在将该资产等出售给第三方之前（即，未实现内部利润仍包括在合营方持有的资产账面价值中时），不应当确认因该交易产生的损益中该合营方应享有的部分。即此时应当仅确认因该交易产生的损益中归属于共同经营其他参与方的部分。

4. 合营方取得构成业务的共同经营的利益份额的会计处理

合营方取得共同经营中的利益份额，且该共同经营构成业务时，应当按照企业合并准则等相关准则进行相应的会计处理，但其他相关准则的规定不能与本准则的规定相冲突。企业应当按照企业合并准则的相关规定判断该共同经营是否构成业务。该处理原则不仅适用于收购现有的构成业务的共同经营中的利益份额，也适用于与其他参与方一起设立共同经营，且由于有其他参与方注入既存业务，使共同经营设立时即构成业务。

合营方增加其持有的一项构成业务的共同经营的利益份额时，如果合营方对该共同经营仍然是共同控制，则合营方之前持有的共同经营的利益份额不应按照新增投资日的公允价值重新计量。

（二）对共同经营不享有共同控制的参与方的会计处理

对共同经营不享有共同控制的参与方（非合营方），如果享有该共同经营相关资产且承担该共同经营相关负债的，比照合营方进行会计处理。即，共同经营的参与方，不论其是否具有共同控制，只要能够享有共同经营相关资产的权利、并承担共同经营相关负债的义务，对在共同经营中的利益份额采用与合营方相同的会计处理。否则，应当按照相关企业会计准则的规定对其利益份额进行会计处理。例如，如果该参与方对于合营安排的净资产享有权利并且具有重大影响，则按照长期股权投资准则等相关规定进行会计处理；如果该参与方对于合营安排的净资产享有权利并且无重大影响，则按照金融工具确认和计量准则等相关规定进行会计处理；向共同经营投出构成业务的资产的，以及取得共同经营的利益份额的，则按照合并财务报表及企业合并等相关准则进行会计处理。

五、合营企业参与方的会计处理

在合营企业中，合营方应当按照《企业会计准则第 2 号——长期股权投资》的规定核算其对合营企业的投资。对合营企业不享有共同控制的参与方（非合营方）应当根据其对该合营企业的影响程度进行相关会计处理：对该合营企业具有重大影响的，应当按照长期股权投资准则的规定核算其对该合营企业的投资；对该合营企业不具有重大影响的，应当按照金融工具确认和计量准则的规定核算其对该合营企业的投资。

第六章 固定资产核算

第一节 建筑施工企业固定资产概述

一、固定资产的概念及特征

固定资产，是指企业为生产商品、提供劳务、出租或经营管理而持有的、使用寿命超过一个会计年度的有形资产。不包括作为投资性房地产的建筑物和未达到预计可使用状态的在建工程。

从固定资产的定义看，固定资产具有以下三个特征。

1. 为生产商品、提供劳务、出租或经营管理而持有

企业持有固定资产的目的是生产商品、提供劳务、出租或经营管理，即企业持有的固定资产是企业的劳动工具或手段，而不是用于出售的产品。其中“出租”的固定资产是指企业以经营租赁方式出租的机器设备类固定资产，不包括以经营租赁方式出租的建筑物，后者属于企业的投资性房地产，不属于固定资产。

2. 使用寿命超过一个会计年度

固定资产的使用寿命，是指企业使用固定资产的预计期间，或者该固定资产所能生产产品或提供劳务的数量。通常情况下，固定资产的使用寿命是指使用固定资产的预计期间，比如自用房屋建筑物的使用寿命表现为企业对该建筑物的预计使用年限。对于某些机器设备或运输设备等固定资产，其使用寿命表现为以该固定资产所能生产产品或提供劳务的数量，例如，汽车或飞机等，按其预计行驶或飞行里程估计使用寿命。

3. 固定资产是有形资产

固定资产具有实物特征，这一特征将固定资产与无形资产区别开来。有些无形资产可能同时符合固定资产的其他特征，如无形资产为生产商品、提供劳务而持有，使用寿命超过一个会计年度，但是由于其没有实物形态，所以不属于固定资产。

二、固定资产的确认条件

固定资产在符合定义的前提下，应当同时满足以下两个条件，才能加以确认。

1. 与该固定资产有关的经济利益很可能流入企业

资产最重要的特征是预期会给企业带来经济利益。企业在确认固定资产时，需要判断与该项固定资产有关的经济利益是否很可能流入企业。如果与该项固定资产有关的经济利益很可能流入企业，并同时满足固定资产确认的其他条件，那么企业应将其确认为固定资产；否则不应将其确认为固定资产。

2. 该固定资产的成本能够可靠地计量

成本能够可靠地计量是资产确认的一项基本条件。企业在确定固定资产成本时必须取得确凿证据，但是，有时需要根据所获得的最新资料，对固定资产的成本进行合理的估算。比如，企业对于已达到预定可使用状态但尚未办理竣工决算的固定资产，需要根据工程预算、工程造价或者工程实际发生的成本等资料，按估计价值确定其成本，办理竣工决算后，再按照实际成本调整原来的暂估价值。

第二节 固定资产初始计量的核算

固定资产的初始计量是指确定固定资产的取得成本。取得成本包括企业为购建某项固定资产达到预定可使用状态前所发生的一切合理的、必要的支出。在实务中，企业取得固定资产的方式是多种多样的，包括外购、自行建造、投资者投入以及非货币性资产交换、债务重组、企业合并和融资租赁等，取得的方式不同，其成本的具体构成内容及确定方法也不尽相同。

一、外购固定资产

企业外购固定资产的成本，包括购买价款、相关税费、使固定资产达到预定可使用状态前所发生的可归属于该项资产的运输费、装卸费、安装费和专业人员服务费等。

企业购入的固定资产分为不需要安装的固定资产和需要安装的固定资产两种情形。

(1) 购入不需要安装的固定资产，取得成本为企业实际支付的购买价款、包装费、运杂费、保险费、专业人员服务费和相关税费（不含可抵扣的增值税进项税额）等，其账务处理为：

借：固定资产（按应计入固定资产成本的金额）

　　贷：银行存款 / 其他应付款 / 应付票据

(2) 购入需要安装的固定资产，是指购入的固定资产需要经过安装才能交付使用。其取得成本是在前者取得成本的基础上，加上安装调试成本等，其账务处理为：

安装完毕前：

借：在建工程（按应计入固定资产成本的金额）

　　贷：银行存款 / 其他应付款 / 应付票据

安装完毕交付使用之后：

借：固定资产

　　贷：在建工程

【例6-1】2015年2月1日，甲公司购入一台需要安装的生产用机器设备，取得的增值税专用发票上注明的设备价款为50万元，增值税进项税额为85 000元，支付的运输费为2 500元，款项已通过银行支付；安装设备时，领用本公司原材料一批，价值3万元，购进该批原材料时支付的增值税进项税额为5 100元；支付安装工人的工资为4 900元。假定不考虑其他相关税费。甲公司的账务处理如下：

(1) 支付设备价款、增值税、运输费合计为587 500元：

借：在建工程——××设备　　502 325

　　应交税费——应交增值税（进项税额）　　(85 000+2 500×7%)85 175

　　贷：银行存款　　587 500

(2) 领用本公司原材料、支付安装工人工资等费用合计为34 900元：

借：在建工程——××设备　　34 900

　　贷：原材料　　30 000

　　　　应付职工薪酬　　4 900

(3) 设备安装完毕达到预定可使用状态：

借：固定资产——××设备　　537 225

　　贷：在建工程——××设备　　537 225

固定资产的成本＝502 325＋34 900＝537 225（元）

二、自行建造固定资产

自行建造固定资产的成本，由建造该项资产达到预定可使用状态前所发生的必要支出构成。包括工程物资成本、人工成本、缴纳的相关税费、应予资本化的借款费用以及应分摊的间接费用等。

企业以自营方式建造固定资产，意味着企业自行组织工程物资采购、自行组织施工人员从事工程施工。企业如以自营方式建造固定资产，其成本应当按照直接材料、直接人工、直接机械施工费等计量。企业为建造固定资产准备的各种物资应当按照实际支付的买价、运输费、保险费等相关税费作为实际成本，并按照各种专项物资的种类进行明细核算。工程完工后，剩余的工程物资转为本企业存货的，按其实际成本或计划成本进行结转。建设期间发生的工程物资盘亏、报废及毁损，减去残料价值以及保险公司、过失人等赔款后的净损失，计入所建工程项目的成本；盘盈的工程物资或处置净收益，冲减所建工程项目的成本。工程完工后发生的工程物资盘盈、盘亏、报废、毁损，计入当期损益。

建造固定资产领用工程物资、原材料或库存商品，应按其实际成本转入所建工程成本。自营方式建造固定资产应负担的职工薪酬、辅助生产部门为之提供的水、电、运输等劳务，以及其他必要支出等也应计入所建工程项目的成本。

所建造的固定资产已达到预定可使用状态，但尚未办理竣工结算的，应当自达到预定可使用状态之日起，根据工程预算、造价或者工程实际成本等，按暂估价值转入固定资产，并按有关计提固定资产折旧的规定，计提固定资产折旧。待办理竣工决算手续后再调整原来的暂估价值，但不需要调整原已计提的折旧额。

企业自营方式建造固定资产，发生的工程成本应通过“在建工程”科目核算，工程完工达到预定可使用状态时，从“在建工程”科目转入“固定资产”科目。

三、融资租入的固定资产

融资租入的固定资产，虽然在法律形式上资产的所有权在租赁期限间仍然属于出租人，但由于资产租赁期基本上包括了资产的有效使用年限，承租企业实质上获得了租赁资产所提供的主要经济利益，同时承担与资产所有权有关的风险。因此，承租企业应将融资租入资产作为一项固定资产入账，同时确认相应的负债，并采用与自有应折旧资产相一致的折旧政策计提折旧。

为与企业自有固定资产相区别，企业可对融资租入的固定资产单设“融资租入固定资产”明细科目核算。应在租赁开始日，按当日租赁资产的公允价值与最低租赁付款额的现值两者中较低者作为租入资产的入账价值，将最低租赁付款额作为长期应付款的入账价值，其差额作为未确认融资费用。

在融资租赁过程中，承租人向出租人支付的租金中，包含了本金和利息两部分，承租人支付租金时，一方面，应减少长期应付款；另一方面，应同时将未确认的融资费用按一定的方法确认为当期融资费用。

在融资租赁过程中，会发生一些履约成本。履约成本是指租赁期内为租赁资产支付的各种使用费用，如技术咨询和服务费、人员培训费、维修费、保险费等，承租人发生的履约成本通常计入当期损益。

(1) 融资租入固定资产时会计分录：

借：固定资产——融资租入固定资产

　　未确认融资费用

　　贷：长期应付款——应付融资租赁款

　　　　银行存款

(2) 未确认融资费用分摊时会计分录：

借：财务费用

　　贷：未确认融资费用

(3) 支付租金并且租金中含有履约成本时：

借：长期应付款——应付融资租赁款

　　管理费用等

贷：银行存款

(4) 租赁期满，如合同规定将租赁资产所有权转归承租企业，应进行转账

借：固定资产（按类别列二级明细科目）

贷：固定资产——融资租入固定资产

第三节 固定资产计提折旧的核算

一、固定资产折旧的定义

折旧是指在固定资产的使用寿命内，按照确定的方法对应计折旧额进行的系统分摊。应计折旧额，是指应当计提折旧的固定资产的原价扣除其预计净残值后的金额。如果已对固定资产计提减值准备，还应当扣除已计提的固定资产减值准备累计金额。

二、影响固定资产折旧的因素

影响固定资产折旧的因素主要有以下几个方面。

1. 固定资产原价

指固定资产的成本。

2. 固定资产的使用寿命

指企业使用固定资产的预计期间，或者该固定资产所能生产产品或提供劳务的数量。企业确定固定资产使用寿命时，应当考虑下列因素：

(1) 该项资产预计生产能力或实物产量；

(2) 该项资产预计有形损耗，指固定资产在使用过程中，由于正常使用和自然力的作用而引起的使用价值和价值的损失，如设备使用中发生磨损、房屋建筑物受到自然侵蚀等；

(3) 该项资产预计无形损耗，指由于科学技术的进步和劳动生产率的提高而带来的固定资产价值上的损失，如因新技术的出现而使现有的资产技术水平相对陈旧、市场需求变化使其所生产的产品过时等；

(4) 法律或者类似规定对该项资产使用的限制。某些固定资产的使用寿命可能受法律或类似规定的约束。如对于融资租赁的固定资产，根据《企业会计准则第 21 号——租赁》规定，能够合理确定租赁期届满时将会取得租赁资产所有权的，应当在租赁资产使用寿命内计提折旧；如果无法合理确定租赁期届满时能够取得租赁资产所有权的，应当在租赁期与租赁资产使用寿命两者中较短的期间内计提折旧。

3. 预计净残值

指假定固定资产预计使用寿命已满并处于使用寿命终了时的预期状态，企业目前从该项资产处置中获得的扣除预计处置费用后的金额。

4. 固定资产减值准备

指固定资产已计提的固定资产减值准备累计金额。固定资产计提减值准备后，应当在剩余使用寿命内根据调整后的固定资产账面价值（固定资产账面余额扣减累计折旧和累计减值准备后的金额）和预计净残值重新计算确定折旧率和折旧额。

三、固定资产折旧范围

企业应当对所有的固定资产计提折旧，但是，已提足折旧仍继续使用的固定资产和单独计价入账的土地除外。在确定计提折旧的范围时还应注意以下几点：

(1) 固定资产应当按月计提折旧，并根据用途计入相关资产的成本或者当期损益。固定资产应自达到预定可使用状态时开始计提折旧，终止确认时或划分为持有待售非流动资产时停止计提折旧。为了简化核算，当月增加的固定资产，当月不计提折旧，从下月起计提折旧；当月减少的固定资产，当月仍计提折旧，从下月起不计提折旧。

(2) 固定资产提足折旧后，不论能否继续使用，均不再计提折旧，提前报废的固定资产也不再补提折旧。所谓提足折旧是指已经提足该项固定资产的应计折旧额。

(3) 已达到预定可使用状态但尚未办理竣工决算的固定资产，应当按照估计价值确定其成本，并计提折旧；待办理竣工决算后再按实际成本调整原来的暂估价值，但不需要调整原已计提的折旧额。

四、固定资产折旧方法

企业应当根据与固定资产有关的经济利益的预期实现方式，合理选择折旧方法。可选用的折旧方法包括年限平均法、工作量法、双倍余额递减法和年数总和法等。企业选用不同的固定资产折旧方法，将影响固定资产使用寿命期间内不同时期的折旧费用，因此，固定资产的折旧方法一经确定，不得随意变更。如需变更应当符合固定资产准则第十九条的规定。

1. 年限平均法

年限平均法又称直线法，是指将固定资产的应计折旧额均衡地分摊到固定资产预计使用寿命内的一种方法。采用这种方法计算的每期折旧额均相等。计算公式如下：

$$年折旧率=\frac{1-预计净残值率}{预计使用寿命（年）}\times 100\%$$

月折旧率＝年折旧率 ÷12

月折旧额＝固定资产原价 × 月折旧率

采用年限平均法计算固定资产折旧虽然比较简便，但它也存在着一些明显的局限性。首先，固定资产在不同使用年限提供的经济效益是不同的。一般来讲，固定资产在其使用前期工作效率相对较高，所带来的经济利益也就多；而在其使用后期，工作效率一般呈下降趋势，因而，所带来的经济利益也就逐渐减少。年限平均法不予考虑，明显是不合理的。其次，固定资产在不同的使用年限发生的维修费用也不一样。固定资产的维修费用将随着其使用时间的延长而不断增加，而年限平均法也没有考虑这一因素。

当固定资产各期负荷程度相同时，各期应分摊相同的折旧费，这时采用年限平均法计算折旧是合理的。但是，如果固定资产各期负荷程度不同，采用年限平均法计算折旧时，则不能反映固定资产的实际使用情况，计提的折旧额与固定资产的损耗程度也不相符。

2. 工作量法

工作量法是根据实际工作量计算每期应提折旧额的一种方法。计算公式如下：

$$单位工作量折旧额=\frac{固定资产原价\times(1-预计净残值率)}{预计总工作量}$$

某项固定资产月折旧额 = 该项固定资产当月工作量 × 单位工作量折旧额

3. 双倍余额递减法

双倍余额递减法是指在不考虑固定资产预计净残值的情况下，根据每期期初固定资产原价减去累计折旧后的金额（即固定资产净值）和双倍的直线法折旧率计算固定资产折旧的一种方法。计算公式如下：

年折旧率 =2 ÷ 预计使用寿命（年）×100%

月折旧率 = 年折旧率 ÷12

月折旧额 = 固定资产净值 × 月折旧率

由于每年年初固定资产净值没有扣除预计净残值，因此，在应用这种方法计算折旧额时必须注意不能使固定资产的净值降低到其预计净残值以下，即采用双倍余额递减法计提折旧的固定资产，通常在其折旧年限到期前两年内，将固定资产净值扣除预计净残值后的余额平均摊销。

【例 6-2】甲公司某项设备原价为 120 万元，预计使用寿命为 5 年，预计净残值率为 4%；假设甲公司没有对该机器设备计提减值准备。

甲公司按双倍余额递减法计提折旧，每年折旧额计算如下：

年折旧率＝ 2/5×100%=40%

第一年应提的折旧额 =120×40%=48（万元）

第二年应提的折旧额 = (120−48)×40% =28.8（万元）

第三年应提的折旧额 = (120−48−28.8)×40%=17.28（万元）

从第四年起改按年限平均法（直线法）计提折旧：

第四年、第五年

应提的折旧额＝ (120−48 −28.8 −17.28 −120×4%)÷2=10.56（万元）

4. 年数总和法

年数总和法又称年限合计法，是将固定资产的原价减去预计净残值的余额乘以一个以固定资产尚可使用寿命为分子、以预计使用寿命逐年数字之和为分母的逐年递减的分数计算每年的折旧额。计算公式如下：

年折旧率 = 尚可使用寿命 / 预计使用寿命的年数总和 ×100%

月折旧率 = 年折旧率 ÷12

月折旧额 =（固定资产原价 - 预计净残值）× 月折旧率

【例 6-3】沿用【例 6-2】的资料，采用年数总和法计算的各年折旧额如表 6-1 所示。

表 6-1　　折旧的计算

单位：元

年份	尚可使用寿命	原价 - 预计净残值	年折旧率	每年折旧额	累计折旧
第 1 年	5	1 152 000	5/15	384 000	384 000
第 2 年	4	1 152 000	4/15	307 200	691 200
第 3 年	3	1 152 000	3/15	230 400	921 600
第 4 年	2	1 152 000	2/15	153 600	1 075 200
第 5 年	1	1 152 000	1/15	76 800	1 152 000

双倍余额递减法和年数总和法都属于加速折旧法，其特点是在固定资产使用的早期多提折旧，后期少提折旧，其递减的速度逐年加快，从而相对加快折旧的速度，目的是使固定资产成本在估计使用寿命内加快得到补偿。

五、固定资产折旧的会计处理

固定资产应当按月计提折旧，计提的折旧应通过“累计折旧”科目核算，并根据用途计入相关资产的成本或者当期损益。

(1) 企业基本生产车间所使用的固定资产，其计提的折旧应计入制造费用。

(2) 管理部门所使用的固定资产，其计提的折旧应计入管理费用。

(3) 销售部门所使用的固定资产，其计提的折旧应计入销售费用。

(4) 自行建造固定资产过程中使用的固定资产，其计提的折旧应计入在建工程成本。

(5) 经营租出的固定资产，其计提的折旧额应计入其他业务成本。

(6) 未使用的固定资产，其计提的折旧应计入管理费用。

【例 6-4】甲公司 2014 年 1 月份固定资产计提折旧情况如下：

第一生产车间厂房计提折旧 7.6 万元，机器设备计提折旧 9 万元。

管理部门房屋建筑物计提折旧 13 万元，运输工具计提折旧 4.8 万元。

销售部门房屋建筑物计提折旧 6.4 万元，运输工具计提折旧 5. 26 万元。

此外，本月第一生产车间新购置一台设备，原价为 122 万元，预计使用寿命 10 年，预计净残值 1 万元，按年限平均法计提折旧。

本例中，新购置的设备本月不提折旧，应从 2014 年 2 月开始计提折旧。甲公司 2014 年 1 月份计提折旧的账务处理如下：

借：制造费用——第一生产车间　　166 000
　　管理费用　　178 000
　　销售费用　　116 600
　贷：累计折旧　　460 600

六、固定资产使用寿命、预计净残值和折旧方法的复核

由于固定资产的使用寿命长于一年，属于企业的非流动资产，企业至少应当于每年年度终了，对固定资产的使用寿命、预计净残值和折旧方法进行复核。

在固定资产使用过程中，其所处的经济环境、技术环境以及其他环境有可能对固定资产使用寿命和预计净残值产生较大影响。例如，固定资产使用强度比正常情况大大加强，致使固定资产实际使用寿命大大缩短；替代该项固定资产的新产品的出现致使其实际使用寿命缩短，预计净残值减少，等等。为真实反映固定资产为企业提供经济利益的期间及每期实际的资产消耗，企业至少应当于每年年度终了，对固定资产使用寿命和预计净残值进行复核。如有确凿证据表明，固定资产使用寿命预计数与原先估计数有差异，应当调整固定资产使用寿命；如果固定资产预计净残值预计数与原先估计数有差异，应当调整预计净残值。

固定资产使用过程中所处经济环境、技术环境以及其他环境的变化也可能致使与固定资产有关的经济利益的预期实现方式发生重大改变。如果固定资产给企业带来经济利益的方式发生重大变化，企业也应相应改变固定资产折旧方法。例如，某企业以前年度采用年限平均法计提固定资产折旧，在次年度复核中发现，与该固定资产相关的技术发生很大变化，年限平均法已很难反映该项固定资产给企业带来经济利益的方式，因此，决定变年限平均法为加速折旧法。

企业应当根据《企业会计准则第 4 号——固定资产》的规定，结合企业的实际情况，制定固定资产目录、分类方法、每类或每项固定资产的使用寿命、预计净残值、折旧方法等。固定资产使用寿命、预计净残值和折旧方法的改变应作为会计估计变更，按照《企业会计准则第 28 号——会计政策、会计估计变更和差错更正》处理。

第四节　固定资产后续支出的核算

固定资产的后续支出是指固定资产使用过程中发生的更新改造支出、修理费用等。

后续支出的处理原则为：符合固定资产确认条件的，应当计入固定资产成本，同时将被替换部分的账面价值扣除；不符合固定资产确认条件的，应当计入当期损益。

一、资本化的后续支出

固定资产发生可资本化的后续支出时，企业一般应将该固定资产的原价、已计提的累计折旧和减值准备转销，将固定资产的账面价值转入在建工程，并在此基础上重新确定固定资产原价。当固定资产转入在建工程时，应停止计提折旧。在固定资产发生的后续支出完工并达到预定可使用状态时，再从在建工程转为固定资产，并按重新确定的固定资产原价、使用寿命、预计净残值和折旧方法计提折旧。固定资产发生的可资本化的后续支出，通过“在建工程”科目核算。

【例6-5】甲公司有关固定资产更新改造的资料如下：

(1) 2012 年 12 月 30 日，该公司自行建成了一条生产线，建造成本为 1 136 000 元；采用年限平均法计提折旧；预计净残值率为 3%，预计使用寿命为 6 年。

(2) 2015 年 1 月 1 日，由于生产的产品适销对路，现有生产线的生产能力已难以满足公司生产发展的需要，但若新建生产线则建设周期过长。甲公司决定对现有生产线进行改扩建，以提高其生产能力。假定该生产线未发生减值。

(3) 2015 年 1 月 1 日至 3 月 31 日，经过三个月的改扩建，完成了对这条生产线的改扩建工程，达到预定可使用状态共发生支出 537 800 元，全部以银行存款支付。

(4) 该生产线改扩建工程达到预定可使用状态后，大大提高了生产能力，预计将其使用寿命延长 4 年，即为 10 年。假定改扩建后的生产线的预计净残值率为改扩建后固定资产账面价值的 3%；折旧方法仍为年限平均法。

(5) 为简化计算过程，整个过程不考虑其他相关税费；公司按年度计提固定资产折旧。

本例中，生产线改扩建后，生产能力大大提高，能够为企业带来更多的经济利益，改扩建的支出金额也能可靠计量，因此该后续支出符合固定资产的确认条件，应计入固定资产的成本。有关的账务处理如下：

(1) 固定资产后续支出发生前：

该条生产线的应计折旧额 =1 136 000 × (1−3%)=1 101 920（元）

年折旧额 =1 101 920 ÷ 6 ＝ 183 653.33（元）

2013 年和 2014 年两年计提固定资产折旧的账务处理为：

借：制造费用　　183 653.33

　　贷：累计折旧　　183 653.33

(2)2015 年 1 月 1 日，固定资产的账面价值 =1 136 000−183 653.33 × 2=768 693.34（元）

固定资产转入改扩建：

借：在建工程——× × 生产线　　768 693. 34

　　累计折旧　　367 306. 66

　　贷：固定资产——× × 生产线　　1 136 000

(3)2015 年 1 月 1 日至 3 月 31 日，发生改扩建工程支出：

借：在建工程——× × 生产线　　537 800

　　贷：银行存款　　537 800

(4) 2015 年 3 月 31 日，生产线改扩建工程达到预定可使用状态，固定资产的入账价值 =768 693.34 +537 800 =1 306 493.34（元）

借：固定资产——×× 生产线　　　　1 306 493. 34

　　贷：在建工程——×× 生产线　　　　1 306 493.34

(5)2015 年 3 月 31 日，转为固定资产后，按重新确定的使用寿命、预计净残值和折旧方法计提折旧：

应计折旧额 =1 306 493. 34×(1−3%)=1 267 298. 54（元）

月折旧额 =1 267 298. 54/(7×12+9) =13 626. 87（元）

年折旧额 =13 626. 87×12 =163 522. 39（元）

2015 年应计提的折旧额 =13 626. 87×9 =122 641. 83（元）

会计分录为：

借：制造费用　　　　122 641.83

　　贷：累计折旧　　　　122 641.83

企业发生的某些固定资产后续支出可能涉及替换原固定资产的某组成部分，当发生的后续支出符合固定资产确认条件时，应将其计入固定资产成本，同时将被替换部分的账面价值扣除。这样可以避免将替换部分的成本和被替换部分的成本同时计入固定资产成本，导致固定资产成本高计。企业对固定资产进行定期检查发生的大修理费用，符合资本化条件的，可以计入固定资产成本，不符合资本化条件的，应当费用化，计入当期损益。固定资产在定期大修理间隔期间，照提折旧。

【例 6-6】某航空公司 2006 年 12 月底购入一架飞机，总计花费 8 000 万元（含发动机），发动机当时的购价为 500 万元。公司未将发动机作为一项单独的固定资产进行核算。2015 年年初，公司开辟新航线，航程增加。为延长飞机的空中飞行时间，公司决定更换一部性能更为先进的发动机。新发动机购价 700 万元，另需支付安装费用 51 000 元。假定飞机的年折旧率为 3%，不考虑相关税费的影响，公司的账务处理为：

(1) 2015 年年初飞机的累计折旧金额为：80 000 000×3%×8 ＝ 19 200 000（元），固定资产转入在建工程：

借：在建工程——×× 飞机　　　　60 800 000

　　累计折旧　　　　19 200 000

　　贷：固定资产——×× 飞机　　　　80 000 000

(2) 安装新发动机：

借：在建工程——×× 飞机　　　　7 051 000

　　贷：工程物资——×× 发动机　　　　7 000 000

　　　　银行存款　　　　51 000

(3) 2015 年年初老发动机的账面价值为：5 000 000 −5 000 000×3%×8=3 800 000（元），终止确认老发动机的账面价值。假定报废处理，无残值。

借：营业外支出　　　　3 800 000

贷：在建工程——××飞机　　3 800 000

(4) 发动机安装完毕，投入使用。固定资产的入账价值为：60 800 000+7 051 000−3 800 000= 64 051 000（元）

借：固定资产——××飞机　　64 051 000

贷：在建工程——××飞机　　64 051 000

二、费用化的后续支出

与固定资产有关的修理费用等后续支出，不符合固定资产确认条件的，应当根据不同情况分别在发生时计入当期管理费用或销售费用。

一般情况下，固定资产投入使用之后，由于固定资产磨损、各组成部分耐用程度不同，可能导致固定资产的局部损坏，为了维护固定资产的正常运转和使用，充分发挥其使用效能，企业将对固定资产进行必要的维护。固定资产的日常修理费用在发生时应直接计入当期损益。企业生产车间（部门）和行政管理部门等发生的固定资产修理费用等后续支出计入管理费用；企业设置专设销售机构的，其发生的与专设销售机构相关的固定资产修理费用等后续支出，计入销售费用。企业固定资产更新改造支出不满足固定资产确认条件的，在发生时应直接计入当期损益。

第五节 固定资产处置与清理的核算

一、固定资产终止确认的条件

固定资产满足下列条件之一的，应当予以终止确认。

1. 该固定资产处于处置状态

固定资产处置包括固定资产的出售、转让、报废或毁损、对外投资、非货币性资产交换、债务重组等。处于处置状态的固定资产不再用于生产商品、提供劳务、出租或经营管理，因此不再符合固定资产的定义，应予终止确认。

2. 该固定资产预期通过使用或处置不能产生经济利益

固定资产的确认条件之一是“与该固定资产有关的经济利益很可能流入企业”，如果一项固定资产预期通过使用或处置不能产生经济利益，那么，它就不再符合固定资产的定义和确认条件，应予终止确认。

二、固定资产处置的账务处理

企业出售、转让、报废固定资产或发生固定资产毁损，应当将处置收入扣除账面价值和相关税费后的金额计入当期损益。固定资产处置一般通过“固定资产清理”科目进行核算。

企业因出售、转让、报废或毁损、对外投资、非货币性资产交换、债务重组等处置固定资产，其会计处理一般经过以下几个步骤，具体见表6-2。

表6-2 固定资产处置的会计处理

<table>
<tr><th colspan="2">处置步骤</th><th>会计分录</th></tr>
<tr><td colspan="2">1. 固定资产转入清理</td><td>借：固定资产清理
累计折旧
固定资产减值准备
贷：固定资产</td></tr>
<tr><td colspan="2">2. 发生的清理费用</td><td>借：固定资产清理
贷：银行存款/应交税费</td></tr>
<tr><td colspan="2">3. 出售收入和残料等的处理</td><td>借：银行存款/原材料
贷：固定资产清理/应交税费——应交增值税等</td></tr>
<tr><td colspan="2">4. 保险赔偿的处理</td><td>借：其他应收款/银行存款
贷：固定资产清理</td></tr>
<tr><td rowspan="2">5. 清理净损益的处理</td><td>生产经营期间正常的处理损失</td><td>借：营业外支出——处置非流动资产损失
贷：固定资产清理</td></tr>
<tr><td>生产经营期间由于自然灾害等非正常原因造成的损失</td><td>借：营业外支出——非常损失
贷：固定资产清理</td></tr>
</table>

三、持有待售的固定资产

同时满足下列条件的非流动资产（包括固定资产）应当划分为持有待售：一是企业已经就处置该非流动资产作出决议；二是企业已经与受让方签订了不可撤销的转让协议；三是该项转让将在一年内完成。持有待售的非流动资产包括单项资产和处置组，处置组是指作为整体出售或其他方式一并处置的一组资产。

企业对于持有待售的固定资产，应当调整该项固定资产的预计净残值，使该项固定资产的预计净残值能够反映其公允价值减去处置费用后的金额，但不得超过符合持有待售条件时该项固定资产的原账面价值，原账面价值高于预计净残值的差额，应作为资产减值损失计入当期损益。企业应当在报表附注中披露持有待售的固定资产名称、账面价值、公允价值、预计处置费用和预计处置时间等。持有待售的固定资产不计提折旧，按照账面价值与公允价值减去处置费用后的净额孰低进行计量。

某项资产或处置组被划归为持有待售，但后来不再满足持有待售的固定资产的确认条件，企业应当停止将其划归为持有待售，并按照下列两项金额中较低者计量：

(1) 该资产或处置组被划归为持有待售之前的账面价值，按照其假定在没有被划归为持有待售的情况下原应确认的折旧、摊销或减值进行调整后的金额；

(2) 决定不再出售之日的可收回金额。

符合持有待售条件的无形资产等其他非流动资产，比照上述原则处理。这里所指的其他非流动资产不包括递延所得税资产、《企业会计准则第 22 号——金融工具确认和计量》规范的金融资产、以公允价值计量的投资性房地产和生物资产、保险合同中产生的合同权利等。

四、固定资产清理的会计处理

固定资产是一种价值较高、使用期限较长的有形资产，因此，对于管理规范的企业而言，盘盈、盘亏的固定资产较为少见。为了保证固定资产完整无缺，防止国有资产流失，必须对固定资产进行清查，至少每年盘点一次。固定资产清查的一般程序：(1) 核对账卡，总分类账要与“固定资产台账”进行核对，“固定资产台账”要与“固定资产卡片”进行核对，通过层层核对，保证账账相符、账卡相符。(2) 实地盘点，盘点实有固定资产的数量和质量，看账实是否相符。(3) 会计处理，对盘盈、盘亏的固定资产进行账务处理。

由固定资产实物管理部门组织，财务部门参与，每年一次深入现场逐项清点，账实核对，同时检查固定资产的使用维修和保养状况，做好盘点的原始记录，对于盘盈、盘亏、毁损、报废的固定资产，应认真查明原因，并填制“固定资产盘盈、盘亏、毁损、报废审批单”。经有关人员签认，上报公司领导审批。

（一）固定资产盘盈的会计处理

盘盈的固定资产，作为前期差错处理，通过“以前年度损益调整”科目核算。

盘盈的固定资产，会计分录：

借：固定资产（按类别列二级明细科目）

贷：以前年度损益调整

（二）固定资产盘亏的会计处理

固定资产盘亏造成的损失，应当计入当期损益。企业在财产清查中盘亏的固定资产，会计分录：

借：待处理财产损溢——待处理固定资产损溢（固定资产账面价值）

累计折旧（已计提的累计折旧）

固定资产减值准备（已计提的减值准备）

贷：固定资产（固定资产原值）

盘亏的固定资产报经批准转销时，会计分录：

借：营业外支出——固定资产盘亏

贷：待处理财产损溢——待处理固定资产损溢

第七章 无形资产核算

第一节 无形资产的取得与初始计量

一、无形资产的概念、特征和内容

无形资产是指企业拥有或者控制的没有实物形态的可辨认非货币性资产。无形资产具有三个主要特征。

1. 不具有实物形态

无形资产是不具有实物形态的非货币性资产，它不像固定资产、存货等有形资产具有实物形体。

2. 具有可辨认性

资产满足下列条件之一的，符合无形资产定义中的可辨认性标准：

(1) 能够从企业中分离或者划分出来，并能单独或者与相关合同、资产或负债一起，用于出售、转让、授予许可、租赁或者交换。

(2) 源自合同性权利或其他法定权利，无论这些权利是否可以从企业或其他权利和义务中转移或者分离。

商誉的存在无法与企业自身分离，不具有可辨认性，不在本节规范。

3. 属于非货币性长期资产

无形资产属于非货币性资产且能够在多个会计期间为企业带来经济利益。无形资产的使用年限在一年以上，其价值将在各个受益期间逐渐摊销。

无形资产的内容包括专利权、非专利技术、商标权、著作权、土地使用权、特许权等。

二、无形资产的初始计量

无形资产的取得方式有外购、投资者投入、接受捐赠、自行开发等。无形资产通常是按实际成本计量，即以取得无形资产并使之达到预定用途而发生的全部支出作为无形资产的成本。不同来源取得的无形资产，其成本构成也不同。

1. 购入的无形资产的核算

(1) 外购无形资产成本包括购买价款、相关税费及直接归属于使该项资产达到预定用途所发生的其他支出。无形资产达到预定用途后所发生的支出，不构成无形资产的成本。

无形资产按取得时的实际成本计价，取得时会计分录：

借：无形资产

　　贷：银行存款

【例 7-1】企业购入一项专利权和相关设备，实际支付的价款为 9 750 万元。由于专利权和相关设备价款没有分别标明，假定专利权公允价值与相关设备公允价值的相对比例 4 ∶ 1，则账务处理：

借：无形资产——专利权　　(9 750 × 4/5)7 800

　　固定资产　　(9 750 × 1/5)1 950

　　贷：银行存款　　9 750

(2) 购入的土地使用权或以支付土地出让金方式取得土地使用权，作为无形资产核算，并按规定的期限分期摊销。土地使用权用于自行开发建造厂房等地上建筑物时，土地使用权的账面价值不与地上建筑物合并计算其成本，而仍作为无形资产进行核算，土地使用权与地上建筑物分别进行摊销和提取折旧，但房地产开发企业取得的土地使用权用于建造对外出售的房屋建筑物，应当计入所建造的房屋建筑物成本。

企业外购的房屋建筑物，实际支付的价款中包含土地使用权的，应当按照合理的方法 (如公允价值) 在土地和建筑物之间进行分配，如果确实无法分配的，应当全部作为固定资产核算。

企业改变土地使用权的用途，将其作为出租或增值目的时，应将其转为投资性房地产。

【例 7-2】某企业为建造办公楼购入土地使用权，以银行存款支付 3 500 万元，按规定进行了无形资产摊销 20 万元，之后正式开工建造办公楼。（单位：万元）

(1) 购入土地使用权账务处理：

借：无形资产——土地使用权　　3 500

　　贷：银行存款　　3 500

(2) 各期摊销无形资产账务处理：

借：管理费用——无形资产摊销　　20

　　贷：累计摊销——土地使用权摊销　　20

2．投资者投入的无形资产的核算

接受投资者投入无形资产，按照投资合同约定的价值确定无形资产实际成本。但是，为首次发行股票而接受投资者投入的无形资产应按该无形资产在投资方的账面价值确定实际成本。

(1) 投资者投入的无形资产，按投资合同确认的价值确定无形资产成本，会计分录为：

借：无形资产 (按投资合同确认的价值)

　　贷：实收资本 (或股本)

(2) 为首次发行股票而接受投资者投入的无形资产，应按该项无形资产在投资方的账面价值确定无形资产实际成本，会计分录为：

借：无形资产（按该项无形资产在投资方的账面价值）

　　贷：实收资本（或股本）

【例 7-3】某股份公司接受甲投资者以其所拥有的非专利技术投资，双方商定的价值为 80 万元，账务处理（单位：万元）：

借：无形资产　　80

　　贷：实收资本　　80

3．接受捐赠的无形资产的核算

接受捐赠的无形资产，按会计制度及相关准则确定的实际成本，借记“无形资产”科目，按税法规定确定的入账价值，贷记“营业外收入——捐赠利得”科目，按实际支付或应支付的相关税费，贷记“银行存款”“应交税费”等科目：

借：无形资产

　　贷：递延所得税负债（未来应交的所得税）

　　　　营业外收入——捐赠利得

　　　　银行存款（应支付的相关费用）

　　　　应交税费（应支付的相关税金）

【例 7-4】某企业接受甲企业捐赠的特许权，双方确定的实际成本为 130 万元（同按税法规定确定的价值），应编制会计分录（单位：万元）：

借：无形资产　　130

　　贷：营业外收入——捐赠利得　　130

4．自行开发的无形资产的核算

对于企业自行进行研究开发的项目，无形资产准则要求区分研究阶段与开发阶段两个部分分别核算。研究阶段的支出全部费用化，计入当期损益（管理费用），开发阶段的支出符合条件的才能资本化，不符合条件的计入当期损益（管理费用）。如果确实无法区分研究阶段的支出和开发阶段的支出，应将其发生的研发支出全部费用化，计入当期损益。

内部开发无形资产的成本仅包括在满足资本化条件的时点至无形资产达到预定用途前发生的支出总和，对于同一项无形资产在开发过程中达到资本化条件之前已经费用化计入损益的支出不再调整。

第二节　无形资产的摊销

企业应当于取得无形资产时分析判断其使用寿命。使用寿命有限的无形资产应进行摊销。使用寿命不确定的无形资产不应摊销。使用寿命有限的无形资产，通常其残值视为零。

对于使用寿命有限的无形资产应当自可供使用（即其达到预定用途）当月起开始摊销，处置当月不再摊销。

无形资产摊销方法包括直线法、生产总量法等。企业选择的无形资产的摊销方法，应当反映与该项无形资产有关的经济利益的预期实现方式。无法可靠确定预期实现方式的，应当采用直线法摊销。

企业应当按月对无形资产进行摊销。无形资产自取得的当月起在预计使用年限内分期摊销，处置无形资产的当月不再摊销。企业自用的无形资产，其摊销的无形资产价值计入当期管理费用，出租的无形资产，相关的无形资产摊销价值计入其他业务成本，若预计某项无形资产已经不能给企业带来未来经济利益，应按已摊销的累计摊销额，借记“累计摊销”科目，原已计提减值准备的，借记“无形资产减值准备”科目，按账面余额贷记“无形资产”科目，按其差额，借记“营业外支出”科目。各期摊销无形资产时的会计分录为：

借：管理费用——无形资产摊销

　　其他业务成本——无形资产摊销

　　贷：累计摊销

每年年度终了，对使用寿命有限的无形资产的使用寿命及摊销方法进行复核，使用寿命及摊销方法与以前估计不同时，应改变摊销期限和摊销方法。

【例 7-5】某企业从外单位购得一项专利，支付价款 500 万元，该项专利使用寿命 10 年，不考虑残值因素，以直线法摊销，账务处理（单位：万元）：

借：无形资产——专利权　　500

　　贷：银行存款　　500

摊销时账务处理：

借：管理费用　　50(500 ÷ 10)

　　贷：累计摊销　　50

【例 7-6】2015 年 1 月 1 日，甲公司将其自行开发完成的非专利技术出租给丁公司，该非专利技术成本为 3 600 000 元，双方约定的租赁期限为 10 年，甲公司每月应摊销 30 000(3 600 000 ÷ 10 ÷ 12) 元。每月摊销时，甲公司应编制如下会计分录：

借：其他业务成本　　30 000

　　贷：累计摊销　　30 000

第三节 无形资产的处置

无形资产的处置，主要是指无形资产出售、对外出租、对外捐赠，或者是无法为企业带来经济利益时，应转销并终止确认。

一、出售无形资产的核算

出售无形资产，表明企业放弃无形资产所有权。企业处置无形资产，应当将取得的价款扣除该无形资产账面价值以及出售相关税费后的差额计入营业外收入或营业外支出。按实际收到的金额，借记“银行存款”等科目，按该项无形资产已计提的减值准备，借记“无形资产减值准备”科目，按已摊销的累计摊销额，借记“累计摊销”科目，按无形资产的账面余额，贷记“无形资产”科目，按支付的相关税费，贷记“应交税费”等科目，按其差额，贷记或借记“营业外收入——处置非流动资产利得”或“营业外支出——处置非流动资产损失”科目。

【例7-7】某企业将拥有的一项特许权出售，取得收入150 000元，应交的营业税为7 500元，该特许权的账面价值余额为140 000元，累计摊销额为80 000元，已计提的减值准备为45 000元，出售方账务处理：

借：银行存款	150 000	
无形资产减值准备	45 000	
累计摊销	80 000	
贷：无形资产		140 000
营业外收入——处置非流动资产利得		127 500
应交税费		7 500

二、出租无形资产的核算

将所拥有的无形资产的使用权让渡给他人，并收取租金，应确认相关的收入及成本。取得的租金收入，借记“银行存款”等科目，贷记“其他业务收入”科目，摊销出租无形资产的成本并发生与转让有关的各项费用支出时，借记“其他业务成本”科目，贷记“累计摊销”等科目。

【例7-8】某企业将拥有的一项专利权出租，该专利权账面余额600万元，摊销期为10年，出租合同约定，承租方每年需支付租金80万元，假定不考虑相关税费，出租方账务处理（单位：万元）：

借：银行存款	80	
贷：其他业务收入		80

同时：

借：其他业务成本	60	
贷：累计摊销		60

三、无形资产的报废核算

如果无形资产预期不能为企业带来经济利益，不再符合无形资产的定义，应将其转销。按已摊销的累计摊销额，借记“累计摊销”科目，原已计提减值准备的，借记“无形资产

减值准备”科目，按其账面余额，贷记“无形资产”科目，按其差额，借记“营业外支出”科目。

【例7-9】某企业拥有一项专利权，该专利权账面余额500万元，摊销期为10年，按直线法摊销，已摊销5年，假定残值为0，已计提减值准备150万元，根据市场情况今年予以转销，假定不考虑相关税费，账务处理（单位：万元）：

借：累计摊销 250

　　无形资产减值准备 150

　　营业外支出——非流动资产处置损失 100

　　贷：无形资产——专利权 500

第八章　投资性房地产核算

投资性房地产是指为赚取租金或资本增值，或者两者兼有而持有的房地产。投资性房地产的范围包括：已出租的土地使用权、持有并准备增值后转让的土地使用权、已出租的建筑物。已出租的土地使用权，是指企业通过出让或转让方式取得的、以经营租赁方式出租的土地使用权；持有并准备增值后转让的土地使用权，是指企业取得的、准备增值后转让的土地使用权；已出租的建筑物是指企业拥有产权的、以经营租赁方式出租的建筑物，包括自行建造或开发活动完成后用于出租的建筑物以及正在建造或开发将来用于出租的建筑物。

第一节　投资性房地产的初始计量

一、投资性房地产的初始计量

投资性房地产应当按照成本进行初始计量。

（一）外购投资性房地产的确认和初始计量

采用成本模式计量时，外购的土地使用权和建筑物，按照取得时的实际成本进行初始计量，借记“投资性房地产”科目，贷记“银行存款”等科目。取得时的实际成本包括购买价款、相关税费和可直接归属于该资产的其他支出。企业购入的房地产，部分用于出租（或资本增值）、部分自用，用于出租（或资本增值）的部分应当予以单独确认的，应按照不同部分的公允价值占公允价值总额的比例将成本在不同部分之间进行分配。

采用公允价值模式计量时，外购的投资性房地产应当按照取得时的实际成本进行初始计量，其实际成本的确定与采用成本模式计量的投资性房地产一致。企业应当在“投资性房地产”科目下设置“成本”和“公允价值变动”两个明细科目，按照外购的土地使用权和建筑物发生的实际成本，记入“投资性房地产——成本”科目。

（二）自行建造投资性房地产的确认和初始计量

采用成本模式计量时，自行建造投资性房地产的成本由建造该项资产达到预定可使用状态前发生的必要支出构成，包括土地开发费、建筑成本、安装成本、应予以资本化的借款费用、支付的其他费用和分摊的间接费用等。建造过程中发生的非正常性损失，直接计入当期损益，不计入建造成本。按照建造过程中发生的成本，借记“投资性房地产”科目，贷记“银行存款”等科目。

二、与投资性房地产有关的后续支出

（一）资本化的后续支出

与投资性房地产有关的后续支出，满足投资性房地产确认条件的，应当计入投资性房地产成本。例如，企业为了提高投资性房地产的使用效能，往往需要对投资性房地产进行改建、扩建而使其更加坚固耐用，或者通过装修而改善其室内装潢，改扩建或装修支出满足确认条件的，应当将其资本化。企业对某项投资性房地产进行改扩建等再开发且将来仍作为投资性房地产的，在再开发期间应继续将其作为投资性房地产，再开发期间不计提折旧或摊销。

【例 8-1】2014 年 3 月，安建公司（从事建筑施工业务）与汉阳公司的一项厂房经营租赁合同即将到期。该厂房按照成本模式进行后续计量，原价为 2 000 万元，已计提折旧 600 万元。为了提高厂房的租金收入，安建公司决定在租赁期满后对厂房进行改扩建，并与三沙公司签订了经营租赁合同，约定改扩建完工时将厂房出租给三沙公司。3 月 15 日，与汉阳公司的租赁合同到期，厂房随即进入改扩建工程。12 月 10 日，厂房改扩建工程完工，共发生支出 150 万元，即日按照租赁合同出租给三沙公司。假设安建公司采用成本模式计量。

本例中，改扩建支出属于资本化的后续支出，应当计入投资性房地产的成本。

安建公司的账务处理如下（单位：万元）：

(1) 2014 年 3 月 15 日，投资性房地产转入改扩建工程：

	借方	贷方
借：投资性房地产——厂房（在建）	14 000 000	
投资性房地产累计折旧	6 000 000	
贷：投资性房地产——厂房		20 000 000

(2)2014 年 3 月 15 日 ~12 月 10 日：

	借方	贷方
借：投资性房地产——厂房（在建）	1 500 000	
贷：银行存款等		1 500 000

(3)2014 年 12 月 10 日，改扩建工程完工：

	借方	贷方
借：投资性房地产——厂房	15 500 000	
贷：投资性房地产——厂房（在建）		15 500 000

【例 8-2】2014 年 3 月，安建公司与汉阳公司的一项厂房经营租赁合同即将到期。为了提高

厂房的租金收入，安建公司决定在租赁期满后对厂房进行改扩建，并与丙企业签订了经营租赁合同，约定改扩建完工时将厂房出租给丙企业。3 月 15 日，与汉阳公司的租赁合同到期，厂房随即进入改扩建工程。11 月 10 日，厂房改扩建工程完工，共发生支出 150 万元，即日起按照租赁合同出租给三沙公司。3 月 15 日，厂房账面余额为 1 200 万元，其中成本 1 000 万元，累计公允价值变动 200 万元。假设安建公司采用公允价值模式计量。

安建公司的账务处理如下（单位：万元）：

(1)2014 年 3 月 15 日，投资性房地产转入改扩建工程：

借：投资性房地产——厂房（在建） 12 000 000

　　贷：投资性房地产——成本 10 000 000

　　　　　　　　　　——公允价值变动 2 000 000

(2)2014 年 3 月 15 日 ~11 月 10 日：

借：投资性房地产——厂房（在建） 1 500 000

　　贷：银行存款 1 500 000

(3)2014 年 11 月 10 日，改扩建工程完工：

借：投资性房地产——成本 13 500 000

　　贷：投资性房地产——厂房（在建） 13 500 000

（二）费用化的后续支出

与投资性房地产有关的后续支出，不满足投资性房地产确认条件的，应当在发生时计入当期损益。例如，企业对投资性房地产进行日常维护发生一些支出。企业在发生投资性房地产费用化的后续支出时，借记“其他业务成本”等科目，贷记“银行存款”等科目。

第二节 投资性房地产转换的核算

一、投资性房地产的转换

（一）投资性房地产转换形式和转换日

1. 投资性房地产转换形式

投资性房地产转换形式主要包括：

(1) 投资性房地产开始自用，相应地由投资性房地产转换为固定资产或无形资产。投资性房地产开始自用是指企业将原来用于赚取租金或资本增值的房地产改为用于生产商品、提供劳务或者经营管理，例如，企业将出租的厂房收回，并用于生产本企业的产品。

(2) 作为存货的房地产改为出租，通常指房地产开发企业将其持有的开发产品以经营租赁的方式出租，相应地由存货转换为投资性房地产。本书针对的是施工企业，因此一般不涉及这一转换形式。

(3) 自用土地使用权停止自用，用于赚取租金或资本增值，相应地由无形资产转换为投资性房地产。

(4) 自用建筑物停止自用，改为出租，相应地由固定资产转换为投资性房地产。

2. 投资性房地产转换日的确定

转换日是指房地产的用途发生改变、状态相应发生改变的日期。转换日的确定标准主要包括：

(1) 投资性房地产开始自用，转换日是指房地产达到自用状态，企业开始将房地产用于生产商品、提供劳务或者经营管理的日期。

(2) 自用建筑物或土地使用权停止自用改为出租，转换日通常为租赁期开始日。租赁期开始日是指承租人有权行使其使用租赁资产权利的日期。

（二）投资性房地产转换为非投资性房地产

1. 采用成本模式进行后续计量的投资性房地产转换为自用房地产

企业将原本用于赚取租金或资本增值的房地产改用于生产商品、提供劳务或者经营管理，投资性房地产相应地转换为固定资产或无形资产。企业将投资性房地产转换为自用房地产，应当按该项投资性房地产在转换日的账面余额、累计折旧或摊销、减值准备等，分别转入“固定资产”“累计折旧”“固定资产减值准备”等科目；按投资性房地产的账面余额，借记“固定资产”或“无形资产”科目，贷记“投资性房地产”科目；按已计提的折旧或摊销，借记“投资性房地产累计折旧（摊销）”科目，贷记“累计折旧”或“累计摊销”科目；原已计提减值准备的，借记“投资性房地产减值准备”科目，贷记“固定资产减值准备”或“无形资产减值准备”科目。

【例8-3】2015 年 3 月 1 日，安建建工公司将出租在外的厂房收回，开始自用。该项房地产账面价值为 3 765 万元，其中，原价 5 000 万元，累计已提折旧 1 235 万元。假设安建公司采用成本模式计量。

安建公司的账务处理如下：

借：固定资产	50 000 000	
投资性房地产累计折旧	12 350 000	
贷：投资性房地产		50 000 000
累计折旧		12 350 000

2. 采用公允价值模式进行后续计量的投资性房地产转为自用房地产

企业将采用公允价值模式计量的投资性房地产转换为自用房地产时，应当以其转换当日的公允价值作为自用房地产的账面价值，公允价值与原账面价值的差额计入当期损益。

转换日，按该项投资性房地产的公允价值，借记“固定资产”或“无形资产”科目，按该项投资性房地产的成本，贷记“投资性房地产——成本”科目，按该项投资性房地产的累计公允价值变动，贷记或借记“投资性房地产——公允价值变动”科目，按其差额，贷记或借记“公允价值变动损益”科目。

【例8-4】2015年3月15日，安建建工公司因租赁期满，将出租的写字楼收回，开始作为办公楼用于本企业的行政管理。2015年3月15日，该写字楼的公允价值为4 800万元。该项房地产在转换前采用公允价值模式计量，原账面价值为4 750万元，其中，成本为4 500万元，公允价值变动为增值250万元。

安建公司的账务处理如下：

借：固定资产　　48 000 000

　　贷：投资性房地产——成本　　45 000 000

　　　　　　　　　　——公允价值变动　　2 500 000

　　　　公允价值变动损益　　500 000

（三）非投资性房地产转换为投资性房地产

1. 非投资性房地产转换为采用成本模式进行后续计量的投资性房地产

企业将原本用于日常生产商品、提供劳务或者经营管理的房地产改用于出租，通常应于租赁期开始日，按照固定资产或无形资产的账面价值，将固定资产或无形资产相应地转换为投资性房地产。对不再用于日常生产经营活动且经整理后达到可经营出租状况的房地产，如果企业董事会或类似机构正式作出书面决议，明确表明其自用房地产用于经营出租且持有意图短期内不再发生变化的，应视为自用房地产转换为投资性房地产，转换日为企业董事会或类似机构正式作出书面决议的日期。

企业将自用土地使用权或建筑物转换为以成本模式计量的投资性房地产时，应当按该项建筑物或土地使用权在转换日的原价、累计折旧、减值准备等，分别转入“投资性房地产”“投资性房地产累计折旧（摊销）”“投资性房地产减值准备”科目，按其账面余额，借记“投资性房地产”科目，贷记“固定资产”或“无形资产”科目，按已计提的折旧或摊销，借记“累计摊销”或“累计折旧”科目，贷记“投资性房地产累计折旧（摊销）”科目，原已计提减值准备的，借记“固定资产减值准备”或“无形资产减值准备”科目，贷记“投资性房地产减值准备”科目。

2. 非投资性房地产转换为采用公允价值模式进行后续计量的投资性房地产

(1) 自用房地产转换为投资性房地产。企业将自用房地产转换为采用公允价值模式计量的投资性房地产，应当按该项土地使用权或建筑物在转换日的公允价值，借记“投资性房地产——成本”科目，按已计提的累计摊销或累计折旧，借记“累计摊销”或“累计折旧”科目；原已计提减值准备的，借记“无形资产减值准备”“固定资产减值准备”科目；按其账面余额，贷记“固定资产”或“无形资产”科目。同时，转换日的公允价值小于账面价值的，按其差额，借记“公允价值变动损益”科目；转换日的公允价值大于账面价值的，按其差额，贷记“其他综合收益”科目。当该项投资性房地产处置时，因转换计入其他综合收益的部分应转入当期损益。

【例8-5】2014年6月，安建公司打算搬迁至新建办公楼，由于原办公楼处于商业繁华地段，安建公司准备将其出租，以赚取租金收入。2014年10月30日，安建公司完成了搬迁工作，原办公楼停止自用，并与大地公司签订了租赁协议，将其原办公楼租赁给大地公司使用，租赁期开始日为2014年10月30日，租赁期限为3年。2014年10月30日，该办公楼原价为5亿元，已提折旧14 250万元，公允价值为35 000万元。假设安建公司对投资性房地产采用公允价值模式计量。

安建公司的账务处理如下：

借：投资性房地产——成本	350 000 000	
公允价值变动损益	7 500 000	
累计折旧	142 500 000	
贷：固定资产		500 000 000

第三节 投资性房地产后续计量的核算

投资性房地产后续计量，通常应当采用成本模式，只有在满足特定条件的情况下才可以采用公允价值模式。但是，同一企业只能采用一种模式对所有投资性房地产进行后续计量，不得同时采用两种计量模式。

一、采用成本模式进行后续计量的投资性房地产

采用成本模式进行后续计量的投资性房地产，应当按照固定资产或无形资产的有关规定，按期（月）计提折旧或摊销，借记“其他业务成本”等科目，贷记“投资性房地产累计折旧（摊销）”科目。取得的租金收入，借记“银行存款”等科目，贷记“其他业务收入”等科目。

投资性房地产存在减值迹象的，还应当适用资产减值的有关规定。经减值测试后确定发生减值的，应当计提减值准备，借记“资产减值损失”科目，贷记“投资性房地产减值准备”科目。如果已经计提减值准备的投资性房地产的价值又得以恢复，不得转回。

二、采用公允价值模式进行后续计量的投资性房地产

企业存在确凿证据表明其投资性房地产的公允价值能够持续可靠取得的，可以对投资性房地产采用公允价值模式进行后续计量。企业选择公允价值模式，就应当对其所有投资性房地产采用公允价值模式进行后续计量，不得对一部分投资性房地产采用成本模式进行后续计量，对另一部分投资性房地产采用公允价值模式进行后续计量。在极少数情况下，采用公允价值对投资性房地产进行后续计量的企业，有证据表明，当企业首次取得某项非在建投资性房地产（或某项现有房地产在改变用途后首次成为投资性房地产）时，该投资

性房地产公允价值不能持续可靠取得的，应当对该投资性房地产采用成本模式计量直至处置，并假设无残值。采用公允价值模式对投资性房地产进行后续计量的企业，对于在建投资性房地产（包括企业首次取得的在建投资性房地产），如果其公允价值无法可靠确定但预期该房地产完工后的公允价值能够持续可靠取得，应当以成本计量该在建投资性房地产，其公允价值能够可靠计量时或其完工后（两者孰早），再以公允价值计量。但是，采用成本模式对投资性房地产进行后续计量的企业，即使有证据表明，企业首次取得某项投资性房地产时，该投资性房地产公允价值能够持续可靠取得，该企业仍应对该项投资性房地产采用成本模式进行后续计量。

采用公允价值模式计量的投资性房地产，应当同时满足下列条件：(1) 投资性房地产所在地有活跃的房地产交易市场。所在地通常指投资性房地产所在的城市。对于大中型城市，应当为投资性房地产所在的城区。(2) 企业能够从活跃的房地产交易市场上取得同类或类似房地产的市场价格及其他相关信息，从而对投资性房地产的公允价值作出合理的估计。

投资性房地产采用公允价值模式进行后续计量的，不计提折旧或摊销，应当以资产负债表日的公允价值计量。资产负债表日，投资性房地产的公允价值高于其账面余额的差额，借记“投资性房地产——公允价值变动”科目，贷记“公允价值变动损益”科目；公允价值低于其账面余额的差额作相反的会计分录。

【例8-6】2014年10月1日，安建公司与大华公司签订租赁协议，约定将安建公司一栋办公楼自当日起经营租赁给大华公司使用，租赁期为10年。该办公楼的原值12 000万元，累计折旧3 000万元，账面价值为9 000万元。2014年12月31日，该办公楼的公允价值为9 200万元。假设安建公司采用公允价值模式计量。

安建的账务处理如下：

(1) 2014年10月1日，将办公楼出租：

借：投资性房地产——成本	90 000 000
累计折旧	30 000 000
贷：固定资产	120 000 000

(2) 2014年12月31日，按照公允价值调整其账面价值，公允价值与原账面价值之间的差额计入当期损益：

借：投资性房地产——公允价值变动	2 000 000
贷：公允价值变动损益	2 000 000

三、投资性房地产后续计量模式的变更

为保证会计信息的可比性，企业对投资性房地产的计量模式一经确定，不得随意变更。只有在房地产市场比较成熟、能够满足采用公允价值模式计量条件的情况下，才允许企业对投资性房地产从成本模式计量变更为公允价值模式计量。

成本模式转为公允价值模式的，应当作为会计政策变更处理，并按计量模式变更时公

允价值与账面价值的差额调整期初留存收益。已采用公允价值模式计量的投资性房地产，不得从公允价值模式转为成本模式。

第四节 投资性房地产处置的核算

当投资性房地产被处置，或者永久退出使用且预计不能从其处置中取得经济利益时，应当终止确认该项投资性房地产。

企业可以通过对外出售或转让的方式处置投资性房地产取得收益。对于那些由于使用而不断磨损直到最终报废，或者由于遭受自然灾害等非正常原因发生毁损的投资性房地产应当及时进行清理。此外，企业因其他原因，如非货币性交易等而减少投资性房地产也属于投资性房地产的处置。企业出售、转让、报废投资性房地产或者发生投资性房地产毁损，应当将处置收入扣除其账面价值和相关税费后的金额计入当期损益。

一、采用成本模式计量的投资性房地产的处置

处置采用成本模式进行后续计量的投资性房地产时，应当按实际收到的金额，借记“银行存款”等科目，贷记“其他业务收入”科目；按该项投资性房地产的账面价值，借记“其他业务成本”科目，按其账面余额，贷记“投资性房地产”科目，按照已计提的折旧或摊销，借记“投资性房地产累计折旧（摊销）”科目，原已计提减值准备的，借记“投资性房地产减值准备”科目。

二、采用公允价值模式计量的投资性房地产的处置

处置采用公允价值模式计量的投资性房地产，应当按实际收到的金额，借记“银行存款”等科目，贷记“其他业务收入”科目；按该项投资性房地产的账面余额，借记“其他业务成本”科目，按其成本，贷记“投资性房地产——成本”科目，按其累计公允价值变动，贷记或借记“投资性房地产——公允价值变动”科目。同时结转投资性房地产累计公允价值变动。若存在原转换日计入其他综合收益的金额，也一并结转。

【例 8-7】2014 年 3 月 10 日，安建公司与大华公司签订了租赁协议，将其一栋办公楼出租给大华公司使用，租赁期开始日为 2014 年 4 月 15 日。2014 年 4 月 15 日，该办公楼的原值为 50 000 万元，累计折旧为 5 000 万元，账面余额为 45 000 万元，公允价值为 47 000 万元。2014 年 12 月 31 日，该项投资性房地产的公允价值为 48 000 万元。2015 年 6 月租赁期届满，安建公司收回该项投资性房地产，并以 55 000 万元出售，出售款项已收讫。安建公司采用公允价值模式计量，不考虑相关税费。

安建公司的账务处理如下：

(1)2014 年 4 月 15 日，固定资产转换为投资性房地产：

借：投资性房地产——成本　　　　470 000 000

累计折旧　　50 000 000
贷：固定资产　　500 000 000
其他综合收益　　20 000 000

(2)2014 年 12 月 31 日，公允价值变动：

借：投资性房地产——公允价值变动　　10 000 000
贷：公允价值变动损益　　10 000 000

(3) 2015 年 6 月，出售投资性房地产：

借：银行存款　　550 000 000
公允价值变动损益　　10 000 000
其他综合收益　　20 000 000
其他业务成本　　450 000 000
贷：投资性房地产——成本　　470 000 000
——公允价值变动　　10 000 000
其他业务收入　　550 000 000

第九章 内部往来核算

第一节 施工企业内部往来概述

内部往来是施工企业与所属单位内部独立核算单位之间，或各内部独立核算单位之间，由于工程价款结算、产品或作业或材料销售、提供劳务等业务发生的各种应收、应付、暂收、暂付款项。

企业与所属内部独立核算单位之间，或各内部独立核算单位之间，由于工程价款结算、产品或作业或材料销售、提供劳务等业务而发生各种应收、暂付、应付、暂收往来款项，都应该作为内部往来业务进行核算。

本科目应按内部同级单位和上下级单位设二级明细科目，在二级明细科目下按内部单位名称进行明细核算。发生债权的经济业务记本科目的借方，发生债务的经济业务记本科目的贷方，一般由债权单位向债务单位发送列账通知书，季末，各单位往来要核对相符并办理签认手续。期末根据本科目余额方向来判断是属于债权还是债务，即如果在借方表示债权，在贷方表示债务。

施工企业的内部往来业务单独进行核算，一方面有利于各独立核算的内部单位之间相互进行对账；另一方面，在编制会计报表的时候，从会计主体出发，将一个会计主体内部各单位之间的往来业务予以对冲，便于真实地反映一个会计主体的财务状况。需要注意的是企业与内部独立核算的单位(附属单位)之间有关生产周转资金的下拨、上缴，不属于“内部往来”账户的核算内容，应通过“拨付所属资金”和“上级拨入资金”账户核算。

第二节 内部往来核算

一、内部往来的结算凭证

为了确保企业与所属单位内部独立核算单位之间及各内部独立核算单位之间往来款项的记录相互一致，企业应使用“内部往来记账通知单”（见表9-1），由经济业务发生单位（债务单位）填制，送交对方（债权单位）及时记账，并由对方核对后及时将副联退回。每月终了，由规定的一方根据明细账记录抄列内部往来清单，送交对方核对账目；对方应及时核对并将一份清单签字转还发出单位。

表 9-1　　　　　　　　　　内部往来记账通知单

××年×月×日

应付单位	第一工程处	应收单位				第二工程处					
结算项目	提供机械化施工										
结算金额	人民币（大写）：肆仟元整	千	百	十	万	千	百	十	元	角	分
					¥	4	0	0	0	0	0
	应付单位 经办人：	应收单位 经办人：									

二、内部往来款项的核算操作

（一）内部往来结算的主要形式

企业所属内部独立核算单位之间的应收、应付款的结算，通常有两种形式：一是通过企业集中结算，即各单位之间的往来结算，都要作为各单位与企业之间的往来结算，通过企业办理结算手续；二是各单位直接办理结算，定期通过企业集中办理对账、转账手续。

（二）“内部往来”账户的核算内容

为了核算和监督施工企业内部往来款项的形成及清偿情况，企业应设置“内部往来”账户。“内部往来”账户属于资产类账户，用来核算企业内部单位之间发生的债权债务。其借方反映企业与所属内部独立核算单位及各内部独立核算单位之间发生的各种应收、暂付和转销的应付、暂收的款项，即债权的发生和债务的清偿；贷方反映企业与所属内部独立核算单位及各内部独立核算单位之间的应付、暂收和转销的应收、暂付款项，即债务的发生和债权的减少；各明细科目的期末借方余额合计反映应收内部单位的款项，贷方余额合计反映应付内部单位的款项。本账户的期末余额应与所属内部独立核算单位各明细科目的借方余额合计与贷方余额合计的差额相等。企业应在“内部往来”科目下按内部单位设置明细账户。

（三）内部往来款项的核算操作

1. 财务部发生内部往来业务

(1) 为项目部垫付各种款项：

借：内部往来——单位间往来——×单位

　　贷：银行存款（现金）

凭证附件：列账通知书、支付凭证、报销单等。

(2) 收到项目部转来代付、代列有关款项：

借：有关科目

　　贷：内部往来——单位间往来——×单位

凭证附件：列账通知书、支付凭证、报销单等。

(3) 季末，收到项目部债权单位转来与其他项目部往来相符余额：

借：内部往来——单位间往来——A单位

　　贷：内部往来——单位间往来——甲单位

凭证附件：列账通知书、核对签认单等。

2. 项目部发生内部往来业务

(1) 为其他项目部和公司财务部垫付各种款项：

借：内部往来——上下级往来——财务部

　　　　　　——单位间往来——甲单位

　　贷：银行存款（现金）

凭证附件：列账通知书、支付凭证、报销单等。

(2) 收到其他项目部和公司财务部转来代付、代列有关款项：

借：有关科目

　　贷：内部往来——上下级往来——财务部

　　　　　　　　——单位间往来——甲单位

凭证附件：列账通知书、支付凭证、报销单等。

(3) 季末，与其他项目部往来相符余额转公司财务部，债权单位发列账通知书：

借：内部往来——单位间往来——A单位

　　贷：内部往来——上下级往来——财务部

或：借：内部往来——上下级往来——财务部

　　　　贷：内部往来——单位间往来——A单位

凭证附件：列账通知书、核对签认单等。

【例9-1】宏达建筑公司委托内部独立核算的运输队为公司运输办公用具，发生运输作业费2 000元，运输队应填制“内部往来记账通知单”一式两联，一联自留，一联连同所附单证交给公司。会计处理如下：

(1) 公司财务部门确认支出时：

借：管理费用　　2 000

　　贷：内部往来——运输队　　2 000

(2) 公司财务部门实际支付款项时：

借：内部往来——运输队　　2 000

　　贷：银行存款　　2 000

(3) 运输队确认收入时：

借：内部往来——公司　　2 000

　　贷：其他业务收入　　2 000

(4) 运输队实际收到款项时：

借：银行存款　　2 000

　　贷：内部往来——公司　　2 000

【例9-2】宏达建筑公司内部独立核算的材料供应站将一批钢材销售给一工区，价款为12万元，通过公司集中结算。材料供应站应填制“内部往来记账通知单”一式三联，一联自留，其余两联连同所附单证交送公司财会部门，公司留下一联，另一联连同单证交给一工区。会计处理如下：

(1) 材料供应站确认收入时：

借：内部往来——公司　　120 000

　　贷：其他业务收入　　120 000

(2) 公司结算款项时：

借：内部往来——一工区　　120 000

　　贷：内部往来——材料供应站　　120 000

(3) 一工区购进材料时：

借：原材料　　120 000

　　贷：内部往来——公司　　120 000

第十章 租赁核算

第一节 施工企业租赁概述及分类

租赁，是指在约定的期间内，出租人将资产使用权让与承租人，以获取租金的协议。租赁的主要特征是转移资产的使用权，而不是转移资产的所有权，并且这种转移是有偿的，取得使用权以支付租金为代价，从而使租赁有别于资产购置和不把资产的使用权从合同的一方转移给另一方的服务性合同，如劳务合同、运输合同、保管合同、仓储合同等以及无偿提供使用权的借用合同。

租赁期，是指租赁协议规定的不可撤销的租赁期间。如果承租人有权选择续租该资产，并且在租赁开始日就可以合理确定承租人将会行使这种选择权，不论是否再支付租金，续租期也包括在租赁期之内。

承租人和出租人应当在租赁开始日将租赁分为融资租赁和经营租赁。企业对租赁进行分类时，应当全面考虑租赁期届满时租赁资产所有权是否转移给承租人、承租人是否有购买租赁资产的选择权、租赁期占租赁资产使用寿命的比例等各种因素。满足下列标准之一的，应认定为融资租赁：

(1) 在租赁期届满时，资产的所有权转移给承租人。

(2) 承租人有购买租赁资产的选择权，所订立的购买价款预计远低于行使选择权时租赁资产的公允价值，因而在租赁开始日就可合理地确定承租人将会行使这种选择权。

(3) 即使资产的所有权不转移，但租赁期占租赁资产使用寿命的大部分。这里的“大部分”通常是指租赁期占租赁开始日租赁资产尚可使用寿命的75%以上（含75%）。

(4) 承租人在租赁开始日的最低租赁付款额的现值几乎相当于租赁开始日租赁资产的公允价值；出租人在租赁开始日的最低租赁收款额的现值几乎相当于租赁开始日租赁资产的公允价值。这里的“几乎相当于”，通常掌握在90%（含90%）以上。需要说明的是，这里的量化标准只是指导性标准，企业在具体运用时，必须以准则规定的相关条件进行判断。

(5) 租赁资产性质特殊，如果不作较大改造，只有承租人才能使用。这条标准是指租赁资产是出租人根据承租人对资产型号、规格等方面的特殊要求专门购买或建造的，具有专购、专用性质。这些租赁资产如果不作较大的重新改制，其他企业通常难以使用。这种情况下，该项租赁也应当认定为融资租赁。

第二节 经营租赁核算

公司本部机械租赁管理模式一般是：机械设备由公司财务部组建固定资产，实物由机械租赁中心统一管理经营，财务部向机械租赁中心收取机械设备折旧费，机械租赁中心向使用机械设备的单位收取租赁费。机械设备由公司统一调配，充分利用公司现有机械设备，在现有机械设备不能满足施工需要时，再从公司以外的单位租入。

一、承租人的核算

在经营租赁方式下，与租赁资产所有权有关的风险和报酬并没有实质上转移给承租人，承租人不承担租赁资产的主要风险，承租人对经营租赁的会计处理比较简单，承租人不需将所取得的租入资产的使用权资本化，相应地也不必将所承担的付款义务列作负债。其主要问题是解决应支付的租金与计入当期费用的关系。承租人在经营租赁下发生的租金应当在租赁期内的各个期间按直线法确认为费用；如果其他方法更合理，也可以采用其他方法。

某些情况下，出租人可能对经营租赁提供激励措施，如免租期、承担承租人某些费用等。在出租人提供了免租期的情况下，应将租金总额在整个租赁期内，而不是在租赁期扣除免租期后的期间内按直线法或其他合理的方法进行分摊，免租期内应确认租金费用；在出租人承担了承租人的某些费用的情况下，应将该费用从租金总额中扣除，并将租金余额在租赁期内进行分摊。

为了保证租赁资产的安全和有效使用，承租人应设置“经营租赁资产”备查簿作备查登记，以反映和监督租赁资产的使用、归还和结存情况。

对于承租人在经营租赁中发生的初始直接费用，应当计入当期损益。其账务处理为：借记“管理费用”等科目，贷记“银行存款”等科目。

在经营租赁方式下，承租人对或有租金的处理与融资租赁相同，即在实际发生时计入当期损益。其账务处理为：借记“销售费用”等科目，贷记“银行存款”等科目。

(一) 从内部单位经营租入的核算

A 项目部财务部门收到机械租赁中心转来的内部机械租赁费结算清单和列账通知书，经项目部机械管理部门审核签字、出具机械设备台班使用情况清单，项目经理签字后由财务部门列账。为确保机械租赁核算内容的真实、完整，需注意以下两点：

(1) 项目部机械管理部门应对机械租赁中心所列机械租赁费进行审核，如果存在问题应及时向租赁中心反馈。

(2) 由于机械设备故障原因需要租赁中心减免租赁费用，机械管理部门应及时将问题及原因做详细说明，以文字形式传真到租赁中心，双方协商解决。

财务部门收到结算资料时的账务处理：

借：待分配间接费——固定资产使用费　　5 000

　　工程施工——合同成本——钻孔施工——机械使用费　　100 000

　　工程施工——合同成本——承台墩柱——机械使用费　　18 000

　　机械作业　　18 000

　　贷：内部往来——机械设备租赁中心　　141 000

附件：机械租赁费清单、机械设备使用情况清单等。

期末，财务部门根据项目部调度和机械管理部门的机械使用记录，编制机械使用费分配表列账，对本期发生的机械费用进行分摊。

本季度机械作业成本54 000元(18 000×3)，台班合计270个(20×3+20×3+50×3)(见表10-1)。

表10-1　　机械使用费分配表

工程项目	台班	机械费合计（分配率200）
材料倒运	60	12 000
涵洞施工	60	12 000
制梁施工	150	30 000
合计	270	54 000

制表：　　审核：　　会计主管：

分配机械作业费时的账务处理：

借：工程施工——合同成本——其他直接费　　12 000

　　工程施工——合同成本——涵洞施工——机械使用费　　12 000

　　工程施工——合同成本——制梁施工——机械使用费　　30 000

　　贷：机械作业　　54 000

(二) 从外部单位经营租入的核算

由于机械设备租赁中心现有设备不能满足施工需要，经公司同意，项目部可以向外单位租入机械设备，财务部门核算时要参照外部机械设备租赁合同、机械设备使用台班清单、外租机械结算单和机械租赁发票，认真审核经济内容的真实性、合理性、时效性，签字手续是否齐备等。为保证外租机械设备结算的真实、有效，还应注意以下几点：

(1) 项目部机械设备管理部门负责本项目部的外租机械设备租赁费结算，其他部门或个人不得越过机械设备管理部门对外进行外租机械费用结算。

(2) 外租机械租赁费应严格按照合同进行结算，特别应注意已经发生，但应扣除的费用，必须及时通知财务、成本部门进行扣除。如有变动应有相应的说明，并附相关人员的签认。

(3) 外租机械租赁费结算程序：由调度签认外租机械工作完成任务单，机械设备管理部门根据该任务单及合同计算租赁费，扣除已发生但不应该由我方承担的费用，将租赁费用结算单转成本管理和财务部门。

(4) 能分清使用对象的，直接列入相关成本科目，不能分清使用对象的，先在“机械作业”科目进行归集，期末按照一定的标准分摊计入相关成本费用科目。

按照合同规定，外租机械租赁费一季度结算一次，应结算砼输送车租赁费 63 000 元 (21 000 × 3)，应结算挖掘机租赁费 72 000 元 (24 000 × 3)(外租机械租赁费结算单参见表 10-2)。

结算机械设备租赁费时的账务处理：

借：工程施工——合同成本——承台墩柱——机械使用费　　63 000

　　工程施工——合同成本——路基施工——机械使用费　　72 000

　　贷：应付账款——× × 租赁公司　　13 5000

表 10-2　　外租机械租赁费结算单

× × 年 × × 日

承租单位	乙项目部	出租单位		租赁公司	
机械名称	砼输送车	合同编号	× ×	签订日期	年 月 日
工作内容：承台墩柱砼输送					
本次结算时间	年 月 日至年 月 日				
合同单价	21 000 元	应计算金额		63 000 元	
应扣款项	1.				
	2.				
应增加款项	1.				
	2.				
实际结金额	大写：陆万叁仟元整　¥63 000				

承租单位主管：　　出租单位：　　复核：　　制表：

(三) 协力队伍机械租赁扣款核算

与协力队伍签订的劳务承包合同约定，由项目部提供，协力队伍有偿使用的机械设备，应根据机械设备管理部门提供的机械设备扣款清单（表 10-3），及时办理扣款手续。

根据与协力队伍签订的机械设备租赁合同，到期应扣 A 协力队伍工程钻机租赁费 120 000 元 (12 000×10)；到期应扣 B 协力队伍汽车吊机租赁费 220 000 元

(22 000×10)、砼输送车租赁费 240 000 元 (24 000×10)。由成本部门在结算单中进行扣除。

表 10-3　　协力队伍机械设备租赁费扣款结算单

× ×年×月×日

承租单位	A 协力队伍				
机械名称	挖掘机	合同编号	××	签订日期	年 月 日
工作内容：钻孔桩					
本次扣款期限	年 月 日至年 月 日　共 个月				
合同单价	12 000 元	租赁机械设备台数		10 台	
应扣款金额	大写：壹佰贰拾万元整　　　¥120 000				

出租单位主管：　　　　承租单位：　　　　复核：　　　　制表：

扣除协力队伍机械费用时应注意以下两点：

(1) 与协力队伍签订的承包合同中含有机械费的，若使用我方机械设备，应由成本部门在结算单中进行扣除，财务部门不作账务处理。

(2) 与协力队伍签订的承包合同中不含机械费的，若使用我方机械设备，根据相关机械使用台班记录，由财务部门直接列入相关成本费用科目。

二、出租人的核算

在经营租赁方式下，与租赁资产所有权有关的风险和报酬并没有实质上转移给承租人，出租人对经营租赁的会计处理也比较简单，主要问题是解决应收的租金与确认的当期收入之间的关系、经营租赁资产折旧的计提。在经营租赁方式下，租赁资产的所有权始终归出租人所有。因此，出租人仍应按自有资产的处理方法，将租赁资产反映在资产负债表上。如果经营租赁资产属于固定资产，应当采用出租人对类似应折旧资产通常所采用的折旧政策计提折旧。

出租人在经营租赁下收取的租金应当在租赁期内的各个期间按直线法确认为收入，如果其他方法更合理，也可以采用其他方法。

其会计处理为：确认各期租金收入时，借记“应收账款”或“其他应收款”等科目，贷记“租赁收入”等科目。实际收到租金时，借记“银行存款”等科目，贷记“应收账款”或“其他应收款”等科目。

某些情况下，出租人可能对经营租赁提供激励措施，如免租期、承担承租人某些费用等。在出租人提供了免租期的情况下，应将租金总额在不扣除免租期的整个租赁期内，按直线法或其他合理的方法进行分配，免租期内应确认租赁收入；在出租人承担了承租人的某些费用的情况下，应将该费用从租金收入总额中扣除，并将租金收入余额在租赁期内进行分配。

此外，出租人还应在附注中披露每类租出资产在资产负债表日的账面价值。

【例 10-1】甲施工企业承接某大桥施工任务，通过内部竞标，由所属某项目部组织施工。某项目部在甲施工企业的机械设备租赁中心承租如下机械设备：

办公用车一辆，月租金 5 000 元。

工程钻机 10 台，每台月租金 10 000 元，租期 10 个月；工程钻机出租给 A 协力队伍使用，合同约定每台月租金 12 000 元，到期一次结算扣款，协力队伍承担的钻孔桩任务合同期 10 个月。

汽车吊机二台，每台月租金 18 000 元。一台出租给 B 协力队伍使用，合同约定每月租金 22 000 元，租期 10 个月，到期一次结算扣款，协力队伍承担的承台墩柱施工任务合同期 10 个月；一台由项目部机动使用，根据项目部调度部门和机械管理部门的使用记录，某月使用情况为：材料二次倒运 20 个台班，涵洞施工立模板 20 个台班，制梁施工 50 个台班。

由于机械设备租赁中心现有设备不能满足施工需要，A 项目部向外单位租入如下机械设备：

砼输送车一台，月租金 21 000 元，租赁期 10 个月，租金 1 季度结算支付一次，此机械用于承台墩柱砼输送。项目部出租给 B 协力队伍使用，合同约定每月租金 24 000 元，到期一次结算扣款，协力队伍承担的承台墩柱施工任务合同期 10 个月。

挖掘机一台，合同约定月租金 24 000 元，租金 1 季度结算支付一次，用于路基挖方。

机械设备租赁中心将闲置的一台发电机以每月 21 000 元的租赁价格租给一家外单位：红星机械厂，租金按月收取，租赁期限 5 个月，该项设备月提折旧额为 3 000 元，营业税金及附加率为 3.3%。

本例涉及单位内部机械设备租赁，外部机械设备租赁，以及分包扣款结算，下面分别列举核算流程和会计分录。

(1) 对内部单位经营租赁的核算。机械租赁中心财务部门收到公司财务部门转来的机械设备折旧清单，折旧费合计为 42 000 元，账务处理：

借：机械作业　　42 000

　贷：内部往来——财务部　　42 000

附件：机械设备折旧费清单、列账通知书等。

机械租赁中心财务部门根据机械设备管理部门提供的内部租赁费清单，分别向使用机械设备的项目部列账。

列转机械设备租赁费时的账务处理：

借：内部往来——某项目部　　141 000

　贷：机械作业　　141 000

附件：内部单位机械设备租赁费清单。

(2) 对外经营租赁的核算。为提高机械设备使用率，经公司批准，机械租赁中心可以将闲置的机械设备出租给外部单位，以获取一定数额的租金收入。取得租金收入时的账务处理：

借：银行存款　　21 000

　贷：其他业务收入　　21 000

附件：外部租赁结算单、发票记账联、银行进账单等。

计算税金及附加，21 000×3.3% =693(元)，账务处理：

借：营业税金及附加　　693

　　贷：应交税费　　693

附件：税金计算单等。

每月计提折旧时的账务处理：

借：其他业务成本　　3 000

　　贷：累计折旧　　3 000

附件：固定资产折旧计提单等。

第三节 融资租赁核算

一、承租人的核算

（一）租赁期开始日的会计处理

在租赁期开始日，承租人应当将租赁开始日租赁资产公允价值与最低租赁付款额现值两者中较低者作为租入资产的入账价值，将最低租赁付款额作为长期应付款的入账价值，其差额作为未确认融资费用。

承租人在计算最低租赁付款额的现值时，如果知悉出租人的租赁内含利率，应当采用出租人的租赁内含利率作为折现率；否则，应当采用租赁合同规定的利率作为折现率。如果出租人的租赁内含利率和租赁合同规定的利率均无法知悉，应当采用同期银行贷款利率作为折现率。其中，租赁内含利率，是指在租赁开始日，使最低租赁收款额的现值与未担保余值的现值之和等于租赁资产公允价值与出租人的初始直接费用之和的折现率。

（二）未确认融资费用的分摊

在融资租赁方式下，承租人向出租人支付的租金中，包含了本金和利息两部分。承租人支付租金时，一方面应减少长期应付款，另一方面应同时将未确认的融资费用按一定的方法确认为当期融资费用。在先付租金（即每期期初等额支付租金）的情况下，租赁期第一期支付的租金不含利息，只需减少长期应付款，不必确认当期融资费用。

在分摊未确认的融资费用时，按照租赁准则的规定，承租人应当采用实际利率法。在采用实际利率法的情况下，根据租赁开始日租赁资产和负债的入账价值基础不同，融资费用分摊率的选择也不同。未确认融资费用的分摊率的确定具体分为下列几种情况：

(1) 以出租人的租赁内含利率为折现率将最低租赁付款额折现、且以该现值作为租赁资产入账价值的，应当将租赁内含利率作为未确认融资费用的分摊率。

(2) 以合同规定利率为折现率将最低租赁付款额折现，且以该现值作为租赁资产入账价值的，应当将合同规定利率作为未确认融资费用的分摊率。

(3) 以银行同期贷款利率为折现率将最低租赁付款额折现，且以该现值作为租赁资产入账价值的，应当将银行同期贷款利率作为未确认融资费用的分摊率。

(4) 以租赁资产公允价值为入账价值的，应当重新计算分摊率。该分摊率是使最低租赁付款额的现值等于租赁资产公允价值的折现率。

存在优惠购买选择权时，在租赁期届满时，未确认融资费用应全部摊销完毕，租赁负债应当减少为优惠购买金额。在承租人或与其有关的第三方对租赁资产提供了担保或由于在租赁期届满时没有续租而支付违约金的情况下，在租赁期届满时，未确认融资费用应当全部摊销完毕，租赁负债还应减少至担保余值。

（三）租赁资产折旧的计提

承租人应对融资租入的固定资产计提折旧，主要涉及两个问题：一是折旧政策；二是折旧期间。

1. 折旧政策

对于融资租入资产，计提租赁资产折旧时，承租人应采用与自有应折旧资产相一致的折旧政策。同自有应折旧资产一样，租赁资产的折旧方法一般有年限平均法、工作量法、双倍余额递减法、年数总和法等。如果承租人或与其有关的第三方对租赁资产余值提供了担保，则应计折旧总额为租赁开始日固定资产的入账价值扣除担保余值后的余额；如果承租人或与其有关的第三方未对租赁资产余值提供担保，则应计折旧总额为租赁开始日固定资产的入账价值。

2. 折旧期间

确定租赁资产的折旧期间时，应视租赁合同而定。如果能够合理确定租赁期届满时承租人将会取得租赁资产所有权，即可认为承租人拥有该项资产的全部使用寿命。因此，应以租赁开始日租赁资产的寿命作为折旧期间。如果无法合理确定租赁期届满后承租人是否能够取得租赁资产的所有权，则应以租赁期与租赁资产寿命两者中较短者作为折旧期间。

（四）履约成本的会计处理

履约成本是指租赁期内为租赁资产支付的各种使用费用，如技术咨询和服务费、人员培训费、维修费、保险费等。承租人发生的履约成本通常应计入当期损益。

（五）或有租金的会计处理

或有租金是指金额不固定，以时间长短以外的其他因素（如销售量、使用量、物价指数等）为依据计算的租金。由于或有租金的金额不固定，无法采用系统合理的方法对其进行分摊，因此，在或有租金实际发生时，计入当期损益。

（六）出租人提供激励措施的处理

出租人提供免租期的，承租人应将租金总额在不扣除免租期的整个租赁期内，按直线法或其他合理的方法进行分摊，免租期内应当确认租金费用及相应的负债。出租人承担了承租人某些费用的，承租人应将该费用从租金费用总额中扣除，按扣除后的租金费用余额在租赁期内进行分摊。

（七）租赁期届满时的会计处理

租赁期届满时，承租人对租赁资产的处理通常有三种情况：返还、优惠续租和留购。

1. 返还租赁资产

租赁期届满，承租人向出租人返还租赁资产时，通常借记“长期应付款——应付融资租赁款”“累计折旧”科目，贷记“固定资产——融资租入固定资产”科目。

2. 优惠续租租赁资产

如果承租人行使优惠续租选择权，应视同该项租赁一直存在而作出相应的账务处理。

如果租赁期届满时没有续租，根据租赁协议规定须向出租人支付违约金时，借记“营业外支出”科目，贷记“银行存款”等科目。

3. 留购租赁资产

在承租人享有优惠购买选择权的情况下，支付购买价款时，借记“长期应付款——应付融资租赁款”科目，贷记“银行存款”等科目；同时，将固定资产从“融资租入固定资产”明细科目转入有关明细科目。

（八）相关会计信息的列报与披露

承租人应当在资产负债表中，将与融资租赁相关的长期应付款减去未确认融资费用的差额，分别长期负债和一年内到期的长期负债列示。

承租人应当在附注中披露与融资租赁有关的下列信息：

(1) 各类租入固定资产的期初和期末原价、累计折旧额。

(2) 资产负债表日后连续三个会计年度每年将支付的最低租赁付款额以及以后年度将支付的最低租赁付款额总额。

(3) 未确认融资费用的余额以及分摊未确认融资费用所采用的方法。

【例 10-2】资料：

(1)2001 年 12 月 28 日，A 公司与 B 公司签订了一份租赁合同。合同主要条款如下：

①租赁标的物：程控生产线。

②租赁期开始日：租赁物运抵 A 公司生产车间之日（即 2002 年 1 月 1 日）。

③租赁期：从租赁期开始日算起 36 个月（即 2002 年 1 月 1 日—2004 年 12 月 31 日）。

④租金支付方式：自租赁期开始日起每年年末支付租金 1 000 000 元。

⑤该生产线在 2002 年 1 月 1 日公允价值为 2 600 000 元。

⑥租赁合同规定的利率为 8%（年利率）。

⑦该生产线为全新设备，估计使用年限为 5 年。

⑧ 2003 年和 2004 年两年，A 公司每年按该生产线所生产的产品——微波炉的年销售收入的 1% 向 B 公司支付经营分享收入。

(2)A 公司的相关会计政策及发生项目

①采用实际利率法确认本期应分摊的未确认融资费用。

②采用年限平均法计提固定资产折旧。

③ 2003 年、2004 年 A 公司分别实现微波炉销售收入 10 000 000 元和 15 000 000 元。

④ 2004 年 12 月 31 日，将该生产线退还 B 公司。

⑤A 公司在租赁谈判和签订租赁合同过程中发生可归属于租赁项目的手续费、差旅费 10 000 元。

A 公司的账务处理如下：

(1) 租赁开始日的账务处理：

第一步，判断租赁类型。

本例中租赁期（3 年）占租赁资产尚可使用年限（5 年）的 60%（小于 75%），不满足融资租赁的第 3 条标准；另外，最低租赁付款额的现值为 2 577 100 元（计算过程见后）大于租赁资产公允价值的 90%，即 (2 600 000×90%)2 340 000 元，满足融资租赁的第 4 条标准。因此，A 公司应当将该项租赁认定为融资租赁。

第二步，计算租赁开始日最低租赁付款额的现值，确定租赁资产的入账价值。

本例中 A 公司不知道出租人的租赁内含利率。因此，应选择租赁合同规定的利率 8% 作为最低租赁付款额的折现率。

最低租赁付款额 = 各期租金之和 + 承租人担保的资产余值

=1 000 000×3+0 =3 000 000（元）

计算现值的过程如下：

每期租金 1 000 000 元的年金现值 =1 000 000×(*P*/*A*，8%，3)，查表得知：

(*P*/*A*，8%，3)=2.5771

每期租金的现值之和 =1 000 000×2.5771 =2 577 100(元)，小于租赁资产公允价值 2 600 000 元。

根据孰低原则，租赁资产的入账价值应为最低租赁付款额现值 2 577 100 元。

第三步，计算未确认融资费用。

未确认融资费用 = 最低租赁付款额一最低租赁付款额现值

=3 000 000−2 577 100 =422 900（元）

第四步，将初始直接费用计入资产价值。

租赁资产的入账价值 =2 577 100+10 000=2 587 100（元）

账务处理为：

2002 年 1 月 1 日，租入程控生产线：

借：固定资产——融资租入固定资产　　2 587 100

　　未确认融资费用　　422 900

贷：长期应付款——应付融资租赁款　　3 000 000

　　银行存款　　10 000

(2) 分摊未确认融资费用的会计处理：

第一步，确定融资费用分摊率。

由于租赁资产的入账价值为其最低租赁付款额的现值，因此，该折现率就是其融资费用分摊率，即 8%。

第二步，在租赁期内采用实际利率法分摊未确认融资费用（见表 10-4）。

表 10-4　未确认融资费用分摊表（实际利率法）

2002 年 12 月 31 日　　单位：元

日期 ①	租金 ②	确认的融资费用 ③ = 期初⑤ ×8%	应付本金减少额 ④ = ② - ③	应付本金余额 期末⑤ = 期初⑤ - ④
(1) 2002.1. 1				2 577 100
(2) 2002.12.31	1 000 000	206 168	793 832	1 783 268
(3) 2003.12.31	1 000 000	142 661. 44	857 338. 56	925 929. 44
(4) 2004.12.31	1 000 000	74 070. 56★	925 929. 44★	0
合 计	3 000 000	422 900	2 577 100	

★作尾数调整：74 070.56=1 000 000−925 929.44

925 929.44=925 929. 44−0

第三步，账务处理为：

2002 年 12 月 31 日，支付第 1 期租金：

借：长期应付款——应付融资租赁款　　1 000 000

　　贷：银行存款　　1 000 000

2002 年 1—12 月，每月分摊未确认融资费用时，每月财务费用为 206 168÷12= 17 180.67（元）。

借：财务费用　　17 180. 67

　　贷：未确认融资费用　　17 180. 67

2003 年 12 月 31 日，支付第 2 期租金：

借：长期应付款——应付融资租赁款　　1 000 000

　　贷：银行存款　　1 000 000

2003 年 1—12 月，每月分摊未确认融资费用时，每月财务费用为 142 661. 44÷12= 11 888.45（元）。

借：财务费用　　11 888. 45

　　贷：未确认融资费用　　11 888. 45

2004 年 12 月 31 日，支付第 3 期租金：

借：长期应付款——应付融资租赁款　　1 000 000

　　贷：银行存款　　1 000 000

2004 年 1—12 月，每月分摊未确认融资费用时，每月财务费用为 74 070. 56 ÷ 12= 6 172.55（元）。

借：财务费用　　6 172. 55

　　贷：未确认融资费用　　6 172. 55

(3) 计提租赁资产折旧的会计处理：

第一步，融资租入固定资产折旧的计算（见表 10 –5）。

第二步，账务处理：

2002 年 2 月 28 日，计提本月折旧 =812 866.82 ÷ 11=73 896.98（元）

借：制造费用——折旧费　　73 896.98

　　贷：累计折旧　　73 896.98

2002 年 3 月—2004 年 12 月的会计分录，同上。

表 10 –5　　融资租入固定资产折旧计算表（年限平均法）

2002 年 1 月 1 日　　单位：元

日　期	固定资产原价	估计余值	折旧率 +	当年折旧费	累计折旧	固定资产净值
(1) 2002. 1. 1	2 587 100	0				2 587 100
(2) 2002.12.31			31. 42%	81 286 682	812 866. 82	1 774 233. 18
(3) 2003.12.31			34. 29%	887 116. 59	1 699 983. 41	887 116. 59
(4) 2004.12.31			34. 29%	88 711 659	2 587 100	0
合 计	2 587 100	0	100%	2 587 100		

*根据合同规定，由于 A 公司无法合理确定在租赁期届满时能够取得租赁资产的所有权，因此，应当在租赁期与租赁资产尚可使用年限两者中的较短的期间内计提折旧。本例中，租赁期为 3 年，短于租赁资产尚可使用年限 5 年，因此，应按 3 年计提折旧。同时，根据“当月增加的固定资产，当月不提折旧，从下月起计提折旧”这一规定，本租赁合同应按 35 个月计提折旧，即 2002 年应按 11 个月计提折旧，其他 2 年分别按 12 个月计提折旧。

(4) 或有租金的账务处理：

2003 年 12 月 31 日，根据合同规定，应向 B 公司支付经营分享收入 100 000 元：

借：销售费用　　100 000

　　贷：其他应付款 –B 公司　　100 000

2004 年 12 月 31 日，根据合同规定，应向 B 公司支付经营分享收入 150 000 元：

借：销售费用　　150 000

　　贷：其他应付款 –B 公司　　150 000

(5) 租赁期届满时的会计处理：

2004 年 12 月 31 日，将该生产线退还 B 公司：

借：累计折旧　　2 587 100

　　贷：固定资产——融资租入固定资产　　2 587 100

二、出租人的核算

（一）租赁债权的确认

由于在融资租赁方式下，出租人将与租赁资产所有权有关的风险和报酬实质上转移给承租人，将租赁资产的使用权长期转让给承租人，并以此获取租金，因此，出租人的租赁资产在租赁开始日实际上就变成了收取租金的债权。出租人应在租赁期开始日，将租赁开始日最低租赁收款额与初始直接费用之和作为应收融资租赁款的入账价值，并同时记录未担保余值，将应收融资租赁款、未担保余值之和与其现值的差额确认为未实现融资收益。

其会计处理为：在租赁期开始日，出租人应按最低租赁收款额与初始直接费用之和，借记“长期应收款——应收融资租赁款”科目，按未担保余值，借记“未担保余值”科目，按租赁资产的公允价值（最低租赁收款额的现值和未担保余值的现值之和），贷记“融资租赁资产”科目，租赁资产公允价值与其账面价值的差额，借记“营业外支出”科目或贷记“营业外收入”科目，按发生的初始直接费用，贷记“银行存款”等科目，按借方与贷方的差额，贷记“未实现融资收益”科目。

（二）未实现融资收益分配的会计处理

在分配未实现融资收益时，出租人应当采用实际利率法计算当期应确认的融资收入。

由于在计算内含报酬率时已考虑了初始直接费用的因素，为了避免未实现融资收益高估，在初始确认时应对未实现融资收益进行调整。其会计处理为：出租人每期收到租金时，按收到的租金，借记“银行存款”科目，贷记“长期应收款——应收融资租赁款”科目。在未确认融资收益初始确认时对其进行调整，借记“未实现融资收益”科目，贷记“长期应收款——应收融资租赁款”科目。每期采用合理方法分配未实现融资收益时，按当期应确认的融资收入金额，借记“未实现融资收益”科目，贷记“租赁收入”科目。

（三）应收融资租赁款坏账准备的计提

为了更加真实、客观地反映出租人在融资租赁中的债权，出租人应当定期根据承租人的财务及经营管理情况，以及租金的逾期期限等因素，分析应收融资租赁款的风险程度和回收的可能性，对应收融资租赁款合理计提坏账准备。出租人应对应收融资租赁款减去未实现融资收益的差额部分（在金额上等于本金的部分）合理计提坏账准备，而不是对应收融资租赁款全额计提坏账准备。计提坏账准备的方法由出租人根据有关规定自行确定。坏账准备的计提方法一经确定，不得随意变更。其会计处理为：

(1) 根据有关规定合理计提坏账准备时，借记“资产减值损失”科目，贷记“坏账准备”科目。

(2) 对于确实无法收回的应收融资租赁款，经批准作为坏账损失，冲销计提的坏账准备，借记“坏账准备”科目，贷记“长期应收款——应收融资租赁款”科目。

(3) 已确认并转销的坏账损失，如果以后又收回，按实际收回的金额，借记“长期应收款——应收融资租赁款”科目，贷记“坏账准备”科目；同时，借记“银行存款”科目，贷记“长期应收款——应收融资租赁款”科目。

（四）未担保余值发生变动的会计处理

出租人应定期对未担保余值进行检查，至少于每年年末检查一次。如果有证据表明未担保余值已经发生减少，应重新计算租赁内含利率，并将由此而引起的租赁投资净额（租赁投资净额是指最低租赁收款额及未担保余值之和与未实现融资收益之间的差额）的减少确认为当期损失，以后各期根据修正后的租赁投资净额和重新计算的租赁内含利率确定应确认的租赁收入。如已确认损失的未担保余值得以恢复，应在原先已确认的损失金额内转回，并重新计算租赁内含利率，以后各期根据修正后的租赁投资净额和重新计算的租赁内含利率确定应确认的融资收入。未担保余值增加时，则不作任何调整。

在未担保余值发生减少时，对前期已确认的融资收入不作追溯调整，只对未担保余值发生减少的当期和以后各期，根据修正后的租赁投资净额和重新计算的租赁内含利率计算应确认的租赁收入。其会计处理为：

(1) 期末，出租人的未担保余值的预计可收回金额低于其账面价值的差额，借记“资产减值损失”科目，贷记“未担保余值减值准备”科目。同时，将上述减值金额与由此所产生的租赁投资净额的减少额之间的差额，借记“未实现融资收益”科目，贷记“资产减值损失”科目。

(2) 如果已确认损失的未担保余值得以恢复，应按未担保余值恢复的金额，借记“未担保余值减值准备”科目，贷记“资产减值损失”科目。同时，按原减值额与由此所产生的租赁投资净额的增加额之间的差额，借记“资产减值损失”科目，贷记“未实现融资收益”科目。

（五）或有租金的会计处理

在融资租赁方式下，出租人收到的或有租金，应在实际发生时确认为当期收入。其会计处理为：借记“银行存款”等科目，贷记“租赁收入”科目。

（六）租赁期届满时的会计处理

租赁期届满时，出租人应区别以下情况进行会计处理。

1. 收回租赁资产

通常有可能出现以下四种情况：

(1) 存在担保余值，不存在未担保余值。出租人收到承租人返还的租赁资产时，借记“融资租赁资产”科目，贷记“长期应收款——应收融资租赁款”科目。

如果收回租赁资产的价值低于担保余值，则应向承租人收取价值损失补偿金，借记“其他应收款”科目，贷记“营业外收入”科目。

(2) 存在担保余值，同时存在未担保余值。出租人收到承租人返还的租赁资产时，借记“融资租赁资产”科目，贷记“长期应收款——应收融资租赁款”“未担保余值”等科目。

如果收回租赁资产的价值扣除未担保余值后的余额低于担保余值，则应向承租人收取价值损失补偿金，借记“其他应收款”科目，贷记“营业外收入”科目。

(3) 存在未担保余值，不存在担保余值。出租人收到承租人返还的租赁资产时，借记“融资租赁资产”科目，贷记“未担保余值”科目。

(4) 担保余值和未担保余值均不存在。此时，出租人无需作会计处理，只需作相应的备查登记。

2. 优惠续租租赁资产

(1) 如果承租人行使优惠续租选择权，则出租人应视同该项租赁一直存在而作相应的会计处理。比如，可能继续分配未实现融资收益等。

(2) 如果租赁期届满时承租人没有续租，承租人向出租人返还租赁资产时，其会计处理同上述收回租赁资产的会计处理。

3. 留购租赁资产

租赁期届满时，承租人行使了优惠购买选择权。出租人按收到的承租人支付的购买资产的价款，借记“银行存款”等科目，贷记“长期应收款——应收融资租赁款”科目。如果还存在未担保余值，还应借记“营业外支出——处置固定资产净损失”科目，贷记“未担保余值”科目。

（七）相关会计信息的披露

出租人应在附注中披露与融资租赁有关的下列事项：

(1) 资产负债表日后连续三个会计年度每年将收到的最低租赁收款额及以后年度将收到的最低租赁收款额总额。

(2) 未实现融资收益的余额。

(3) 分配未实现融资收益所采用的方法。

【例 10-3】沿用【例 10 -2】的资料。B 公司的有关资料如下：

①该程控生产线账面价值为 2 600 000 元。

②发生初始直接费用 100 000 元。

③采用实际利率法确认本期应分配的未实现融资收益。

④2003 年、2004 年 A 公司分别实现微波炉销售收入 10 000 000 元和 15 000 000 元，根据合同

规定，这两年应从A公司取得的经营分享收入分别为100 000元和150 000元。

⑤2004年12月31日，从A公司收回该生产线。

B公司的账务处理如下：

(1) 租赁开始日的账务处理：

第一步，计算租赁内含利率。

根据租赁内含利率的定义，租赁内含利率是指在租赁开始日，使最低租赁收款额的现值与未担保余值的现值之和等于租赁资产公允价值与出租人的初始直接费用之和的折现率。

由于本例中不存在独立于承租人和出租人的第三方对出租人资产的担保余值，因此，最低租赁收款额等于最低租赁付款额，即租金 × 期数 + 承租人担保余值 =1 000 000×3 +0= 3 000 000（元）。因此，有1 000 000×(*P*/*A*，*R*，3) =2 600 000 +100 000=2 700 000（元）（租赁资产的公允价值 + 初始直接费用）。

经查表，可知：

年金系数	利率
2.7232	5%
2.7	*R*
2.6730	6%

$$\frac{2.7232-2.7}{2.7232-2.6730}=\frac{5\%-R}{5\%-6\%}$$

R=5.46%

即，租赁内含利率为5.46%。

第二步，计算租赁开始日最低租赁收款额及其现值和未实现融资收益。

最低租赁收款额 + 未担保余值 =（最低租赁付款额 + 第三方担保的余值）+ 未担保余值 =[（各期租金之和 + 承租人担保余值）+ 第三方担保余值]+ 未担保余值 =[(1 000 000×3+0) +0] +0 =3 000 000（元）

最低租赁收款额 =1 000 000×3 =3 000 000（元）

最低租赁收款额的现值 =1 000 000×(*P*/*A*，5.46%，3)=2 700 000（元）

未实现融资收益 =（最低租赁收款额 + 未担保余值）-（最低租赁收款额的现值 + 未担保余值的现值）

=3 000 000 -2 700 000

=300 000（元）

第三步，判断租赁类型。

本例中租赁期（3年）占租赁资产尚未可使用年限（5年）的60%，不满足融资租赁的第3条标准；另外，最低租赁收款额的现值为2 700 000元，大于租赁资产原账面价值的90%，即2 340 000元 (2 600 000×90%)，满足融资租赁的第4条标准。因此，B公司应当将该项租赁认定为融资租赁。

第四步，融资租赁账务处理：

2002 年 1 月 1 日，租出程控生产线，发生初始直接费用：

借：长期应收款——应收融资租赁款 3 000 000

贷：融资租赁资产 2 600 000

银行存款 100 000

未实现融资收益 300 000

(2) 未实现融资收益分配的账务处理：

第一步，计算租赁期内各租金收取期应分配的未实现融资收益（见表 10 -6）。

表 10 -6 未实现融资收益分配表

2002 年 1 月 1 日 单位：元

日　期 ①	租金 ②	确认的融资收入 ③ = 期初⑤ × 5. 46%	租赁投资净额减少额 ④ = ② - ③	租赁投资净额余额 期末⑤ = 期初⑤ - ④
(1) 2002. 1. 1				2 700 000
(2) 2002.12.31	1 000 000	147 420	852 580	1 847 420
(3) 2003.12.31	1 000 000	100 869. 13	899 130. 87	948 289. 13
(4) 2004. 12. 31	1 000 000	51 710. 87★	948 289. 13★	0
合 计	3 000 000	300 000	2 700 000	

★ 作尾数调整：51 710.87=1 000 000 - 948 289.13

948 289. 13= 948 289. 13 -0

第二步，账务处理：

2002 年 12 月 31 日，收到第 1 期租金：

借：银行存款 1 000 000

贷：长期应收款——应收融资租赁款 1 000 000

2002 年 1—12 月，每月确认租赁收入时：

借：未实现融资收益 (147 420 ÷ 12) 12 285

贷：租赁收入 12 285

2003 年 12 月 31 日，收到第 2 期租金：

借：银行存款 1 000 000

贷：长期应收款——应收融资租赁款 1 000 000

2003 年 1—12 月，每月确认租赁收入时：

借：未实现融资收益 (100 869.13 ÷ 12)8 405.76

贷：租赁收入 8 405.76

2004 年 12 月 31 日，收到第 3 期租金：

借：银行存款　　1 000 000

　　贷：长期应收款——应收融资租赁款　　1 000 000

2004 年 1—12 月，每月确认租赁收入时：

借：未实现融资收益　　(51 710.87 ÷ 12)4 309.24

　　贷：租赁收入　　4 309.24

(3) 或有租金的账务处理：

2003 年 12 月 31 日，根据合同规定，应从 A 公司收取经营分享收入 100 000 元：

借：应收账款——A 公司　　100 000

　　贷：租赁收入　　100 000

2004 年 12 月 31 日，根据合同规定，应从 A 公司收取经营分享收入 150 000 元：

借：应收账款——A 公司　　150 000

　　贷：租赁收入　　150 000

(4) 租赁期届满时的账务处理：

2004 年 12 月 31 日，将该生产线从 A 公司收回，作备查登记。

(5) 财务报告中的列示与披露（略）。

第四节　售后租回交易的核算

一、售后租回交易的定义

售后租回交易是一种特殊形式的租赁业务，是指卖主（即承租人）将资产出售后，又将该项资产从买主（即出租人）租回，习惯上称之为“回租”。通过售后租回交易，资产的原所有者（即承租人）在保留对资产的占有权、使用权和控制权的前提下，将固定资本转化为货币资本，在出售时可取得全部价款的现金，而租金则是分期支付的，从而获得了所需的资金；而资产的新所有者（即出租人）通过售后租回交易，找到了一个风险小、回报有保障的投资机会。20 世纪 90 年代以来，售后租回交易在我国得到了充分的发展，大部分租赁公司尤其是中外合资租赁公司最近几年的租赁业务以售后租回交易为主。

由于在售后租回交易中资产的售价和租金是相互关联的，是以一揽子方式谈判的，是一并计算的，因此，资产的出售和租回应视为一项交易。

二、售后租回交易的会计处理

对于售后租回交易，无论是承租人还是出租人，均应按照租赁的分类标准，将售后租回交易认定为融资租赁或经营租赁。对于出租人来讲，售后租回交易（无论是融资租赁还是经营租赁的售后租回交易）同其他租赁业务的会计处理没有什么区别。而对于承租人来讲，由于其既是资产的承租人同时又是资产的出售者，因此，售后租回交易同其他租赁业务的会计处理有所不同。

售后租回交易的会计处理应根据其所形成的租赁类型而定，可按融资租赁和经营租赁分别进行会计处理。

（一）售后租回交易形成融资租赁

如果售后租回交易被认定为融资租赁，那么，这种交易实质上转移了买主（即出租人）所保留的与该项租赁资产的所有权有关的全部风险和报酬，是出租人提供资金给承租人并以该项资产作为担保。因此，售价与资产账面价值之间的差额（无论是售价高于资产账面价值还是低于资产账面价值）在会计上均未实现，其实质是，售价高于资产账面价值实际上是在出售时高估了资产的价值，而售价低于资产账面价值实际上是在出售时低估了资产的价值，卖主（即承租人）应将售价与资产账面价值的差额（无论是售价高于资产账面价值还是售价低于资产账面价值）予以递延，并按该项租赁资产的折旧进度进行分摊，作为折旧费用的调整。按折旧进度进行分摊是指在对该项租赁资产计提折旧时，按与该项资产计提折旧所采用的折旧率相同的比例对未实现售后租回损益进行分摊。

（二）售后租回交易形成经营租赁

售后租回交易认定为经营租赁的，应当分别情况处理：如有确凿证据表明售后租回交易是按照公允价值达成的，售价与资产账面价值的差额应当记入当期损益。如果售后租回交易不是按照公允价值达成的，有关损益应于当期确认；但若该损失将由低于市价的未来租赁付款额补偿，应将其递延，并按与确认租金费用相一致的方法分摊于预计的资产使用期限内；售价高于公允价值的，其高出公允价值的部分应予递延，并在预计的使用期限内摊销。

（三）售后租回交易的会计处理

(1) 出售资产时，按固定资产账面净值，借记“固定资产清理”科目，按固定资产已提折旧，借记“累计折旧”科目，按固定资产的账面原价，贷记“固定资产”科目；如果出售资产已计提减值准备，还应结转已计提的减值准备。

(2) 收到出售资产的价款时，借记“银行存款”科目，贷记“固定资产清理”科目，借记或贷记“递延收益——未实现售后租回损益（融资租赁或经营租赁）”科目或“营业外收入”“营业外支出”科目。

(3) 租回资产时，如果形成一项融资租赁，按租赁资产的公允价值与最低租赁付款额的现值中较低者，借记“融资租赁资产”科目（假设不需安装），按最低租赁付款额，贷记“长期应付款——应付融资租赁款”科目，按其差额，借记“未确认融资费用”科目。如果形成一项经营租赁，则作备查登记。

(4) 各期根据该项租赁资产的折旧进度或租金支付比例分摊未实现售后租回损益时，借记或贷记“递延收益——未实现售后租回损益（融资租赁或经营租赁）”科目，贷记或借记“制造费用”“销售费用”“管理费用”等科目。

（四）售后租回交易的披露

承租人和出租人除应当按照有关规定披露售后租回交易外，还应对售后租回合同中的特殊条款作出披露。这里的“特殊条款”是指售后租回合同中规定的区别于一般租赁交易的条款，比如，租赁标的物的售价等。

第十一章 临时设施核算

第一节 施工企业临时设施概述

施工企业的临时设施，是指为了保证施工和管理的正常进行而建造的各种临时性生产、生活设施。施工队伍进入新的建筑工地时，为了保证施工的顺利进行，必须搭建一些临时设施。但在工程完工以后，这些临时设施就失去了它原来的作用，必须拆除或作其他处理。

建筑工地搭建的临时设施，通常可分为大型临时设施和小型临时设施两类。例如：施工人员的临时宿舍、机具棚、材料室、化灰池、储水池，以及施工单位或附属企业在现场的临时办公室等；施工过程中使用的临时给水、排水、供电、供热设施和管道（不包括设备）；临时铁路专用线、轻便铁道；现场施工和警卫安全用的小型临时设施；保管器材用的小型临时设施，如简易料棚、工具储藏室等；行政管理用的小型临时设施，如工地收发室等。

第二节 临时设施取得的核算

临时设施的增加包括自建和购置，购置临时设施又分需要安装和不需要安装。自建的和购置需要安装的临时设施先通过“在建工程”科目核算，待建成和安装完成交付使用再转入“临时设施”科目。

在投标文件的工程量清单中明确立项的临时设施，如临时道路、临时工程用地、临时供电设施、临时供水设施、承包人驻地建设等，不在“临时设施”科目核算，直接计入“工程施工”科目下的“临时道路”“临时供电设施”等明细科目。

在投标文件的工程量清单中未明确立项的临时设施要设卡片管理，卡片上应记载该项小临设施的原价、摊销率和实际使用年限等资料；还应登记小临设施的数量，如食堂几座，房屋多少平方米等。

本章核算的临时设施指在投标文件的工程量清单中未明确立项的临时设施，需设置“临时设施”“待分配直接费——临时设施摊销费”“临时设施摊销”“临时设施清理”科目。

1. 自行建造的临时设施

自行建造临时设施发生成本时，会计分录为：

借：在建工程

　　贷：应付职工薪酬

　　　　原材料

　　　　机械作业

　　　　应付账款

附件：工资分配表、材料调拨单、机械使用签认单和劳务结算单。

临时设施达到预计可使用状态时，会计分录为：

借：临时设施

　　贷：在建工程

附件：临时设施计算清单、验收记录。

临时设施交付使用时，应建立临时设施卡片。

2. 购置需要安装的临时设施

不包括从板房厂购入并由板房厂自行到现场安装的板房，此种情况应视为不需要安装。

(1) 购置时，按购入材料核算，会计分录为：

借：材料采购

　　贷：银行存款或应付账款

附件：发票、合同、点收单、报销单等。

(2) 先点收入库，再由库房发出，会计分录为：

借：原材料

　　贷：材料采购

附件：点收单等。

由库房发出时，会计分录为：

借：在建工程

　　贷：原材料

附件：用料单等。

(3) 发生安装费用时，会计分录为：

借：在建工程

　　贷：应付职工薪酬

　　　　原材料

　　　　机械作业

　　　　应付账款

附件：工资分配表、材料调拨单、机械使用签认单和劳务结算单等。

临时设施达到预计可使用状态时，会计分录为：

借：临时设施

　　贷：在建工程

安装完毕，交付使用时，建立临时设施卡片。

3. 购置不需要安装的临时设施

如，从板房厂购入并由板房厂自行到现场安装的板房。

(1) 购置时，按购入材料核算，会计分录为：

借：材料采购

　　贷：银行存款或应付账款

附件：发票、合同、点收单、报销单等。

(2) 先点收入库，再由库房发出，会计分录为：

借：原材料

　　贷：材料采购

附件：点收单等。

由库房发出时，会计分录为：

借：临时设施

　　贷：原材料

附件：用料单等。

发出的同时建立临时设施卡片。

【例 11-1】某施工企业在施工现场搭建一栋临时工人宿舍，发生的实际搭建成本为 66 400 元，其中：领用材料的计划成本为 12 000 元，应负担的材料成本差异率为 20%，应付搭建人员的工资为 30 000 元，以银行存款支付其他费用 22 000 元，搭建完工后随即交付使用。

(1) 搭建过程中发生各种费用时：

借：在建工程——临时宿舍	66 400	
贷：原材料		12 000
材料成本差异		2 400
应付工资		30 000
银行存款		22 000

(2) 临时设施搭建完工交付使用时：

借：临时设施——临时宿舍	66 400	
贷：在建工程——临时宿舍		66 400

第三节 临时设施摊销与减少的核算

一、临时设施摊销的核算

1. 摊销方法

临时设施应根据工程受益期限分期摊入工程成本，临时设施在购建完成后采用直线摊销法按季(或月)进行摊销。当月增加的临时设施，当月不摊销，从下月起开始摊销。摊销时，借“待分配直接费——临时设施费”，贷“临时设施摊销”科目。其计算公式如下：

某项临时设施每期摊销额 =（该临时设施实际成本 - 预计净残值） ÷ 该临时设施预计使用期限(季度数或月份数)

【例 11-2】接【例 11-1】，如临时宿舍的预计净残值率为 4%，预计工期的受益期限为 30 个月，该临时宿舍摊销时的账务处理如下：

借：工程施工　　　　2 124.8（66 400×（1-4%）/30）

　　贷：临时设施摊销　　　　2 124.8

2. 临时设施的维修及其他有关费用

临时设施的维修费、租用临时房屋的整修费、租赁费等都属于临时设施的开支范围，这些费用不形成实物资产，不通过“临时设施”科目核算，直接计入成本费用。

发生维修、租赁等费用时，会计分录为：

借：待分配直接费——临时设施摊销费

　　贷：应付职工薪酬

　　　　银行存款

　　　　库存材料等

二、临时设施减少的核算

1. 核算方法

企业出售、拆除、报废的临时设施应转入清理。转入清理的临时设施，按临时设施账面净值，借记“临时设施清理”科目，按已摊销数，借“临时设施摊销”科目，按其账面原值，贷记“临时设施”科目。出售、拆除过程中发生的变价收入和残料价值，借记“银行存款”“原材料”科目，贷记“临时设施清理”科目，发生的清理费用，借记“临时设施清理”科目，贷记“银行存款”等科目。清理结束后，若发生净损失，借记“营业外支出”科目，贷记“临时设施清理”科目，若发生净收益，则计入“营业外收入”科目。当月减少的临时设施，当月仍应摊销，从下月起不再摊销。工程完工临时设施使用期满，需出售、拆除、报废和毁损的临时设施均应转入“临时设施清理”科目，清理后的净收入转入“营业外收入”。

2. 账务处理

(1) 转入处理：

借：临时设施清理

　　临时设施摊销

　　贷：临时设施

(2) 取得变价收入：

借：银行存款

　　贷：临时设施清理

(3) 发生清理费用：

借：临时设施清理

　　贷：现金

　　　　应付职工薪酬

(4) 结转净收入：

借：临时设施清理

　　贷：营业外收入

(5) 结转净支出：

借：营业外支出

　　贷：临时设施清理

【例 11-3】接【例 11-2】，由于承包工程已竣工，临时宿舍不需再用，将其拆除，其账面累计已摊销额为 53 120 元，支付拆除人员工资 3 000 元，收回残料 2 000 元，已验收入库，清理工作结束，其账务处理如下：

(1) 将拆除的临时设施转入清理，注销其原值和累计已提摊销额时：

借：临时设施清理——临时宿舍　　13 280

　　临时设施摊销　　53 120

　　贷：临时设施——临时宿舍　　66 400

(2) 分配拆除人员工资时：

借：临时设施清理——临时宿舍　　3 000

　　贷：应付工资　　3 000

(3) 残料验收入库时：

借：原材料　　2 000

　　贷：临时设施清理　　2 000

(4) 结转清理后净损失时：

借：营业外支出——处置临时设施净损失

14 280（13 280+3 000−2 000=14 280）

　　贷：临时设施清理——临时宿舍　　14 280

第四节 临时设施的清查

一、临时设施的清查

1. 盘盈盘亏的核算

企业在财产清查的过程中，若发现临时设施盘盈，应按同类设施重置完全价值与估计摊销数额的差额计入“待处理财产损溢”科目，待批准后转入“营业外收入”。若发现临时设施盘亏，应将其净值计入“待处理财产损溢”，待批准后转入“营业外支出”。

2. 账务处理

(1) 临时设施盘盈时：

借：临时设施

　　贷：临时设施摊销

　　　　待处理财产损溢——待处理流动资产损溢

批准后：

借：待处理财产损溢——待处理流动资产损溢

　　贷：营业外收入

(2) 临时设施盘亏时：

借：待处理财产损溢——待处理流动资产损溢

　　临时设施摊销

　　贷：临时设施

批准后：

借：营业外支出

　　贷：待处理财产损溢——待处理流动资产损溢

二、临时设施的列报

期末报告中，临时设施各科目的余额应在“存货”项目列报，列报金额为“临时设施”科目借方余额－“临时设施摊销”科目贷方余额＋“临时设施清理”科目借方余额－“临时设施清理”科目贷方余额。

在会计附注“存货”表中，临时设施列报在“其他”项目下。

第十二章　非货币性资产交换

非货币性资产是指货币性资产以外的资产，主要包括存货、长期股权投资、投资性房地产、固定资产、在建工程、工程物资、无形资产等。货币性资产是指企业持有的货币资金和将以固定或可确定的金额收取的资产，包括现金、银行存款、应收账款和应收票据以及准备持有至到期的债券投资等。非货币性资产交换是一种非经常性的特殊交易行为，是交易双方主要以存货、固定资产、无形资产和长期股权投资等非货币性资产进行交换。非货币性资产交换一方面可以满足交易双方各自生产经营的需要，同时又在一定程度上减少货币性资产的流出。

第一节　非货币性资产交换概述

一、非货币性资产交换的认定

非货币性资产交换一般不涉及货币性资产，或只涉及少量货币性资产即补价。非货币性资产交换准则规定，认定涉及少量货币性资产的交换为非货币性资产交换，通常以补价占整个资产交换金额的比例是否低于25%作为参考，高于25%（含25%）的，视为货币性资产交换。也就是说，支付的货币性资产占换入资产公允价值（或占换出资产公允价值与支付的货币性资产之和）的比例或者收到的货币性资产占换出资产公允价值（或占换入资产公允价值和收到的货币性资产之和）的比例低于25%的，视为非货币性资产交换；高于25%（含25%）的，视为货币性资产交换，适用《企业会计准则第14号——收入》等相关准则的规定。

二、非货币性资产交换不涉及的交易和事项

（一）与所有者或所有者以外方面的非货币性资产非互惠转让

所谓非互惠转让，是指企业将其拥有的非货币性资产无代价地转让给其所有者或其他企业，或由其所有者或其他企业将非货币性资产无代价地转让给企业。本章所讲的非货币

性资产交换是企业之间主要以非货币性资产形式的互惠转让，即企业取得一项非货币性资产，必须以付出自己拥有的非货币性资产作为代价，而不是单方向的非互惠转让。实际操作中，与所有者的非互惠转让如以非货币性资产作为股利发放给股东等，属于资本性交易，适用《企业会计准则第37号——金融工具列报》。企业与所有者以外方面发生的非互惠转让，如政府无偿提供非货币性资产给企业建造固定资产，属于政府以非互惠方式提供非货币性资产，适用《企业会计准则第16号——政府补助》。

（二）在企业合并、债务重组中和发行股票时取得的非货币性资产

在企业合并、债务重组中取得的非货币性资产，其成本确定分别适用《企业会计准则第20号——企业合并》和《企业会计准则第12号——债务重组》；企业以发行股票形式取得的非货币性资产，相当于以权益工具换入非货币性资产，其成本确定适用《企业会计准则第37号——金融工具列报》。

第二节 非货币性资产交换的确认和计量

一、确认和计量原则

在非货币性资产交换时，不论是一项资产换入一项资产、一项资产换入多项资产、多项资产换入一项资产，还是多项资产换入多项资产，换入资产的成本都有两种计量基础。

（一）公允价值

非货币性资产交换同时满足下列两个条件的，应当以公允价值和应支付的相关税费作为换入资产的成本，公允价值与换出资产账面价值的差额计入当期损益：

(1) 该项交换具有商业实质；

(2) 换入资产或换出资产的公允价值能够可靠地计量。资产存在活跃市场，是资产公允价值能够可靠计量的明显证据，但不是唯一要求。属于以下三种情形之一的，公允价值视为能够可靠计量：

①换入资产或换出资产存在活跃市场。

②换入资产或换出资产不存在活跃市场，但同类或类似资产存在活跃市场。

③换入资产或换出资产不存在同类或类似资产可比市场交易，采用估值技术确定的公允价值满足一定的条件。

换入资产和换出资产公允价值均能够可靠计量的，应当以换出资产公允价值作为确定换入资产成本的基础。一般来说，取得资产的成本应当按照所放弃资产的对价来确定，在非货币性资产交换中，换出资产就是放弃的对价，如果其公允价值能够可靠确定，应当优

先考虑按照换出资产的公允价值作为确定换入资产成本的基础；如果有确凿证据表明换入资产的公允价值更加可靠的，应当以换入资产公允价值为基础确定换入资产的成本，这种情况多发生在非货币性资产交换存在补价的情况，因为存在补价表明换入资产和换出资产公允价值不相等，一般不能直接以换出资产的公允价值作为换入资产的成本。

（二）账面价值

不具有商业实质或交换涉及资产的公允价值均不能可靠计量的非货币性资产交换，应当按照换出资产的账面价值和应支付的相关税费，作为换入资产的成本，无论是否支付补价，均不确认损益；收到或支付的补价作为确定换入资产成本的调整因素，其中，收到补价方应当以换出资产的账面价值减去补价作为换入资本的成本；支付补价方应当以换出资产的账面价值加上补价作为换入资产的成本。

二、商业实质的判断

非货币性资产交换具有商业实质，是换入资产能够采用公允价值计量的重要条件之一。在确定资产交换是否具有商业实质时，企业应当重点考虑由于发生了该项资产交换预期使企业未来现金流量发生变动的程度，通过比较换出资产和换入资产预计产生的未来现金流量或其现值，确定非货币性资产交换是否具有商业实质。只有当换出资产和换入资产预计未来现金流量或其现值两者之间的差额较大时，才能表明交易的发生使企业经济状况发生了明显改变，非货币性资产交换因而具有商业实质。

（一）判断条件

企业发生的非货币性资产交换，符合下列条件之一的，视为具有商业实质：

(1) 换入资产的未来现金流量在风险、时间和金额方面与换出资产显著不同；

(2) 换入资产与换出资产的预计未来现金流量现值不同，且其差额与换入资产和换出资产的公允价值相比是重大的。

（二）关联方之间交换资产与商业实质的关系

在确定非货币性资产交换是否具有商业实质时，企业应当关注交易各方之间是否存在关联方关系。关联方关系的存在可能导致发生的非货币性资产交换不具有商业实质。

第三节 非货币性资产交换的会计处理

一、以公允价值计量的会计处理

非货币性资产交换具有商业实质且公允价值能够可靠计量的，应当以换出资产的公允价值和应支付的相关税费作为换入资产的成本，除非有确凿证据表明换入资产的公允价值比换出资产的公允价值更加可靠。

在以公允价值计量的情况下，不论是否涉及补价，只要换出资产的公允价值与其账面价值不相同，就一定会涉及损益的确认，因为非货币性资产交换损益通常是换出资产公允价值与换出资产账面价值的差额，通过非货币性资产交换予以实现。

非货币性资产交换的会计处理，视换出资产的类别不同而有所区别：

(1) 换出资产为存货的，应当视同销售处理，根据《企业会计准则第 14 号——收入》按照公允价值确认销售收入，同时结转销售成本，相当于按照公允价值确认的收入和按账面价值结转的成本之间的差额，也即换出资产公允价值和换出资产账面价值的差额，在利润表中作为营业利润的构成部分予以列示。

(2) 换出资产为固定资产、无形资产的，换出资产公允价值和换出资产账面价值的差额，计入营业外收入或营业外支出。

(3) 换出资产为长期股权投资的，换出资产公允价值和换出资产账面价值的差额，计入投资收益。

换入资产与换出资产涉及相关税费的，如换出存货视同销售计算的销项税额，换入资产作为存货应当确认的可抵扣增值税进项税额，以及换出固定资产、无形资产视同转让应交纳的营业税等，按照相关税收规定计算确定。

（一）不涉及补价的情况

【例 12-1】2015 年 3 月，安建公司以生产经营过程中使用的一台设备交换天成公司生产的一批打印机，换入的打印机作为固定资产管理。安建公司、天成公司均为增值税一般纳税人，适用的增值税税率为 17%。设备的账面原价为 300 万元，在交换日的累计折旧为 90 万元，公允价值为 180 万元。打印机的账面价值为 220 万元，在交换日的市场价格为 180 万元，计税价格等于市场价格。天成公司换入安建公司的设备是生产打印机过程中需要使用的设备。

假设安建公司此前没有为该项设备计提资产减值准备，整个交易过程中，除支付运杂费 30 000 元外，没有发生其他相关税费。假设天成公司此前也没有为库存打印机计提存货跌价准备，其在整个交易过程中没有发生除增值税以外的其他税费。

分析：整个资产交换过程没有涉及收付货币性资产，因此，该项交换属于非货币性资产交换。本例是以存货换入固定资产，对安建公司来讲，换入的打印机是经营过程中必需的资产，对天成公司来讲，换入的设备是生产打印机过程中必须使用的机器，两项资产交换后对换入企业的特定价值显著不同，两项资产的交换具有商业实质；同时，两项资产的公允价值都能够可靠地计量，符合以公允价值计量的两个条件，因此，安建公司和天成公司均应当以换出资产的公允价值为基础，确定换入资产的成本，并确认产生的损益。

安建公司的账务处理如下：

换入资产的增值税进项税额 =1 800 000×17% =306 000（元）

换出设备的增值税销项税额 =1 800 000×17% =306 000（元）

借：固定资产清理	2 100 000	
累计折旧	900 000	
贷：固定资产——设备		3 000 000
借：固定资产清理	30 000	
贷：银行存款		30 000
借：固定资产——打印机	1 800 000	
应交税费——应交增值税（进项税额）	306 000	
营业外支出	330 000	
贷：固定资产清理		2 130 000
应交税费——应交增值税（销项税额）		306 000

天成公司的账务处理如下：

根据增值税的有关规定，企业以库存商品换入其他资产，视同销售行为发生，应计算增值税销项税额，缴纳增值税。

换出打印机的增值税销项税额 =1 800 000×17% =306 000（元）

换入设备的增值税进项税额 =1 800 000×17% =306 000（元）

借：固定资产——设备	1 800 000	
应交税费——应交增值税（进项税额）	306 000	
贷：主营业务收入		1 800 000
应交税费——应交增值税（销项税额）		306 000
借：主营业务成本	2 200 000	
贷：库存商品——打印机		2 200 000

（二）涉及补价的情况

在以公允价值确定换入资产成本的情况下，发生补价的，支付补价方和收到补价方应当分别情况处理：

(1) 支付补价方：应当以换出资产的公允价值加上支付的补价（即换入资产的公允价值）和应支付的相关税费，作为换入资产的成本；换入资产成本与换出资产账面价值加支付的补价、应支付的相关税费之和的差额，应当计入当期损益。

(2) 收到补价方：应当以换入资产的公允价值（或换出资产的公允价值减去补价）和应支付的相关税费，作为换入资产的成本；换入资产成本加收到的补价之和与换出资产账面价值加应支付的相关税费之和的差额，应当计入当期损益。

在涉及补价的情况下，对于支付补价方而言，作为补价的货币性资产构成换入资产所放弃对价的一部分，对于收到补价方而言，作为补价的货币性资产构成换入资产的一部分。

【例 12–2】安建公司与大华公司协商，安建公司以其拥有的用于经营出租目的的一幢公寓楼与大华公司持有的交易目的的股票投资交换。安建公司的公寓楼符合投资性房地产定义，但公司未采用公允价值模式计量。在交换日，该幢公寓楼的账面原价为 9 000 万元，已提折旧 1 500 万元，未计提减值准备，在交换日的公允价值和计税价格均为 8 000 万元，营业税税率为 5%；大华公司持有的交易目的的股票投资账面价值为 6 000 万元，大华公司对该股票投资采用公允价值模式计量，在交换日的公允价值为 7 550 万元，大华公司另支付了 450 万元给甲公司。大华公司换入公寓楼后仍然继续用于经营出租目的，并拟采用公允价值模式计量，安建公司换入股票投资后也仍然用于交易目的。转让公寓楼的营业税尚未支付，假定除营业税外，该项交易过程中不涉及其他相关税费。

分析：该项资产交换涉及收付货币性资产，即补价 450 万元。

对安建公司而言，收到的补价 450 万元 ÷ 换出资产的公允价值 8 000 万元（换入股票投资公允价值 7 550 万元 + 收到的补价 450 万元）=5.6%<25%，属于非货币性资产交换。

对大华公司而言，支付的补价 450 万元 ÷ 换入资产的公允价值 8 000 万元 =5.6%<25%，属于非货币性资产交换。

本例属于以投资性房地产换入以公允价值计量且其变动计入当期损益的金融资产。对安建公司而言，换入交易目的的股票投资使得企业可以在希望变现时取得现金流量，但风险程度要比租金稍大，用于经营出租目的的公寓楼，可以获得稳定均衡的租金流，但是不能满足企业急需大量现金的需要。因此，交易性股票投资带来的未来现金流量在时间、风险方面与用于出租的公寓楼带来的租金流有显著区别，因而可判断两项资产的交换具有商业实质。同时，股票投资和公寓楼的公允价值均能够可靠地计量，因此，安建公司、大华公司均应当以公允价值为基础确定换入资产的成本，并确认产生的损益。

安建公司的账务处理如下：

借：其他业务成本	75 000 000	
投资性房地产累计折旧	15 000 000	
贷：投资性房地产		90 000 000
借：营业税金及附加	（80 000 000 × 5%）4 000 000	
贷：应交税费——应交营业税		4 000 000
借：交易性金融资产	75 500 000	
银行存款	4 500 000	
贷：其他业务收入		80 000 000

大华公司的账务处理如下：

借：投资性房地产	80 000 000	
贷：交易性金融资产		60 000 000

银行存款　　4 500 000

投资收益　　15 500 000

二、以换出资产账面价值计量的会计处理

非货币性资产交换不具有商业实质，或者虽然具有商业实质但换入资产和换出资产的公允价值均不能可靠计量的，应当以换出资产账面价值为基础确定换入资产成本，无论是否支付补价，均不确认损益。

一般来讲，如果换入资产和换出资产的公允价值都不能可靠计量，该项非货币性资产交换通常不具有商业实质，因为在这种情况下，很难比较两项资产产生的未来现金流量在时间、风险和金额方面的差异，很难判断两项资产交换后企业经济状况改变所起的不同效用。因而，此类资产交换通常不具有商业实质。

【例 12-3】安建公司拥有一台专有设备，该设备账面原价 450 万元，已计提折旧 330 万元，华天公司拥有一项长期股权投资，账面价值 90 万元，两项资产均未计提减值准备。安建公司决定以其专有设备交换华天公司的长期股权投资，该专有设备是生产某种产品必需的设备。由于专有设备系当时专门制造、性质特殊，其公允价值不能可靠计量；华天公司拥有的长期股权投资在活跃市场中没有报价，其公允价值也不能可靠计量。经双方商定，华天公司支付了 20 万元补价。假定交易不考虑相关税费。

分析：该项资产交换涉及收付货币性资产，即补价 20 万元。对安建公司而言，收到的补价 20 万元 ÷ 换出资产账面价值 120 万元 =16.7%<25%。因此，该项交换属于非货币性资产交换，华天公司的情况也类似。由于两项资产的公允价值不能可靠计量，因此，安建公司、华天公司换入资产的成本均应当按照换出资产的账面价值确定。

安建公司的账务处理如下：

借：固定资产清理　　1 200 000

　　累计折旧　　3 300 000

　　贷：固定资产——专有设备　　4 500 000

借：长期股权投资　　1 000 000

　　银行存款　　200 000

　　贷：固定资产清理　　1 200 000

华天公司的账务处理如下：

借：固定资产——专有设备　　1 100 000

　　贷：长期股权投资　　900 000

　　　　银行存款　　200 000

从例 12-3 可以看出，尽管华天公司支付了 20 万元补价，但由于整个非货币性资产交换是以账面价值为基础计量的，支付补价方和收到补价方均不确认损益。对安建公司而言，换入资产是长期股权投资和银行存款 20 万元，换出资产专有设备的账面价值为 120 万元

(450 - 330)，因此，长期股权投资的成本就是换出设备的账面价值减去货币性补价的差额，即 100 万元（120 - 20）；对华天公司而言，换出资产是长期股权投资和银行存款 20 万元，换入资产专有设备的成本等于换出资产的账面价值，即 110 万元 (90 +20)。由此可见，在以账面价值计量的情况下，发生的补价是用来调整换入资产的成本，不涉及确认损益问题。

三、涉及多项非货币性资产交换的会计处理

企业以一项非货币性资产同时换入另一企业的多项非货币性资产，或同时以多项非货币性资产换入另一企业的一项非货币性资产，或以多项非货币性资产同时换入多项非货币性资产，也可能涉及补价。涉及多项资产的非货币性资产交换，企业无法将换出的某一资产与换入的某一特定资产相对应。与单项非货币性资产之间的交换一样，涉及多项资产的非货币性资产交换的计量，企业也应当首先判断是否符合以公允价值计量的两个条件，再分别情况确定各项换入资产的成本。

涉及多项资产的非货币性资产交换一般可以分为以下几种情况：

(1) 资产交换具有商业实质且各项换出资产和各项换入资产的公允价值均能够可靠计量。在这种情况下，换入资产的总成本应当按照换出资产的公允价值总额为基础确定，除非有确凿证据证明换入资产的公允价值总额更可靠。对于各项换入资产，应当按照各项换入资产的公允价值占换入资产公允价值总额的比例，对换入资产总成本进行分配，确定各项换入资产的成本。

(2) 资产交换具有商业实质且换入资产的公允价值能够可靠计量、换出资产的公允价值不能可靠计量。在这种情况下，换入资产的总成本应当按照换入资产的公允价值总额为基础确定。对于各项换入资产，应当按照各项换入资产的公允价值占换入资产公允价值总额的比例，对换入资产总成本进行分配，确定各项换入资产的成本。

(3) 资产交换具有商业实质、换出资产的公允价值能够可靠计量、但换入资产的公允价值不能可靠计量。在这种情况下，换入资产的总成本应当按照换出资产的公允价值总额为基础确定。对于各项换入资产，应当按照各项换入资产的原账面价值占换入资产原账面价值总额的比例，对按照换出资产公允价值总额确定的换入资产总成本进行分配，确定各项换入资产的成本。

(4) 资产交换不具有商业实质或换入资产和换出资产的公允价值均不能可靠计量。在这种情况下，换入资产的总成本应当按照换出资产的账面价值总额为基础确定。对于各项换入资产，应当按照各项换入资产的原账面价值占换入资产的账面价值总额的比例，对按照换出资产账面价值总额为基础确定的换入资产总成本进行分配，确定各项换入资产的成本。

实际上，上述第 (1)(2)(3) 种情况，换入资产总成本都是按照公允价值计量的，但各单项换入资产成本的确定，视各单项换入资产的公允价值能否可靠计量而分别情况处理；第 (4) 种情况属于不符合公允价值计量的条件，换入资产总成本按照换出资产账面价值总额

确定，各单项换入资产成本的确定，按照各单项换入资产的原账面价值占换入资产账面价值总额的比例确定。

（一）以公允价值计量的情况

【例 12-4】2015 年 4 月，为适应业务发展的需要，经协商，安建公司决定以生产经营过程中使用的厂房、小汽车以及原材料换入大华公司生产经营过程中使用的办公楼、大货车、设备。安建公司厂房的账面原价为 1 500 万元，在交换日的累计折旧为 300 万元，公允价值为 1 000 万元；小汽车的账面原价为 600 万元，在交换日的累计折旧为 480 万元，公允价值为 100 万元；原材料的账面余额为 300 万元，交换日的市场价格为 350 万元，市场价格等于计税价格。大华公司办公楼的账面原价为 2 000 万元，在交换日的累计折旧为 1 000 万元，公允价值为 1 100 万元；大货车的账面原价为 300 万元，在交换日的累计折旧为 190 万元，公允价值为 159.5 万元；设备的账面原价为 300 万元，在交换日的累计折旧为 180 万元，公允价值为 150 万元。大华公司另外向安建公司支付银行存款 64.385 万元，其中包括由于换出和换入资产公允价值不同而支付的补价 40.5 万元，以及换出资产销项税额与换入资产进项税额的差额 23.885 万元。

假定安建公司和大华公司都没有为换出资产计提减值准备；增值税税率为 17%；营业税税率为 5%；安建公司换入大华公司的办公楼、大货车、设备车均作为固定资产使用和管理；大华公司换入安建公司的厂房、小汽车作为固定资产使用和管理，换入的原材料仍作为原材料使用和管理。安建公司开具了增值税专用发票。

分析：本例涉及收付货币性资产，应当计算安建公司收到的货币性资产占安建公司换出资产公允价值总额的比例（等于大华公司支付的货币性资产占大华公司换入资产公允价值与支付的补价之和的比例），即：

40.5 ÷ (1 000 +100 +350)=2.79%<25%

可以认定这一涉及多项资产的交换行为属于非货币性资产交换。对于安建公司而言，为了拓展工程建设业务，需要大货车、设备等，大华公司为了扩大产品生产，需要厂房、小汽车以及原材料，换入资产对换入企业均能发挥更大的作用。因此，该项涉及多项资产的非货币性资产交换具有商业实质；同时，各单项换入资产和换出资产的公允价值均能可靠计量，因此，安建公司、大华公司均应当以公允价值为基础确定换入资产的总成本，确认产生的相关损益。同时，按照各单项换入资产的公允价值占换入资产公允价值总额的比例，确定各单项换入资产的成本。

安建公司的账务处理如下：

(1) 根据税法的有关规定：

换出原材料的增值税销项税额 = 350 × 17%=59.5（万元）

换出小汽车的增值税销项税额 = 100 × 17%=17（万元）

换入大货车、设备的增值税进项税额 = (159.5+150) × 17%= 52.615（万元）

换出厂房的营业税税额 =1 000 × 5% =50（万元）

(2) 计算换入资产、换出资产公允价值总额：

换出资产公允价值总额 =1 000+100+350=1 450（万元）

换入资产公允价值总额 =1 100+159.5+150=1 409.5（万元）

(3) 计算换入资产总成本：

换入资产总成本＝换出资产公允价值—补价＋应支付的相关税费

=1 450 － 40.5 ＋ 59.5+17 － 52.615 － 23.885=1 409.5（万元）

(4) 计算确定各项换入资产的公允价值占换入资产公允价值总额的比例：

办公楼公允价值占换入资产公允价值总额的比例 =1 100 ÷ 1 409.5 =78%

大货车公允价值占换入资产公允价值总额的比例＝159.5 ÷ 1 409.5=11.4%

设备公允价值占换入资产公允价值总额的比例 =150 ÷ 1 409.5=10.6%

(5) 计算确定各项换入资产的成本：

办公楼的成本：1 409.5 × 78% =1 099.41（万元）

大货车的成本：1 409.5 × 11.4%=160.68（万元）

设备的成本：1 409.5 × 10.6%=149.41（万元）

(6) 会计分录：

借：固定资产清理	13 200 000	
累计折旧	7 800 000	
贷：固定资产——厂房		15 000 000
——小汽车		6 000 000
借：固定资产清理	500 000	
贷：应交税费——应交营业税		500 000
借：固定资产——办公楼	10 994 100	
——大货车	1 606 800	
——设备	1 494 100	
应交税费——应交增值税（进项税额）	526 150	
银行存款	643 850	
营业外支出	2 700 000	
贷：固定资产清理		13 700 000
主营业务收入		3 500 000
应交税费——应交增值税（销项税额）		765 000
借：主营业务成本	3 000 000	
贷：库存商品		3 000 000

大华公司的账务处理如下：

(1) 根据税法的有关规定：

换入资产原材料的增值税进项税额＝350 × 17%=59.5（万元）

换入小汽车的增值税进项税额 =100 × 17% =17（万元）

换出大货车、设备的增值税销项税额＝(159.5+150) × 17% =52.615（万元）

换出办公楼的营业税税额 =1 100 × 5% =55（万元）

(2) 计算换入资产、换出资产公允价值总额：

换入资产公允价值总额＝1 000+100+350 ＝ 1 450（万元）

换出资产公允价值总额＝1 100+159.5+150 ＝ 1 409.5（万元）

(3) 确定换入资产总成本：

换入资产总成本＝换出资产公允价值 + 支付的补价＝ 1.409.5+40.5 ＝ 1 450（万元）

(4) 计算确定各项换入资产的公允价值占换入资产公允价值总额的比例：

厂房公允价值占换入资产公允价值总额的比例＝ 1 000 ÷ 1 450 ＝ 69%

小汽车公允价值占换入资产公允价值总额的比例＝ 100 ÷ 1 450 ＝ 6.9%

原材料公允价值占换入资产公允价值总额的比例＝ 350 ÷ 1 450 ＝ 24.1%

(5) 计算确定各项换入资产的成本：

厂房的成本：1 450 × 69% ＝ 1 000.5（万元）

小汽车的成本：1 450 × 6.9% ＝ 100.05（万元）

原材料的成本：1 450 × 24.1% ＝ 349.45（万元）

(6) 会计分录：

借：固定资产清理	12 300 000	
累计折旧	13 700 000	
贷：固定资产——办公楼		20 000 000
——大货车		3 000 000
——设备		3 000 000
借：固定资产清理	550 000	
贷：应交税费——应交营业税		550 000
借：固定资产——厂房	10 005 000	
——小汽车	1 000 500	
原材料	3 494 500	
应交税费——应交增值税（进项税额）	765 000	
贷：固定资产清理		12850000
应交税费——应交增值税（销项税额）		526 150
银行存款		643 850
营业外收入		1 245 000

（二）以账面价值计量的情况

【例 12-5】2015 年 5 月，长化公司因经营战略发生较大转变，产品结构发生较大调整，原生产其产品的专有设备、生产该产品的专利技术等已不符合生产新产品的需要，经与安建公司协商，将其专用设备连同专利技术与安建公司正在建造过程中的一幢建筑物、对宏达公司的长期股权投资进行交换。长化公司换出专有设备的账面原价为 1 200 万元，已提折旧 750 万元；专利技术账面原价为 450 万元，已摊销金额为 270 万元。安建公司在建工程截止到交换日的成本为 525 万元，对宏达公司的长期股权投资账面余额为150万元。由于长化公司持有的专有设备和专利技术市场上已不多见，因此，公允价值不能可靠计量。安建公司的在建工程因完工程度难以合理确定，其公允价值不能可靠计量，由于宏达公司不是上市公司，安建公司对宏达公司长期股权投资的公允价值也不能可靠计量。假定长化公司、安建公司均未对上述资产计提减值准备。

分析：本例不涉及收付货币性资产，属于非货币性资产交换。由于换入资产、换出资产的公允价值均不能可靠计量，长化公司、安建公司均应当以换出资产账面价值总额作为换入资产的成本，各项换入资产的成本，应当按各项换入资产的账面价值占换入资产账面价值总额的比例分配后确定。

长化公司的账务处理如下：

(1) 根据税法有关规定：

换出专用设备的增值税销项税额 =(1 200−750) × 17% =76.5（万元）

换出专利技术的营业税 =（450−270）× 5% =9（万元）

(2) 计算换入资产、换出资产账面价值总额：

换入资产账面价值总额 =525+150=675（万元）

换出资产账面价值总额 =(1 200−750)+(450 −270)=630（万元）

(3) 确定换入资产总成本：

换入资产总成本 = 换出资产账面价值总额 + 应支付的相关税费

= 630+76.5+9=715.5（万元）

(4) 计算各项换入资产账面价值占换入资产账面价值总额的比例：

在建工程占换入资产账面价值总额的比例 = 525 ÷ 675= 77.8%

长期股权投资占换入资产账面价值总额的比例 = 150 ÷ 675=22.2%

(5) 确定各项换入资产成本：

在建工程成本 =715.5 × 77.8%=556.659（万元）

长期股权投资成本 =715.5 × 22.2%=158.841（万元）

(6) 会计分录：

借：固定资产清理	4 500 000	
累计折旧	7 500 000	
贷：固定资产——专有设备		12 000 000
借：固定资产清理	765 000	
贷：应交税费——应交增值税（销项税额）		765 000
借：在建工程	5 566 590	
长期股权投资	1 588 410	
累计摊销	2 700 000	
贷：固定资产清理		5 265 000
无形资产——专利技术		4 500 000
应交税费——应交营业税		90 000

安建公司的账务处理如下：

(1) 根据税法有关规定：

换入专用设备的增值税进项税额 =(1 200− 750) × 17%=76.5（万元）

换出在建建筑物的营业税 =525 × 5% =26.25（万元）

(2) 计算换入资产、换出资产账面价值总额：

换入资产账面价值总额 =(1 200−750)+(450−270)=630（万元）

换出资产账面价值总额 = 525+150= 675（万元）

(3) 确定换入资产总成本：

换入资产总成本 = 换出资产账面价值总额 + 应支付的相关税费 − 增值税进项税额

=675+26.25−76.5=624.75（万元）

(4) 计算各项换入资产账面价值占换入资产账面价值总额的比例：

专有设备占换入资产账面价值总额的比例 = 450 ÷ 630=71.4%

专有技术占换入资产账面价值总额的比例 = 180 ÷ 630=28.6%

(5) 确定各项换入资产成本：

专有设备成本 = 624.75 × 71.4%=446.0715（万元）

专利技术成本 = 624.75 × 28.6%=178.6785（万元）

(6) 会计分录：

借：固定资产——专有设备	4 460 715	
无形资产——专利技术	1 786 785	
应交税费——应交增值税（进项税额）	765 000	
贷：在建工程		5 250 000
长期股权投资		1 500 000
应交税费——应交营业税		262 500

第十三章 资产减值核算

第一节 资产减值概述

资产的主要特征之一是它必须能够为企业带来经济利益的流入，如果资产不能够为企业带来经济利益或者带来的经济利益低于其账面价值，那么，该资产就不能再予确认，或者不能再以原账面价值予以确认，否则不符合资产的定义，也无法反映资产的实际价值，会导致企业资产虚增和利润虚增。因此，当企业资产的可收回金额低于其账面价值时，即表明资产发生了减值，企业应当确认资产减值损失，并把资产的账面价值减记至可收回金额。

一、资产减值的范围

企业所有的资产在发生减值时，原则上都应当对所发生的减值损失及时加以确认和计量，因此，资产减值包括所有资产的减值。但是，由于有关资产特性不同，其减值的会计处理也有所差别，因而所适用的具体准则也不尽相同。例如，存货、消耗性生物资产的减值分别适用《企业会计准则第 1 号——存货》和《企业会计准则第 5 号——生物资产》；建造合同形成的资产、递延所得税资产、融资租赁中出租人未担保余值等资产的减值，分别适用《企业会计准则第 15 号——建造合同》《企业会计准则第 18 号——所得税》和《企业会计准则第 21 号——租赁》；采用公允价值模式进行后续计量的投资性房地产和由《企业会计准则第 22 号——金融工具确认和计量》所规范的金融资产的减值，分别适用《企业会计准则第 3 号——投资性房地产》和《企业会计准则第 22 号——金融工具确认和计量》。本章涉及的主要是除上述资产以外的资产，这些资产通常属于企业非流动资产，具体包括：①对子公司、联营企业和合营企业的长期股权投资；②采用成本模式进行后续计量的投资性房地产；③固定资产；④生产性生物资产；⑤无形资产；⑥商誉；⑦探明石油天然气矿区权益和井及相关设施。

二、资产减值的迹象与测试

（一）资产减值迹象的判断

企业在资产负债表日应当判断资产是否存在可能发生减值的迹象，主要可从外部信息来源和内部信息来源两方面加以判断：

从企业外部信息来源来看，如果出现了资产的市价在当期大幅度下跌，其跌幅明显高于因时间的推移或者正常使用而预计的下跌；企业经营所处的经济、技术或者法律等环境以及资产所处的市场在当期或者将在近期发生重大变化，从而对企业产生不利影响；市场利率或者其他市场投资报酬率在当期已经提高，从而影响企业计算资产预计未来现金流量现值的折现率，导致资产可收回金额大幅度降低；企业所有者权益（净资产）的账面价值远高于其市值等，均属于资产可能发生减值的迹象，企业需要据此估计资产的可收回金额，决定是否需要确认减值损失。

从企业内部信息来源来看，如果有证据表明资产已经陈旧过时或者其实体已经损坏；资产已经或者将被闲置、终止使用或者计划提前处置；企业内部报告的证据表明资产的经济绩效已经低于或者将低于预期，如资产所创造的净现金流量或者实现的营业利润远远低于原来的预算或者预计金额、资产发生的营业损失远远高于原来的预算或者预计金额、资产在建造或者收购时所需的现金支出远远高于最初的预算、资产在经营或者维护中所需的现金支出远远高于最初的预算等，均属于资产可能发生减值的迹象。

需要说明的是，上述列举的资产减值迹象并不能穷尽所有的减值迹象，企业应当根据实际情况来认定资产可能发生减值的迹象。

（二）资产减值的测试

如果有确凿证据表明资产存在减值迹象的，应当进行减值测试，估计资产的可收回金额。资产存在减值迹象是资产是否需要进行减值测试的必要前提，但是以下资产除外，即因企业合并形成的商誉和使用寿命不确定的无形资产，对于这些资产，无论是否存在减值迹象，都应当至少于每年年度终了进行减值测试。

企业在判断资产减值迹象以决定是否需要估计资产可收回金额时，应当遵循重要性原则。根据这一原则，企业资产存在下列情况的，可以不估计其可收回金额：

(1) 以前报告期间的计算结果表明，资产可收回金额远高于其账面价值，之后又没有发生消除这一差异的交易或者事项的，企业在资产负债表日可以不需重新估计该资产的可收回金额。

(2) 以前报告期间的计算与分析表明，资产可收回金额对于资产减值准则中所列示的一种或者多种减值迹象反应不敏感，在本报告期间又发生了这些减值迹象的，企业在资产负债表日可以不需因为上述减值迹象的出现而重新估计该资产的可收回金额。

第二节　资产可收回金额的计量

一、估计资产可收回金额的基本方法

企业资产存在减值迹象的，应当估计其可收回金额，然后将所估计的资产可收回金额与其账面价值相比较，以确定资产是否发生了减值，以及是否需要计提资产减值准备并确认相应的减值损失。在估计资产可收回金额时，原则上应当以单项资产为基础，如果企业难以对单项资产的可收回金额进行估计，应当以该资产所属的资产组为基础确定资产组的可收回金额。本章中的资产除特别指明外，既包括单项资产，也包括资产组。

资产可收回金额的估计，应当根据其公允价值减去处置费用后的净额与资产预计未来现金流量的现值两者之间较高者确定。因此，要估计资产的可收回金额，通常需要同时估计该资产的公允价值减去处置费用后的净额和资产预计未来现金流量的现值。但是，在下列情况下，可以有例外或者作特殊考虑：

(1) 资产的公允价值减去处置费用后的净额与资产预计未来现金流量的现值，只要有一项超过了资产的账面价值，就表明资产没有发生减值，不需再估计另一项金额。

(2) 没有确凿证据或者理由表明，资产预计未来现金流量现值显著高于其公允价值减去处置费用后的净额的，可以将资产的公允价值减去处置费用后的净额视为资产的可收回金额。

(3) 资产的公允价值减去处置费用后的净额如果无法可靠估计，应当以该资产预计未来现金流量的现值作为其可收回金额。

二、资产的公允价值减去处置费用后的净额的估计

资产的公允价值减去处置费用后的净额，通常反映的是资产如果被出售或者处置时可以收回的净现金收入。其中，资产的公允价值是指市场参与者在计量日发生的有序交易中，出售一项资产所能收到或者转移一项负债所需支付的价格；处置费用是指可以直接归属于资产处置的增量成本，包括与资产处置有关的法律费用、相关税费、搬运费以及为使资产达到可销售状态所发生的直接费用等，但是，财务费用和所得税费用等不包括在内。

企业在估计资产的公允价值减去处置费用后的净额时，应当按照下列顺序进行：

首先，应当根据公平交易中资产的销售协议价格减去可直接归属于该资产处置费用的金额确定资产的公允价值减去处置费用后的净额。

其次，在资产不存在销售协议但存在活跃市场的情况下，应当根据该资产的市场价格减去处置费用后的金额确定。资产的市场价格通常应当按照资产的买方出价确定。

最后，在既不存在资产销售协议又不存在资产活跃市场的情况下，企业应当以可获取

的最佳信息为基础，根据在资产负债表日如果处置资产，熟悉情况的交易双方自愿进行公平交易愿意提供的交易价格减去资产处置费用后的金额，估计资产的公允价值减去处置费用后的净额。在实际操作中，该金额可以参考同行业类似资产的最近交易价格或者结果进行估计。

如果企业按照上述要求仍然无法可靠估计资产的公允价值减去处置费用后的净额，应当以该资产预计未来现金流量的现值作为其可收回金额。

三、资产预计未来现金流量的现值的估计

资产预计未来现金流量的现值，应当按照资产在持续使用过程中和最终处置时所产生的预计未来现金流量，选择恰当的折现率对其进行折现后的金额加以确定。因此，预计资产未来现金流量的现值，主要应当综合考虑以下因素：①资产的预计未来现金流量；②资产的使用寿命；③折现率。

（一）资产未来现金流量的预计

1. 预计资产未来现金流量的基础

为了估计资产未来现金流量的现值，首先需要预计资产的未来现金流量，为此，企业管理层应当在合理和有依据的基础上对资产剩余使用寿命内整个经济状况进行最佳估计，并将资产未来现金流量的预计建立在经企业管理层批准的最近财务预算或者预测数据之上。但是，出于数据可靠性和便于操作等方面的考虑，建立在该预算或者预测基础上的预计现金流量最多涵盖 5 年，企业管理层如能证明更长的期间是合理的，可以涵盖更长的期间。其原因是，在通常情况下，要对期限超过 5 年的未来现金流量进行较为可靠的预测比较困难，即使企业管理层可以以超过 5 年的财务预算或者预测为基础对未来现金流量进行预计，企业管理层应当确保这些预计的可靠性，并提供相应的证明，比如根据过去的经验和实践，企业有能力而且能够对超过 5 年的期间作出较为准确的预测。

如果资产未来现金流量的预计还包括最近财务预算或者预测期之后的现金流量，企业应当以该预算或者预测期之后年份稳定的或者递减的增长率为基础进行估计。但是，企业管理层如能证明递增的增长率是合理的，可以以递增的增长率为基础进行估计。同时，所使用的增长率除了企业能够证明更高的增长率是合理的之外，不应当超过企业经营的产品、市场、所处的行业或者所在国家或者地区的长期平均增长率，或者该资产所处市场的长期平均增长率。在恰当、合理的情况下，该增长率可以是零或者负数。

需要说明的是，由于经济环境随时都在变化，资产的实际现金流量往往会与预计数有出入，而且预计资产未来现金流量时的假设也有可能发生变化，因此，企业管理层在每次预计资产未来现金流量时，应当首先分析以前期间现金流量预计数与现金流量实际数出现差异的情况，以评判当期现金流量预计所依据的假设的合理性。通常情况下，企业管理层应当确保当期现金流量预计所依据的假设与前期实际结果相一致。

2. 资产预计未来现金流量应当包括的内容

预计的资产未来现金流量应当包括下列各项：

(1) 资产持续使用过程中预计产生的现金流入。

(2) 为实现资产持续使用过程中产生的现金流入所必需的预计现金流出（包括为使资产达到预定可使用状态所发生的现金流出）。

(3) 资产使用寿命结束时，处置资产所收到或者支付的净现金流量。

3. 预计资产未来现金流量应当考虑的因素

企业为了预计资产未来现金流量，应当综合考虑下列因素：

(1) 以资产的当前状况为基础预计资产未来现金流量。

企业资产在使用过程中有时会因为修理、改良、重组等原因而发生变化，因此，在预计资产未来现金流量时，企业应当以资产的当前状况为基础，不应当包括与将来可能会发生的、尚未作出承诺的重组事项或者与资产改良有关的预计未来现金流量。

(2) 预计资产未来现金流量不应当包括筹资活动和所得税收付产生的现金流量。

企业预计的资产未来现金流量，不应当包括筹资活动产生的现金流入或者流出以及与所得税收付有关的现金流量。其原因：一是所筹集资金的货币时间价值已经通过折现因素予以考虑；二是折现率要求是以税前基础计算确定的，因此，现金流量的预计也必须建立在税前基础之上，这样可以有效避免在资产未来现金流量现值的计算过程中可能出现的重复计算等问题，以保证现值计算的正确性。

(3) 对通货膨胀因素的考虑应当和折现率相一致。

企业在预计资产未来现金流量和折现率时，考虑因一般通货膨胀而导致物价上涨的因素，应当采用一致的基础。如果折现率考虑了因一般通货膨胀而导致的物价上涨影响因素，资产预计未来现金流量也应予以考虑；反之，如果折现率没有考虑因一般通货膨胀而导致的物价上涨影响因素，资产预计未来现金流量也应当剔除这一影响因素。总之，在考虑通货膨胀因素的问题上，资产未来现金流量的预计和折现率的预计应当保持一致。

(4) 内部转移价格应当予以调整。

在一些企业集团里，出于集团整体战略发展的考虑，某些资产生产的产品或者其他产出可能是供其集团内部其他企业使用或者对外销售的，所确定的交易价格或者结算价格基于内部转移价格，而内部转移价格很可能与市场交易价格不同，在这种情况下，为了如实测算企业资产的价值，就不应当简单地以内部转移价格为基础预计资产未来现金流量，而应当采用在公平交易中企业管理层能够达成的最佳的未来价格估计数进行预计。

4. 预计资产未来现金流量的方法

企业预计资产未来现金流量的现值，需要预计资产未来现金流量。预计资产未来现金流量，通常可以根据资产未来每期最有可能产生的现金流量进行预测。这种方法通常叫做传统法，它使用的是单一的未来每期预计现金流量和单一的折现率计算资产未来现金流量的现值。

【例13-1】建成公司有一固定资产剩余使用年限为3年，企业预计未来3年里在正常的情况下，该资产每年可为企业产生的净现金流量分别为 100 万元、50 万元、10 万元。该现金流量通常即为最有可能产生的现金流量，企业应以该现金流量的预计数为基础计算资产的现值。

但在现实中，有时影响资产未来现金流量的因素较多，情况较为复杂，带有很大的不确定性，为此，使用单一的现金流量可能并不会如实反映资产创造现金流量的实际情况。在这种情况下，企业应当采用期望现金流量法预计资产未来现金流量。

【例 13–2】沿用【例 13–1】，假定利用固定资产生产的产品受市场行情波动影响大，企业预计未来 3 年每年的现金流量情况如表 13–1 所示。

表 13–1　　　各年现金流量概率分布及发生情况

年份	产品行情好（30% 的可能性）	产品行情一般(60%的可能性）	产品行情差（10% 的可能性）
第 1 年	150	100	50
第 2 年	80	50	20
第 3 年	20	10	0

在这种情况下，采用期望现金流量法比传统法就更为合理。在期望现金流量法下，资产未来现金流量应当根据每期现金流量期望值进行预计，每期现金流量期望值按照各种可能情况下的现金流量与其发生概率加权计算。按照表 13–1 提供的情况，企业应当计算资产每年的预计未来现金流量如表 13–2 所示。

表 13–2　　　各年预计现金流量

单位：万元

年份	预计现金流量（期望现金流量）
第 1 年	150 × 30% +100 × 60% +50 × 10% =110
第 2 年	80 × 30%+50 × 60% +20 × 10% =56
第 3 年	20 × 30%+10 × 60%+0 × 10%=12

应当注意的是，如果资产未来现金流量的发生时间是不确定的，企业应当根据资产在每一种可能情况下的现值及其发生概率直接加权计算资产未来现金流量的现值。

（二）折现率的预计

为了实现资产减值测试的目的，计算资产未来现金流量现值时所使用的折现率应当是反映当前市场货币时间价值和资产特定风险的税前利率。该折现率是企业在购置或者投资资产时所要求的必要报酬率。需要说明的是，如果在预计资产的未来现金流量时已经对资产特定风险的影响作了调整，折现率的估计就不需要考虑这些特定风险。如果用于估计折现率的基础是税后的，应当将其调整为税前的折现率，以便于与资产未来现金流量的估计基础相一致。

在实务中，折现率的确定，应当首先以该资产的市场利率为依据。如果该资产的利率无法从市场获得，可以使用替代利率估计。在估计替代利率时，企业应当充分考虑资产剩余寿命期间的货币时间价值和其他相关因素，比如资产未来现金流量金额及其时间的预计离异程度、资产内在不确定性的定价等，如果资产预计未来现金流量已经对这些因素作了有关调整，应当予以剔除。

在估计替代利率时，可以根据企业加权平均资金成本、增量借款利率或者其他相关市场借款利率作适当调整后确定。调整时，应当考虑与资产预计现金流量有关的特定风险以及其他有关政治风险、货币风险和价格风险等。

估计资产未来现金流量现值，通常应当使用单一的折现率。但是，如果资产未来现金流量的现值对未来不同期间的风险差异或者利率的期间结构反应敏感，企业应当在未来各不同期间采用不同的折现率。

（三）资产未来现金流量现值的预计

在预计了资产的未来现金流量和折现率后，资产未来现金流量的现值只需将该资产的预计未来现金流量按照预计的折现率在预计的资产使用寿命里加以折现即可确定。其一般计算公式如下：

资产未来现金流量的现值 PV= $\sum$ [第 t 年预计资未来现金流量 $NCF_1/(1+$ 折现率 $R)^t$]

【例 13-3】建成公司于 2014 年年末对一建筑施工用设备进行减值测试。该设备账面价值为 1.6 亿元，预计尚可使用年限为 8 年。

该设备的公允价值减去处置费用后的净额难以确定，因此，企业需要通过计算其未来现金流量的现值确定资产的可收回金额。假定公司当初购置该设备用的资金是银行长期借款资金，借款年利率为 15%，公司认为 15% 是该资产的最低必要报酬率，已考虑了与该资产有关的货币时间价值和特定风险。因此，在计算其未来现金流量现值时，使用 15% 作为其折现率（税前）。

公司管理层批准的财务预算显示：公司将于 2019 年更新设备的发动机系统，预计为此发生资本性支出 1 500 万元，这一支出将降低设备运行油耗、提高使用效率等，因此，将提高资产的运营绩效。

为了计算设备在 2014 年年末未来现金流量的现值，公司首先必须预计其未来现金流量。假定公司管理层批准的 2014 年年末的该设备预计未来现金流量如表 13-3 所示。

表 13-3　　未来现金流量预计表

单位：万元

年份	预计未来现金流量（不包括改良的影响金额）	预计未来现金流量（包括改良的影响金额）
2015	2 500	
2016	2 460	
2017	2 380	

续表

年份	预计未来现金流量 （不包括改良的影响金额）	预计未来现金流量 （包括改良的影响金额）
2018	2 360	
2019	2 390	
2020	2 470	3 290
2021	2 500	3 280
2022	2 510	3 300

根据资产减值准则的规定，在2014年年末预计资产未来现金流量时，应当以资产当时的状况为基础，不应考虑与该资产改良有关的预计未来现金流量，因此，尽管2019年设备的发动机系统将进行更新以改良资产绩效，提高资产未来现金流量，但是在2014年年末对其进行减值测试时，则不应将其包括在内。即在2014年年末计算该资产未来现金流量的现值时，应当以不包括资产改良影响金额的未来现金流量为基础加以计算。如表13-4所示。

表13-4　　现值的计算

单位：万元

年份	预计未来现金流量 （不包括改良的影响金额）	以折现率为15%的折现系数	预计未来现金流量的现值
2015	2 500	0.8696	2 174
2016	2 460	0.7561	1 860
2017	2 380	0.6575	1 565
2018	2 360	0.5718	1 349
2019	2 390	0.4972	1 188
2020	2 470	0.4323	1 068
2021	2 500	0.3759	940
2022	2 510	0.3269	821
合计			10 965

由于在2014年年末，设备的账面价值（尚未确认减值损失）为16 000万元，而其可收回金额为10965万元，账面价值高于其可收回金额，因此，应当确认减值损失，并计提相应的资产减值准备。应确认的减值损失为：16 000−10 965 =5 035（万元）。

假定在2015~2018年间该设备没有发生进一步减值的迹象，因此，不必再进行减值测试，无需计算其可收回金额。2019年发生了1 500万元的资本性支出，改良了资产绩效，导致其未来现金流量增加，但由于我国资产减值准则不允许将以前期间已经确认的资产减值损失予以转回，因此，在这种情况下，也不必计算其可收回金额。

（四）外币未来现金流量及其现值的预计

企业应当按照以下顺序确定资产未来现金流量的现值：

首先，应当以该资产所产生的未来现金流量的结算货币为基础预计其未来现金流量，并按照该货币适用的折现率计算资产的现值。

其次，将该外币现值按照计算资产未来现金流量现值当日的即期汇率进行折算，从而折现成按照记账本位币表示的资产未来现金流量的现值。

最后，在该现值基础上，比较资产公允价值减去处置费用后的净额以及资产的账面价值，以确定是否需要确认减值损失以及确认多少减值损失。

第三节 资产减值准备的计提和会计处理

一、资产减值损失确认与计量的一般原则

企业在对资产进行减值测试后，如果可收回金额的计量结果表明，资产的可收回金额低于其账面价值的，应当将资产的账面价值减记至可收回金额，减记的金额确认为资产减值损失，计入当期损益，同时，计提相应的资产减值准备。资产减值损失确认后，减值资产的折旧或者摊销费用应当在未来期间作相应调整，以使该资产在剩余使用寿命内，系统地分摊调整后的资产账面价值（扣除预计净残值）。比如，固定资产计提了减值准备后，固定资产账面价值将根据计提的减值准备相应抵减，因此，固定资产在未来计提折旧时，应当以新的固定资产账面价值为基础计提每期折旧。

考虑到固定资产、无形资产、商誉等资产发生减值后，一方面价值回升的可能性比较小，通常属于永久性减值；另一方面从会计信息稳健性要求考虑，为了避免确认资产重估增值和操纵利润，资产减值损失一经确认，在以后会计期间不得转回。以前期间计提的资产减值准备，需要等到资产处置时才可转出。

二、资产减值损失的账务处理

为了正确核算企业确认的资产减值损失和计提的资产减值准备，企业应当设置“资产减值损失”科目，按照资产类别进行明细核算，反映各类资产在当期确认的资产减值损失金额；同时，应当根据不同的资产类别，分别设置“固定资产减值准备”“在建工程减值准备”“投资性房地产减值准备”“无形资产减值准备”“商誉减值准备”“长期股权投资减值准备”“生产性生物资产减值准备”等科目。

当企业确定资产发生了减值时，应当根据所确认的资产减值金额，借记“资产减值损失”科目，贷记“固定资产减值准备”“在建工程减值准备”“投资性房地产减值准备”“无形资产减值准备”“商誉减值准备”“长期股权投资减值准备”“生产性生物资产减值准备”

等科目。在期末，企业应当将“资产减值损失”科目余额转入“本年利润”科目，结转后该科目应当没有余额。各资产减值准备科目累积每期计提的资产减值准备，直至相关资产被处置时才予以转出。

【例 13-4】沿用【例 13-3】的资料，根据测试和计算结果，建成公司应确认的设备减值损失为 5 035 万元，账务处理如下：

借：资产减值损失——固定资产减值损失　　50 350 000

　　贷：固定资产减值准备　　50 350 000

计提资产减值准备后，设备的账面价值变为 10 965 万元，在该设备剩余使用寿命内，公司应当以此为基础计提折旧。如果发生进一步减值的，再作进一步的减值测试。

第四节 资产组的减值处理

一、资产组的认定

根据规定，如果有迹象表明一项资产可能发生减值，企业应当以单项资产为基础估计其可收回金额。但是，在企业难以对单项资产的可收回金额进行估计的情况下，应当以该资产所属的资产组为基础确定资产组的可收回金额。因此，资产组的认定就显得十分重要。

（一）资产组的定义

资产组是企业可以认定的最小资产组合，其产生的现金流入应当基本上独立于其他资产或者资产组。资产组应当由创造现金流入的相关资产组成。

（二）认定资产组应当考虑的因素

(1) 资产组的认定，应当以资产组产生的主要现金流入是否独立于其他资产或者资产组的现金流入为依据。

(2) 资产组的认定，应当考虑企业管理层对生产经营活动的管理或者监控方式（如是按照生产线、业务种类还是按照地区或者区域等）和对资产的持续使用或者处置的决策方式等。

（三）资产组认定后不得随意变更

资产组一经确定，在各个会计期间应当保持一致，不得随意变更。即资产组的各项资产构成通常不能随意变更。比如，甲设备在 2014 年归属于 A 资产组，在无特殊情况下，该设备在 2015 年仍然应当归属于 A 资产组，而不能随意将其变更至其他资产组。

但是，如果由于企业重组、变更资产用途等原因，导致资产组构成确需变更的，企业可以进行变更，但企业管理层应当证明该变更是合理的，并应当在附注中作相应说明。

二、资产组减值测试

资产组减值测试的原理与单项资产是一致的，即企业需要预计资产组的可收回金额和计算资产组的账面价值，并将两者进行比较，如果资产组的可收回金额低于其账面价值，表明资产组发生了减值损失，应当予以确认。

资产组账面价值的确定基础应当与其可收回金额的确定方式相一致，因为这样的比较才有意义，否则，如果两者在不同的基础上进行估计和比较，就难以正确估算资产组的减值损失。

在确定资产组的可收回金额时，应当按照该资产组的公允价值减去处置费用后的净额与其预计未来现金流量的现值两者之间较高者确定。

资产组的账面价值则应当包括可直接归属于资产组与可以合理和一致地分摊至资产组的资产账面价值，通常不应当包括已确认负债的账面价值，但如不考虑该负债金额就无法确定资产组可收回金额的除外。这是因为在预计资产组的可收回金额时，既不包括与该资产组的资产无关的现金流量，也不包括与已在财务报表中确认的负债有关的现金流量。因此，为了与资产组可收回金额的确定基础相一致，资产组的账面价值也不应当包括这些项目。

资产组在处置时如要求购买者承担一项负债（如环境恢复负债等），该负债金额已经确认并计入相关资产账面价值，而且企业只能取得包括上述资产和负债在内的单一公允价值减去处置费用后的净额的，为了比较资产组的账面价值和可收回金额，在确定资产组的账面价值及其预计未来现金流量的现值时，应当将已确认的负债金额从中扣除。

三、资产组减值的会计处理

根据减值测试的结果，资产组的可收回金额如低于其账面价值的，应当确认相应的减值损失。减值损失金额应当按照以下顺序进行分摊：

首先，抵减分摊至资产组中商誉的账面价值。

然后，根据资产组中除商誉之外的其他各项资产的账面价值所占比重，按比例抵减其他各项资产的账面价值。

以上资产账面价值的抵减，应当作为各单项资产（包括商誉）的减值损失处理，计入当期损益。抵减后的各资产的账面价值不得低于以下三者之中最高者：该资产的公允价值减去处置费用后的净额（如可确定的）、该资产预计未来现金流量的现值（如可确定的）和零。因此而导致的未能分摊的减值损失金额，应当按照相关资产组中其他各项资产的账面价值所占比重进行分摊。

【例 13-5】建成公司有一条甲流水线，由 A、B、C 三部机器构成，成本分别为 400 000 元、

600 000 元、1 000 000 元。使用年限为 10 年，净残值为零，以年限平均法计提折旧。各机器均无法单独产生现金流量，但整条流水线构成完整的产销单位，属于一个资产组。2015 年甲流水线所生产的产品有替代产品上市，到年底，导致公司该产品的销路锐减 40%，因此，对甲流水线进行减值测试。

2014 年 12 月 31 日，A、B、C 三部机器的账面价值分别为 200 000 元、300 000 元、500 000 元。估计 A 机器的公允价值减去处置费用后的净额为 150 000 元，B、C 机器都无法合理估计其公允价值减去处置费用后的净额以及未来现金流量的现值。

整条流水线预计尚可使用 5 年。经估计其未来 5 年的现金流量及其恰当的折现率后，得到该流水线预计未来现金流量的现值为 600 000 元。由于公司无法合理估计流水线的公允价值减去处置费用后的净额，公司以该流水线预计未来现金流量的现值为其可收回金额。

鉴于在 2014 年 12 月 31 日该流水线的账面价值为 1 000 000 元，而其可收回金额为 600 000 元，流水线的账面价值高于其可收回金额，因此，该流水线已经发生了减值，因此，公司应当确认减值损失 400 000 元，并将该减值损失分摊到构成流水线的 3 部机器中。由于 A 机器的公允价值减去处置费用后的净额为 150 000 元，因此，A 机器分摊了减值损失后的账面价值不应低于 150 000 元。具体分摊过程如表 13-5 所示。

表 13-5　　　　资产组减值损失分摊表

单位：元

项　目	机器 A	机器 B	机器 C	整个流水线（资产组）
账面价值	200 000	300 000	500 000	1 000 000
可收回金额				600 000
减值损失				400 000
减值损失分摊比例	20%	30%	50%	
分摊减值损失	50 000	120 000	200 000	370 000
分摊后账面价值	150 000	180 000	300 000	
尚未分摊的减值损失				30 000
二次分摊比例		37. 50%	62. 50%	
二次分摊减值损失		11 250	18 750	30 000
二次分摊后应确认减值损失总额		131 250	218 750	400 000
二次分摊后账面价值	150 000	168 750	281 250	600 000

按照分摊比例，机器 A 应当分摊减值损失 80 000 元 (400 000×20%)，但由于机器 A 的公允价值减去处置费用后的净额为 150 000 元，因此，机器 A 最多只能确认减值损失 50 000 元 (200 000 − 150 000)，未能分摊的减值损失 30 000 元（80 000 − 50 000），应当在机器 B 和机器 C 之间进行再分摊。

根据上述计算和分摊结果，构成甲流水线的机器A、机器B和机器C应当分别确认减值损失50 000元、131 250元和218 750元，账务处理如下：

借：资产减值损失——机器A　　50 000

　　　　　　　　——机器B　　131 250

　　　　　　　　——机器C　　218 750

　　贷：固定资产减值准备——机器A　　50 000

　　　　　　　　　　　　——机器B　　131 250

　　　　　　　　　　　　——机器C　　218 750

第十四章 职工薪酬核算

第一节 施工企业人员的分类

一、企业职工的范围

(1) 与企业订立劳动合同的所有人员，含全职、兼职和临时职工。

(2) 虽未与企业订立劳动合同但由企业正式任命的人员，如董事会成员、监事会成员等。

(3) 在企业的计划和控制下，虽未与企业订立劳动合同或未由其正式任命，但为其提供与职工类似服务的人员，也纳入职工范畴，如劳务用工合同人员。

二、企业人员的分类

为了正确计算各类工作人员应得的工资，考核工资计划的执行情况，合理分配职工薪酬，必须按员工的工作性质和所处劳动岗位进行分类。施工企业的职工按其工作性质和所处劳动岗位，分为如下五类：

(1) 管理人员，指业务职能机构及各基层单位为组织和管理企业生产经营的人员，包括行政、党群、管理和技术人员（又分公司管理人员和项目部管理人员）。

(2) 生产人员，指直接从事建筑安装施工生产活动的建筑安装工人、附属辅助生产工人和在现场服务于施工生产的其他生产人员。

(3) 材料人员，指直接从事物资采购、保管和核算的人员。

(4) 机械人员，指直接管理、操作和维护机械的人员。

(5) 其他人员，指由企业开支工资，但不包括在以上范围的人员，如长期病假人员、长期脱产学习人员等。

注：若有临时聘用的人员，则列为劳务工资进行核算与处理。

第二节 职工薪酬的组成

职工薪酬是指企业为获得职工为企业提供的服务而给予各种形式的报酬及其他相关支出(对价)。本章将概述职工薪酬的范围、分类、核算办法，特别是针对一些施工企业的现行模式，着重介绍以工程项目为单位的职工薪酬具体核算方法。

一、职工薪酬的核算范围

企业为职工在职期间和离职后提供的全部货币性薪酬和非货币性福利。提供给职工配偶、子女或其他被赡养人的福利等，也属于职工薪酬。包括：

(1) 职工工资；

(2) 职工福利费；

(3) 养老保险费、医疗保险费、失业保险费、工伤保险费、生育保险费等社会保险费用；

(4) 职工住房公积金；

(5) 工会经费；

(6) 职工教育经费；

(7) 非货币性福利。指企业以自产产品发放给职工作为福利、将企业拥有的资产无偿提供给职工使用、为职工无偿提供医疗保健服务等；

(8) 辞退福利；

(9) 其他与获得职工提供服务相关的支出。

二、职工工资的构成

1. 基本工资

基本工资也叫标准工资，它是指按照规定的标准计算的工资，包括实行结构工资制的基础工资，岗位工资和工龄津贴，它分为计时工资和计件工资，计时工资是指按计时的工资标准和工作时间计算并支付给职工的劳动报酬；计件工资是指根据职工所完成的合格工程、产品数量和计件单价计算并支付给职工的劳动报酬。

2. 奖金

奖金指在基本工资之外，对完成或超额完成工作量以及有关经济指标的职工支付的各种奖励性报酬，如考核各项经济指标的综合奖、超产奖、安全质量奖、节约奖、年终奖、提前竣工奖、劳动竞赛奖等。

3. 工资性津贴

工资性津贴是指为了补偿职工额外或特殊的劳动消耗，以及为了保证职工的工资水平不受特殊条件的影响和鼓励职工安心于劳动强度大、条件艰苦的工作岗位而支付给职工的各种津贴和补助。如高空津贴、野外津贴、夜班津贴、技术性津贴、物价补贴、政府性津贴、专家津贴等。

4. 加班加点工资

加班加点工资是指按照国家规定的标准支付给职工在法定工作时间之外从事劳动的报酬。

5. 非工作时间工资

非工作时间工资是指根据国家法律、法规和政策规定对职工在某些特殊情况下非工作时间支付的工资。如病假、工伤假、产假、探亲假、婚丧假等。

第三节 职工薪酬的核算依据（工作时间、工程数量）

一、工作时间的计算

在进行工资核算时，首先应了解每一职工的出勤、缺勤和工作时间的利用情况，做好工作时间的核算，反映职工在每一个工作日内的工作时间和在各项工程过程中所耗用的时间，以便进一步挖掘工时利用潜力，提高劳动生产率，准确核算工程项目人工费（记录工作时间的方法和凭证要视各单位的劳动组织和管理情况而定）。

(1) 对于生产人员、一线技术人员和机械操作人员，通常按班组分别设置“考勤表”。由考勤员按每一工人逐日记录其出勤情况，对缺勤停工应注明其原因（出差、探亲、休假、病假、事假、工伤等）。另外还要将班组内工人作业时数逐日按工程项目等分析汇总填列在考勤表的下端，以便据以计算各项工程应分配的工资。考勤表格式如表 14-1 所示。

表 14-1 考 勤 表

工人班组：砼工厂　　　　2014 年6月

<table>
<tr><th colspan="3" rowspan="2">姓名</th><th colspan="5">考勤记录</th><th colspan="6">工时合计</th></tr>
<tr><th>1</th><th>2</th><th>3</th><th>4</th><th>…</th><th>作业</th><th>出差</th><th>公假</th><th>病假</th><th>事假</th><th>…</th></tr>
<tr><td colspan="3">张伟</td><td>8</td><td>8</td><td>8</td><td>8</td><td></td><td>128</td><td></td><td>40</td><td>56</td><td></td><td></td></tr>
<tr><td colspan="3">王军</td><td>8</td><td>8</td><td>8</td><td>8</td><td></td><td>192</td><td>24</td><td></td><td></td><td>24</td><td></td></tr>
<tr><td colspan="3">……</td><td></td><td></td><td></td><td></td><td></td><td></td><td></td><td></td><td></td><td></td><td></td></tr>
<tr><td colspan="3">合计</td><td></td><td></td><td></td><td></td><td></td><td></td><td></td><td></td><td></td><td></td><td></td></tr>
<tr><td rowspan="4">工时合计</td><td rowspan="4">工程编号</td><td>1# 墩钻孔桩</td><td>80</td><td>80</td><td>72</td><td>40</td><td></td><td>1600</td><td colspan="5" rowspan="4"></td></tr>
<tr><td>2# 墩钻孔桩</td><td>80</td><td>64</td><td>90</td><td>96</td><td></td><td>1200</td></tr>
<tr><td></td><td></td><td></td><td></td><td></td><td></td><td></td></tr>
<tr><td></td><td></td><td></td><td></td><td></td><td></td><td></td></tr>
</table>

单位主管：　　　　审核人：　　　　考勤员：

每月终了，要根据“考勤表”结算每个职工应得的工资，并分别按生产工人、技术人员、机械人员等编制“工时汇总表”，用以汇总全月内各工程耗用工时情况，以便正确计算各工程的人工费。“工时汇总表”格式如表 14-2 所示。

表 14-2　　工时汇总表

2014 年 6 月

部门	姓名	作业工时			
		1# 墩钻孔桩	2# 墩钻孔桩	……	合计
生产人员	张伟	48	80		
	王军	104	88		
	……				
	合计				
……	……				
	……				
	合计				
总计		6 000	5 600		25 200

审核人：　　　　　　考勤员：

(2) 对于单位各职能部门管理人员、材料人员和其他非直接生产人员的考勤，要在按部门分别设置的“考勤表”中进行，并根据考勤表中的记录计算工资（见表 14-3）。

表 14-3　　考勤表

部门：管理部门　　2014 年 6 月

姓名	考勤记录										
	1	2	3	4	5	6	7	8	9	……	30
李红	8	8	差	差	8	8	8	8	8		8
赵亮	8	8	8	8	事	事			休		8
……											

单位主管：　　　　审核人：　　　　考勤员：

二、工程数量的计算

在工资核算中如果采用计时奖励工资或计件工资，还要记录职工完成的工程数量，进行工程数量的核算，常用“工程任务单”来记录职工完成的工程数量。“工程任务单”是施工员根据施工作业计划，于施工前下达给工人班组的具体工作通知，也是用以记录完成工程数量，计算奖金的依据。通常于施工前由施工员会同定额员根据施工作业计划和劳动定额，参照施工图纸，按不同班组分别签发。任务单中的工程完工后，班组长应立即向施工员报告。施工员根据工程任务单中规定的各项条件进行检查，并会同质量检查员进行验收，评定质量等级。每月签发的“工程任务单”，应于月末进行结算，如果某些工程尚未全部完工，先将其完工部分按估计数进行结算，未完工部分可结合下月施工作业计划中的工程任务再签发给原来的班组，使当月完成的工程和当月应发的奖金或工资于当月结算，并正确反映工程成本中的人工费（改制后项目部常用工作时间来核算工资，工程数量核算供参考）。“工程任务单”格式如表 14-4 所示。

表 14-4　　工 程 任 务 单

工人班组：　　2014 年 6 月 30 日

工程编号	分部工程	劳动定额编号	计量单位	计划任务			实际完成		完成定额/%
				工程量	劳动定额	定额工日数	工程量	实用天数	
施工期限	计划	开工：6 月 1 日					完工：6 月 28 日		
	实际	开工：6 月 1 日					完工：6 月 26 日		
技术操作和质量要求					质量等级评定				

施工员：　　质量检查员：　　定额员：　　班组长：

第四节 职工工资的计算和支付职工薪酬的确认与计量

一、职工薪酬的计算

职工工资的结算和支付通常按月进行，各班组和职能部门将上述有关工资计算的原始记录，如“考勤表”“工程任务单”等及时送交财务部门加以审核，财务部门据此正确计算每一个职工的工资。应付职工的工资，包括前述应付计时工资、计件工资、奖金，加班加点工资以及特殊情况下支付的工资。（公司改制后，大部分单位采用职工管理 + 协力队伍施工的经营模式，职工工资核算大都采用基本工资加奖金的方式，基本工资的标准不一，奖金发放的依据和系数也不尽相同，下面所述是施工企业常用的工资计算方法。）

1. 计时工资的计算

劳社部发 [2008]3 号“关于职工全年月平均工作时间和工资折算问题的通知”规定，法定节假日用人单位应当依法支付工资，即折算日工资、小时工资时不剔除国家规定的 11 天法定节假日。据此，日工资、小时工资的折算为：

日工资：月工资收入 ÷ 月计薪天数

小时工资：月工资收入 ÷（月计薪天数 ×8 小时）

月计薪天数 =(365 天 -104 天）÷12 月 =21.75 天

【例 14-1】职工张伟的月标准工资（一般包括基础工资、岗位工资、工龄工资，具体范围由企业制定）是 800 元，6 月份工作时间为 16 日，年休假 1 日，事假 1 日，病假 6 日（其中 2 日为星期日休假日），星期休假日 8 日（其中 2 日在病假期间），则他的日标准工资 =800÷21.75=36.78(元），应付月计时工资 =36.78×(16+1)=625.26(元）。病假 4 日另按日标准工资和病假工资标准计算。

2. 双休日及法定节假日加班工资的计算

全年共有双休日 104 天，法定节假日 11 天（其中：新年 1 天、清明节 1 天、劳动节 1 天、端午节 1 天、中秋节 1 天、国庆节 3 天、春节 3 天）。根据国家《劳动法》第十四条的规定，企业因生产经营需要安排劳动者在法定标准工作时间以外延长工作时间的，应支付劳动者不低于工资 150% 的工资报酬；安排劳动者在休息日工作又不能安排补休的，应按加班天数支付劳动者不低于日工资标准 200% 的工资；安排劳动者在法定节假日工作的，应按加班天数另外支付劳动者不低于其日工资标准 300% 的工资。具体的算法是（以国庆为例），前 3 天为法定假日，按平时日工资的 300% 计算，计算方式为：（月工资 ÷21.75)×300%。后 4 天为平时休息日，其工资为平时的 2 倍，计算方式为：（月工资 ÷21.75)×200%。如某企业一名职工基本工资为 800 元，他的日加班工资基数就是 (800÷21.75) 元。假如这位职工国庆节 7 天都加班，那么，他的加班工资总额应为 800÷21.75×300%×3+800÷21.75×200%×4=625.26(元）。

年休假在 1 个年度内可以集中安排，也可以分段安排，一般不跨年度安排。单位因生产、工作特点确有必要跨年度安排职工年休假的，可以跨 1 个年度安排。单位确因工作需要不能安排职工休年休假的，经职工本人同意，可以不安排职工休年休假。对职工应休未休的年休假天数，单位应当按照该职工日工资收入的 300% 支付年休假工资报酬。

3. 奖金、津贴、补贴的计算

应付的各项工资性奖金，凡有定额考核的一线生产人员，应以劳动定额、消耗定额为依据，按照完成施工生产任务的质量、效率、安全、节约和出勤情况，按月进行考核，实行按分计奖；对于无定额考核的二线人员和技术、管理人员，应在建立部门、个人经济责任制的基础上，根据任务轻重、工作难易、责任大小等，按月考核，按分计奖。各种工资性津贴和补贴均应按照国家和地区的有关规定计算。

4. 伤、病假工资和其他工资的计算

根据国家劳动保险条例规定，职工因工负伤，其医疗时间、休养期间的工资应按标准工资金额支付。职工因病或非因工负伤，其医疗时间在 6 个月以内者按表 14-5 所列标准支付工资。

表 14-5	工资支付标准表
连续工龄	计发工资标准
不满 2 年者	60%
已满 2 年不满 4 年者	70%
已满 4 年不满 6 年者	80%
已满 6 年不满 8 年者	90%
已满 8 年者	100%

其医疗时间在 6 个月以上者，作为长期病员处理，应按表 14-6 所列标准在管理费用中的劳动保险费开支。

表 14-6

连续工龄	计发工资标准
不满 1 年者	40%
已满 1 年不满 2 年者	50%
已满 2 年者	60%

其他工资即非工作时间工资，是指根据国家法律、法规和政策规定对职工在某些特殊情况下非工作时间支付的工资。如病假、工伤假、产假、探亲假、婚丧假等，应按计时工资标准或规定的计时工资标准的一定比例计算。

考虑到公司原有规定的假期天数（探亲假：未婚 20 天，已婚 30 天；探父母假：4 年一次 20 天；年休假：职工累计工作已满 1 年不满 10 年的，年休假 5 天；已满 10 年不满 20 年的，年休假 10 天；已满 20 年的，年休假 15 天）。

国家法定节假日、休息日不计入年休假的假期。职工有下列情形之一的，不享受当年的年休假：

职工请事假累计 20 天以上且按照规定不扣工资的；

累计工作满 1 年不满 10 年的职工，请病假累计 2 个月以上的；

累计工作满 10 年不满 20 年的职工，请病假累计 3 个月以上的；

累计工作满 20 年以上的职工，请病假累计 4 个月以上的工龄。

5. 编制工资支付单

工资支付单一般由三部分组成，一是姓名及其工资基本信息，二是应发工资项目组成及计算过程，三是各种代扣款项。此外，工资单中还要有领款人签章栏，这样构成的“工资单”既是工资结算凭证，又是支付工资的收据。“工资单”一式三份，一份由劳资部门存查，一份按每个职工裁成“工资条”和工资一起发放给职工，一份由职工签收后作为会计部门结算和支付的凭证。“工资单”的格式如表 14-7、表 14-8 所示。

表 14-7　工资支付单

部门：　　　　年　月　　　　单位：元

编号	姓名	考勤情况	应发工资				代扣款项					实发工资	签收
			基本工资	加班工资	独子费	小计	养老金	住房公积金	失业保险金	医疗保险金	个人所得税		
001	张军		410	390	10	810	144	5	18	36	22	285	
合计			19 362	7 319	70	26 751	3 437	201	432	859	572	17 650	

复核：　　　　制单：

表 14-8　工资汇总表

部门：　　　　年　月　　　　单位：元

人员类别	考勤情况	应发工资				代扣款项					实发工资	签收
		基本工资	加班工资	独子费	小计	养老金	住房公积金	失业保险金	医疗保险金	个人所得税		
生产人员		8 100	2 195	70	10 365	1 438	90	180	360	240	6 557	
材料人员		2 066	350		2 416	366	15	46	92	61	1 456	
机械人员		5 720	950		6 670	1 015	55	128	254	169	4 049	
……												
合 计		19 362	7 319	70	26 751	3 437	201	432	859	572	17 650	

结合上述内容，根据公司内部各单位的一般做法，本月应付奖金扣除预付工资后的余额为实付奖金，但加班工资不应扣除，奖金单可参考表 14-9。

表 14-9　月份效益奖励支付单

部门：　　　　单位：元

序号	姓名	出勤天数 / 天	应付奖金	扣已付工资	实付奖金	签收	备注
001	张军	30	1 600	410	1 190		
…							
合 计			68 062	19 362	48 700		

单位主管：　　　　复核：　　　　制单：

根据各个部门和班组的“奖金单”，结合上述职工分类，还要汇总编制“奖金单汇总表”用以汇总各部门的实付奖金。格式如表 14-10 所示。

表 14-10 月份效益奖励支付汇总单

部门： 单位：元

序号	人员类别	出勤天数 / 天	应付奖金	扣预付工资	实付奖金	签收	备注
001	生产人员		28 900	8 100	20 800		
…	材料人员		6 266	2 066	4 200		
	机械人员		17 720	5 720	12 000		
	管理人员		15 176	3 476	11 700		
合 计			68 062	19 362	48 700		

单位主管： 复核： 制单：

二、职工薪酬的核算

财务部门首先按企业统一会计科目设置规范，设置“应付职工薪酬”科目，下设“工资”(若有临时聘用人员，则需设“劳务工工资”核算)、“职工福利”“社会保险费”“住房公积金”“工会经费”“职工教育经费”“非货币性福利”“辞退福利”“股份支付”“其他”等十个二级科目，同时根据需要设置明细科目核算。

工资核算流程分为五步，可以简称为“付→扣→提→摊→缴”(举例的依据为工资单和工资汇总表)。

第一步：“付”，指的是支付职工工资、劳务工工资、发生的职工福利费支出、非货币性福利支出以及辞退福利等。

1. 支付职工工资

依据“工资单”中的实发工资，用现金或银行付款的形式直接支付给职工本人。会计分录如下：

(1) 支付工资：

借：应付职工薪酬——工资

应付职工薪酬——职工福利

贷：现金或银行存款

凭证附件：签收后的工资单、转账支票存根及银行代发回单。

(2) 支付奖金：

借：应付职工薪酬——工资

贷：现金

凭证附件：签收后的奖金单、转账支票存根。

2. 职工福利支出

主要是尚未实行分离办社会职能或主辅分离、辅业改制的企业，内设医务室、职工浴室、托儿所等集体福利机构人员的工资、医务经费、职工因公负伤赴外地就医路费、职工生活困难补助、未实行医疗统筹企业职工医疗费用，以及按规定发生的其他职工福利支出。会计分录如下：

借：应付职工薪酬——职工福利

  贷：现金

凭证附件：工资支付单、报销清单、支付单等。

3. 非货币性福利支出

主要是指公司用自建的产品、外购的商品或租赁的资产作为福利无偿或低于成本价格发放给职工、无偿提供给职工使用。会计分录如下：

(1) 用自制的产品发放给职工：

借：应付职工薪酬——非货币性职工福利

  贷：主营业务收入

    应交税费——应交增值税——销项税额

凭证附件：发放清单、相关批件。

(2) 用外购的商品发放给职工：

借：应付职工薪酬——非货币性职工福利

  贷：银行存款

凭证附件：发放清单、相关批件、银行付款通知单。

【例 14-2】某月有一节日，公司决定发给职工每人一件食品，每件 80 元，共计 12 960 元，会计分录：

借：应付职工薪酬——非货币性职工福利　　　　12 960

  贷：银行存款　　　　12 960

(3) 将公司自有的房屋、外租的资产等无偿提供职工使用：

借：应付职工薪酬——非货币性职工福利

  贷：累计折旧

    其他应付款——应付租赁费用

凭证附件：资产清单、使用人清单。

4. 辞退福利的支付

辞退福利的支付是指公司因与职工解除劳动关系而支付的经济补偿，主要包括分离办社会职能、实施主辅分离辅业改制、企业改组重组、职工本人不能胜任等原因，在职工劳动合同尚未到期之前与职工解除劳动关系，或者为鼓励职工自愿接受裁减给予职工的经济补偿；辞退福利还包括公司控制权发生变化时，对辞退的管理人员进行的补偿。

支付职工经济补偿时，会计分录如下：

借：应付职工薪酬——辞退福利

贷：现金或银行存款

凭证附件：支付单。

很多企业实施了内部退养计划，由于这部分职工不再为企业带来经济利益，企业应当比照辞退福利处理，将自职工停止提供服务日至正式退休日期间，企业拟支付的内退人员工资和缴纳的社会保险等费用，确认为预计负债，计入当期管理费用。

【例 14-3】企业对符合一定条件的人员实行内部退养计划，该月符合内部退养条件的2人并实施内退计划，该2人距正式退休有5年时间，每月工资共计2 100元，各类社会保险等费用每月计935元，本月确认预计负债总额为(2 100+935)×5×12=182 100(元)，会计分录为：

借：管理费用　　1 821 000

　　贷：应付职工薪酬——辞退福利　　182 100

支付本月的内退工资时，

借：应付职工薪酬——辞退福利　　2 100

　　贷：银行存款　　2 100

(本分录可以与支付其他人员工资时一起支付，但不需要分摊了。)

第二步："扣"，指扣回公司为个人代交代扣的各种款项，如代个人缴纳的养老保险、医疗保险等，代个人汇出的委托工资，代个人交的伙食费、会费等，依据"工资单"列明的代交代扣款项依次扣回。

会计分录(以项目部为例)：

借：应付职工薪酬——工资

　　贷：内部往来——财务部(个人养老金)

　　　　内部往来——财务部(个人医疗保险金)

　　　　其他应收款——委托工资

　　　　内部往来——财务部(个人失业保险金)

　　　　应交税费——应交个人所得税

　　　　内部往来——财务部(个人住房公积金)

凭证附件：工资单、列账通知书。

支付各项已扣款项时：

借：内部往来——财务部(个人养老金)

　　内部往来——财务部(个人医疗保险金)

　　其他应收款——委托工资

　　内部往来——财务部(个人失业保险金)

　　应交税费——应交个人所得税

　　其他应付款——财务部(个人住房公积金)

　　贷：银行存款

(注：社会保险等费用个人应付部分也可与单位应付部分一起支付。)

凭证附件：养老金变动表、医保金变动表、失业金扣款表、委托工资表、个人所得税凭证、住房公积金变动表和银行付款回单等。

第三步："提"，指依据有关规定，计算提取单位应交各种社会保险费用、职工教育经费、工会经费、住房公积金等职工薪酬。

填制"社会保险等费用计提及上交表"，如表 14-11 所示。

表 14-11 社会保险等费用计提及上交表

单位名称： 年 月

序号	费用名称	计提依据	单位提取数		自留数		单位上交数		个人应交数		上交合计
			比例	金额	比例	金额	比例	金额	比例	金额	
1	2	3	4	5=3×4	6	7=3×6	8	9=5-7	10	11	12=9+11
1	基本医疗保险费	77 481	8%	6 198.48							
2	补充医疗保险费										
3	基本养老保险费	77 481	20%	15 496.2							
4	工会经费	77 481	2%	1 549.62							
5	职工教育经费	77 481	1.5%	1 162.22							
6	工伤保险费	77 481	1%	774.81							
7	失业保险费	77 481	1.5%	1 162.22							
8	生育保险费	77 481	0.5%	387.41							
9	住房公积金	77 481	10%	7 748.1							
…											
	合 计			34 479.06							

复核人： 制表人：

依据"社会保险等费用计提及上交表"进行账务处理。

项目部会计分录：

借：应付职工薪酬——社会保险费——基本养老保险费

应付职工薪酬——社会保险费——基本医疗保险费

应付职工薪酬——社会保险费——生育保险费

应付职工薪酬——社会保险费——失业保险费

应付职工薪酬——社会保险费——工伤保险费

应付职工薪酬——住房公积金（单位负担部分）

应付职工薪酬——工会经费

应付职工薪酬——职工教育经费

贷：内部往来或银行存款

凭证附件：社会保险等费用计提及上交表、列账通知书或银行付款回单。

在例 14-3 中，应做如下会计分录：

借：应付职工薪酬——社会保险费——基本养老保险费　　1 5496.2

应付职工薪酬——社会保险费——基本医疗保险费　　6 198.48

应付职工薪酬——社会保险费——生育保险费　　387.41

应付职工薪酬——社会保险费——失业保险费　　1 162.22

应付职工薪酬——社会保险费——工伤保险费　　774.81

应付职工薪酬——住房公积金（单位负担部分）　　7 748.1

应付职工薪酬——工会经费　　1 549.62

应付职工薪酬——职工教育经费　　1 162.22

贷：内部往来——财务部　　34 479.06

公司财务部本部计提各种社会保险费、工会经费等会计分录：

借：应付职工薪酬——社会保险费——基本养老保险费

应付职工薪酬——社会保险费——基本医疗保险费

应付职工薪酬——社会保险费——生育保险费

应付职工薪酬——社会保险费——失业保险费

应付职工薪酬——社会保险费——工伤保险费

应付职工薪酬——住房公积金（单位负担部分）

应付职工薪酬——工会经费

应付职工薪酬——职工教育经费

贷：其他应付款——应付养老金

——应付医疗保险费

——应付职工教育经费等科目

凭证附件："社会保险等费用计提及上交表"。

第四步："摊"，指分摊本期的应付职工薪酬费用，主要依据职工薪酬的受益对象，并按以下原则执行：

(1) 应由生产产品、提供劳务负担的职工薪酬，计入产品成本或劳务成本（工程成本）。

(2) 按会计准则应由在建工程、无形资产负担的职工薪酬，计入固定资产或无形资产成本。

(3) 上述两项之外的其他职工薪酬，计入当期损益，如管理费用等。

项目部会计分录：

借：材料采购——采购保管费

工程施工——× × 项目——直接人工费

待分配间接费用——管理人员薪酬

机械作业等

贷：应付职工薪酬——工资

——职工福利

——社会保险费等

凭证附件：工资分摊汇总表。

【例 14-4】分摊项目部某月职工薪酬，接例 14-3，首先编制“工资分摊汇总表”，如表 14-12 所示。

表 14-12 工资分摊汇总表(表样)

单位名称： 年 月 单位：元

科目名称	组成	工资	养老保险	医疗保险	工会经费	职工教育经费	工伤保险费	失业保险费	生育保险费	住房公积金	非货币性福利	合计
材料采购——采购费	材料人员	6 616	1 323	529	132	99	66	99	33	662	1 107	10 667
待分配直接费			0	0	0	0	0	0	0	0	0	0
检验试验费	试验人员		0	0	0	0	0	0	0	0	0	0
工程定位复测费	测量人员		0	0	0	0	0	0	0	0	0	0
待分配间接费	管理人员	19 000	3 800	1 520	380	285	190	285	95	1 900	3 178	30 633
机械作业	机械人员	18 670	3 734	1 494	373	280	187	280	93	1 867	3 123	30 101
工程施工	生产人员	31 095	6 219	2 488	622	466	311	466	155	3 110	5 201	50 133
辞退福利	内退人员		420	168	42	32	21	32	11	210	351	1 286
合计		75 381	15 496	6 198	1 550	1 162	775	1 162	387	7 748	12 960	122 820

复核： 制单：

(注：辞退人员工资在这里不再分摊，按其工资基数提取的社会保险等费用冲减已提的预计负债。)

同时，可以利用“考勤表”“工时汇总表”“任务单”等原始资料及“职工日工资标准”对生产人员工资进行再分配，分配表如表14-13所示。

表14-13 生产人员工资分配表

单位： 年 月 贷方科目：

科目编号	借记	分配依据		分配率	备注
	会计科目及明细项目	单位	基数	分摊金额	
4104	工程施工——××工程				
	主桥钻孔基础及水封			35 093	
	主桥承台			15 040	
	主桥墩身墩帽				
	引桥钻孔及水封				
	50米T梁制安				
	桥面系施工				
	合 计			50 133	

复核： 制表： 月 日

项目部分摊职工薪酬的会计分录：

借：材料采购——采购保管费 10 667

工程施工——××项目——直接人工费（主桥基础） 35 093

工程施工——××项目——直接人工费（主桥承台） 15 040

待分配间接费用——管理人员职工薪酬 30 633

机械作业 30 101

辞退福利 1 286

贷：应付职工薪酬——工资 75 381

——社会保险费——基本养老保险费 15 496

——社会保险费——基本医疗保险费 6 198

——社会保险费——生育保险费 387

——社会保险费——失业保险费 1 162

——社会保险费——工伤保险费 775

——住房公积金（单位负担部分） 7 748

——工会经费 1 550

——职工教育经费 1 162

——职工福利 12 960

财务部会计分录：

借：管理费用——职工薪酬

　　贷：应付职工薪酬——工资

　　　　　　　　　　——职工福利

　　　　　　　　　　——社会保险费等

凭证附件：工资汇总表。

第五步："缴"，即根据工资汇总表计算的各种应交职工福利，支付给相应的管理部门或机构。

项目部会计分录（提取时未直接付款的）：

借：内部往来——财务部

　　贷：银行存款

凭证附件：银行付款回单。

财务部会计分录：

(1) 项目部首先通过往来提取上交，然后通过银行付款的：

借：内部往来——× × 项目部

　　贷：其他应付款——应付养老金

　　　　　　　　　——应付医疗保险费

　　　　　　　　　——应付职工教育经费等科目

借：银行存款

　　贷：内部往来——× × 项目部

凭证附件：社会保险等费用计提及上交表、列账通知书、银行收款回单。

(2) 项目部直接通过银行付款上交的：

借：银行存款

　　贷：其他应付款——应付养老金

　　　　　　　　　——应付医疗保险费

　　　　　　　　　——应付职工教育经费等科目

凭证附件：社会保险等费用计提及上交表、银行收款回单。

(3) 财务部汇总并支付公司社会保险、工会经费等费用：

借：其他应付款——应付养老金

　　　　　　　——应付医疗保险费

　　　　　　　——应付住房公积金

　　　　　　　——应付工会经费

　　贷：银行存款或其他应付款——公司工会

凭证附件："社会保险等费用计提及上交表"汇总数、银行付款回单或列账通知书。

年末或期末，财务部其他应付款科目中如果有应付未付的职工薪酬余额，应将其余额转至"应付职工薪酬"科目及相对应的明细项目下。

第十五章 或有事项

第一节 或有事项概述及分类

一、或有事项概述

或有事项，是指过去的交易或者事项形成的，其结果须由某些未来事项的发生或不发生才能决定的不确定事项。常见的或有事项包括：未决诉讼或未决仲裁、债务担保、产品质量保证（含产品安全保证）、亏损合同、重组义务、承诺、环境污染整治等。或有事项具有以下特征：

第一，或有事项是因过去的交易或者事项形成的。或有事项作为一种不确定事项，是因企业过去的交易或者事项形成的。因过去的交易或者事项形成，是指或有事项的现存状况是过去交易或者事项引起的客观存在。

第二，或有事项的结果具有不确定性。首先，或有事项的结果是否发生具有不确定性。其次，或有事项的结果预计将会发生，但发生的具体时间或金额具有不确定性。

第三，或有事项的结果须由未来事项决定。或有事项的结果只能由未来不确定事项的发生或不发生才能决定。

二、或有事项分类

或有事项分为两类，包括或有资产和或有负债。

（一）或有资产

或有资产，是指过去的交易或者事项形成的潜在资产，其存在需通过未来不确定事项的发生或不发生予以证实。或有资产作为一种潜在资产，其结果具有较大的不确定性，只有随着经济情况的变化，通过某些未来不确定事项的发生或不发生才能证实其是否会形成企业真正的资产。例如，某施工企业因施工平台垮塌造成严重的经济损失，经国家质量部门鉴定是施工平台本身的质量问题引起本次垮塌事故，该企业向法院起诉施工平台的生产企业，要求其赔偿损失。案件审理中，该施工企业是否胜诉及其胜诉金额尚难断定，对该施工企业而言，将来可能胜诉而获得的赔偿属于一项或有资产，但该项资产能否转化为企业的资产，要由法院的判决结果确定。如果法院的判决结果该施工企业胜诉，那么该或有资产就转化为该施工企业的资产。如果终审判决该施工企业败诉，那么或有资产就消失了，也就不可能形成该施工企业的资产了。

（二）或有负债

或有负债，是指过去的交易或事项形成的潜在义务，其存在须通过未来不确定事项的发生或不发生予以证实；或过去的交易或事项形成的现时义务，履行该义务不是很可能导致经济利益流出企业或该义务的金额不能可靠计量。

或有负债涉及两类义务：一类是潜在义务；另一类是现时义务。其中，潜在义务是指结果取决于不确定未来事项的可能义务。也就是说，潜在义务最终是否转变为现时义务，由某些未来不确定事项的发生或不发生才能决定。现时义务是指企业在现行条件下已承担的义务，该现时义务的履行不是很可能导致经济利益流出企业，或者该现时义务的金额不能可靠地计量。

履行或有事项相关义务导致经济利益流出的可能性，通常按照一定的概率区间加以判断。一般情况下，发生的概率分为以下几个层次，如表 15-1 所示。

表 15-1　　　　概率区间

层次	可能性 P
基本确定	$95\%<P<100\%$
很可能	$50\%<P\leqslant 95\%$
可能	$5\%<P\leqslant 50\%$
极小可能	$0<P\leqslant 5\%$

或有负债和或有资产不符合负债或资产的定义和确认条件，企业不应当确认或有负债和或有资产，而应当进行相应的披露。但是，随着时间的推移和事态的进展，或有负债对应的潜在义务可能转化为现时义务，原本不是很可能导致经济利益流出的现时义务也可能被证实将很可能导致经济利益流出企业，并且现时义务的金额也能够可靠计量。这时或有负债就转化为企业的负债，应当予以确认。或有资产也是一样，其对应的潜在资产最终是否能够流入企业会逐渐变得明确，如果某一时点企业基本确定能够收到这项潜在资产并且其金额能够可靠计量，则应当将其确认为企业的资产。

第二节 或有事项的确认和计量

一、或有事项的确认

或有事项形成的或有资产只有在企业基本确定能够收到的情况下，才转变为真正的资产，从而予以确认。与或有事项有关的义务应当在同时符合以下三个条件时才确认为负债，作为预计负债进行确认和计量：①该义务是企业承担的现时义务；②履行该义务很可能导致经济利益流出企业；③该义务的金额能够可靠地计量。

预计负债应当与应付账款、应计项目等其他负债进行严格区分。因为与预计负债相关的未来支出的时间或金额具有一定的不确定性。应付账款是为已收到或已提供的、并已开出发票或已与供应商达成正式协议的货物或劳务支付的负债，应计项目是为已收到或已提供的、但还未支付、未开出发票或未与供应商达成正式协议的货物或劳务支付的负债，尽管有时需要估计应计项目的金额或时间，但是其不确定性通常远小于预计负债。应计项目经常作为应付账款和其他应付款的一部分进行列报，而预计负债则单独进行列报。

二、预计负债的计量

当与或有事项有关的义务符合确认为负债的条件时应当将其确认为预计负债，预计负债应当按照履行相关现时义务所需支出的最佳估计数进行初始计量。此外，企业清偿预计负债所需支出还可能从第三方或其他方获得补偿。因此，或有事项的计量主要涉及两个问题：一是最佳估计数的确定；二是预期可获得补偿的处理。

（一）最佳估计数的确定

预计负债应当按照履行相关现时义务所需支出的最佳估计数进行初始计量。最佳估计数的确定应当分别两种情况处理：

第一，所需支出存在一个连续范围（或区间，下同），且该范围内各种结果发生的可能性相同，则最佳估计数应当按照该范围内的中间值，即上下限金额的平均数确定。

第二，所需支出不存在一个连续范围，或者虽然存在一个连续范围，但该范围内各种结果发生的可能性不相同，那么，如果或有事项涉及单个项目，最佳估计数按照最可能发生金额确定；如果或有事项涉及多个项目，最佳估计数按照各种可能结果及相关概率计算确定。“涉及单个项目”指或有事项涉及的项目只有一个，如一项未决诉讼、一项未决仲裁或一项债务担保等。“涉及多个项目”指或有事项涉及的项目不止一个，如产品质量保证。在产品质量保证中，提出产品保修要求的可能有许多客户，相应地，企业对这些客户负有保修义务。

【例 15-1】天安股份有限公司是一家施工企业，2014 年 3 月 2 日，该公司涉及一起诉讼案。2014 年 12 月 31 日，天安尚未接到法院的判决。在咨询了公司的法律顾问后，公司认为：胜诉的可能性为 40%，败诉的可能性为 60%。如果败诉，需要赔偿 400 000 元。此时，天安股份有限公司在资产负债表中确认的负债金额应为最可能发生的金额，即 400 000 元。

【例 15-2】2014 年 11 月 1 日，安建股份有限公司因施工合同违约而被山水公司起诉。2014 年 12 月 31 日，公司尚未接到法院的判决。山水公司预计，如无特殊情况很可能在诉讼中获胜，假定山水公司估计将来很可能获得赔偿金额 1 900 000 元。在咨询了公司的法律顾问后，安建公司认为最终的法律判决很可能对公司不利。假定安建公司预计将要支付的赔偿金额、诉讼费等费用为 1 600 000 元至 2 000 000 元之间的某一金额，而且这个区间内每个金额的可能性都大致相同，其中诉讼费为 30 000 元。

此例中，山水公司不应当确认或有资产，而应当在 2014 年 12 月 31 日的报表附注中披露或有资产 1 900 000 元。

安建股份有限公司应在资产负债表中确认一项预计负债，金额为：

(1 600 000+2 000 000) ÷ 2 =1 800 000（元）

同时在 2014 年 12 月 31 日的附注中进行披露。

安建公司的有关账务处理如下：

借：管理费用——诉讼费	30 000	
营业外支出	1 770 000	
贷：预计负债——未决诉讼		1 800 000

（二）预期可获得补偿的处理

如果企业清偿因或有事项而确认的负债所需支出全部或部分预期由第三方或其他方补偿，则此补偿金额只有在基本确定能收到时，才能作为资产单独确认，确认的补偿金额不能超过所确认负债的账面价值。预期可能获得补偿的情况通常有：发生交通事故等情况时，企业通常可从保险公司获得合理的赔偿；在某些索赔诉讼中，企业可对索赔人或第三方另行提出赔偿要求；在债务担保业务中，企业在履行担保义务的同时，通常可向被担保企业提出追偿要求。

企业预期从第三方获得的补偿，是一种潜在资产，其最终是否真的会转化为企业真正的资产（即企业是否能够收到这项补偿）具有较大的不确定性，企业只能在基本确定能够收到补偿时才能对其进行确认。根据资产和负债不能随意抵销的原则，预期可获得的补偿在基本确定能够收到时应当确认为一项资产，而不能作为预计负债金额的扣减。

【例 15-3】2014 年 12 月 31 日，安建股份有限公司因或有事项而确认了一笔金额为 200 000 元的负债；同时，公司因该或有事项，基本确定可从天意股份有限公司获得 80 000 元的赔偿。

本例中，安建股份有限公司应分别确认一项金额为 200 000 元的负债和一项金额为

80 000 元的资产，而不能只确认一项金额为 120 000 元 (200 000– 80 000) 的负债。同时，公司所确认的补偿金额 800 000 元不能超过所确认的负债的账面价值 200 000 元。

三、对预计负债账面价值的复核

企业应当在资产负债表日对预计负债的账面价值进行复核。有确凿证据表明该账面价值不能真实反映当前最佳估计数的，应当按照当前最佳估计数对该账面价值进行调整。

第三节 或有事项的列报

一、预计负债的列报

在资产负债表中，因或有事项而确认的负债（预计负债）应与其他负债项目区别开来，单独反映。如果企业因多项或有事项确认了预计负债，在资产负债表上一般只需通过“预计负债”项目进行总括反映。在将或有事项确认为负债的同时，应确认一项支出或费用。这项费用或支出在利润表中不应单列项目反映，而应与其他费用或支出项目（如“销售费用”“管理费用”“营业外支出”等）合并反映。比如，企业因对其他单位提供债务担保确认负债时所确认的费用，在利润表中应作为“营业外支出”的组成部分予以反映。

同时，为了使会计报表使用者获得充分、详细的有关或有事项的信息，企业应在会计报表附注中披露以下内容：

第一，预计负债的种类、形成原因以及经济利益流出不确定性的说明；

第二，各类预计负债的期初、期末余额和本期变动情况；

第三，与预计负债有关的预期补偿金额和本期已确认的预期补偿金额。

二、或有负债的披露

或有负债无论作为潜在义务还是现时义务，均不符合负债的确认条件，因而不予确认。但是，除非或有负债极小可能导致经济利益流出企业，否则企业应当在附注中披露有关信息，具体包括：

第一，或有负债的种类及其形成原因，包括已贴现商业承兑汇票、未决诉讼、未决仲裁、对外提供担保等形成的或有负债。

第二，经济利益流出不确定性的说明。

第三，或有负债预计产生的财务影响，以及获得补偿的可能性；无法预计的，应当说明原因。

需要注意的是，在涉及未决诉讼、未决仲裁的情况下，如果披露全部或部分信息预期对企业会造成重大不利影响，企业无须披露这些信息，但应当披露该未决诉讼、未决仲裁的性质，以及没有披露这些信息的事实和原因。

【例 15-4】甲上市公司为一家施工企业，施工过程中因混凝土外泄污染当地引用水源，造成当地居民和牲畜中毒以及引起鱼类等死亡，对临近居民的身体健康造成严重损害，带来了重大的财产损失，为此，2014 年 11 月 11 日，当地居民向法院提起诉讼，要求赔偿 1 000 万元，直到 2014 年 12 月 31 日，该诉讼尚未判决。

甲公司因案情复杂，无法估计赔偿金额，未确认预计负债。对此，在会计报表附注中应披露如下：

或有事项：本公司因生产经营过程中发生意外事故，导致当地居民中毒并造成财产损失，当地居民向法院提起诉讼，要求本公司赔偿 1 000 万元，目前此案正在审理中。

三、或有资产的披露

或有资产作为一种潜在资产，不符合资产确认的条件，因而不予确认。企业通常不应当披露或有资产，但或有资产很可能会给企业带来经济利益的，应当披露其形成的原因、预计产生的财务影响等。

第四节 或有事项的应用举例

一、未决诉讼或未决仲裁

诉讼，是指当事人不能通过协商解决争议，因而在人民法院起诉、应诉，请求人民法院通过审判程序解决纠纷的活动。诉讼尚未裁决之前，对于被告来说，可能形成一项或有负债或者预计负债；对于原告来说，则可能形成一项或有资产。

仲裁，是指经济法的各方当事人依照事先约定或事后达成的书面仲裁协议，共同选定仲裁机构并由其对争议依法作出具有约束力裁决的一种活动。作为当事人一方，仲裁的结果在仲裁决定公布以前是不确定的，会构成一项潜在义务或现时义务，或者潜在资产。

【例 15-5】2014 年 9 月 1 日，甲股份有限公司因工程承包合同违约而被乙公司起诉。20×8 年 12 月 31 日，公司尚未接到法院的判决。乙公司预计，如无特殊情况很可能在诉讼中获胜，假定乙公司估计将来很可能获得赔偿金额 2 000 000 元。在咨询了公司的法律顾问后，甲公司认为最终的法律判决很可能对公司不利。假定甲公司预计将要支付的赔偿金额、诉讼费等费用为 1 800 000 元至 2 000 000 元之间的某一金额，而且这个区间内每个金额的可能性都大致相同，其中诉讼费为 30 000 元。

此例中，乙公司不应当确认或有资产，而应当在 2014 年 12 月 31 日的报表附注中披露或有资产 2 000 000 元。

甲股份有限公司应在资产负债表中确认一项预计负债，金额为：

(1 800 000+2 000 000) ÷ 2 =1 900 000（元）

同时在2014年12月31日的附注中进行披露。

甲公司的有关账务处理如下：

借：管理费用——诉讼费　　30 000

　　营业外支出　　1 870 000

　　贷：预计负债——未决诉讼　　1 900 000

对于未决诉讼，企业当期实际发生的诉讼损失金额与已计提的相关预计负债之间的差额，应分别情况处理：

(1) 企业在资产负债表日前期，依据当时实际情况和所掌握的证据合理预计了预计负债，应当将当期实际发生的诉讼损失金额与已计提的相关预计负债之间的差额，直接计入或冲减当期营业外支出。

(2) 企业在资产负债表日前期，依据当时实际情况和所掌握的证据，原本应当能够合理估计诉讼损失，但企业所作的估计却与当时的事实严重不符（如未合理预计损失或不恰当地多计或少计损失），应当按照重大会计差错更正的方法进行处理。

(3) 企业在资产负债表日前期，依据当时实际情况和所掌握的证据，确实无法合理预计诉讼损失，因而未确认预计负债的，则在该项损失实际发生的当期，直接计入当期营业外支出。

(4) 资产负债表日后至财务报告批准报出日之间发生的需要调整或说明的未决诉讼，按照资产负债表日后事项的有关规定进行会计处理。

二、债务担保

债务担保在企业中是较为普遍的现象。作为提供担保的一方，在被担保方无法履行合同的情况下，常常承担连带责任。从保护投资者、债权人的利益出发，客观、充分地反映企业因担保义务而承担的潜在风险是十分必要的。

【例15-6】甲施工企业为乙企业跟丙企业签订的架桥机购销合同提供保证，保证合同约定，乙企业在2014年12月31日前无法支付架桥机款时，由甲企业对该债务提供保证，该架桥款为500万元，但未约定保证方式。由于乙企业近来资金困难，无法于12月31日完全支付货款，仅仅支付了200万元。丙企业要求甲企业支付剩余货款300万元，但甲企业以该保证合同为一般保证，乙企业的其他资产变卖是可以偿付剩余款项为由拒绝代为偿付。丙企业于12月25日向法院提起诉讼，至12月31日，法院尚未对本案做出判决。

本例中，由于未约定保证方式，根据相关法律规定，保证未约定保证方式的，视为连带责任保证，根据目前乙企业的资金状况，丙企业的诉讼请求法院基本上会支持，甲企业需代乙企业偿还300万元的货款。在2014年12月31日，甲企业需预计300万元的预计负债。

借：营业外支出　　3 000 000

　　贷：预计负债　　3 000 000

但根据相关法律规定，甲企业代为偿付被担保债务后，可以要求乙企业偿还，根据乙企业的财务状况，乙企业的资产足够偿还300万元的债务，但其资金状况不好，什么时候偿还还未知，因此在2014年12月31日编制财务报表时，甲企业不能确认或有资产，但应在会计报表附注中披露。

三、产品质量保证

产品质量保证是企业对客户的一种承诺，在约定期内，如果正常使用该产品出现质量问题，企业负有更换、维修产品的责任，因此，企业应在符合确认条件的情况下，在销售确认时就确认预计负债，计入企业的销售费用。

【例15-7】沿用【例15-6】的资料，甲公司2014年第一季度实际发生的维修费为550 000元，“预计负债——产品质量保证”科目2013年年末余额为20 000元，按照本年销售额应预提的预计负债金额为800 000。

本例中，2014年第一季度，甲公司的账务处理如下：

(1) 确认与产品质量保证有关的预计负债：

借：销售费用——产品质量保证　　800 000

　　贷：预计负债——产品质量保证　　800 000

(2) 发生产品质量保证费用（维修费）：

借：预计负债——产品质量保证　　550 000

　　贷：银行存款或原材料等　　550 000

“预计负债——产品质量保证”科目2014年第一季度末的余额为：

800 000−550 000 +20 000=270 000（元）

在对产品质量保证确认预计负债时，需要注意的是：

第一，如果发现产品质量保证费用的实际发生额与预计数相差较大，应及时对预计比例进行调整；

第二，如果企业针对特定批次产品确认预计负债，则在保修期结束时，应将“预计负债——产品质量保证”余额冲销，不留余额；

第三，已对其确认预计负债的产品，如企业不再生产了，那么应在相应的产品质量保证期满后，将“预计负债——产品质量保证”余额冲销，不留余额。

四、亏损合同

待执行合同变为亏损合同，同时该亏损合同产生的义务满足预计负债的确认条件的，应当确认为预计负债。其中，待执行合同，是指合同各方未履行任何合同义务，或部分履行了同等义务的合同。企业与其他企业签订的商品销售合同、劳务提供合同、租赁合同等，均属于待执行合同，待执行合同不属于或有事项。但是，待执行合同变为亏损合同的，应当作为或有事项。亏损合同，是指履行合同义务不可避免发生的成本超过预期经济利益的合同。预计负债的计量应当反映退出该合同的最低净成本，即履行该合同的成本与未能履行该合同而发生的补偿或处罚两者之中的较低者。企业与其他单位签订的商品销售合同、劳务合同、租赁合同等，均可能变为亏损合同。

企业对亏损合同进行会计处理，需要遵循以下两点原则：

首先，如果与亏损合同相关的义务不需支付任何补偿即可撤销，企业通常就不存在现时义务，不应确认预计负债；如果与亏损合同相关的义务不可撤销，企业就存在了现时义务，同时满足该义务很可能导致经济利益流出企业且金额能够可靠地计量的，应当确认预计负债。

其次，待执行合同变为亏损合同时，合同存在标的资产的，应当对标的资产进行减值测试并按规定确认减值损失，在这种情况下，企业通常不需确认预计负债，如果预计亏损超过该减值损失，应将超过部分确认为预计负债；合同不存在标的资产的，亏损合同相关义务满足预计负债确认条件时，应当确认预计负债。

【例 15-8】2013 年 12 月 16 日，甲公司（从事桥梁建设）与乙企业（生产销售钢筋、混凝土等）签订承包合同，合同约定：甲公司每年应保证乙企业实现净利润 2 600 万元，净利润超过 2 600 万元部分由甲桥梁公司享有，净利润低于 2 600 万元的部分应由甲桥梁公司补足。

2014 年乙企业实现净利润 3 100 万元。2015 年，由于钢材、油料等原材料上涨，乙企业成本大幅度上涨，预计乙企业产品在销售中出现波动，乙企业将无法实现规定的利润，最可能完成的净利润为 2 000 万元。

对于乙企业实际实现的利润与合同中规定需实现利润差额形成或有事项，即如果利润超过 2 600 万元，则有经济利益流入；如果利润少于 2 600 万元，则将导致经济利益流出企业。对于这一或有事项，甲桥梁生产企业应在 2015 年 12 月 31 日确认预计负债 600 万元，同时确认当期损失 600 万元。

借：投资收益　　6 000 000

　　贷：预计负债——承包亏损　　6 000 000

五、重组义务

（一）重组义务的确认

重组是指企业制定和控制的，将显著改变企业组织形式、经营范围或经营方式的计划实施行为。属于重组的事项主要包括：

(1) 出售或终止企业的部分业务；

(2) 对企业的组织结构进行较大调整；

(3) 关闭企业的部分营业场所，或将营业活动由一个国家或地区迁移到其他国家或地区。

企业应当将重组与企业合并、债务重组区别开。因为重组通常是企业内部资源的调整和组合，谋求现有资产效能的最大化；企业合并是在不同企业之间的资本重组和规模扩张；而债务重组是债权人对债务人作出让步，债务人减轻债务负担，债权人尽可能减少损失。

企业因重组而承担了重组义务，并且同时满足预计负债的三项确认条件时，才能确认预计负债。

首先，同时存在下列情况的，表明企业承担了重组义务：

(1) 有详细、正式的重组计划，包括重组涉及的业务、主要地点、需要补偿的职工人数、预计重组支出、计划实施时间等。

(2) 该重组计划已对外公告。

能导致经济利益流出企业和金额能够可靠地计量的，应当确认预计负债。

（二）重组义务的计量

企业应当按照与重组有关的直接支出确定预计负债金额，计入当期损益。其中，直接支出是企业重组必须承担的直接支出，不包括留用职工岗前培训、市场推广、新系统和营销网络投入等支出。

由于企业在计量预计负债时不应当考虑预期处置相关资产的利得或损失，在计量与重组义务相关的预计负债时，也不考虑处置相关资产（厂房、店面，有时是一个事业部整体）可能形成的利得或损失，即使资产的出售构成重组的一部分也是如此，这些利得或损失应当单独确认。

企业可以参照表 15-2 判断某项支出是否属于与重组有关的直接支出。

表 15-2　与重组有关支出的判断表

支出项目	包括	不包括	不包括的原因
自愿遣散	√		
强制遣散(如果自愿遣散目标未满足)	√		
将不再使用的厂房的租赁撤销	√		
将职工和设备从拟关闭的工厂转移到继续使用的工厂		√	支出与继续进行的活动相关
剩余职工的再培训		√	支出与继续进行的活动相关
新经理的招募成本		√	支出与继续进行的活动相关
推广公司新形象的营销成本		√	支出与继续进行的活动相关
对新分销网络的投资		√	支出与继续进行的活动相关
重组的未来可辨认经营损失（最新预计值）		√	支出与继续进行的活动相关
特定不动产、厂场和设备的减值损失		√	减值准备应当按照《企业会计准则第 8 号——资产减值》进行评估，并作为资产的抵减项

第十六章 债权债务核算

债权债务是企业在经济活动过程中与其他单位结算时所形成的应收、预收、应付、预付和其他应收、应付款项及专项应付款等，债权债务核算的准确与否直接反映会计基础工作水平。

第一节 施工企业债权债务概述

一、债权债务核算内容

债权债务项目可分类如下：①经营性应收项目，包括应收账款、应收票据、预付账款。②非经营性应收项目，包括其他应收款、应收股利、应收利息等。③经营性应付项目，包括应付账款、应付票据、预收账款、应付职工薪酬、应交税费等。④非经营性应付项目，包括其他应付款、应付股利、应付利息、短期借款、应付债券、长期借款等。其核算内容主要包括以下几种类型：债权的确认、债权的收回、债务的确认、债务的清偿、债务重组等方面。财务部门要正确运用会计科目，规范账务处理。

二、债权债务的管理要求

(1) 与客户（业主）在办理工程价款结算过程中形成的应收账款和预收账款。各单位财务部门要建立台账进行记录和反映，内容包括工程预收款、材料预收款、供料款、质量保证金、各种奖励金和代扣税金、其他代扣款项及实际收到货币资金等。工程结算价款是施工企业生产资金的主要来源，各单位要加大力度、想方设法将应收的工程款收回。

(2) 预付账款必须按照规定程序办理。首先，双方要签订经济合同，要严格按合同条款规定金额办理预付款，并由单位主管签字后，财务方可付款。办理工程预付款时，收款单位应向本单位出具预付款保证金或保函。

(3) 合同部门应及时办理分包结算，材料部门应及时持发票报销。各单位财务部门要根据分包结算单和购货发票如实反映应付账款，预结算分包款和预结算料款应在次月及时按原预结金额冲回。

(4) 各种债权债务要明确责任人，原则上经办人为主要责任人，部门主管要督促经办人及时办理清算工作。合同终了，对于应该收回的款项，责任人要及时收回，其期限最长不超过 3 个月。对于零星出售材料、废料、机械出租等事项要预收一定数额的货款或定金。

(5) 各单位财务主管要定期关注本单位的债权债务情况，财务部门对于时间较长的应收、应付款要及时向有关负责人汇报，由有关负责人组织力量或责成有关责任人进行清收。

(6) 各单位要建立债权债务的核对签认制度。对内部单位各种经济业务，各单位财务要及时进行账务处理，年（季）度末核对相符并签认，并按财务报表报送要求报送往来核对签认单；与外单位的债权债务也应定期核对，发出核对通知书（尤其是债权），互相签认盖章。对应收款项，应健全台账登记，正确进行账龄分析，并据此计提坏账准备。

(7) 支付各种债务时，收款（债权）单位经办人要出具有效证明其与收款（债权）单位关系的证明材料和盖有收款（债权）单位财务专用章的正式收据，收据上的收款（债权）单位名称应与本单位账面上反映的债务单位名称一致，有关单位负责人签字后财务部门方可办理支付。

(8) 各工程项目部在工程竣工结算批复后，施工劳务分承包完工结算必须全部完成，与材料供应单位核对货款往来，在保证结算资料完整，没有遗留问题的情况下，应办理相应的债权、债务签认手续，并结转到公司财务部。

第二节 分项目核算

为了核算企业发生的各项债权债务，需设置“应收票据”“应收账款”“预收账款”“应付账款”“预付账款”“其他应收款”“其他应付款”“短期借款”“内部往来”“专项应付款”“长期借款”及“长期应付款”等科目。为方便日后查账，对于同一笔债权债务业务的金额一般不要在“应收账款”和“预收账款”“预付账款”和“应付账款”“其他应收款”和“其他应付款”两边挂账，应把发生业务的金额放在同一个债权债务科目的同一单位名称下，期末根据余额方向再进行调整。“应交税费”“应付职工薪酬”“预计负债”项目分别参见对应核算办法。

下面简要介绍主要债权债务科目的核算方法。

（一）应收票据

应收票据是指企业因销售商品和提供劳务等持有的、尚未到期兑现的票据。主要包括银行承兑汇票和商业承兑汇票。

(1) 企业因销售商品、提供劳务等而收到开出、承兑的商业汇票，按商业汇票的面额，借记“应收票据”，按确认的收入，贷记收入类科目，涉及增值税销项税额的，还应进行相应的处理。

(2) 将持有的商业汇票背书转让时，按取得物资的成本金额，借记“材料采购”或“原材料”“库存商品”等科目，按商业汇票的票面金额，贷记“应收票据”，如有差额，借或贷记“银行存款”等科目。涉及增值税进项税额的，还应进行相应处理。

(3) 商业汇票到期，应按实际收到的金额，借记“银行存款”，按汇票的票面金额贷记“应收票据”。

(4) 已贴现的承兑汇票通过“短期借款”核算。持未到期的商业汇票向银行贴现，应按实际收到的金额（即减去贴现息后的净额），借记“银行存款”等科目，按贴现息部分，借记“财务费用”等科目，按汇票的票面金额，贷记“短期借款”科目。

【例 16-1】收到应收票据的核算。

甲公司向乙公司销售商品一批，总价 11 700 元，其中货款 10 000 元，增值税销项税额 1 700 元，收到乙公司一张 3 个月的商业承兑汇票，面值 11 700 元，相应分录如下：

借：应收票据　　11 700

　　贷：主营业务收入　　10 000

　　　　应交税金——应交增值税（销项）　　1 700

3 个月后，到期收回票面金额 11 700 元并存入银行，相应分录如下：

借：银行存款　　11 700

　　贷：应收票据　　11 700

如果票据到期时，乙公司无力偿还票款，甲公司应将票据的票面金额转入“应收账款”科目，相应分录如下：

借：应收账款　　11 700

　　贷：应收票据　　11 700

【例 16-2】收到带息应收票据的核算。

甲公司 2014 年 9 月 1 日销售一批产品给乙公司，货已发出，发票上注明销售收入 20 000 元，增值税 3 400 元。收到乙公司交来商业承兑汇票一张，期限 6 个月，票面利率为 10%。

收到票据时：

借：应收票据　　23 400

　　贷：主营业务收入　　20 000

　　　　应交税金——应交增值税（销项）　　3 400

年终时 (2014 年 12 月 31 日) 计提票据利息：

票据利息 =23 400×10% ×4÷12=780(元)

借：应收票据　　780

　　贷：财务费用　　780

2015 年 3 月 1 日票据到期收回货款：

收到金额 =23 400×(1+10% ×6÷12)=24 570(元)

2015 年计提票据利息 =23 400×10% ×2÷12=390(元)

借：银行存款　　24 570

贷：应收票据　　24 180

　　财务费用　　390

（二）应收账款

应收账款是企业因销售商品、提供劳务等原因，应向购货客户或接受劳务的客户收取的款项和代垫的运费，不包括应收的非销货账款。就施工企业而言，主要是应收取的业主计价工程款，可根据建造合同甲方主体，以客户名称设置二级科目。

(1) 企业发生应收账款时，借记“应收账款”，贷记“主营业务收入”，同时，按照发票上注明的增值税额，贷记“应交税金——应交增值税（销项）”科目；收回应收账款时，借记“银行存款”等科目，贷记“应收账款”科目。

(2) 执行建造合同准则的施工企业，“应收账款”科目下设两个二级明细科目，即“应收工程款”和“应收工程保证金”，二级科目下按业主名称设三级明细科目。根据合同完工进度已向客户开出工程价款结算账单办理结算的价款，借记“应收账款”，贷记“工程结算”；实际收回工程款时，借记“银行存款”等科目，贷记“应收账款”科目。此科目借方余额反映开工至竣工过程中已办理工程结算的价款。

①与业主办理验工计价，结算单中业主扣质量保证金、供料款、预付款及代扣税金及附加：

借：应收账款——应收工程款——× 业主

　　应收账款——应收工程保证金——× 业主

　　贷：工程结算

凭证附件：经业主签认批复的验工计价单和发票记账联。

②收到业主拨付的工程款：

借：银行存款

　　贷：应收账款——应收工程款——× 业主

凭证附件：银行进账单、向业主开具的收据记账联等。

③收到业主代扣营业税及附加税票：

借：应交税费——营业税

　　　　　　——城市维护建设税

　　其他应交款——教育费附加

　　贷：应收账款——应收工程款——× 业主

凭证附件：业主转交税务部门开具的税票等。

④收到业主代扣供料发票：

借：物资采购

　　贷：应收账款——应收工程款——× 业主

凭证附件：业主转来购货发票、点收单、报销单等。

⑤公司财务部定期对应收款项进行清理，对于确实无法收回的应收账款和其他应收款，

经批准作为坏账损失处理的，冲销提取的坏账准备。

借：坏账准备

贷：应收账款——× 单位

其他应收款——× 单位

凭证附件：有关应收款项不能收回的法律证明文件和批准文件等。

⑥已确认并转销的坏账损失，如果以后又收回，按实际收回的金额：

借：应收账款——× 单位

其他应收款——× 单位

贷：坏账准备

凭证附件：双方签订的还款协议和其他能证明债权的有关资料等。

同时：

借：银行存款

现金

贷：应收账款——× 单位

其他应收款——× 单位

凭证附件：银行进账单、缴款单、向付款单位开具的收据记账联等。

⑦应收工程保证金的账务处理：

按合同约定进入工程质保期后，会计分录：

借：应收账款——应收工程保证金——× 业主

贷：应收账款——应收工程款——× 业主

合同约定工程质保期满后，会计分录：

借：应收账款——应收工程款——× 业主

贷：应收账款——应收工程保证金——× 业主

应收工程保证金折现的核算参见“金融资产核算”。

收到业主退还工程保证金，会计分录：

借：银行存款

贷：应收账款——应收工程保证金——× 业主

凭证附件：银行进账单、向业主开具的收据记账联等。

(三)预付账款

预付账款是企业按照购货合同规定预付给供应单位的款项，包括预付供货单位材料款、协力队伍分包工程款和对外租入机械设备租赁费等。按照有关规定，预付款的支付必须严格按公司资金支付管理规定办理，严禁无合同支付预付款。本科目下设三个二级明细科目即“预付购货款”“预付工程款”和“其他”，二级明细科目下按单位名称设三级明细科目。

(1) 因购货而预付的款项、预付分包工程款和预付租赁费：

借：预付账款——预付购货款——× 单位

——预付工程款——× 单位

——其他——× 单位

贷：银行存款

凭证附件：银行存款支付回单、收款单位开具的收据、合同等。

(2) 收到所购物资，根据发票金额：

借：物资采购

贷：预付账款——预付购货款——× 单位

凭证附件：购货发票、材料点收单、报销清单等。

(3) 补付款项：

借：预付账款——预付购货款——× 单位

贷：银行存款

凭证附件：银行存款支付回单、收款单位开具的收据、合同等。

(4) 退回多付的款项：

借：银行存款

贷：预付账款——预付购货款——× 单位

凭证附件：银行进账单、向付款单位开具的收据记账联等。

(5) 项目部与协力队伍办理工程结算，同时调整预付工程款科目金额：

借：工程施工等

贷：应付账款——应付工程款——× 单位

凭证附件：根据分包合同和完工进度与协力队伍办理的结算单等。

同时把预付工程款科目余额结转到应付工程款科目下：

借：应付账款——应付工程款——× 单位

贷：预付账款——预付工程款——× 单位

凭证附件：调账说明。

(6) 项目部与机械设备出租单位办理租赁结算，同时调整预付款科目金额：

借：机械作业

贷：应付账款——其他——× 单位

凭证附件：根据租赁合同与出租单位办理的结算单、出租单位开具的发票等。

同时把预付款科目余额结转到应付款科目下：

借：应付账款——其他——× 单位

贷：预付账款——其他——× 单位

(四) 内部往来

本科目核算本集团公司内部单位之间发生的债权债务，应按内部同级单位和上下级单位设二级明细科目，在二级明细科目下按内部单位名称进行明细核算。发生债权的经济业务记本科目的借方，发生债务的经济业务记本科目的贷方，一般由债权单位向债务单位发送列账通知书，季末，各单位往来要核对相符并办理签认手续。期末根据本科目余额方向来判断是属于债权还是债务，即如果在借方表示债权，在贷方表示债务。

1. 财务部发生内部往来业务

(1) 为项目部垫付各种款项：

借：内部往来——单位间往来——× 单位

贷：银行存款（现金）

凭证附件：列账通知书、支付凭证、报销单等。

(2) 收到项目部转来代付、代列有关款项：

借：有关科目

贷：内部往来——单位间往来——× 单位

凭证附件：列账通知书、支付凭证、报销单等。

(3) 季末，收到项目部债权单位转来与其他项目部往来相符余额：

借：内部往来——单位间往来——× 单位

贷：内部往来——单位间往来——× 单位

凭证附件：列账通知书、核对签认单等。

2. 项目部发生内部往来业务

(1) 为其他项目部和公司财务部垫付各种款项：

借：内部往来——上下级往来——财务部

——单位间往来——× 单位

贷：银行存款（现金）

凭证附件：列账通知书、支付凭证、报销单等。

(2) 收到其他项目部和公司财务部转来代付、代列有关款项：

借：有关科目

贷：内部往来——上下级往来——财务部

——单位间往来——× 单位

凭证附件：列账通知书、支付凭证、报销单等。

(3) 季末，与其他项目部往来相符余额转公司财务部，债权单位发列账通知书：

借：内部往来——单位间往来——× 单位

贷：内部往来——上下级往来——财务部

或：借：内部往来——上下级往来——财务部

贷：内部往来——单位间往来——× 单位

凭证附件：列账通知书、核对签认单等。

（五）其他应收款

本科目主要核算除应收票据、应收账款、预付账款等以外的其他各种应收、暂付款项，具体包括备用金（单位拨付给非独立核算的内部单位或个人备作差旅费、零星采购或零星开支等使用的款项）；应收的各种赔款、罚款；应收出租包装物租金；应向职工收取的各种垫付款；存出保证金；预付账款转入；与公司工会往来；其他各种应收、暂付款项。根据不同的经济业务内容设置二级明细科目。

(1) 发生各种其他应收款项：

借：其他应收款

　　贷：现金、银行存款等

凭证附件：借支单、银行存款支付回单、收款单位开具的收据等。

(2) 收回各种其他应收款项：

借：银行存款、现金

　　贷：其他应收款

凭证附件：银行进账单、缴款单、向付款单位开具的收据记账联等。

(六) 应付账款

应付账款用来核算单位购买材料、租入机械设备、接受劳务供应等应付给供应单位的款项，以及因分包工程应付给分包单位的工程价款。本科目下设三个明细科目即应付购货款、应付工程款和其他，二级科目下按单位名称设三级明细科目。单位按照合同规定预付给供应单位的定金或部分货款，以及付给分包单位的工程款、备料款，先通过“预付账款”核算。

(1) 购入材料验收入库，货款尚未支付，应根据有关凭证：

借：物资采购

　　贷：应付账款——应付购料款——×单位

凭证附件：发票、材料点收单和报销清单。

(2) 与协力队伍办理结算：

借：工程施工等

　　贷：应付账款——应付工程款——×单位

凭证附件：有关结算资料、结算单、合同等。

(3) 支付应付账款：

借：应付账款——应付购料款——×单位

　　　　　　——应付工程款——×单位

　　贷：银行存款

凭证附件：银行存款支付回单、收款单位开具的收据等。

(七) 预收账款

预收账款是核算单位按照工程合同规定预收发包单位的款项，包括从客户方实际收到的工程预付款、备料款、工程进度款、垫付款以及工程借款等。本科目下设两个二级明细科目，即预收工程款和预收备料款，二级科目下按客户名称设三级明细科目。在资产负债表日，将预收账款与应收账款相对冲后的余额反映在资产负债表中。

企业向购货单位预收货款时，借记“银行存款”科目，贷记“预收账款”科目，销售完产品时，按照售价，借记“预收账款”科目，贷记“主营业务收入”科目，购货单位补付货款时，借记“银行存款”科目，贷记“预收账款”科目，退还多付款时，作相反的会计分录。

(1) 按合同规定向业主预收工程款、备料款：

借：银行存款

　　贷：预收账款——预收工程款——× 业主

　　　　　　　　——预收备料款——× 业主

凭证附件：银行进账单、向业主开具的收据记账联等。

(2) 已向业主办理验工计价，根据应收、预收科目余额方向调账：

借：应收账款——应收工程款——× 业主

　　贷：预收账款——预收工程款——× 业主

或：借：预收账款——预收工程款——× 业主

　　　　贷：应收账款——应收工程款——× 业主

凭证附件：调账说明单。

当企业预收账款业务相对较少时，也可将预收的货款直接计入“应收账款”账户的贷方，而不设“预收账款”，但编制报表前，应将其转入相应负债类科目，保证报表填制的准确性。

(八) 其他应付款

本科目主要核算除应付票据、应付账款、预收账款等以外的其他各种应付、暂收款项，具体包括应付包装物租金、职工未按时领取的工资、存入保证金、应付、暂收所属单位或个人的款项、其他各种应付、暂收款项。根据不同的经济业务内容设置二级明细科目。

(1) 发生各种其他应付款项：

借：现金、银行存款等

　　贷：其他应付款

凭证附件：银行进账单、缴款单、向付款单位开具的收据记账联等。

(2) 支付各种其他应付款项：

借：其他应付款

　　贷：银行存款、现金

凭证附件：银行存款支付回单、收款单位开具的收据等。

(九) 短期借款

本科目主要核算企业向银行或其他金融机构等借入的期限在 1 年以下（含 1 年）的各种借款。借入期限在 1 年以上的各种借款，在“长期借款”科目核算。本科目应按借款种类进行明细核算，期末贷方余额反映未偿还的短期借款的本金。发生的短期借款利息应当计入当期财务费用。

(1) 借入各种短期借款：

借：银行存款

　　贷：短期借款

凭证附件：银行进账回单、银行借款协议等。

(2) 归还短期借款：

借：短期借款

　　贷：银行存款

凭证附件：银行存款支付回单等。

(十) 长期借款

本科目核算企业向银行或其他金融机构借入的期限在1年以上(不含1年)的各项借款。借入长期借款时，借记“银行存款”，贷记本科目，归还时，借记本科目，贷记“银行存款”科目。本科目应按贷款单位设置明细账，并按贷款种类进行明细核算。本科目期末贷方余额反映尚未偿还的长期借款本息。

(十一) 应付债券

应付债券分为一般公司债券和可转换公司债券。

1. 一般公司债券的核算

发行时：

借：银行存款

　　贷：应付债券——面值(债券面值)

　　　　　　　　——利息调整(实际收款与面值的差额)

计算利息费用时：

借：财务费用等

　　应付债券——利息调整

　　贷：应付利息

偿还债券时：

采用一次还本付息方式的：

借：应付债券——面值(债券面值)

　　应付债券——应计利息

　　贷：银行存款

采用一次还本、分期付息方式的：

每期支付利息时：

借：应付利息

　　贷：银行存款

到期偿还本金并支付最后一期利息时：

借：应付债券——面值

　　财务费用等科目

　　贷：银行存款

借或贷：应付债券——利息调整（双方差额）

2. 可转换公司债券的核算

企业发行的可转换公司债券在“应付债券”科目下设置“可转换公司债券”明细科目核算。企业按实际收到的款项，借记“银行存款”等，按可转换公司债券包含的负债成分面值，贷记“应付债券——可转换公司债券（面值）”，按权益成分的公允价值，贷记“资本公积——其他资本公积”，按借贷双方间的差额，借或贷记“应付债券——可转换公司债券（利息调整）”。

（十二）长期应付款

本科目核算企业除长期借款和应付债券以外的其他各种长期应付款项，包括应付融资租入固定资产的租赁费、以分期付款方式购入固定资产发生的应付款项等。

采用融资方式租入的固定资产，在租赁开始日，按租入资产入账价值借记“固定资产”等科目，贷记“长期应付款——应付融资租赁款”“银行存款”等科目，按其差额借记“未确认融资费用”科目。具体租赁业务处理参见“租赁核算”。具有融资性质的延期付款购买资产，按购买价款的现值借记“固定资产”“在建工程”等科目，按应支付的价款总额贷记“长期应付款”科目，按其差额借记“未确认融资费用”科目。

（十三）专项应付款

本科目核算企业接受国家拨入的具有专门用途的拨款，如用于技术改造、技术研究和战备用物资等，以及从其他来源取得的款项。本科目应按专项应付款种类设置明细账，进行明细核算。本科目期末贷方余额反映尚未支付的各种专项应付款。

企业应于实际收到专项拨款时，借记“银行存款”科目，贷记本科目；拨款项目完成后，形成各项资产的部分，应按实际成本，借记“固定资产”等科目，贷记有关科目；同时，借记本科目，贷记“资本公积——拨款转入”科目。未形成资产需核销的部分，报经批准后，借记本科目，贷记有关科目；拨款项目完成后，如有拨款结余需上交的，借记本科目，贷记“银行存款”科目。

（十四）应付职工薪酬

具体核算参见职工薪酬核算。

（十五）应交税费

应交税费核算参见税费核算。

（十六）应付利息

应付利息，是指企业按照合同约定应支付的利息，包括分期付息到期还本的长期借款、企业债券等应支付的利息。

资产负债表日，计算应付利息的会计处理如下：

借：在建工程、财务费用等（按摊余成本和实际利率计算确定的利息费用）

　　贷：应付利息（按合同利率计算确定的应付未付利息）

借或贷：长期借款——利息调整（借贷双方之间的差额）

实际支付利息时：

借：应付利息

　　贷：银行存款

（十七）应付股利

企业经股东大会审议批准利润分配方案时，按应支付的现金股利或利润，作如下会计分录：

借：利润分配

　　贷：应付股利

实际支付现金股利或利润时：

借：应付股利

　　贷：银行存款

第三节　债务重组

对于债务重组，企业会计准则特别强调公允价值计量模式，债务重组的主要方式包括以资产清偿债务、债务转为资本、修改其他债务条件（如减少债务本金、降低利率、免去应付未付的利息、延长偿还期限等）和以上三种方式的组合。

常见债务重组的会计处理有以下几种。

1. 以现金清偿债务

债务人会计处理：

借：应付账款等债务（账面价值）

　　贷：银行存款

　　　　营业外收入——债务重组利得

债权人会计处理：

借：银行存款

营业外支出——债务重组损失

坏账准备

贷：应收账款

2. 以非现金资产抵偿债务

(1) 以存货（库存材料、商品产品）抵债的会计处理：

债务人会计处理：

借：应付账款等债务（账面价值）

贷：主营业务收入（存货的公允价值）

营业外收入——债务重组利得（债务账面价值与存货公允价值的差额）

应交税费——应交增值税（销项税额）

同时，结转存货成本。借记“主营业务成本”，贷记“库存商品”等。

债权人会计处理：

借：库存商品

应交税费——应交增值税（进项税额）

坏账准备

营业外支出——债务重组损失

贷：应收账款

(2) 以固定资产（无形资产）抵偿债务：

债务人会计处理：

借：应付账款等债务（账面价值）

贷：固定资产清理

营业外收入——债务重组利得

债权人会计处理：

借：固定资产

坏账准备

营业外支出——债务重组损失

贷：应收账款

(3) 以股票、债券等金融资产抵债：

按抵债金融资产的公允价值与账面价值的差额，作为转让金融资产的利得或损失处理；相关金融资产的公允价值与重组债务的账面价值的差额，作为债务重组利得。

债务人会计处理如下：

借：应付账款等债务

贷：金融资产

借 / 贷：投资收益（金融资产账面价值与公允价值的差额）

营业外收入——债务重组利得（债务账面价值与金融资产公允价值的差额）

债权人会计处理：

借：金融资产

坏账准备

营业外支出——债务重组损失

贷：应收账款

3. 债务转为资本

债务人会计处理：

借：应付账款等债务（账面价值）

贷：股本（账面价值）

资本公积——股本溢价

营业外收入——债务重组利得（债务账面价值与股份公允价值的差额）

4. 修改其他债务条件

(1) 不附或有条件的债务重组：

债务人会计处理：

借：应付账款等债务（账面价值）

贷：应付账款——债务重组（未来需偿还金额）

营业外收入——债务重组利得（债务账面价值与未来需偿还金额的差额）

债权人会计处理：

借：应收账款——债务重组

营业外支出——债务重组损失

坏账准备

贷：应收账款等

(2) 附或有条件的债务重组：

参见“或有事项核算”。

5. 债权人坏账准备的会计处理

(1) 如果发生的重组损失足以冲减原已计提的准备，则：

借：银行存款、存货、固定资产、应收账款（新债权的账面价值）等

营业外支出——债务重组损失（重组损失冲减相应准备后的金额）

坏账准备等减值准备

贷：应收账款（原债权的账面价值）

(2) 如果发生的重组损失不足以冲减原已计提的准备，则应将剩余未冲减的减值准备转回，抵减当期的减值损失：

借：坏账准备（重组损失冲减后的余额）

贷：资产减值损失

第十七章 所有者权益的核算

所有者权益是指企业资产扣除负债后由所有者享有的剩余权益。公司的所有者权益又称为股东权益。所有者权益根据其核算的内容和要求，可分为实收资本（股本）、其他权益工具、资本公积、其他综合收益、盈余公积和未分配利润等部分。其中，盈余公积和未分配利润统称为留存收益。所有者权益的来源包括所有者投入的资产、直接计入所有者权益的利得和损失、留存收益等。

第一节 实收资本和其他权益工具的核算

一、实收资本确认和计量的基本要求

企业应当设置“实收资本”科目，核算企业接受投资者投入的实收资本，股份有限公司应将该科目改为“股本”。投资者可以用现金投资，也可以用现金以外的其他有形资产投资，符合国家规定比例的，还可以用无形资产投资。企业收到投资时，一般应作如下会计处理：收到投资人投入的现金，应在实际收到或者存入企业开户银行时，按实际收到的金额，借记“银行存款”科目，以实物资产投资的，应在办理实物产权转移手续时，借记有关资产科目，以无形资产投资的，应在按照合同、协议或公司章程规定移交有关凭证时，借记“无形资产”科目，按投入资本在注册资本或股本中所占份额，贷记“实收资本”或“股本”科目，按其差额，贷记“资本公积——资本溢价”或“资本公积——股本溢价”等科目。

二、实收资本增减变动的会计处理

（一）实收资本增加的会计处理

1. 企业增加资本的一般途径

企业增加资本的途径一般有三条，如表 17-1 所示。

表 17-1　　企业增加资本的一般途径及会计处理

企业增加资本的一般途径	会计处理
将资本公积转为实收资本或者股本	借：资本公积——资本溢价 贷：实收资本 或， 借：资本公积——股本溢价 贷：股本
将盈余公积转为实收资本或股本	借：盈余公积 贷：实收资本或股本
所有者（包括原企业所有者和新投资者）投入	借：银行存款 固定资产 无形资产 长期股权投资 贷：实收资本或股本

2. 股份有限公司发放股票股利

股东大会批准的利润分配方案中分配的股票股利，应在办理增资手续后，借记“利润分配”科目，贷记“股本”科目。

3. 可转换公司债券持有人行使转换权利

可转换公司债券持有人行使转换权利，将其持有的债券转换为股票，按可转换公司债券的余额，借记“应付债券——可转换公司债券（面值、利息调整）”科目，按其权益成分的金额，借记“其他权益工具”科目，按股票面值和转换的股数计算的股票面值总额，贷记“股本”科目，按其差额，贷记“资本公积——股本溢价”科目。

4. 企业将重组债务转为资本

企业将重组债务转为资本的，应按重组债务的账面余额，借记“应付账款”等科目，按债权人因放弃债权而享有本企业股份的面值总额，贷记“实收资本”或“股本”科目，按股份的公允价值总额与相应的实收资本或股本之间的差额，贷记或借记“资本公积——资本溢价”或“资本公积——股本溢价”科目，按其差额，贷记“营业外收入——债务重组利得”科目。

5. 以权益结算的股份支付的行权

以权益结算的股份支付换取职工或其他方提供服务的，应在行权日，按根据实际行权情况确定的金额，借记“资本公积——其他资本公积”科目，按应计入实收资本或股本的金额，贷记“实收资本”或“股本”科目。

【例 17-1】建达股份有限公司是一家上市的建筑施工企业。2012 年 1 月 1 日，公司向其 200 名管理人员每人授予 100 股股票期权，这些职员从 2012 年 1 月 1 日起在该公司连续服务 3 年，即可以 6 元每股购买 100 股公司股票，从而获益。公司估计该期权在授予日的公允价值为 21 元。

第 1 年有 20 名职员离开公司，公司估计 3 年中离开的职员的比例将达到 20%；第 2 年又有 10 名职员离开公司，公司将估计的职员离开比例修正为 15%；第 3 年又有 15 名职员离开。

(1) 费用和资本公积计算过程：

第一年应确认的费用 =200×（1−20%）×100×21×1/3=112 000（元）；

第二年应确认的费用 =200×（1−15%）×100×21×2/3−112 000=126 000（元）；

第二年应确认的费用 =（200−20−10−15）×100×21−112 000−126 000=87 500（元）

(2) 公司的账务处理如下：

① 2012 年 1 月 1 日：授予日不作账务处理。

② 2012 年 12 月 31 日：

借：管理费用　　112 000

　　贷：资本公积——其他资本公积　　112 000

③ 2013 年 12 月 31 日：

借：管理费用　　126 000

　　贷：资本公积——其他资本公积　　126 000

④ 2014 年 12 月 31 日：

借：管理费用　　87 500

　　贷：资本公积——其他资本公积　　87 500

⑤假定全部 155 名职员都在 2015 年 6 月 30 日行权，公司股份面值为 1 元：

借：银行存款　　93 000(155×100×6)

　　资本公积——其他资本公积　　325 500

　　贷：股本　　15 500(155×100×1)

　　　　资本公积——股本溢价　　403 000

（二）实收资本减少的会计处理

有限责任公司和一般企业返还投资的会计处理比较简单，按法定程序报经批准减少注册资本的，借记“实收资本”或“股本”科目，贷记“库存现金”“银行存款”等科目。

股份有限公司因减少注册资本而回购本公司股份的，应按实际支付的金额，借记“库存股”科目，贷记“银行存款”等科目。注销库存股时，应按股票面值和注销股数计算的股票面值总额，借记“股本”科目，按注销库存股的账面余额，贷记“库存股”科目，按其差额，冲减股票发行时原记入资本公积的溢价部分，借记“资本公积——股本溢价”科目，回购价格超过上述冲减“股本”及“资本公积——股本溢价”科目的部分，应依次借记“盈余公积”“利润分配——未分配利润”等科目；如回购价格低于回购股份所对应的股本，所注销库存股的账面余额与所冲减股本的差额作为增加股本溢价处理，按回购股份所对应的股本面值，借记“股本”科目，按注销库存股的账面余额，贷记“库存股”科目，按其差额，贷记“资本公积——股本溢价”科目。

【例 17-2】安建股份有限公司是一家建筑施工企业，截至 2014 年 12 月 31 日共发行股票 30 000 000 股，股票面值为 1 元，资本公积（股本溢价）6 000 000 元，盈余公积 4 000 000 元。经股东大会批准，安建公司以现金回购本公司股票 3 000 000 股并注销。假定安建公司按照每股 4 元回购股票，不考虑其他因素，安建公司的账务处理如下：

库存股的成本 =3 000 000×4 =12 000 000（元）

借：库存股　　12 000 000

　　贷：银行存款　　12 000 000

借：股本　　3 000 000

　　资本公积——股本溢价　　6 000 000

　　盈余公积　　3 000 000

　　贷：库存股　　12 000 000

三、其他权益工具确认与计量及会计处理

企业发行的除普通股（作为实收资本或股本）以外，按照金融负债和权益工具区分原则分类为权益工具的其他权益工具，按照以下原则进行会计处理。

（一）其他权益工具会计处理的基本原则

企业应当以所发行金融工具的分类为基础，确定该工具利息支出或股利分配等的会计处理。对于归类为权益工具的金融工具，无论其名称中是否包含“债”，其利息支出或股利分配都应当作为发行企业的利润分配，其回购、注销等作为权益的变动处理；对于归类为债务工具的金融工具，无论其名称中是否包含“股”，其利息支出或股利分配原则上按照借款费用进行处理，其回购或赎回产生的利得或损失等计入当期损益。

企业（发行方）发行金融工具，其发生的手续费、佣金等交易费用，如分类为债务工具且以摊余成本计量的，应当计入所发行工具的初始计量金额；如分类为权益工具，应当从权益（其他权益工具）中扣除。

（二）科目设置

在所有者权益类科目中设置“其他权益工具”科目，核算企业发行的除普通股以外的归类为权益工具的各种金融工具。“其他权益工具”科目应按发行金融工具的种类等进行明细核算。

（三）主要账务处理

1. 发行方的账务处理

(1) 发行方发行的金融工具归类为权益工具的，应按实际收到的金额，借记“银行存款”等科目，贷记“其他权益工具——优先股、永续债等”科目。

(2) 发行方发行的金融工具为复合金融工具的，应按实际收到的金额，借记“银行存款”等科目，按金融工具的面值，贷记“应付债券——优先股、永续债（面值）等”科目，按负债成分的公允价值与金融工具面值之间的差额，借记或贷记“应付债券——优先股、永

续债等（利息调整）”科目，按实际收到的金额扣除负债成分的公允价值后的金额，贷记“其他权益工具——优先股、永续债等”科目。

(3) 由于发行的金融工具原合同条款约定的条件或事项随着时间的推移或经济环境的改变而发生变化，导致原归类为权益工具的金融工具重分类为金融负债的，应当于重分类日，按该工具的账面价值，借记“其他权益工具——优先股、永续债等”科目，按该工具的面值，贷记“应付债券——优先股、永续债等（面值）”科目，按该工具的公允价值与面值之间的差额，借记或贷记“应付债券——优先股、永续债等（利息调整）”科目，按该工具的公允价值与账面价值的差额，贷记或借记“资本公积——资本溢价（或股本溢价）”科目，如资本公积不够冲减，依次冲减盈余公积和未分配利润。发行方以重分类日计算的实际利率作为应付债券后续计量利息调整等的基础。

因发行的金融工具原合同条款约定的条件或事项随着时间的推移或经济环境的改变而发生变化，导致原归类为金融负债的金融工具重分类为权益工具的，应于重分类日，按金融负债的面值，借记“应付债券——优先股、永续债等（面值）”科目，按利息调整余额，借记或贷记“应付债券——优先股、永续债等（利息调整）”科目，按金融负债的账面价值，贷记“其他权益工具——优先股、永续债等”科目。

(4) 发行方按合同条款约定赎回所发行的除普通股以外的分类为权益工具的金融工具，按赎回价格，借记“库存股——其他权益工具”科目，贷记“银行存款”等科目；注销所购回的金融工具，按该工具对应的其他权益工具的账面价值，借记“其他权益工具”科目，按该工具的赎回价格，贷记“库存股——其他权益工具”科目，按其差额，借记或贷记“资本公积——资本溢价（或股本溢价）”科目，如资本公积不够冲减，依次冲减盈余公积和未分配利润。

(5) 发行方按合同条款约定将发行的除普通股以外的金融工具转换为普通股的，按该工具对应的金融负债或其他权益工具的账面价值，借记“应付债券”“其他权益工具”等科目，按普通股的面值，贷记“实收资本（或股本）”科目，按其差额，贷记“资本公积——资本溢价（或股本溢价）”科目（如转股时金融工具的账面价值不足转换为 1 股普通股而以现金或其他金融资产支付的，还需按支付的现金或其他金融资产的金额，贷记“银行存款”等科目）。

2. 投资方的账务处理

金融工具投资方（持有人）考虑持有的金融工具或其组成部分是权益工具还是债务工具投资时，应当遵循金融工具确认和计量准则和本规定的相关要求，通常应当与发行方对金融工具的权益或负债属性的分类保持一致。例如，对于发行方归类为权益工具的非衍生金融工具，投资方通常应当将其归类为权益工具投资。

第二节 资本公积和其他综合收益的核算

一、资本公积的确认与计量

资本公积是企业收到投资者的超出其在企业注册资本（或股本）中所占份额的投资，以及直接计入所有者权益的利得和损失等。资本公积包括资本溢价（或股本溢价）和直接计入所有者权益的利得和损失等。

资本溢价（或股本溢价）是企业收到投资者的超出其在企业注册资本（或股本）中所占份额的投资。形成资本溢价（或股本溢价）的原因有溢价发行股票、投资者超额缴入资本等。

资本公积一般应当设置“资本（或股本）溢价”“其他资本公积”明细科目核算。

（一）资本溢价或股本溢价的会计处理

1. 资本溢价

一般企业（除股份有限公司外的企业）收到投资者投入的资本，会计分录为：

借：银行存款

固定资产

无形资产等

贷：实收资本

资本公积——资本溢价

2. 股本溢价

在采用溢价发行股票的情况下，会计分录为：

借：银行存款

固定资产

无形资产等

贷：股本

资本公积——股本溢价

【例17-3】甲建筑施工企业委托乙证券公司代理发行普通股300万股，每股面值1元，按每股1.3元的价格发行。甲企业与乙证券公司约定，按发行收入的2.5%收取手续费，从溢价发行收入中扣除。假如收到的股款已存入银行。甲企业的账务处理为：

甲企业收到乙证券公司交来的现金 =3 000 000×1.3×(1−2.5%) =3 802 500(元)。

应记入“资本公积——股本溢价”科目的金额 = 溢价收入 − 发行手续费 =3 000 000×(1.3−1)−3 000 000×1.3×2.5% =802 500(元)。

借：银行存款　　　　3 802 500

贷：股本　　3 000 000

　　资本公积——股本溢价　　802 500

（二）其他资本公积的会计处理

其他资本公积，是指除资本溢价（或股本溢价）项目以外所形成的资本公积。

1. 以权益结算的股份支付

以权益结算的股份支付换取职工或其他方提供服务的，应按照确定的金额，记入“管理费用”等科目，同时增加资本公积（其他资本公积）。在行权日，应按实际行权的权益工具数量计算确定的金额，借记“资本公积——其他资本公积”科目，按计入实收资本或股本的金额，贷记“实收资本”或“股本”科目，并将其差额记入“资本公积——资本溢价”或“资本公积——股本溢价”。

2. 采用权益法核算的长期股权投资

长期股权投资采用权益法核算的，被投资单位除净损益、其他综合收益和利润分配以外的所有者权益的其他变动，投资企业按持股比例计算应享有的份额，应当增加或减少长期股权投资的账面价值，同时增加或减少资本公积（其他资本公积）。当处置采用权益法核算的长期股权投资时，应当将原记入资本公积（其他资本公积）的相关金额转入投资收益（除不能转入损益的项目外）。

（三）资本公积转增资本的会计处理

经股东大会或类似机构决议，用资本公积转增资本时，应借记“资本公积”科目，同时贷记“实收资本”（或“股本”）科目。

二、其他综合收益的确认与计量及会计处理

其他综合收益，是指企业根据其他会计准则规定未在当期损益中确认的各项利得和损失。包括以后会计期间不能重分类进损益的其他综合收益和以后会计期间满足规定条件时将重分类进损益的其他综合收益两类，如表 17-2 所示。

表 17-2　　其他综合收益项目及其会计处理

项目	包括	会计处理
以后会计期间不能重分类进损益的其他综合收益项目	重新计量设定受益计划净负债或净资产导致的变动	
	按照权益法核算因被投资单位重新计量设定受益计划净负债或净资产变动导致的权益变动，投资企业按持股比例计算确认的该部分	

续表

<table>
<tr><th>项目</th><th>包括</th><th>会计处理</th></tr>
<tr><td rowspan="5">以后会计期间满足规定条件时将重分类进损益的其他综合收益项目</td><td>可供出售金融资产公允价值的变动</td><td>可供出售金融资产公允价值变动形成的利得，除减值损失和外币货币性金融资产形成的汇兑差额外，
借：可供出售金融资产——公允价值变动
贷：其他综合收益
公允价值变动形成的损失，作相反的会计分录。</td></tr>
<tr><td>可供出售外币非货币性项目的汇兑差额</td><td>对于发生的汇兑损失，
借：其他综合收益
贷：可供出售金融资产
对于发生的汇兑收益，
借：可供出售金融资产
贷：其他综合收益</td></tr>
<tr><td>金融资产的重分类</td><td>1. 可供出售金融资产重分类为采用成本或摊余成本计量的金融资产
重分类日该金融资产的公允价值或账面价值作为成本或摊余成本，该金融资产没有固定到期日的，与该金融资产相关、原直接计入所有者权益的利得或损失，应当仍然记入“其他综合收益”科目，在该金融资产被处置时转出，计入当期损益。
2. 将持有至到期投资重分类为可供出售金融资产，并以公允价值进行后续计量
借：可供出售金融资产——成本（公允价值）
贷：持有至到期投资（摊余成本）
其他综合收益（或在借方）
3. 按照金融工具确认和计量的规定应当以公允价值计量，但以前公允价值不能可靠计量的可供出售金融资产，企业应当在其公允价值能够可靠计量时改按公允价值计量，将账面价值与公允价值之间的差额记入“其他综合收益”科目，在其发生减值或终止确认时将上述差额转出，计入当期损益</td></tr>
<tr><td>采用权益法核算的长期股权投资</td><td>被投资单位实现收益时：
借：长期股权投资——其他综合收益
贷：其他综合收益
被投资单位实现亏损时，作相反的分录。
待该项股权投资处置时，将原计入其他综合收益的金额转入当期损益</td></tr>
<tr><td>自用房地产转换为投资性房地产</td><td>企业将自用的建筑物等转换为采用公允价值模式计量的投资性房地产时：
公允价值低于原账面价值时，
借：投资性房地产——成本
固定资产减值准备
累计折旧
公允价值变动损益
贷：固定资产
或公允价值低于原账面价值时，
借：投资性房地产——成本
固定资产减值准备
累计折旧
贷：固定资产
其他综合收益
待该项投资性房地产处置时，因转换计入其他综合收益的部分应转入当期损益</td></tr>
</table>

续表

项目	包括	会计处理
以后会计期间满足规定条件时将重分类进损益的其他综合收益项目	现金流量套期工具产生的利得或损失中属于有效套期的部分	现金流量套期工具利得或损失中属于有效套期的部分，直接确认为其他综合收益，该有效套期部分的金额，按下列两项的绝对额中较低者确定：(1) 套期工具自套期开始的累计利得或损失；(2) 被套期项目自套期开始的预计未来现金现值的累计变动额
	外币财务报表折算差额	按照外币折算的要求，企业在处置境外经营的当期，将已列入合并财务报表所有者权益的外币报表折算差额中与该境外经营相关部分，自其他综合收益项目转入处置当期损益。如果是部分处置境外经营，应当按处置的比例计算处置部分的外币报表折算差额，转入处置当期损益

第三节 留存收益的核算

一、盈余公积

（一）盈余公积的有关规定

企业提取盈余公积主要可以用于以下几个方面：

(1) 弥补亏损。企业发生亏损时，应由企业自行弥补。弥补亏损的渠道主要有三条：一是用以后年度税前利润弥补。二是用以后年度税后利润弥补。企业发生的亏损经过五年期间未弥补足额的，尚未弥补的亏损应用所得税后的利润弥补。三是以盈余公积弥补亏损。

(2) 转增资本。企业提取的盈余公积，无论是用于弥补亏损，还是用于转增资本，只不过是在企业所有者权益内部作结构上的调整，比如企业以盈余公积弥补亏损时，实际是减少盈余公积留存的数额，以此抵补未弥补亏损的数额，并不引起企业所有者权益总额的变动；企业以盈余公积转增资本时，也只是减少盈余公积结存的数额，但同时增加企业实收资本或股本的数额，也并不引起所有者权益总额的变动。

(3) 扩大企业生产经营。企业盈余公积的结存数，实际只表现为企业所有者权益的组成部分，表明企业生产经营资金的一个来源而已。其形成的资金可能表现为一定的货币资金，也可能表现为一定的实物资产，如存货和固定资产等，随同企业的其他来源所形成的资金进行循环周转，用于企业的生产经营。

（二）盈余公积的确认和计量

为了反映盈余公积的形成及使用情况，企业应设置“盈余公积”科目。企业应当分别“法定盈余公积”“任意盈余公积”进行明细核算。

企业提取盈余公积时，借记“利润分配——提取法定盈余公积”“利润分配——提取任意盈余公积”科目，贷记“盈余公积——法定盈余公积”“盈余公积——任意盈余公积”

科目。

企业用盈余公积弥补亏损或转增资本时，借记“盈余公积”，贷记“利润分配——盈余公积补亏”“实收资本”或“股本”科目。经股东大会决议，用盈余公积派送新股，按派送新股计算的金额，借记“盈余公积”科目，按股票面值和派送新股总数计算的股票面值总额，贷记“股本”科目。

二、未分配利润

未分配利润是企业留待以后年度进行分配的结存利润，也是企业所有者权益的组成部分。相对于所有者权益的其他部分来讲，企业对于未分配利润的使用分配有较大的自主权。从数量上来讲，未分配利润是期初未分配利润，加上本期实现的净利润，减去提取的各种盈余公积和分出利润后的余额。

在会计处理上，未分配利润是通过“利润分配”科目进行核算的，“利润分配”科目应当分别“提取法定盈余公积”“提取任意盈余公积”“应付现金股利或利润”“转作股本的股利”“盈余公积补亏”和“未分配利润”等进行明细核算。

（一）分配股利或利润的会计处理

经股东大会或类似机构决议，分配给股东或投资者的现金股利或利润，借记“利润分配——应付现金股利或利润”科目，贷记“应付股利”科目。经股东大会或类似机构决议，分配给股东的股票股利，应在办理增资手续后，借记“利润分配——转作股本的股利”科目，贷记“股本”科目。

（二）期末结转的会计处理

企业期末结转利润时，应将各损益类科目的余额转入“本年利润”科目，结平各损益类科目。年度终了，应将本年收入和支出相抵后结出的本年实现的净利润或净亏损，转入“利润分配——未分配利润”科目。同时，将“利润分配”科目所属的其他明细科目的余额，转入“未分配利润”明细科目。结转后，“未分配利润”明细科目的贷方余额，就是未分配利润的金额；如出现借方余额，则表示未弥补亏损的金额。“利润分配”科目所属的其他明细科目应无余额。

（三）弥补亏损的会计处理

企业在当年发生亏损的情况，与实现利润的情况相同，应当将本年发生的亏损自“本年利润”科目，转入“利润分配——未分配利润”科目，借记“利润分配——未分配利润”科目，贷记“本年利润”科目，结转后“利润分配”科目的借方余额，即为未弥补亏损的数额。然后通过“利润分配”科目核算有关亏损的弥补情况。

【例 17-4】安达建设股份有限公司的股本为 100 000 000 元，每股面值 1 元。2014 年年初未分配利润为贷方 80 000 000 元，2014 年实现净利润 50 000 000 元。

假定公司按照 2014 年实现净利润的 10% 提取法定盈余公积，5% 提取任意盈余公积，同时向股东按每股 0.2 元派发现金股利，按每 10 股送 3 股的比例派发股票股利。2015 年 3 月 15 日，公司以银行存款支付了全部现金股利，新增股本也已经办理完股权登记和相关增资手续。安达公司的账务处理如下：

(1) 2014 年度终了时，企业结转本年实现的净利润：

借：本年利润　　50 000 000

　　贷：利润分配——未分配利润　　50 000 000

(2) 提取法定盈余公积和任意盈余公积：

借：利润分配——提取法定盈余公积　　5 000 000

　　　　　　——提取任意盈余公积　　2 500 000

　　贷：盈余公积——法定盈余公积　　5 000 000

　　　　　　　　——任意盈余公积　　2 500 000

(3) 结转“利润分配”的明细科目：

借：利润分配——未分配利润　　7 500 000

　　贷：利润分配——提取法定盈余公积　　5 000 000

　　　　　　　　——提取任意盈余公积　　2 500 000

安达公司 2014 年年末“利润分配——未分配利润”科目的余额为：

80 000 000+50 000 000−7 500 000=122 500 000（元）

即贷方余额为 122 500 000 元，反映企业的累计未分配利润为 122 500 000 元。

(4) 批准发放现金股利：

100 000 000 × 0.2=20 000 000（元）

借：利润分配——应付现金股利　　20 000 000

　　贷：应付股利　　20 000 000

2015 年 3 月 15 日，实际发放现金股利：

借：应付股利　　20 000 000

　　贷：银行存款　　20 000 000

(5) 2015 年 3 月 15 日，发放股票股利：

100 000 000 × 1 × 30% =30 000 000（元）

借：利润分配——转作股本的股利　　30 000 000

　　贷：股本　　30 000 000

第十八章　建造合同核算

第一节　建造合同概述

建筑安装企业和生产飞机、船舶、大型机械设备等产品的工业制造企业，其生产活动、经营方式不同于一般工商企业，有其特殊性：(1) 这类企业所建造或生产的产品通常体积巨大，如建造的房屋、道路、桥梁、水坝等，或生产的飞机、船舶、大型机械设备等；(2) 建造或生产产品的周期比较长，往往跨越一个或几个会计期间；(3) 所建造或生产的产品的价值比较大。因此，在现实经济生活中，这类企业在开始建造或生产产品之前，通常要与产品的需求方（即客户）签订建造合同。建造合同是指为建造一项或数项在设计、技术、功能、最终用途等方面密切相关的资产而订立的合同。合同的甲方称为客户，乙方称为建造承包商。

建造合同分为固定造价合同和成本加成合同。

固定造价合同，是指按照固定的合同价或固定单价确定工程价款的建造合同。例如：建造一座办公楼，合同规定总造价为 3 000 万元；建造一条公路，合同规定每公里单价为 400 万元。

成本加成合同，是指以合同约定或其他方式议定的成本为基础，加上该成本的一定比例或定额费用确定工程价款的建造合同。例如：建造一艘船舶，合同总价款以建造该船舶的实际成本为基础，加收 3% 计取；建造一段地铁，合同总价款以建造该段地铁的实际成本为基础，每公里加收 600 万元。

第二节　合同的分立与合并

企业通常应当按照单项建造合同进行会计处理。但是，在某些情况下，为了反映一项或一组合同的实质，需要将单项合同进行分立或将数项合同进行合并。

一、合同分立

有的资产建造虽然形式上只签订了一项合同，但其中各项资产在商务谈判、设计施工、价款结算等方面都是可以相互分离的，实质上是多项合同，在会计上应当作为不同的核算对象。

一项包括建造数项资产的建造合同，同时满足下列三项条件的，每项资产应当分立为单项合同：①每项资产均有独立的建造计划；②与客户就每项资产单独进行谈判，双方能够接受或拒绝与每项资产有关的合同条款；③每项资产的收入和成本可以单独辨认。

【例 18-1】某建筑公司与客户签订一项合同，为客户建造一栋宿舍楼和一座食堂。在签订合同时，建筑公司与客户分别就所建宿舍楼和食堂进行谈判，并达成一致意见：宿舍楼的工程造价为500 万元，食堂的工程造价为 200 万元。宿舍楼和食堂均有独立的施工图预算，宿舍楼的预计总成本为 450 万元，食堂的预计总成本为 170 万元。根据上述资料分析：由于宿舍楼和食堂均有独立的施工图预算，因此符合条件 (1)；由于在签订合同时，建筑公司与客户分别就所建宿舍楼和食堂进行谈判，并达成一致意见，因此符合条件 (2)；由于宿舍楼和食堂均有单独的造价和预算成本，因此符合条件 (3)。建筑公司应将建造宿舍楼和食堂分立为两个单项合同进行会计处理。

如果不同时满足上述三个条件，则不能将合同分立，而应将其作为一个合同进行会计处理。假如上例中，没有明确宿舍楼和食堂各自的工程造价，而是以 700 万元的总金额签订了该项合同，也未作出各自的预算成本。这时，不符合条件 (3)，则建筑公司不能将该项合同分立为两个单项合同进行会计处理。

二、合同合并

有的资产建造虽然形式上签订了多项合同，但各项资产在设计、技术、功能、最终用途上是密不可分的，实质上是一项合同，在会计上应当作为一个核算对象。

一组合同无论对应单个客户还是多个客户，同时满足下列三项条件的，应当合并为单项合同：①该组合同按一揽子交易签订；②该组合同密切相关，每项合同实际上已构成一项综合利润率工程的组成部分；③该组合同同时或依次履行。

【例 18-2】为建造一个冶炼厂，某建造承包商与客户一揽子签订了三项合同，分别建造一个选矿车间、一个冶炼车间和一个工业污水处理系统。根据合同规定，这三个工程将由该建造承包商同时施工，并根据整个项目的施工进度办理价款结算。根据上述资料分析，由于这三项合同是一揽子签订的，表明符合条件 (1)。对客户而言，只有这三项合同全部完工交付使用，该冶炼厂才能投料生产，发挥效益；对建造承包商而言，这三项合同的各自完工进度，直接关系到整个建设项目的完工进度和价款结算，并且建造承包商对工程施工人员和工程用料实行统一管理。因此，该组合同密切相关，已构成一项综合利润率工程项目，表明符合条件 (2)。该组合同同时履行，表明符合条件 (3)。因此，该建造承包商应将该组合同合并为一个合同进行会计处理。

三、追加资产的建造

有时，在建造合同执行过程中，客户可能会提出追加建造资产的要求，从而与建造承包商协商变更原合同内容或者另行签订建造追加资产的合同。根据不同情况，建造追加资产的合同可能与原合同合并为一项合同进行会计核算，也可能作为单项合同单独核算。

追加资产的建造，满足下列条件之一的，应当作为单项合同：①该追加资产在设计、技术或功能上与原合同包括的一项或数项资产存在重大差异；②议定该追加资产的造价时，不需要考虑原合同价款。

【例 18-3】某建筑商与客户签订了一项建造合同。合同规定，建筑商为客户设计并建造一栋教学楼，教学楼的工程造价（含设计费用）为 600 万元，预计总成本为 550 万元。合同履行一段时间后，客户决定追加建造一座地上车库，并与该建筑商协商一致，变更了原合同内容。根据上述资料分析：由于该地上车库在设计、技术和功能上与原合同包括的教学楼存在重大差异，表明符合条件 (1)，因此该追加资产的建造应当作为单项合同。

第三节　合同收入与成本

一、合同收入的组成

合同收入包括两部分内容：①合同规定的初始收入。即建造承包商与客户签订的合同中最初商定的合同总金额，它构成了合同收入的基本内容。②因合同变更、索赔、奖励等形成的收入。

合同变更是指客户为改变合同规定的作业内容而提出的调整。合同变更条款同时满足下列条件的，才能构成合同收入：①客户能够认可因变更而增加的收入；②该收入能够可靠地计量。例如，某建造承包商与客户签订了一项建造图书馆的合同，建设期 3 年。第二年，客户要求将原设计中采用的铝合金门窗改为采用塑钢门窗，并同意增加合同造价 50 万元。本例中，建造承包商可在第二年将因合同变更而增加的收入 50 万元认定为合同收入的组成部分；假如建造承包商认为此项变更应增加造价 50 万元，但双方最终只达成增加造价 40 万元的协议，则只能将 40 万元认定为合同收入的组成部分。

索赔款是指因客户或第三方的原因造成的、向客户或第三方收取的、用以补偿不包括在合同造价中的成本的款项。索赔款同时满足下列条件的，才能构成合同收入：①根据谈判情况，预计对方能够同意该项索赔；②对方同意接受的金额能够可靠地计量。例如，某建造承包商与客户签订了一项建造水电站的合同。合同规定的建设期是 2006 年 1 月至 2009 年 12 月；同时规定，发电机由客户采购，于 2008 年 10 月交付建造承包商进行安装。在该项合同执行过程中，客户于 2009 年 1 月才将发电机交付建造承包商。建造承包商因客户交货延期要求客户支付延误工期款 150 万元。本例中，假如客户不同意支付延误工期款，则不能将 150 万元计入合同总收入；假如客户只同意支付延误工期款 100 万元，则只能将 100 万元认定为合同收入的组成部分。

奖励款是指工程达到或超过规定的标准，客户同意支付的额外款项。奖励款同时满足下列条件的，才能构成合同收入：①根据合同目前完成情况，足以判断工程进度和工程质量能够达到或超过规定的标准；②奖励金额能够可靠地计量。例如，某建造承包商与客户签订一项建造大桥的合同，合同规定的建设期为 2007 年 10 月 25 日至 2009 年 10 月 25 日。2009 年 7 月，主体工程已基本完工，工程质量符合设计要求，有望提前 3 个月竣工，客户同意向建造承包商支付提前竣工奖 100 万元。本例中，假如该项合同的主体工程虽于 2009 年 7 月基本完工，但是经工程监理人员认定，工程质量未达到设计要求，还需进一步施工，则不能认定奖励款构成合同收入。

二、合同成本的组成

合同成本是指为建造某项合同而发生的相关费用，合同成本包括从合同签订开始至合同完成止所发生的、与执行合同有关的直接费用和间接费用。这里所说的“直接费用”是指为完成合同所发生的、可以直接计入合同成本核算对象的各项费用支出；“间接费用”是指为完成合同所发生的、不宜直接归属于合同成本核算对象而应分配计入有关合同成本核算对象的各项费用支出。实务中，间接费用的分配方法主要有人工费用比例法、直接费用比例法等。与合同有关的零星收益，即在合同执行过程中取得的、非经常性的零星收益，如完成合同后处置残余物资取得的收益，不应计入合同收入而应冲减合同成本。

(1) 直接费用的组成。合同的直接费用包括四项内容：耗用的材料费用、耗用的人工费用、耗用的机械使用费和其他直接费用。

耗用的材料费用主要包括施工生产过程中耗用的构成工程实体或有助于形成工程实体的原材料、辅助材料、构配件、零件、半成品的成本和周转材料的摊销及租赁费用。周转材料是指企业在施工过程中能多次使用并可基本保持原来的实物形态而逐渐转移其价值的材料，如施工中使用的模板、挡板和脚手架等。

耗用的人工费用主要包括从事工程建造的人员的工资、奖金、津贴补贴、职工福利费等职工薪酬。

耗用的机械使用费主要包括施工生产过程中使用自有施工机械所发生的机械使用费、租用外单位施工机械支付的租赁费和施工机械的安装、拆卸和进出场费。

其他直接费用是指在施工过程中发生的除上述三项直接费用以外的其他可以直接计入合同成本核算对象的费用。主要包括有关的设计和技术援助费用、施工现场材料的二次搬运费、生产工具和用具使用费、检验试验费、工程定位复测费、工程点交费用、场地清理费用等。

(2) 间接费用的组成。间接费用主要包括临时设施摊销费用和企业下属的施工、生产单位组织和管理施工生产活动所发生的费用，如管理人员薪酬、劳动保护费、固定资产折旧费及修理费、物料消耗、取暖费、水电费、办公费、差旅费、财产保险费、工程保修费、排污费等。这里所说的“施工单位”是指建筑安装企业的施工队、项目经理部等；“生产单位”是指船舶、飞机、大型机械设备等制造企业的生产车间。这些单位可能同时组织实施几项合同，其发生的费用应由这几项合同的成本共同负担。

(3) 因订立合同而发生的费用。建造承包商为订立合同而发生的差旅费、投标费等，能够单独区分和可靠计量且合同很可能订立的，应当予以归集，待取得合同时计入合同成本；未满足上述条件的，应当计入当期损益。

(4) 不计入合同成本的各项费用。下列各项费用属于期间费用，应在发生时计入当期损益，不计入建造合同成本：

①企业行政管理部门为组织和管理生产经营活动所发生的管理费用。这里所述的“企业行政管理部门”包括建筑安装公司的总公司以及船舶、飞机、大型机械设备制造企业等企业总部。

②船舶等制造企业的销售费用。

③企业为建造合同借入款项所发生的、不符合借款费用准则规定的资本化条件的借款费用。例如：企业在建造合同完成后发生的利息净支出、汇兑净损失、金融机构手续费以及筹资发生的其他财务费用。

第四节 合同收入与合同费用的确认与计量

合同收入与合同费用确认的基本原则是：①如果建造合同的结果能够可靠估计，企业应根据完工百分比法在资产负债表日确认合同收入和合同费用。②如果建造合同的结果不能可靠估计，应分两种情况进行处理：合同成本能够收回的，合同收入根据能够收回的实际合同成本金额予以确认，合同成本在其发生的当期确认为合同费用；合同成本不可能收回的，应在发生时立即确认为合同费用，不确认合同收入。

合同预计总成本超过合同总收入的，应当将预计损失确认为当期费用。

一、结果能够可靠估计的建造合同

建造合同的结果能够可靠估计的，企业应根据完工百分比法在资产负债表日确认合同收入和合同费用。完工百分比法是根据合同完工进度确认合同收入和费用的方法，运用这种方法确认合同收入和费用，能为报表使用者提供有关合同进度及本期业绩的有用信息。

(1) 建造合同的结果能够可靠估计的认定标准。固定造价合同的结果能够可靠估计的认定标准为同时具备以下四个条件：①合同总收入能够可靠地计量；②与合同相关的经济利益很可能流入企业；③实际发生的合同成本能够清楚地区分和可靠地计量；④合同完工进度和为完成合同尚需发生的成本能够可靠地确定。

成本加成合同的结果能够可靠估计的认定标准为同时具备以下两个条件：①与合同相关的经济利益很可能流入企业；②实际发生的合同成本能够清楚地区分和可靠地计量。

(2) 完工进度的确定。确定合同完工进度有以下三种方法：

①根据累计实际发生的合同成本占合同预计总成本的比例确定。该方法是确定合同完工进度比较常用的方法。计算公式如下：

合同完工进度 = 累计实际发生的合同成本 ÷ 合同预计总成本 × 100%

累计实际发生的合同成本是指形成工程完工进度的工程实体和工作量所耗用的直接成本和间接成本，不包括与合同未来活动相关的合同成本（如施工中尚未安装、使用或耗用的材料成本），以及在分包工程的工作量完成之前预付给分包单位的款项（根据分包工程进度支付的分包工程进度款，应构成累计实际发生的合同成本）。

②根据已经完成的合同工作量占合同预计总工作量的比例确定。该方法适用于合同工作量容易确定的建造合同，如道路工程、土石方挖掘、砌筑工程等。计算公式如下：

合同完工进度 = 已经完成的合同工作量 ÷ 合同预计总工作量 × 100%

③根据实际测定的完工进度确定。该方法是在无法根据上述两种方法确定合同完工进度时所采用的一种特殊的技术测量方法，适用于一些特殊的建造合同，如水下施工工程等。需要注意的是，这种技术测量并不是由建造承包商自行随意测定，而应由专业人员现场进行科学测定。

(3) 完工百分比法的运用。确定建造合同的完工进度后，就可以根据完工百分比法确认和计量当期的合同收入和费用。当期确认的合同收入和费用可按下列公式计算：

当期确认的合同收入 = 合同总收入 × 完工进度 - 以前会计期间累计已确认的收入

当期确认的合同费用 = 合同预计总成本 × 完工进度 - 以前会计期间累计已确认的费用

当期确认的合同毛利 = 当期确认的合同收入 - 当期确认的合同费用

上述公式中的完工进度指累计完工进度。

对于当期完成的建造合同，应当按照实际合同总收入扣除以前会计期间累计已确认收入后的金额，确认为当期合同收入；同时，按照累计实际发生的合同成本扣除以前会计期间累计已确认费用后的金额，确认为当期合同费用。

【例 18-4】某建筑企业签订了一项总金额为 2 700 000 元的固定造价合同，合同完工进度按照累计实际发生的合同成本占合同预计总成本的比例确定。工程已于 2007 年 2 月开工，预计 2009 年 9 月完工。最初预计的工程总成本为 2 500 000 元，到 2008 年年底，由于材料价格上涨等因素调整了预计总成本，预计工程总成本已为 3 000 000 元。该建筑企业于 2009 年 7 月提前两个月完成了建造合同，工程质量优良，客户同意支付奖励款 300 000 元。建造该工程的其他有关资料如表 18 -1 所示。

表 18 -1　　单位：元

项　目	2007 年	2008 年	2009 年
累计实际发生成本	800 000	2 100 000	2 950 000
预计完成合同尚需发生成本	1 700 000	900 000	
结算合同价款	1 000 000	1 100 000	900 000
实际收到价款	800 000	900 000	1 300 000

该建筑企业对本项建造合同的有关账务处理如下（为简化起见，会计分录以汇总数反映，有关纳税业务的会计分录略）：

(1) 2007 年账务处理如下：

登记实际发生的合同成本：

借：工程施工——合同成本　　800 000

　　贷：原材料、应付职工薪酬、机械作业等　　800 000

登记已结算的合同价款：

借：应收账款　　1 000 000

　　贷：工程结算　　1 000 000

登记实际收到的合同价款：

借：银行存款　　800 000

　　贷：应收账款　　800 000

确认计量当年的合同收入和费用，并登记入账：

2007 年的完工进度 =800 000 ÷ (800 000 +1 700 000) ×100%=32%

2007 年确认的合同收入 =2 700 000 × 32% =864 000（元）

2007 年确认的合同费用 =(800 000 +1 700 000) × 32%=800 000（元）

2007 年确认的合同毛利 =864 000 － 800 000= 64 000（元）

借：主营业务成本　　800 000

　　工程施工——合同毛利　　64 000

　　贷：主营业务收入　　864 000

(2) 2008 年的账务处理如下：

登记实际发生的合同成本：

借：工程施工——合同成本　　1 300 000

　　贷：原材料、应付职工薪酬、机械作业等　　1 300 000

登记结算的合同价款：

借：应收账款　　1 100 000

　　贷：工程结算　　1 100 000

登记实际收到的合同价款：

借：银行存款　　900 000

　　贷：应收账款　　900 000

确认计量当年的合同收入和费用，并登记入账：

2008 年的完工进度 =2 100 000 ÷ (2 100 000 +900 000) × 100% =70%

2008 年确认的合同收入 =2 700 000 × 70%−864 000 =1 026 000（元）

2008 年确认的合同费用 =(2 100 000 +900 000) × 70% − 800 000

=1 300 000（元）

2008 年确认的合同毛利 =1 026 000 −1 300 000=−274 000（元）

2008 年确认的合同预计损失 =(2 100 000 +900 000 −2 700 000) × (1−70%)

= 90 000（元）

借：主营业务成本　　1 300 000

　　贷：主营业务收入　　1 026 000

　　　　工程施工——合同毛利　　274 000

注：在 2008 年年底，由于该合同预计总成本（3 000 000 元）大于合同总收入（2 700 000 元），预计发生损失总额为 300 000 元，由于已在“工程施工——合同毛利”中反映了 − 210 000 元 (64 000−274 000) 的亏损，因此应将剩余的、为完成工程将发生的预计损失 90 000 元确认为当期费用。

借：资产减值损失　　90 000

　　贷：存货跌价准备　　90 000

(3) 2009 年的账务处理如下：

登记实际发生的合同成本：

借：工程施工——合同成本　　850 000

　　贷：原材料、应付职工薪酬、机械作业等　　850 000

登记结算的合同价款：

借：应收账款　　900 000

　　贷：工程结算　　900 000

登记实际收到的合同价款：

借：银行存款　　1 300 000

　　贷：应收账款　　1 300 000

确认计量当年的合同收入和费用，并登记入账：

2009 年确认的合同收入 =(2 700 000 +300 000) − (864 000 +1 026 000)

=1 110 000（元）

2009 年确认的合同费用 =2 950 000 − 800 000 −1 300 000= 850 000（元）

2009 年确认的合同毛利 =1 110 000 − 850 000= 260 000（元）

借：主营业务成本　　850 000

　　工程施工——合同毛利　　260 000

　　贷：主营业务收入　　1 110 000

2009 年工程全部完工，应将“存货跌价准备”科目相关余额冲减“主营业务成本”，同时将“工程施工”科目的余额与“工程结算”科目的余额相对冲：

借：存货跌价准备　　90 000

　　贷：主营业务成本　　90 000

借：工程结算　　3 000 000

　　贷：工程施工——合同成本　　2 950 000

　　　　　　　　——合同毛利　　50 000

二、结果不能可靠估计的建造合同

如果建造合同的结果不能可靠估计，则不能采用完工百分比法确认和计量合同收入和费用，而应区别以下两种情况进行会计处理：(1) 合同成本能够收回的，合同收入根据能够收回的实际合同成本予以确认，合同成本在其发生的当期确认为合同费用；(2) 合同成本不可能收回的，应在发生时立即确认为合同费用，不确认合同收入。

【例 18-5】某建筑公司与客户签订了一项总金额为 120 万元的建造合同。第一年实际发生工程成本 50 万元，双方均能履行合同规定的义务，但建筑公司在年末时对该项工程的完工进度无法可靠确定。

本例中，该公司不能采用完工百分比法确认收入。由于客户能够履行合同，当年发生的成本均能收回，所以公司可将当年发生的成本金额同时确认为当年的收入和费用，当年不确认利润。其账务处理如下：

借：主营业务成本　　500 000

　　贷：主营业务收入　　500 000

如果该公司当年与客户只办理价款结算 30 万元，其余款项可能收不回来。在这种情况下，该公司只能将 30 万元确认为当年的收入，50 万元应确认为当年的费用。其账务处理如下：

借：主营业务成本　　500 000

　　贷：主营业务收入　　300 000

　　　　工程施工——合同毛利　　200 000

如果建造合同的结果不能可靠估计的不确定因素不复存在，就不应再按照上述规定确认合同收入和费用，而应转为按照完工百分比法确认合同收入和费用。

【例 18-6】沿用【例 18 - 5】，如果到第二年，完工进度无法可靠确定的因素消除。第二年实际发生成本为 30 万元，预计为完成合同尚需发生的成本为 20 万元，则企业应当计算合同收入和费用如下：

第二年合同完工进度 = (50 +30) ÷ (50 +30 +20) × 100% =80%

第二年确认的合同收入 =120 × 80% － 30= 66（万元）

第二年确认的合同成本 = (50+30+20) × 80% −50 =30（万元）

第二年确认的合同毛利 =66−30= 36（万元）

其账务处理如下：

借：主营业务成本 300 000

工程施工——合同毛利 360 000

贷：主营业务收入 660 000

三、合同预计损失的处理

建造承包商正在建造的资产，类似于工业企业的在产品，性质上属于建造承包商的存货，期末应当对其进行减值测试。如果建造合同的预计总成本超过合同总收入，则形成合同预计损失，应提取损失准备，并确认为当期费用。合同完工时，将已提取的损失准备冲减合同费用。

【例 18-7】某建筑公司签订了一项总金额为 120 万元的固定造价合同，最初预计总成本为 100 万元。第一年实际发生成本 70 万元。年末，预计为完成合同尚需发生成本 55 万元。该合同的结果能够可靠估计。该公司在年末应进行如下账务处理：

第一年合同完工进度 =70 ÷ (70+55) × 100%=56%

第一年确认的合同收入 =120 × 56%=67.2（万元）

第一年确认的合同费用 = (70+55) × 56%=70（万元）

第一年确认的合同毛利 = 67.2− 70=−2.8（万元）

第一年预计的合同损失 =[(70+55)−120] × (1−56%)=2.2（万元）

其账务处理如下：

借：主营业务成本 700 000

贷：主营业务收入 672 000

工程施工——合同毛利 28 000

借：资产减值损失 22 000

贷：存货跌价准备 22 000

第五节 建造合同的披露与列报

(1) 与同一客户同一项目因预收工程款形成的“预收账款”科目余额、中期工程结算形成的“应收账款”科目余额应予以抵销，余额列示在“应收账款”或“预收账款”科目中。非同一客户同一项目因预收工程款、中期工程结算形成的债权债务，不能予以抵销。

(2) 期末列报时，“工程结算”科目贷方余额应与“工程施工”科目借方余额相互抵销。

①“应收账款”或“预收账款”科目相互抵销后余额在“应收账款”的情况。

“工程结算”与“工程施工”科目相互抵销形成的借差余额列报在“存货”项目中。

“工程结算”与“工程施工”科目相互抵销形成的贷差余额列报在“预收账款”项目中，不与因债权债务形成的“应收账款”与“预收账款”科目相互抵销后形成的借差余额冲抵。

②“应收账款”或“预收账款”科目相互抵销后余额在“预收账款”的情况。

“工程结算”与“工程施工”科目相互抵销形成的借差余额，与因债权债务形成的“应收账款”与“预收账款”科目相互抵销后形成的贷差余额冲抵。冲抵后的余额在借方的，在“存货”项目中列报，冲抵后的余额在贷方的，在“预收账款”项目中列报。

“工程结算”与“工程施工”科目相互抵销形成的贷差余额，与因债权债务形成的“应收账款”与“预收账款”科目相互抵销后形成的贷差余额，一并列报在“预收账款”项目中。未收回质保金，期末应按折现金额或计提坏账准备后的金额，列示在“应收账款”科目，不得与“预收账款”相抵销。

第十九章 工程成本核算

第一节 工程成本概述

施工企业在一定时期内，为了进行施工生产而发生的各种耗费的货币表现叫做生产费用。把与生产有直接关系的生产费用，以各个单项工程为对象，按一定的方法进行归集，就构成各项工程的工程成本。

工程成本的核算，就是对施工企业在一定时期内的费用支出进行归集，分配，再归集，再分配，形成工程成本，它是施工企业会计核算的主要内容。

一、工程成本的概念

成本是指企业为生产产品、提供劳务而发生的各种耗费。施工企业为进行一定的工程施工所发生的直接人工、直接材料、机械使用费、其他直接费和间接费用的总和，构成工程成本。施工企业在施工过程中，一方面生产出建筑产品，另一方面消耗一定数量的人力、物力和财力，这些消耗的货币表现，即为施工费用。也就是说施工费用是指施工企业在生产经营过程中发生的各种耗费。费用是一定期间的发生额，与时间相联系，而成本按一定的计算对象归集，是对象化的费用。费用是计算成本的基础，成本是费用的对象。

二、工程成本项目的内容

建筑安装工程成本，是施工企业在生产经营过程中，为完成一定数量的建筑工程和安装工程所发生的费用总和。它是全面反映经营管理工作质量的一个综合指标。

《企业会计制度》第 94 条规定："建筑承包商建造工程合同成本应当包括从合同签订开始至合同完成止所发生的、与执行合同有关的直接费用和间接费用"。建造工程合同成本在施工企业通常称为建筑安装工程成本。

具体分为以下项目。

1. 人工费

人工费指直接从事建筑安装工程施工的工人和在施工现场直接为工程制作构件的工人

以及在现场运料、配料等辅助工人的基本工资、浮动工资、工资性津贴和应计入成本的奖金。

2. 材料费

材料费指在施工过程中所耗用的、构成工程实体的各种主要材料、结构件和有助于工程形成的其他材料的费用，以及周转材料的摊销额。

3. 机械使用费

机械使用费是指在施工过程中，使用自有施工机械所发生的机械使用费，使用外单位施工机械的租赁费。

4. 其他直接费

其他直接费是指直接费以外的施工过程中发生的其他费用。同材料费、人工费、机械使用费相比，其他直接费具有较大弹性。就具体单项资产（单位工程）来讲，可能发生也可能不发生，需要根据现场具体施工条件加以确定。具体包括设计有关的技术援助费用、施工现场材料的二次搬运费、生产工具和用具使用费、检验试验费、工程定位复测费、工程点交费用、场地清理费用等其他直接费用。

5. 间接费用

间接费用是企业下属的施工单位或生产单位为组织和管理施工生产活动所发生的费用，通常是指分公司或项目经理部为施工准备、组织施工生产和管理所需的费用，包括临时设施摊销费用和施工、生产单位管理人员工资、奖金、职工福利费、劳动保护费、固定资产折旧费及修理费、物料消耗、低值易耗品摊销、取暖费、水电费、办公费、差旅费、财产保险费、工程保修费、排污费等。

第 1 ~ 4 项内容计入直接费用，在发生时应当直接计入合同成本；第 5 项内容计入间接费用，应当在期末按照合理的方法分摊计入合同成本。与合同有关的零星收益，如合同完成后处置残余物资取得的收益，应当冲减合同成本。

三、工程成本的核算程序

在生产过程中，为及时归集和分配各种费用，施工企业应设置“工程施工”“机械作业”等科目进行成本核算。

“工程施工”科目是用以核算企业组织工程施工时所发生的各项费用支出的科目，其借方登记施工过程中发生的应计入工程成本的各种费用累计发生额以及合同毛利，合同完工时，其借方累计余额与“工程结算”科目的贷方余额对冲。该科目按成本核算对象设置明细账，并设置“合同成本”和“合同毛利”两个明细科目，“合同成本”项目下再设置“直接人工费”“直接材料费”“机械使用费”“其他直接费”“间接费”“劳务协作成本”等六个明细科目进行明细核算。

企业在进行工程成本核算时，对于施工过程中发生的各项费用，首先应按照费用的用途和发生的地点进行归集，凡能分清成本核算对象的，应直接计入各成本项目。不能分清成本核算对象的，则应按照发生地点进行归集，期末按照一定的标准分配计入各成本项目。工程成本的核算一般应按照下列程序进行：

(1) 将本期发生的施工费用，按其发生地点和经济用途分别分配和归集到“工程施工——待分配直接费”“工程施工——待分配间接费”“机械作业”“工程施工”等有关的施工费用账户。

(2) 将归集在“机械作业”账户的费用，按照一定的分配标准分配计入有关的工程成本。

(3) 将归集在“辅助生产”账户中的费用，按各受益对象进行分配并转入“工程施工”“机械作业”和“管理费用”等账户。

(4) 将归集在“工程施工——待分配直接费”账户中的费用，按各受益对象进行分配并转入“工程施工”等账户。

(5) 将归集在“工程施工——待分配间接费”账户中的费用，按各受益对象进行分配并转入“工程施工”等账户。

(6) 根据建造合同的结果是否能够可靠估计，分别适用不同方法确认合同收入和合同成本。

第二节 工程成本核算

一、人工费的归集和分配

(一) 人工费的概念和内容

工程成本中的人工费，是指在施工过程中直接参加施工生产的建筑安装工人以及在施工现场直接为工程制作构件和运料、配料等辅助生产工人的工资、工资性津贴、职工福利费和劳动保护费等。具体包括：

(1) 基本工资，也称标准工资。它是按照规定的标准计算的工资，在结构工资制下包括：基础工资、职务工资和工龄津贴，是职工的基本收入，基本工资又可分为计时工资和计件工资两种形式。

(2) 经常性奖金。它是指对完成和超额完成工作量以及有关经济技术指标的职工支付的各种奖励性报酬。如超产奖、质量奖、安全(无事故)奖、考核各项经济技术指标的综合奖、提前竣工奖、年终奖、节约奖、劳动竞赛奖等。

(3) 津贴。它是指为了补偿职工额外或特殊的劳动消耗，鼓励职工安心于劳动强度大、条件艰苦的工作岗位而支付给职工的各种津贴。如高空津贴、井下津贴、野外津贴、夜班津贴和技术性津贴等。

(4) 补贴。它是指为了保证职工的工资水平不受物价的影响而支付给职工的各种物价补贴。

(5) 加班加点工资。它是指按规定支付给职工的加班工资和加点工资。

(6) 特殊情况下支付的工资。它是指根据国家法律、法规和政策的规定，在非工作时间内支付给职工的工资和其他工资。

（二）人工费的归集

施工企业工程成本中的人工费包括直接从事建筑安装工程施工工人的计时工资、计件工资、工资性津贴及补贴、奖金和社会保险及其他职工薪酬。从事建筑安装的生产人员工资首先归集在“应付职工薪酬”科目，分配时转入“工程施工——× ×项目——合同成本——人工费”“工程施工——待分配直接费”“工程施工——待分配间接费”等科目。

人工费的归集：

借：工程施工——× ×项目——合同成本——直接人工费

　　工程施工——待分配间接费——管理人员工资（其他职工薪酬）

　　贷：应付职工薪酬

凭证附件：工资汇总表。

（三）人工费的分配

人工费可根据施工项目的实际情况按照“直接费”或者“完工产值”为标准进行分配。计算公式如下：

生产人员工资分配率 = 生产人员工资总额 ÷ 各单项工程直接费总额或完工产值 ×100%

某单项工程应分配的人工费 = 生产人员工资分配率 × 该单项工程直接费

分配工资时：

借：应付职工薪酬

　　贷：现金 / 银行存款等

凭证附件：应付职工薪酬分配表。

【例 19-1】某建筑公司第一工程处，同时施工建造 1 号工程和 2 号工程，本月直接参加施工工人的人工费为 346 138 元，1 号工程用工 9 583 工日，2 号工程用工 3 730 工日，人工费分配如表 19-1 所示。

表 19-1　　人工费分配表

2015 年 6 月份　　单位：元

受益对象	实际用工数	平均日工资	应分配工资额
1 号工程	9 583	26	249 158
2 号工程	3 730	26	96 980
合计	13 313		346 138

借：工程施工——1 号工程——合同成本——直接人工费　　249 158

——2号工程——合同成本——直接人工费　　96 980

贷：应付职工薪酬　　346 138

辅助生产部门的人工费、机上人员的人工费、施工管理部门工作人员的人工费，应分别计入“辅助生产”“机械作业”和“制造费用”账户，其他部门人员的工资应计入其他各有关账户。

二、材料费的归集与分配

（一）材料费的概念及内容

工程成本中的材料费，是指建安工程直接耗用的构成工程实体和有助于工程形成的各种主要材料、构件等的成本以及工程使用周转材料应计的摊销价值。在实际工作中，对材料的日常核算既可采用实际成本计价，也可采用计划成本计价。由于建筑材料的市场价格变化较大，为简化核算一般采用计划成本计价。

（二）材料费的归集

发生材料收发业务时，有关部门和人员必须根据不同情况分别填制“领料单”“用料单”“调拨单”“定额领料单”和“大堆材料耗用单”等领料凭证。每月月终，财会部门应根据审核无误的“领料单”“定额领料单”“用料单”“调拨单”“退料单”“大堆材料耗用计算表”“周转材料摊销计算表”等原始凭证编制工程施工材料分配表，按各成本计算对象汇总计算所耗用的各类材料的实际成本。

按计划成本核算的单位，还应当按月分摊材料成本差异。

企业月末应根据材料部门汇总的材料使用情况，分摊本月材料费：

借：工程施工——× ×项目——合同成本——材料费

工程施工——待分配直接费

工程施工——待分配间接费

贷：原材料

凭证附件：依据材料部门提供的材料票据编制的材料分配表。

（三）材料费的分配

材料费的分配，就是定期地将审核后的领料凭证，按材料的用途归类，并将应计入工程成本的材料费用计入工程成本，将不应计入工程成本的材料费计入各自费用项目。

【例 19-2】某建筑公司第一工程处“耗用材料分配表”如表 19-2 所示。

表 19-2　　耗用材料分配表

2015 年 6 月份　　单位：元

材料类别	主要材料		结构件		机械配件		其他材料		总计		
对应账户	计划成本	差异	计划成本	差异	计划成本	差异	计划成本	差异	计划成本	差异	合计
工程施工－合同成本											
1 号工程	623 000	6 230	447 000	4 470					1 070 000	10 700	1 080 700
2 号工程	224 000	2 240	11q 000	1 190					343 000	3 430	346 430
机械作业											
吊车							13 200	—132	13 200	—132	13 068
推土机							14 190	—142	14 190	—142	14 048
制造费用							12 935	—129	12 935	—129	12 806
合计	847 000	8 470	566 000	5 660			40 325	—430	1 453 325	13 727	1 467 052

根据材料分配表编制会计分录：

借：工程施工——合同成本——1号工程　　1 080 700

　　　　　　　　　　　——2号工程　　346 430

　　机械作业　　27116

　　制造费用　　12 806

　　贷：原材料　　1 453 325

　　　　材料成本差异　　13 727

根据分配表及有关工程成本计算单即可登记总账和其他明细账。

三、机械使用费的归集与分配

（一）机械使用费的概念与内容

工程成本项目中的“机械使用费”，指施工企业采用施工机械、运输设备进行机械作业所发生的各项费用。包括企业自有施工机械发生的机械使用费和租用外单位施工机械的租赁费，以及施工机械安装、拆卸和进出场费。

机械使用费应包括以下内容：

(1) 人工费。指司机、司炉等机械操作人员的基本工资。

(2) 燃料及动力费。指机械运转所消耗的电动力、燃料费用。

(3) 折旧及修理费。指按规定对机械计提的折旧基金，大修理基金和实际发生的经常修理费，以及更换工具、部件的价值。

(4) 其他直接费。指机械耗用的润滑及擦拭材料和其他材料费用，以及其他直接费，如养路费、港口费、过渡费、机械搬运、安装、拆卸及辅助设施费等。

(5) 间接费用。指为组织管理机械施工和运输作业所发生的各项费用。

企业工程成本中的机械使用费主要有两类：工程施工过程中使用自有施工机械发生的机械使用费和租用外单位施工机械发生的租赁费以及施工机械的安装、拆卸和进出场费。

（二）机械使用费的归集

对于能够直接计入工程项目的，计入单项工程机械费“工程施工——× ×项目——合同成本——机械使用费”科目。存在多个项目使用，不能分清使用项目的归集到“机械作业”科目。期末，可以根据各成本计算对象使用的机械台班数、作业量数，编制“机械使用费分配表”，将机械使用费分配给各个成本计算对象。

1. 外部租赁机械

借：机械作业——× × 机械（不能分清机械使用项目的）

　　工程施工——× × 项目——合同成本——机械使用费（能分清机械使用项目的）

　　贷：内部往来 / 银行存款 / 应付账款等

凭证附件：内部机械费用结算单、外部机械租赁结算单及发票。

2．自有机械（指项目部所有机械设备）

借：机械作业——××机械

贷：应付职工薪酬

库存材料

累计折旧

凭证附件：机械使用明细表。

（三）机械使用费的分配

能分清楚的直接计入某单项工程机械使用费，如果机械使用费存在多个受益对象，应按照一定的比例分摊。注意以下几点：

(1) 机械管理较细致，现场施工主要机械使用记录较清楚的，可按台班或作业量分配。

(2) 对于现场施工机械繁多，机械使用不易准确记录的，分配标准一般按照直接费或完工产值。

机械使用费分配率 = 机械使用费总额 ÷ 各单项工程直接费总额或完工产值 × 100%

某单项工程应分配的机械使用费 = 机械使用费分配率 × 该单项工程产值或直接费

会计分录：

借：工程施工——××项目——合同成本——机械使用费

贷：机械作业

凭证附件：机械使用费分配表及机械使用费明细。

【例 19-3】某施工企业拥有中型施工机械，使用情况如表 19-3 所示。

表 19-3　　机械使用费资料

2015 年 6 月份

施工机械名称	计划台时费 /(元·台时$^{-1}$)	本期实际使用台时②	合计③=①×②
0.3 立方米履带挖土机	10.00	290 台时（其中：A 工程 240 台时，(工程 50 台时）	2 900
0.4 立方米混凝土搅拌机	3.20	300 台时（其中：A 工程 140 台时，B 工程 100 台时，C 工程 60 台时）	960
其他施工机械			12 140
合计			16 000

(1) 现以 0.3 立方米履带挖土机为例，计算其每个台时的计划单价为 10 元的分解过程，条件为：

随机操作人员工资（1 人 × 人年工资 4 200 元）　4 200

随机操作人员福利费　588

动力用电费（年工作 220 台班 × 台班电费 8 元）　1 760

折旧费（机械原值 50 000 元 × 年折旧率 7.2%）　3 600

大修理费　1 800

经常修理费 1 800

运输装卸费 (12 次 × 每次 200 元) 2 400

替换工具、部件费及其他 1 452

年度机械使用费计划数合计 17 600 元

每个台班费计划数为：17 600 ÷ 220 ＝ 80(元)

每个台时费计划数为：80 ÷ 8 ＝ 10(元)

(2) 各种施工机械按台时费计划数计算的机械使用费合计为 16 000 元。

(3) 该企业“机械作业明细分类账”汇总计算实际发生的机械使用费为 15 200 元。

(4) 机械使用费实际数占按台时费计划数计算的百分比＝ 15 200 ÷ 16 000 ＝ 0.95%。

(5) 各成本计算对象按台时费计划数计算的机械使用费，按算得的百分比加以调整后可得表 19–4。

表 19–4 机械使用费分配表

2015 年 6 月份 单位：元

工程名称	使用 0.3 立方米履带挖土机总费用 (计划数 10 元 / 台时) (1)	使用 0.4 立方水混凝土搅拌机总费用 (计划数人 20 元 / 台时) (2)	使用其他施工机械总费用 (3)	按台时费计划数计算的机械使用费合计 (4)=(1)+(2)+(3)	机械使用费调整分配数 (调整比例 95%) (5) ＝ 0.95×(4)
A 工程	2 400	448	3 152	6 000	5 700
B 工程		320	5 180	5 200	4 940
C 工程	500	192	2 108	2 800	2 660
D 工程			2 000	2 000	1 900
合计	2 900	960	12 140	16 000	15 200

根据表 19–4，其机械使用费分配的会计分录为：

借：工程施工 – 合同成本 –A 工程 5 700

工程施工 – 合同成本 –B 工程 4 940

工程施工 – 合同成本 –C 工程 2 660

工程施工 – 合同成本 –D 工程 1 900

贷：机械作业 – 挖土机 2 755(2 900 × 0.95)

搅拌机 912(960 × 0.95)

其他机械 11 533(12 140 × 0.95)

四、其他直接费的归集与分配

（一）其他直接费的概念与内容

工程成本中的其他直接费，是指不包括在上述人工费、材料费、机械使用费等内的其他各种直接费用，主要包括：材料二次搬运费、生产工具用具使用费、检验试验费、工程定位复测及点交费、场地清理费、夜间冬季雨季施工增加费、临时设施摊销费、环境保护费、安全生产费等。

由于一般建筑安装施工所需用的水、电、风、气等都已包含在预算定额的材料费项目或机械项目之内（如搅拌混凝土的用水和电等），因此，其他直接费仅是指在预算定额之外单独发生的费用。原则上如果机械化作业程度较高，将现场用电费计入机械费用。

（二）其他直接费的归集

会计分录：

借：工程施工——待分配直接费——调遣费／试验测量费／生产工具使用费等

　　贷：现金／银行存款／库存材料／内部往来等

借：工程施工——××项目——合同成本——其他直接费

　　贷：现金／银行存款／应付账款等

凭证附件：报销发票、内部实验测量结算单、其他直接费用结算单等。

（三）其他直接费的分配

在分配时应注意两点：

(1) 如果企业支付的费用中既包括直接供施工生产用的部分，又包括供管理部门、生活等方面用的部分，则应先按一定的方法进行正确的分摊。

(2) 对于工程成本应负担的部分，凡能确定受益对象的就应直接计入，不能直接确定受益对象的则应按各有关工程的定额耗用量或其他有关比例进行分配。但在目前的实际生产中，受益对象比较多比较杂，如测量实验、生产工具使用费等所有单项工程都有受益对象。在分配时，原则上按照实际发生的工程直接费为标准进行分配。

其他直接费分配率＝其他直接费总额 ÷ 各单项工程直接费总额或完工产值 ×100%

某单项工程应分配的其他直接费＝其他直接费总额 ÷ 各单项工程直接费总额 ×

　　该单项工程直接费或完工产值

会计分录：

(1) 能直接分清楚受益对象的（如基桩检测费等）：

借：工程施工——××项目——合同成本——其他直接费

　　贷：银行存款／应付账款等

(2) 多个受益对象的：

借：工程施工——××项目——合同成本——其他直接费

　　贷：工程施工——待分配直接费

凭证附件：其他直接费用分配表及待分配直接费明细表。

五、间接费用的归集与分配

（一）间接费用的概念与内容

间接费用是企业下属的施工单位或生产单位为组织和管理施工所发生的应在“工程施工”账户下面设置“间接费用”明细账以进行有关费用的核算。为了详细地反映间接费用的发生情况，通常还设置“工程施工——待分配间接费用”科目。

作为一项共同性费用，间接费用通常同时与若干工程有关。因此，该项费用在发生时无法直接计入某个对象，而必须采用一定的方法在有关对象之间进行分配。

（二）间接费用的归集

会计分录：

借：工程施工——待分配间接费——办公费／差旅交通费／行政固资使用费／其他费用等

贷：现金／银行存款／备用金等

凭证附件：差旅费报销单、住宿办公等票据。

（三）间接费用的分配

对于一般建筑工程，由于它们的间接费用定额的计算基础一般是“直接费”，因而我们在分配管理费用时原则上也应以“直接费”作为分配标准或者以“完工产值”为标准。其计算公式如下：

间接费分配率＝间接费总额 ÷ 各单项工程直接费总额或完工产值 ×100%

某单项工程应分配的间接费＝间接费总额 ÷ 各单项工程直接费总额或完工产值 × 该单项工程直接费

会计分录：

借：工程施工——××项目——合同成本——间接费

贷：工程施工——待分配间接费——办公费／差旅交通费／行政固资使用费／其他费用等

凭证附件：间接费用分配表及待分配间接费明细表。

第三节 工程成本结算

一、月度工程成本结算

施工企业的各项生产费用，按第二节所述在各成本核算对象之间进行归集和分配以后，应计入本月各成本核算对象的生产费用，全部归集在“工程施工——合同成本”账户的借方和有关的成本计算单中。月末，对于已经竣工的工程，自开工到竣工计入该工程成本的全部生产费用，就是该工程的竣工成本；对于尚未竣工或正在施工的工程，还应将本月发生的生产费用和月初结转的上月末未完施工的生产费用之和，在本月已完工程和月末未完施工的成本之间进行分配。

月初未完施工成本 + 本月生产费用 = 已完工程成本 + 月末未完施工成本

(一)未完施工成本的计算

施工企业的已完工程，从理论上来说，应指在企业范围内全部竣工，不再需要进行任何施工活动的工程，即竣工工程。但是由于建筑安装工程施工周期长，如果等到工程竣工之后再结算工程成本，不能发挥成本计算在企业管理中的作用，也就满足不了企业管理的需要。因此为了便于企业经济核算，加速资金周转，及时检查成本计划，考核经济效果，现行制度规定：凡是已经完成预算定额所规定的全部工序，在本企业不需要再进行任何加工的分部分项工程，称为已完工程(或已完施工)。分部分项工程虽不具有完整的使用价值，也不是竣工工程，但是由于在企业内已完成全部施工活动，已可确定工程数量和工程质量，故可将它视为已完工程，计算它的预算成本和预算价值，向客户收取工程价款。对虽已投入人工、材料进行施工，但尚未达到预算定额规定的全部工程内容的一部分工序，则称为未完施工(或未完工程)，不能据以收取工程价款。例如砖墙抹石灰砂浆工程，按工程预算定额规定的工程内容为修整表面、清扫、抹灰、抹平、罩面、压光、作护角等工序。如果某房屋砖墙抹石灰浆工程在月末时已完成了上述全部工程内容，就应作为“已完工程”计算；如果只完成了其中一部分工序，则应算作“未完施工”。

未完施工成本的计算，通常是由统计人员在月末到施工现场实地丈量盘点未完施工实物量，并按其完成施工的程度折合为已完工程数量，根据预算单价计算未完施工成本。计算公式如下：

未完施工成本 = 未完施工实物量 × 完工程度 × 预算单价

期末未完施工成本一般不负担管理费。如果未完施工工程量占当期全部工程量的比重很小或期初与期末数量相差不大，可以不计算未完施工成本。

根据计算结果填制“未完施工盘点单”，并计入“工程成本计算单”，即可据以结转已完工程实际成本。

【例 19-4】假设某建筑公司第一工程处 1 号工程有 453 平方米内墙涂料工程，规定涂刷三遍，如果期末只涂刷了二遍，约等于已完工程量 75%，折合已完工程量为：

折合已完工程量= 453× 75% =340(平方米)

设每平方米涂料工程预算单价为 5.50 元，453 平方米内墙涂料工程未完施工成本为：

340×5.5 = 1 870(元)

再按预算单价所含工、料费比例进一步分解计算出人工费、材料费等。编制“未完施工盘点单”如表 19-5 所示。

表 19-5　　　　未完施工盘点单

项目部　　　　2015 年 6 月份　　　　单位：元

单位	分部分项工程		已完工序					其中			
工程名称	名称	预算单价	工序名称或内容	占分部分项工程比率	已做数量	折合分部分项工程量	预算成本	人工费	材料费	机械费	其他直接费
1号工程	内墙803涂料三遍	5.50	已涂刷二遍	75%	453平方米	340平方米	1 870	540	1 530		
小计							1 870	540	1 530		

（二）已完工程实际成本的计算

月末未完施工成本确定后，即可根据下列公式确定当月各个成本核算对象已完工程的实际成本。

已完工程实际成本 = 月初未完施工成本 + 本月生产费用 − 月末未完施工成本

将各成本核算对象的“成本计算单”的实际成本填入“已完工程成本表”（见表19-6）中实际成本栏，据此结转本月已完工程实际成本，将已完工程的实际成本从“工程施工——合同成本”账户的贷方转入“主营业务成本”账户的借方。

表 19-6　　　　已完工程成本表

项目部　　　　2015 年 6 月份　　　　单位：元

成本项目	1号工程		2号工程		总计	
	预算成本	实际成本	预算成本	实际成本	预算成本	实际成本
材料费	1 054 750	1 082 970	328 512	346 430	1 383 262	1 429 400
人工费	285 431	250 218	94 911	96 980	380 342	347 198
机械使用费	143 435	152 000	36 966	31 660	180 401	183 900
其他直接费	35 434	37 800	22 433	22 000	57 867	59 800
直接费合计	1 519 050	1 523 228	482 822	497 070	2 001 872	2 020 298
制造费用	127 077	129 931	51 284	42 499	178 361	172 430
工程成本	1 646 127	1 653 159	534 106	539 569	2 180 233	2 192 728

（三）已完工程预算成本的计算

已完工程实际成本确定以后，为了对比考察成本的升降情况和与客户进行结算，还要计算当月已完工程的预算成本和预算价值。

已完工程预算成本，是根据已完工程实物量、预算单价和间接费定额进行计算的。其计算公式如下：

已完工程预算成本 = Σ（实际完成工程量 × 预算单价）(1+ 间接费定额）

已完安装工程预算成本 = Σ（实际完成安装工程量 × 预算单价）+（已完安装工程人工费 × 间接费定额）

在实际工作中，已完工程预算成本通常是由统计部门于月末先行实地丈量已完工程实物量，再根据预算定额中预算单价和间接费定额，在“已完工程结算表”或“已完工程月报表”中进行计算。

“已完工程结算表”反映的是当月已完工程的预算总价值，由直接费、间接费、计划利润和税金四部分组成。直接费包括按预算单价计算的人工费、材料费、机械使用费、其他直接费。间接费包括按间接取费率计算的管理费和临时设施费，劳动保险费等构成的其他间接费。由于“已完工程结算表”中所提供的预算成本项目所包含内容和实际成本不完全一致，为了和工程实际成本的各个项目进行对比，就需根据“已完工程结算表”将属于预算成本范围的项目进行分解调整，主要有以下几项：

(1) 按间接费定额计算的间接费包括公司机关和施工单位的管理费，由于公司机关管理费不计入工程成本，而计入期间费用，因此，必须分别测算出公司机关管理费和施工单位管理费各自所占比重，将按间接取费率计算的间接费分开。

(2) 包括在其他间接费中的临时设施费，已列入工程实际成本的其他直接费项目中，预算成本也应作相应调整。

(3) 将预算成本中包括的综合性取费项目，如冬雨季施工增加费、夜间施工增加费等，按所含工、料费比重分解为人工、材料费等项目，分别计入预算成本的相应项目。

上述调整和分解一般是通过编制“预算成本分析表”来完成。再根据“预算成本分析表”将分解后的预算成本填入“已完工程成本表”中。根据某建筑公司第一工程处1号工程的“已完工程结算表”编制的“预算成本分析表”如表19-7所示。

表19-7 预算成本分析表

单位：元

项目	分析内容					合计
	人工费	材料费	机械使用费	其他直接费	间接费	
直接费用	280 587	1 046 969	107 323			1 434 879
冬雨季施工增加费	5 063	6 895	37 426			49 384
材料二次搬运费				36 240		36 240
间接费用					125 624	125 624
合计	285 650	1 053 864	144 749	36 240	125 624	1 646 127

上述方法计算比较准确，但是工作量比较大。因此，在实际工作中，有的企业为了及时和实际成本进行比较，采取根据同类型工程历史资料求得各成本项目占总成本的比例，以此分别乘以单位工程的预算总成本，求得各成本项目的预算成本的做法。例如根据广厦建筑公司某类工程成本项目比重分析计算某建筑公司第一工程处1号工程本月已完工程预算成本如表19-8所示。

表19-8 已完工程预算成本表

成本项目	占总成本比重 /%	金额／元	成本项目	占总成本比重／%	金额／元
人工费	17.34	285 431	其他直接费	2.15	35 434
材料费	64.08	1 054 750	制造费用	7.72	127 077
机械使用费	8.71	143 435	合计	100	1 646 127

按上述方法计算虽比较简单、迅速，但计算结果不够准确，可能影响与实际成本的对比分析效果。

二、竣工成本决算

“竣工成本决算”是反映竣工单位工程的预算价值、预算成本和实际成本的文件，它是核算工程成本的重要方法，是考核工程预算执行情况、分析工程成本节约或超支原因的主要依据，同时也可为同类型工程成本的计划、对比分析提供参考资料。

第四节 扣款项目的管理与核算

工程结算扣款是加强成本管理，控制成本支出，理顺项目部与协力队伍成本关系的重要方式。在扣款项目的管理过程中，财务部门、计划合约部门、物资机械部门、安质部门、办公室等都应对口管理，根据合同分清各项费用的责任人，合理分摊。

1. 办公室

负责与协力队伍（或外单位）相联系的日常生活用品、工作用品、生活住房等的管理。负责办理日用品调拨、临时住房结算等工作。及时签认调拨单，负责与协力队伍（或外单位）相联系的日常生活用水用电管理，生产用水用电管理，机械使用管理等。负责办理用水用电结算单、机械使用结算单、临时住房结算单等，并及时交付财务部门。

2. 物资机械部

负责与协力队伍（或外单位）相联系的材料管理。负责办理材料调拨、临时材料租用结算等。及时将签认后的调拨单，机械使用情况，租用材料结算单等交付财务部门。

3. 安质部门

负责与协力队伍（或外单位）相联系的安全质量管理，及时将罚款通知交付财务部门。

4. 计划合约部门

根据合同负责协力队伍（或外单位）与项目部发生成本关系的各项成本费用监控，及工程款大的计价和结算。

5. 财务部门

负责各项扣款的会计核算及对各项费用扣款进行监督。

收到各项扣款结算单时：

借：应付账款

　　贷：工程施工——待分配间接费——办公费／其他

　　　　原材料／工程施工——材料费

　　　　机械作业

　　　　工程施工——待分配直接费——试验测量费

凭证附件：各项调拨单，结算单。

第二十章 工程收入核算

收入是指企业在日常活动中形成的、会导致所有者权益增加的、与所有者投入资本无关的经济利益的总流入。

收入主要包括企业为完成其经营目标所从事的经常性活动实现的收入，如建筑企业承包工程、工业企业生产并销售产品、商业企业销售商品、咨询公司提供咨询服务、保险公司签发保单、租赁公司出租资产等实现的收入。另外，企业发生的与经常性活动相关的其他活动，如利用闲置资金对外投资、对外转让无形资产使用权等所形成的经济利益的总流入也构成收入。企业处置固定资产、无形资产等活动，不是企业为完成其经营目标所从事的经常性活动，也不属于与经常性活动相关的活动，由此产生的经济利益的总流入不构成收入，应当确认为营业外收入。施工企业除建设工程获取收入外，还有其他一些经营收入，以下分节介绍。

第一节 建造合同收入

一、建造合同概述

施工企业的生产活动、经营方式有其特殊性：他们所建造或生产的产品通常体积巨大，如建造的房屋、道路、桥梁、水坝等；建造或生产产品的周期长，往往跨越一个或几个会计期间；所建造或生产的产品的价值高。因此，在现实经济生活中，这类企业在开始建造或生产产品之前，通常要与产品的需求方（即客户）签订建造合同。

建造合同是指为建造一项或数项在设计、技术、功能、最终用途等方面密切相关的资产而订立的合同。

建造合同中的甲方称为“客户”，乙方称为“建造承包商”。正因为乙方（建造承包商、施工企业）的生产活动及经营方式有其特殊性，因此，与建造合同相关的收入、费用的确认和计量也有其特殊性。

（一）建造合同的特征

建造合同属于经济合同的范畴，但它不同于一般的材料采购合同和劳务合同，有其自身的特征，主要表现在：

(1) 先有买主（客户），后有标的（资产），资产的造价在签订合同时就已经确定。

(2) 资产的建造周期长，往往跨越一个或几个会计期间。

(3) 所建造的资产体积大，价值高。

(4) 建造合同一般为不可撤销合同。

一般来说，两类企业存在建造合同：一是施工企业；二是生产飞机、船舶、大型机械设备等产品的制造业企业。

生产飞机、船舶、大型机械设备等产品的制造业企业生产的飞机、船舶、大型机械设备等，生产周期长，往往跨越一个或几个会计期间；生产的产品价值高，在开始生产产品之前，就要与产品的需求方（即客户）签订建造合同。

（二）建造合同的种类

建造合同一般分为固定造价合同和成本加成合同。

固定造价合同，是指按照固定的合同价或固定单价确定工程价款的建造合同。例如，某建造承包商与某客户签订一项建造合同，为客户建造一栋办公大楼，合同规定建造大楼的总造价为 20 000 000 元。该合同即为固定造价合同。又如，某建造承包商与一客户签订一项建造合同，为客户建造一条 100 公里长的公路，合同规定每公里单价为 6 000 000 元。该合同也是固定造价合同。

成本加成合同，是指以合同允许或其他方式议定的成本为基础，加上该成本的一定比例或定额费用确定工程价款的建造合同。例如，建造承包商与一客户签订一项建造合同，为客户建造一台大型机械设备，双方约定以建造该设备的实际成本为基础，合同价款以实际成本加成 2% 计算确定。该合同就属于成本加成合同。

固定造价合同与成本加成合同的主要区别在于风险的承担者不同。前者的风险主要由建造承包方承担，后者主要由发包方承担。

二、建造合同的分立与合并

企业通常应当按照单项建造合同进行会计处理。但是，在某些情况下，为了反映一项或一组合同的实质，需要将单项合同进行分立或将数项合同进行合并。

（一）合同分立

资产建造有时虽然形式上只签订了一项合同，但其中各项资产在商务谈判、设计施工、价款结算等方面都是可以相互分离的，实质上是多项合同，在会计上应当作为不同的核算对象。

一项包括建造数项资产的建造合同，同时满足下列条件的，每项资产应当分立为单项合同：①每项资产均有独立的建造计划；②与客户就每项资产单独进行谈判，双方能够接受或拒绝与每项资产有关的合同条款；③每项资产的收入和成本可以单独辨认。

【例20-1】甲建筑公司与客户签订一项合同，为客户建造一栋宿舍楼和一座食堂。在签订合同时，甲建筑公司与客户分别就所建宿舍楼和食堂进行谈判，并达成一致意见：宿舍楼的工程造价为4 000 000元，食堂的工程造价为1 500 000元，宿舍楼和食堂均有独立的施工图预算，宿舍楼的预计总成本为3 700 000元，食堂的预计总成本为1 300 000元。

本例中，宿舍楼和食堂均有独立的施工图预算，因此符合条件①；在签订合同时，甲建筑公司与客户分别就所建宿舍楼和食堂进行谈判，并达成一致意见，因此符合条件②；宿舍楼和食堂均有单独的造价和预算成本，因此符合条件③。基于上述分析，甲建筑公司应将建造宿舍楼和食堂分立为两个单项合同进行处理。

如果不同时满足上述3个条件，则不能将合同分立，而应将其作为一个合同进行会计处理。假如【例20-1】中，没有明确规定宿舍楼和食堂各自的工程造价，而是以5 500 000元的总金额签订了该项合同，也未作出各自的预算成本。这时，不符合条件③，则甲建筑公司不能将该项合同分立为两个单项合同进行会计处理。

（二）合同合并

有的资产建造虽然形式上签订了多项合同，但各项资产在设计、技术、功能、最终用途上是密不可分的，实质上是一项合同，在会计上应当作为一个核算对象。

一组合同无论对应单个客户还是多个客户，同时满足下列条件时，应当合并为单项合同：①该组合同按一揽子交易签订；②该组合同密切相关，每项合同实际上已构成一项综合利润率工程的组成部分；③该组合同同时或依次履行。

【例20-2】乙建筑公司与客户一揽子签订了三项合同，分别建造一个选矿车间、一个冶炼车间和一个工业污水处理系统，以建造一个冶炼厂。根据合同规定，这三个工程将由乙建筑公司同时施工，并根据整个项目的施工进度办理价款结算。

本例中，这三项合同是一揽子签订的，表明符合条件①；对客户而言，只有这三项合同全部完工交付使用，该冶炼厂才能投料生产，发挥效益；对建造承包商而言，这三项合同的各自完工进度，直接关系到整个建设项目的完工进度和价款结算，并且建筑公司对工程施工人员和工程用料实行统一管理。因此，该组合同密切相关，已构成一项综合利润率工程项目，表明符合条件②；该组合同同时履行，表明符合条件③。基于上述分析，乙建筑公司应将该组合同合并为一个合同进行会计处理。

（三）追加资产的建造

追加资产的建造，满足下列条件之一的，应当作为单项合同：①该追加资产在设计、技术或功能上与原合同包括的一项或数项资产存在重大差异；②议定该追加资产的造价时，不需要考虑原合同价款。

【例20-3】丙建筑公司与客户签订了一项建造合同。合同规定，丙建筑公司为客户设计并建造一栋教学楼，教学楼的工程造价（含设计费用）为5 000 000元，预计总成本为4 600 000元。合同履行一段时间后，客户决定追加建造一座地上车库，并与丙建筑公司协商一致，变更了原合同内容。

本例中，该地上车库在设计、技术和功能上与原合同包括的教学楼存在重大差异，表明符合条件①，因此该追加资产的建造应当作为单项合同进行会计处理。

三、建造合同收入和成本的内容

（一）建造合同收入

建造合同收入包括合同规定的初始收入以及因合同变更、索赔、奖励等形成的收入两部分。

(1) 合同规定的初始收入，即建造承包商与客户签订的合同中最初商定的合同总金额，它构成合同收入的基本内容。

(2) 因合同变更、索赔、奖励等形成的收入。这部分收入并不构成合同双方在签订合同时已在合同中商定的合同总金额，而是在执行合同过程中由于合同变更、索赔、奖励等原因而形成的收入。建造承包商不能随意确认这些收入，只有在符合规定条件时才能构成合同收入。

①合同变更，是指客户为改变合同规定的作业内容而提出的调整。合同变更款同时满足下列条件的，才能构成合同收入：

a. 客户能够认可因变更而增加的收入；

b. 收入能够可靠地计量。

【例 20-4】甲建筑公司与客户签订了一项建造图书馆的合同，建设期为 3 年。第 2 年，客户要求将原设计中采用的铝合金门窗改为塑钢门窗，并同意增加合同造价 500 000 元（合同变更收入）。

本例中，甲建筑公司可以在第 2 年将因合同变更而增加的 500 000 元认定为合同收入的组成部分。但是，如果甲建筑公司认为此项变更应增加造价 500 000 元，双方最终只达成增加造价 400 000 元的协议，则甲建筑公司只能将 400 000 元认定为合同收入的组成部分。

②索赔款，是指因客户或第三方的原因造成的、向客户或第三方收取的、用于补偿不包括在合同造价中的成本的款项。索赔款同时满足下列条件的，才能构成合同收入：a. 根据谈判情况，预计对方能够同意这项索赔；b. 对方同意接受的金额能够可靠地计量。

【例 20-5】乙建筑公司与客户签订了一份金额为 10 000 000 元的建造合同，建造一座电站。合同规定的建设期为 2013 年 12 月 1 日至 2015 年 12 月 1 日。同时，合同还规定，发电机由客户采购，于 2015 年 9 月 1 日前交付建筑公司安装。在合同执行过程中，客户并未在合同规定的时间将发电机交付建筑公司。根据双方谈判的情况，客户同意向乙建筑公司支付延误工期款 800 000 元（索赔收入）。

本例是索赔款形成收入的情形。根据索赔款形成收入的确认条件，乙建筑公司可以在 2015 年将因索赔而增加的收入 800 000 元确认为合同收入的组成部分，即 2015 年该项建造合同的总收入应为 10 800 000 元。但是，假如客户只同意支付延误工期款 400 000 元，则只能将 400 000 元计入该项合同总收入，即 2015 年该项建造合同总收入为 10 400 000 元。假如客户不同意支付任何延误工期款，则不能将索赔款计入合同总收入。

③奖励款，是指工程达到或超过规定的标准，客户同意支付的额外款项。奖励款同时满足下列条件的，才能构成合同收入：a．根据合同目前的完成情况，足以判断工程进度和工程质量能够达到或超过规定的标准；b．奖励金额能够可靠地计量。

【例 20-6】丙建筑公司与客户签订了一项合同金额为 90 000 000 元的建造合同，建造一座跨海大桥，合同规定的建设期为 2013 年 12 月 20 日至 2015 年 12 月 20 日。2015 年 8 月，工程主体已基本完工，工程质量符合设计标准，并有望提前 3 个月完工。客户同意向建筑公司支付提前竣工奖 1 000 000 元（奖励收入）。

本例是发生奖励款的情形，它是工程达到或超过规定的标准时，客户同意支付给建筑公司的额外款项。根据奖励款形成收入的确认条件，该建筑公司可以确认奖励款形成的收入 1 000 000 元，即 2015 年该项建造合同的总收入应为 91 000 000 元。

（二）建造合同成本

建造合同成本包括从合同签订开始至合同完成止所发生的、与执行合同有关的直接费用和间接费用。

(1) 直接费用，是指为完成合同所发生的、可以直接计入合同成本核算对象的各项费用支出。直接费用包括四项费用：耗用的材料费用、耗用的人工费用、耗用的机械使用费、其他直接费用。

①耗用的材料费用，主要包括施工生产过程中耗用的构成工程实体或有助于形成工程实体的原材料、辅助材料、构配件、零件、半成品的成本，以及钢模板、木模板、脚手架等的摊销费用、租赁费用。

②耗用的人工费用，主要包括从事工程建造的人员的工资、奖金、津贴补贴、职工福利费等职工薪酬。

③耗用的机械使用费，主要包括施工生产过程中使用自有施工机械所发生的机械使用费、租用外单位施工机械支付的租赁费和施工机械的安装、拆卸和进出场费等。

④其他直接费用，是指在施工过程中发生的除上述三项直接费用以外的其他可以直接计入合同成本核算对象的费用。主要包括有关的设计和技术援助费用、施工现场材料的二次搬运费、生产工具和用具使用费、检验试验费、工程定位复测费、工程点交费用、场地清理费用等。

(2) 间接费用，是指企业下属的施工单位或生产单位为组织生产和管理施工生产活动所发生的费用，包括临时设施摊销费用和施工、生产单位管理人员薪酬、固定资产折旧费及修理费、物料消耗、低值易耗品摊销、水电费、办公费、差旅费、财产保险费、工程保修费、排污费等。

直接费用在发生时直接计入合同成本，间接费用应在资产负债表日按照系统、合理的方法分摊计入合同成本。常见的用于间接费用分摊的方法有人工费用比例法和直接费用比例法。

因订立合同而发生的有关费用，如差旅费、投标费等，能够单独区分和可靠计量且合同很可能订立的，应当予以归集，待取得合同时计入合同成本；未满足相关条件的，应当直接计入当期损益。

合同完成后处置残余物资取得的收益等与合同有关的零星收益，应当冲减合同成本。

合同成本不包括应当计入当期损益的管理费用、销售费用和财务费用等期间费用，如企业行政管理部门为组织和管理生产经营活动所发生的管理费用，船舶等制造企业的销售费用，企业为建造合同借入款项所发生的、不符合借款费用资本化条件的借款费用等。

四、合同结果能够可靠估计的处理

在确认和计量建造合同收入和费用时，首先应当判断建造合同的结果在资产负债表日能否可靠地估计。

在资产负债表日，建造合同的结果能够可靠地估计的，应当根据完工百分比法确认合同收入和合同费用。完工百分比法，是指根据合同完工进度确认收入与费用的方法。采用完工百分比法确认合同收入和合同费用，能够为报表使用者提供有关合同进度及本期业绩的有用信息。

建造合同的结果能够可靠估计是企业采用完工百分比法确认合同收入和合同费用的前提条件。企业应当区分固定造价合同和成本加成合同，分别判断建造合同结果是否能够可靠地估计。

（一）固定造价合同的结果能够可靠地估计的条件

固定造价合同的结果能够可靠估计，是指同时满足下列条件：

(1) 合同总收入能够可靠地计量。合同总收入一般根据建造承包商与客户签订的合同中的合同总金额来确定，如果在合同中明确规定了合同总金额，且订立的合同是合法有效的，则合同总收入能够可靠地计量；反之，合同总收入不能可靠地计量。

(2) 与合同相关的经济利益很可能流入企业。企业能够收到合同价款，表明与合同相关的经济利益很可能流入企业。合同价款能否收回，取决于客户与建造承包商双方是否都能正常履行合同。如果客户与建造承包商有一方不能正常履行合同，则表明建造承包商可能无法收回工程价款，不满足经济利益很可能流入企业的条件。

(3) 实际发生的合同成本能够清楚地区分和可靠地计量。实际发生的合同成本能否清楚地区分和可靠地计量，关键在于建造承包商能否做好建造合同成本核算的各项基础工作和准确计算合同成本。如果建造承包商能够做好建造合同成本核算的各项基础工作，准确核算实际发生的合同成本，划清当期成本与下期成本的界限、不同成本核算对象之间成本的界限、未完合同成本与已完合同成本的界限，则说明实际发生的合同成本能够清楚地区分和可靠地计量；反之，则说明实际发生的合同成本不能够清楚地区分和可靠地计量。

(4) 合同完工进度和为完成合同尚需发生的成本能够可靠地确定。合同完工进度能够可靠地确定，要求建造承包商已经和正在为完成合同而进行工程施工，并已完成了一定的工程量，达到了一定的工程完工进度，对将要完成的工程量也能够作出科学、可靠的测定。

如果建造承包商尚未动工或刚刚开工，尚未形成一定的工程量，对将要完成的工程量不能够作出科学、可靠的测定，则表明合同完工进度不能可靠地确定。

为完成合同尚需发生的成本能否可靠地确定，关键在于建造承包商是否已经建立了完善的内部成本核算制度和有效的内部财务预算及报告制度；能否对为完成合同尚需发生的合同成本作出科学、可靠的估计。如果建造承包商已经建立了完善的内部成本核算制度和有效的内部财务预算及报告制度，并对为完成合同尚需发生的合同成本能够作出科学、可靠的估计，则表明建造承包商能够可靠地确定为完成合同尚需发生的成本；反之，则表明建造承包商不能可靠地确定为完成合同尚需发生的成本。

（二）成本加成合同的结果能够可靠地估计的条件

成本加成合同的结果能够可靠估计，是指同时满足下列条件：

①与合同相关的经济利益很可能流入企业；

②实际发生的合同成本能够清楚地区分和可靠地计量。

对成本加成合同而言，合同成本的组成内容一般已在合同中进行了相应的规定，合同成本是确定其合同造价的基础，也是确定其完工进度的重要依据，因此要求其实际发生的合同成本能够清楚地区分和可靠地计量。

（三）完工进度的确定

企业确定合同完工进度可以选用下列方法：

(1) 累计实际发生的合同成本占合同预计总成本的比例，这是确定合同完工进度比较常用的方法。计算公式如下：

合同完工进度 = 累计实际发生的合同成本 ÷ 合同预计总成本 × 100%

累计实际发生的合同成本是指形成工程完工进度的工程实体和工作量所耗用的直接费用和间接费用，不包括下列内容：

①与合同未来活动相关的合同成本，包括施工中尚未安装、使用或耗用的材料费用。材料从仓库运抵施工现场，如果尚未安装、使用或耗用，则没有形成工程实体。因此，为保证确定完工进度的可靠性，不应将这部分成本计入累计实际发生的合同成本中来确定完工进度。

【例20-7】甲建筑公司承建A工程，工期2年，A工程的预计总成本为10 000 000元。第1年，甲建筑公司的“工程施工——A工程”账户的实际发生额为6 800 000元。其中，人工费为1 500 000元，材料费为3 800 000元，机械作业费为1 000 000元，其他直接费和工程间接费为500 000元。经查明，A工程领用的材料中有一批虽已运到施工现场但尚未使用，尚未使用的材料成本为800 000元。根据上述资料，甲建筑公司计算第1年的完工进度计算如下：

合同完工进度 =(6 800 000−800 000) ÷ 10 000 000 × 100%=60%

②在分包工程的工作量完成之前预付给分包单位的款项。对总承包商来说，分包工程

是其承建的总体工程的一部分，分包工程的工作量也是其总体工程的工作量。总承包商在确定总体工程的完工进度时，应考虑分包工程的完工进度。在分包工程的工作量完成之前预付给分包单位的款项虽然是总承包商的一项资金支出，但是该项支出并没有形成相应的工作量，因此不应将这部分支出计入累计实际发生的合同成本中来确定完工进度。但是，根据分包工程进度支付的分包工程进度款，应构成累计实际发生的合同成本。

【例 20-8】甲建筑公司与客户一揽子签订了一项建造合同，承建 A、B 两项工程。该项合同的 A、B 两项工程密切相关，客户要求同时施工，一起交付，工期为 2 年。合同规定的总金额为 11 000 000 元。甲建筑公司决定 A 工程由自己施工，B 工程以 4 000 000 元的合同金额分包给乙建筑公司承建，甲建筑公司已与乙建筑公司签订了分包合同。

第 1 年，甲建筑公司自行施工的 A 工程实际发生工程成本 4 500 000 元，预计为完成 A 工程尚需发生工程成本 1 500 000 元；甲建筑公司根据乙建筑公司分包的 B 工程的完工进度，向乙建筑公司支付了 B 工程的进度款 2 500 000 元，并向乙建筑公司预付了下年度备料款 500 000 元。根据上述资料，甲建筑公司计算确定该项建造合同第 1 年的完工进度如下：

合同完工进度 =(4 500 000 +2 500 000) ÷ (4 500 000 +1 500 000 +4 000 000)

×100%=70%

(2) 已经完成的合同工作量占合同预计总工作量的比例。该法适用于合同工作量容易确定的建造合同，如道路工程、土石方挖掘、砌筑工程等。计算公式如下：

合同完工进度 = 已经完成的合同工作量 ÷ 合同预计总工作量 ×100%

(3) 实际测定的完工进度。该法是在无法根据上述两种方法确定合同完工进度时所采用的一种特殊的技术测量方法，适用于一些特殊的建造合同，如水下施工工程等。需要指出的是，这种技术测量并不是由建造承包商自行随意测定，而应由专业人员现场进行科学测定。

（四）完工百分比法的运用

采用完工百分比法确认合同收入和合同费用时，收入和相关费用应按以下公式计算：

本期确认的合同收入 = 合同总收入 × 完工进度 – 以前会计期间累计已确认合同收入

本期确认的合同费用 = 合同预计总成本 × 完工进度 – 以前会计期间累计已确认合同费用

本期确认的合同毛利 =(合同总收入 – 合同预计总成本) × 完工进度 – 以前期间累计已确认合同毛利

对于当期完成的建造合同，应当按照实际合同总收入扣除以前会计期间累计已确认收入后的金额，确认为当期合同收入；同时，按照累计实际发生的合同成本扣除以前会计期间累计已确认费用后的金额，确认为当期合同费用。

【例 20-9】丙建筑公司签订了一项合同总金额为 10 000 000 元的固定造价合同，合同规定的工期为 3 年。假定经计算，第 1 年完工进度为 30%，第 2 年完工进度已达 80%，经测定，前两年的合同预计总成本均为 8 000 000 元。第 3 年工程全部完成，累计实际发生合同成本 7 500 000 元。丙建筑公司的账务处理如下：

(1) 第 1 年的账务处理：

第 1 年确认的合同收入 =10 000 000×30%=3 000 000（元）

第 1 年确认的合同毛利 =(10 000 000−8 000 000)×30%=600 000（元）

第 1 年确认的合同费用 =3 000 000−600 000=2 400 000（元）

借：主营业务成本——××合同 2 400 000

　　工程施工——××合同——合同毛利 600 000

　　贷：主营业务收入——××合同 3 000 000

(2) 第 2 年的账务处理：

第 2 年确认的合同收入 =(10 000 000×80%)−3 000 000=5 000 000（元）

第 2 年确认的合同毛利 =(10 000 000−8 000 000)×80%−600 000=1 000 000（元）

第 2 年确认的合同费用 =5 000 000−1000 000=4 000 000（元）

借：主营业务成本——××合同 4 000 000

　　工程施工——××合同——合同毛利 1 000 000

　　贷：主营业务收入——××合同 5 000 000

(3) 第 3 年的账务处理：

第 3 年确认的合同收入 =10 000 000−(3 000 000 +5 000 000)=2 000 000（元）

第 3 年确认的合同毛利 =(10 000 000−7 500 000)−(600 000 +1 000 000)=900 000（元）

第 3 年确认的合同费用 =2 000 000−900 000=1100 000（元）

借：主营业务成本——××合同 1 100 000

　　工程施工——××合同——合同毛利 900 000

　　贷：主营业务收入——××合同 2 000 000

五、合同结果不能够可靠估计的处理

如果建造合同的结果不能可靠地估计，则不能采用完工百分比法确认和计量合同收入和费用，而应区别以下两种情况进行会计处理：

(1) 合同成本能够收回的，合同收入根据能够收回的实际合同成本予以确认，合同成本在其发生的当期确认为合同费用。

(2) 合同成本不可能收回的，应在发生时立即确认为合同费用，不确认合同收入。

【例 20-10】丁建筑公司与客户签订了一项总金额为 1 000 000 元的建造合同。第 1 年实际发生工程成本 400 000 元，双方均能履行合同规定的义务，但建筑公司在年末时对该项工程的完工进度无法可靠确定。

本例中，丁建筑公司不能采用完工百分比法确认收入。由于客户能够履行合同，当年发生的成本均能收回，所以丁建筑公司可将当年发生的成本金额同时确认为当年的收入和费用，当年不确认利润。丁建筑公司账务处理如下：

借：主营业务成本——××合同　　400 000

　　贷：主营业务收入——××合同　　400 000

如果丁建筑公司当年实际发生的工程成本 400 000 元不可能收回，在这种情况下，该公司应将 400 000 元确认为当年的费用，不确认收入。其账务处理如下：

借：主营业务成本——××合同　　400 000

　　贷：工程施工——××合同——合同毛利　　400 000

如果建造合同的结果不能可靠估计的不确定因素不复存在，就不应再按照上述规定确认合同收入和费用，而应转为按照完工百分比法确认合同收入和费用。

【例 20-11】沿用【例 20-10】，如果到第 2 年，导致完工进度无法可靠确定的因素消除。第 2 年实际发生成本为 300 000 元，预计为完成合同尚需发生的成本为 200 000 元，丁建筑公司的账务处理如下：

第 2 年合同的完工进度 =(400 000 +300 000) ÷ (400 000 +300 000 +200 000) × 100%=77.78%

第 2 年确认的合同收入 =1 000 000×77.78%=777 800（元）

第 2 年确认的合同费用 =(400 000 +300 000 +200 000)×77.78% −400 000=300 000（元）

第 2 年确认的合同毛利 =777 800−300 000=477 800（元）

借：主营业务成本——××合同　　300 000

　　工程施工——××合同——合同毛利　　477 800

　　贷：主营业务收入——××合同　　777 800

六、合同预计损失的处理

建造承包商正在建造的资产，类似于工业企业的在产品，性质上属于建造承包商的存货，期末应当对其进行减值测试。如果建造合同的预计总成本超过合同总收入，则形成合同预计损失，应提取损失准备，并计入当期损益。合同完工时，将已提取的损失准备冲减合同费用。

【例 20-12】甲造船企业签订了一项总金额为 5 800 000 元的固定造价合同，为乙客户承建一艘船舶，合同完工进度按照累计实际发生的合同成本占合同预计总成本的比例确定。工程已于 2013 年 2 月开工，预计 2015 年 8 月完工。最初预计的工程总成本为 5 500 000 元，到 2014 年年底，由于材料价格上涨等因素调整了预计总成本，预计工程总成本为 6 000 000 元。该造船企业于 2015 年 6 月提前两个月完成了造船合同，工程质量优良，乙客户同意支付奖励款 200 000 元。建造该艘船舶的其他有关资料如表 20-1 所示。

表 20-1

单位：元

项目	2013 年	2014 年	2015 年
累计实际发生的成本	1 540 000	4 800 000	5 950 000
预计完成合同尚需发生的成本	3 960 000	1 200 000	—
应结算合同价款	1 740 000	2 960 000	1 300 000
实际收到价款	1 700 000	2 900 000	1 400 000

甲造船企业对本项建造合同的有关账务处理如下（为简化起见，会计分录以汇总数反映，有关纳税业务的会计分录略）：

1. 2013 年

(1) 实际发生合同成本：

借：工程施工——×× 船舶——合同成本　　1 540 000

　　贷：原材料、应付职工薪酬、机械作业等　　1 540 000

(2) 应结算的合同价款：

借：应收账款——乙客户　　1 740 000

　　贷：工程结算——×× 船舶　　1 740 000

(3) 实际收到合同价款：

借：银行存款　　1 700 000

　　贷：应收账款——乙客户　　1 700 000

(4) 确认计量当年的收入和费用：

2013 年的完工进度 =1 540 000 ÷ (1 540 000 +3 960 000) × 100%=28%

2013 年确认的合同收入 =5 800 000 × 28%=1624 000（元）

2013 年确认的合同费用 =(1 540 000 +3 960 000) × 28%=1 540 000（元）

2013 年确认的毛利 =1 624 000−1540 000=84 000（元）

借：工程施工——×× 船舶——合同毛利　　84 000

　　主营业务成本——×× 船舶　　1 540 000

　　贷：主营业务收入——×× 船舶　　1 624 000

2. 2014 年

(1) 实际发生合同成本：

借：工程施工——×× 船舶——合同成本　　3 260 000

　　贷：原材料、应付职工薪酬、机械作业等　　3 260 000

(2) 应结算的合同价款：

借：应收账款——乙客户　　2 960 000

　　贷：工程结算——×× 船舶　　2 960 000

(3) 实际收到合同价款：

借：银行存款　　2 900 000

　贷：应收账款——乙客户　　2 900 000

(4) 确认计量当年的合同收入和费用：

2014 年的完工进度 =4 800 000 ÷ (4 800 000+1 200 000) × 100%=80%

2014 年确认的合同收入 =5 800 000 × 80% － 1 624 000=3 016 000（元）

2014 年确认的合同费用＝ (4 800 000 +1 200 000) × 80%−1 540 000=3 260 000（元）

2014 年确认的毛利 =3 016 000−3 260 000=−244 000（元）

2014 年确认的合同预计损失 =(4 800 000 +1 200 000−5 800 000) ×（1−80%)

=40 000（元）

借：主营业务成本——× × 船舶　　3 260 000

　贷：主营业务收入——× × 船舶　　3 016 000

　　工程施工——× × 船舶——合同毛利　　244 000

注：在 2014 年年底，由于该合同预计总成本（6 000 000 元）大于合同总收入（5 800 000 元），预计发生损失总额为 200 000 元，由于已在“工程施工——合同毛利”中反映了 −160 000 元 (84 000−244 000) 的亏损，因此应将剩余的、为完成工程将发生的预计损失 40 000 元确认为当期费用。

借：资产减值损失——× × 船舶　　40 000

　贷：存货跌价准备——× × 船舶　　40 000

3. 2015 年

(1) 实际发生合同成本：

借：工程施工——× × 船舶——合同成本　　1 150 000

　贷：原材料、应付职工薪酬、机械作业等　　1 150 000

(2) 应结算的合同价款：

借：应收账款——乙客户　　1 300 000

　贷：工程结算——× × 船舶　　1 300 000

(3) 实际收到合同价款：

借：银行存款　　1 400 000

　贷：应收账款——乙客户　　1 400 000

(4) 确认计量当年的合同收入和费用：

2015 年确认的合同收入 = 合同总金额一至目前止累计已确认的收入

= (5 800 000 +200 000)−(1 624 000 +3 016 000)

=1 360 000（元）

2015 年确认的合同费用 =5 950 000−1 540 000−3 260 000=1150 000（元）

2015 年确认的毛利 =1 360 000−1150 000=210 000（元）

借：主营业务成本——× × 船舶　　1 150 000

　工程施工——× × 船舶——合同毛利　　210 000

　贷：主营业务收入——× × 船舶　　1 360 000

(5)2015 年工程全部完工，应将“存货跌价准备”相关余额冲减“主营业务成本”，同时，将“工程施工”科目的余额与“工程结算”科目的余额相对冲：

借：存货跌价准备——××船舶　　40 000

　　贷：主营业务成本——××船舶　　40 000

借：工程结算——××船舶　　6 000 000

　　贷：工程施工——××船舶——合同成本　　5 950 000

　　　　　　　　　　　　　　——合同毛利　　50 000

第二节 其他业务收入的核算

其他业务收入是指施工企业从事主营业务收入以外的其他业务活动所取得的收入，是施工企业营业收入的一个组成部分。施工企业除从事建筑安装工程施工等主营业务外，往往还从事产品、材料销售以及提供机械作业、运输作业等其他业务活动。按照有关规定，施工企业因开展非经常性、兼营业务交易所产生的收入，如产品销售收入、机械作业收入、材料销售收入、无形资产使用权转让收入、固定资产出租收入等，都应记入“其他业务收入”。

一、销售产品收入

（一）销售产品收入的确认和计量

产品包括企业为销售而生产的产品和为转售而购进的产品。销售产品收入同时满足下列条件的，才能予以确认：

(1) 企业已将产品所有权上的主要风险和报酬转移给购货方；

(2) 企业既没有保留通常与所有权相联系的继续管理权，也没有对已售出的产品实施有效控制；

(3) 收入的金额能够可靠地计量；

(4) 相关的经济利益很可能流入企业；

(5) 相关的已发生或将发生的成本能够可靠地计量。

（二）销售产品收入的账务处理

确认销售产品收入时，企业应按已收或应收的合同或协议价款，加上应收取的增值税额，借记“银行存款”“应收账款”“应收票据”等科目，按确定的收入金额，贷记“其他业务收入”等科目，按应收取的增值税额，贷记“应交税费——应交增值税（销项税额）”科目。

1．通常情况下销售产品

借：银行存款（应收账款、应收票据）

贷：其他业务收入

应交税费——应交增值税（销项税额）

凭证附件：发票、销货单等。

2. 销售产品涉及现金折扣、商业折扣、销售折让

(1) 现金折扣，是指债权人为鼓励债务人在规定的期限内付款向债务人提供的债务扣除，应当按照扣除现金折扣前的金额确定销售产品金额，会计分录为：

借：应收账款

贷：其他业务收入

应交税费——应交增值税（销项税额）

在约定现金折扣期限内及时收到货款，现金折扣金额计入财务费用，会计分录为：

借：银行存款

财务费用

贷：应收账款

(2) 商业折扣，是指企业为促进产品销售而在产品标价上给予的价格扣除。企业销售产品涉及商业折扣的，应当按照扣除商业折扣后的金额确定销售产品收入金额。

(3) 销售折让，是指企业因售出产品的质量不合格等原因而在售价上给予的减让，已确认收入的售出产品发生销售折让的，通常应当在发生时冲减当期销售产品收入；已确认收入的销售折让属于资产负债表日后事项的，应当按照有关资产负债表日后事项的相关规定进行处理。

3. 销售退回及附有销售退回条件的销售

(1) 销售退回，是指企业售出的产品由于质量、品种不符合要求等原因而发生的退货。对于未确认收入的售出产品发生销售退回的，会计分录为：

借：库存产品

贷：发出产品

对于已确认收入的售出产品发生销售退回的，应冲减当期销售产品收入和成本，并调整当期应交增值税和财务费用（发生现金折扣的），会计分录为：

借：其他业务收入

应交税费——应交增值税（销项税额）

贷：银行存款

财务费用

借：库存产品

贷：主营业务成本

(2) 附有销售退回条件的产品销售，是指购买方依照协议有权退货的销售方式。企业根据以往经验能够合理估计退货可能性且确认与退货相关负债的，通常应在发生产品时确认收入；企业不能合理估计退货可能性的，通常应在售出产品退货期满时确认收入。

4. 具有融资性质的分期收款销售产品

企业销售产品，有时会采取分期收款方式，如分期收款销售产品。如果延期收取的货款具有融资性质，其实质是企业向购货方提供信贷，企业应当按照应收的合同或协议价款的公允价值确定收入金额，公允价值应当按照其未来现金流量现值或产品现销价格计算确定。

应收的合同或协议价款与其公允价值之间的差额，应当在合同或协议期内，按照应收款项的摊余成本和实际利率计算确定的金额进行摊销，作为财务费用的抵减处理。其中，实际利率是指具有类似信用等级的企业发行类似工具的现时利率，或者将应收的合同或协议价款折现为产品现销价格时的折现率等。应收的合同或协议价款与其公允价值之间的差额，按照实际利率法摊销与直线法摊销结果相差不大的，也可以采用直线法进行摊销。

(1) 收入实现时，会计分录为：

借：长期应收款

　　银行存款

　　贷：其他业务收入

　　　　应交税费——应交增值税（销项税额）

　　　　未实现融资收益

(2) 收取货款时，会计分录为：

借：银行存款

　　贷：长期应收款

(3) 结转财务费用时，会计分录为：

借：未实现融资收益

　　贷：财务费用

【例 20-13】甲公司在 2015 年 6 月 1 日向乙公司销售一批未用的建筑材料，开出的增值税专用发票上注明的销售价格为 800 000 元，增值税税额为 136 000 元，款项尚未收到；该批材料成本为 640 000 元。6 月 30 日，乙公司在验收过程中发现材料外观上存在瑕疵，但基本上不影响使用，要求甲公司在价格上（不含增值税税额）给予 5% 的减让。假定甲公司已确认收入；已取得税务机关开具的红字增值税专用发票。甲公司的账务处理如下：

(1)2015 年 6 月 1 日销售实现：

	借方	贷方
借：应收账款——乙公司	936 000	
贷：主营业务收入——销售 ×× 商品		800 000
应交税费——应交增值税（销项税额）		136 000
借：主营业务成本——销售 ×× 商品	640 000	
贷：库存商品——×× 商品		640 000

(2)2015 年 6 月 30 日发生销售折让，取得红字增值税专用发票时：

	借方	贷方
借：主营业务收入——销售 ×× 商品	40 000	
应交税费——应交增值税（销项税额）	6 800	
贷：应收账款——乙公司		46 800

(3)2015 年收到款项：

借：银行存款　　　　　　　　　　　　　　　　　　　　889 200

　　贷：应收账款——乙公司　　　　　　　　　　　　　　　　889 200

二、提供劳务收入

（一）提供劳务交易结果能够可靠估计

企业在资产负债表日提供劳务交易的结果能够可靠估计的，应当采用完工百分比法确认提供劳务收入。

1. 提供劳务交易结果能够可靠估计的条件

提供劳务交易的结果能够可靠估计，是指同时满足下列条件：

(1) 收入的金额能够可靠地计量，是指提供劳务收入的总额能够合理地估计。随着劳务的不断提供，可能会根据实际情况增加或减少已收或应收的合同或协议价款，此时，企业应及时调整提供劳务收入总额。

(2) 相关的经济利益很可能流入企业，是指提供劳务收入总额收回的可能性大于不能收回的可能性。

(3) 交易的完工进度能够可靠地确定，是指交易的完工进度能够合理地估计。企业确定提供劳务交易的完工进度，可以选用下列方法：

①已完工作的测量，由专业测量师对已经提供的劳务进行测量，并按一定方法计算确定提供劳务交易的完工程度；

②已经提供的劳务占对应提供劳务总量的比例；

③已经发生的成本占估计总成本的比例。

(4) 交易中已发生和将发生的成本能够可靠地计量，是指交易中已经发生和将要发生的成本能够合理地估计。

2. 完工百分比法的具体应用

完工百分比法是指按照提供劳务交易的完工进度确认收入和费用的方法。

企业应当在资产负债表日按照提供劳务收入总额乘以完工进度扣除以前会计期间累计已确认提供劳务收入后的金额，确认当期提供劳务收入；同时，按照提供劳务估计总成本乘以完工进度扣除以前会计期间累计已确认劳务成本后的金额，结转当期劳务成本。

本期确认的收入 = 劳务总收入 × 本期末止劳务的完工进度 − 以前期间已确认的收入

本期确认的费用 = 劳务总成本 × 本期末止劳务的完工进度 − 以前期间已确认的费用

在采用完工百分比法确认提供劳务收入的情况下，企业应按计算确定的提供劳务收入金额，借记“应收账款”“银行存款”等科目，贷记“其他业务收入”科目。结转提供劳务成本时，借记“主营业务成本”科目，贷记“劳务成本”科目。

【例 20-14】A 公司于 2015 年 12 月 2 日接受一项安装任务，安装期为 2 个月，合同总收入 1 500 000 元，至年底已预收安装费 1 100 000 元，实际发生安装费用为 700 000 元（假定均为安装人员薪酬)，估计还会发生安装费用 300 000 元。假定 A 公司按实际发生的成本占估计总成本的比例确定劳务的完工进度。

会计处理如下：

实际发生的成本占估计总成本的比例 =700 000 ÷ (700 000+300 000)=70%

2005 年 12 月 31 日确认的劳务收入 =1 500 000 × 70% =1 050 000(元)

2005 年 12 月 31 日确认的劳务成本 =(700 000+300 000) × 70% =700 000(元)

(1) 实际发生劳务成本时，

借：劳务成本　700 000

　贷：应付职工薪酬　700 000

(2) 预收劳务款时，

借：银行存款　1 100 000

　贷：预收账款　1 100 000

(3)2005 年 12 月 31 日确认劳务收入并结转劳务成本时，

借：预收账款　1 050 000

　贷：其他业务收入　1 050 000

借：主营业务成本　700 000

　贷：劳务成本　700 000

（二）提供劳务交易结果不能可靠估计

企业在资产负债表日提供劳务交易结果不能可靠估计的，不能采用完工百分比法确认提供劳务收入。此时，企业应正确预计已经发生的劳务成本能够得到补偿和不能得到补偿的情况，分别进行会计处理：①已经发生的劳务成本预计全部能够得到补偿的，应按已收或预计能够收回的金额确认提供劳务收入，并结转已经发生的劳务成本。②已经发生的劳务成本预计部分能够得到补偿的，应按能够得到补偿的劳务成本金额确认提供劳务收入，并结转已经发生的劳务成本。③已经发生的劳务成本预计全部不能得到补偿的，应将已经发生的劳务成本计入当期损益，不确认提供劳务收入。

【例 20-15】甲公司于 2014 年 12 月 12 日接受乙公司委托，为其提供劳务，劳务期为 6 个月，2015 年 1 月 1 日开工。协议约定，乙公司应向甲公司支付的劳务费总额为 90 000 元，分三次等额支付，第一次在开工时预付，第二次在 2015 年 3 月 1 日支付，第三次在劳务结束时支付。

2015 年 1 月 1 日，乙公司预付第一次劳务费。至 2015 年 2 月 28 日，甲公司发生成本 40 000 元 (假定均为薪酬)。2015 年 3 月 1 日，甲公司得知乙公司经营发生困难，后两次劳务费能否收回难以确定。

甲公司账务处理如下：

(1)2015 年 1 月 1 日收到乙公司预付的劳务费：

借：银行存款　30 000

　贷：预收账款　30 000

(2) 实际发生劳务支出 40 000 元：

借：劳务成本　　40 000

　　贷：应付职工薪酬　　40 000

(3)2006 年 2 月 28 日确认劳务收入并结转劳务成本：

借：预收账款　　30 000

　　贷：其他业务收入　　30 000

借：主营业务成本　　40 000

　　贷：劳务成本　　40 000

三、让渡资产使用权收入

让渡资产使用权收入主要包括：①使用费收入，主要是指企业转让无形资产等资产的使用权形成的使用费收入；②租赁收入，主要是指企业对外出租资产收取的租金。

让渡资产使用权收入同时满足下列条件的，才能予以确认：①相关的经济利益很可能流入企业；②收入的金额能够可靠地计量。

（一）使用费收入

使用费收入应当按照有关合同或协议约定的收费时间和方法计算确定。如果合同或协议规定一次性收取使用费，且不提供后续服务的，应当视同销售该项资产一次性确认收入；提供后续服务的，应在合同或协议约定的有效期内分期确认收入。如果合同或协议规定分期收取使用费的，应按合同或协议规定的收款时间和金额或规定的收费方法计算确定的金额分期确认收入。

【例 20-16】甲公司向乙公司转让其商品的商标使用权，约定乙公司每年年末按年销售收入的 5% 支付使用费，使用期为 5 年。第 1 年，乙公司实现销售收入 3 000 000 元；第 2 年，乙公司实现销售收入 4 000 000 元。假定甲公司均于每年年末收到使用费，不考虑其他因素。甲公司的账务处理如下：

(1) 第 1 年年末确认使用费收入时，

借：银行存款　　150 000

　　贷：其他业务收入　　150 000

使用费收入金额 =3 000 000×5% =150 000(元)

(2) 第 2 年年末确认使用费收入时，

借：银行存款　　200 000

　　贷：其他业务收入　　200 000

使用费收入金额 =4 000 000×5% =200 000(元)

（二）租赁收入

1．租赁的分类

应当在租赁开始日将租赁分为融资租赁和经营租赁。满足下列标准之一的，即应认定为融资租赁；除融资租赁以外的租赁为经营租赁。

(1) 在租赁期届满时，资产的所有权转移给承租人。

(2) 承租人有购买租赁资产的选择权，所订立的购价预计远低于行使选择权时租赁资产的公允价值，因而在租赁开始日就可合理地确定承租人将会行使这种选择权。

(3) 租赁期占租赁资产使用寿命的大部分。

(4) 就承租人而言，租赁开始日最低租赁付款额的现值几乎相当于租赁开始日租赁资产公允价值；就出租人而言，租赁开始日最低租赁收款额的现值几乎相当于租赁开始日租赁资产公允价值。

(5) 租赁资产性质特殊，如果不做较大修整，只有承租人才能使用。

2. 经营租赁的核算

在一般情况下，出租人应采用直线法将收到的租金在租赁期内确认为收益，但在某些特殊情况下，则应采用比直线法更系统合理的方法。

出租人发生的初始直接费用，应当计入当期损益。或有租金在实际发生时计入当期损益。

【例 20-17】甲公司于 2015 年 6 月 1 日出租给乙公司吊机一台，协议约定月租费 180 000 元 / 月，租赁期为 6 个月，2015 年 6 月 1 日乙公司预付甲公司租费 500 000 元。2015 年 6 月 1 日，甲公司收到乙公司预付款 500 000 元。

甲公司账务处理如下：

(1) 收到乙公司预付款 500 000 元：

借：银行存款　　500 000

　　贷：预收账款　　500 000

(2) 6 月 30 日确认租赁收入：

借：预收账款　　180 000

　　贷：其他业务收入——租赁收入　　180 000

第三节 工程价款结算的核算操作

一、工程价款结算的办法

工程价款结算是指建筑企业因承包建筑安装工程，按照承包合同的规定向发包单位移交已完工程、收取工程价款的结算行为。

（一）工程价款结算的依据

按照财政部、建设部 2004 年 12 月颁布的《建设工程价款结算暂行办法》(以下简称《暂行办法》）的规定，工程价款结算应按合同约定办理，合同未作约定或约定不明的，发、承包双方应依照下列规定与文件协商处理：(1) 国家有关法律、法规和规章制度；(2) 国务院建设行政主管部门、省、自治区、直辖市或有关部门发布的工程造价计价标准、计价办法等有关规定；(3) 建设项目的合同、补充协议、变更签证和现场签证，以及经发、承包人认可的其他有效文件；(4) 其他可依据的材料。

（二）工程预付款的预付及抵扣方式

由于建筑安装过程建设周期长、造价高的特点，施工企业往往难以垫支施工期间所需的流动资金。因此，施工单位在签订承包工程合同时，可与发包单位商定预（付）收一定数量的工程款和备料款。

按照《建设工程价款结算暂行办法》的规定，包工包料工程的预付款按合同约定拨付，原则上预付比例不低于合同金额的 10%，不高于合同金额的 30%，对重大工程项目，按年度工程计划逐年预付。预付的工程款必须在合同中约定抵扣方式，并在工程进度款中进行抵扣。凡是没有签订合同或不具备施工条件的工程，发包人不得预付工程款，不得以预付款为名转移资金。

一般情况下，采用按月结算工程价款的施工企业，可在月中预收上半月的工程款；采用分段结算工程价款或竣工后一次结算工程价款的企业，可按月预收当月工程款。施工企业在预收工程价款时，应根据实际工程进度，填制“工程价款预收单”，分送发包单位和经办银行办理预收款手续。“工程价款预收单”的格式如表 20 -2 所示。

表 20-2　　工程价款预收单

发包单位名称：×× 公司　　2015 年 6 月 30 日　　单位：元

单项工程项目名称	合同造价	上半月完成数	预收上半月工程款	预收当月工程款	应扣预售款项	实收款项	备注
办公楼工程	1 925 000	260 000	260 000	（分段结算、竣工后一次结算按月预收式填列）		260 000	

施工单位：×× 建筑公司　　财务负责人：

工程主要建筑材料由施工单位采购储备的，可在签订工程承包合同时，与发包单位商定预收一定数额的备料款。在这种情况下，施工企业在月中或按月预收的工程价款，应在结算工程价款时，从应收工程款中扣除，并在“工程价款结算账单”中列出应扣除的预收工程款。

从理论上讲，备料款的需要额取决于工程结构类型、主要材料储备期和施工期等几种因素，但在实际工作中，为了简化核算手续和便于统一管理，工程备料款额度通常由各地区根据工程性质和规模以及施工期等因素，分类加以规定：建筑工程一般不得超过当年建筑工程（包括水、电、暖、卫等）总值的 25%；大量采用预制构件的工程，可以适当加大比例：安装过程一般不得超过安装过程总值的 10%，安装材料用量加大的工程，可以适当增加。

（三）工程价款的结算时间与比例

按照《建设工程价款结算暂行办法》的规定，根据确定的工程计量结果，承包人向发包人提出支付进度款申请的，14 天内，发包人应按不低于工程价款的 60%、不高于工程价款的 90% 向承包人支付工程进度款。

（四）工程进度款结算方式

工程进度款结算方式主要包括两种：一是按月结算与支付，即实行按月支付进度款，竣工后清算的办法。合同工期跨两个年度以上的工程，在年终进行工程盘点，办理年度结算。二是分段结算与支付，即当年开工、当年不能竣工的工程按照工程形象进度，划分不同阶段支付工程进度款。具体划分办法在合同中明确。

（五）工程价款结算的原始凭证

施工企业与发包单位办理工程价款结算时，不论是采用竣工后一次结算还是按月结算或分段结算，都应填制“工程价款结算账单”，经发包单位审核签字后，送交开户银行办理结算。采用按月结算或分段结算办法的工程，递交“工程价款结算账单”还应随附“已完工程月报表”，其一般格式如表 20-3、表 20-4 所示。

表 20-3　　已完工程月报表

发包单位名称：×× 公司　　2015 年 6 月 30 日　　单位：元

单项工程项目名称	合同造价	建筑面积	开竣工日期		实际完成数		备注
			开工日期	竣工日期	至上期止已完工程累计	本期已完工程	
办公楼工程	1 925 000	3 650 平方米	××/4/1		870 000	534 000	

施工企业：×× 建筑公司　　编制日期：2015 年 7 月 1 日

表 20-4　　工程价款结算账单

发包单位名称：×× 公司　　2015 年 6 月 30 日　　单位：元

单项工程项目名称	合同造价	本期应收工程款	应扣款项			本期实收工程款	备料款余额	累计已收工程款	备注
			合计	预收工程款	预收备料款				
办公楼工程	1 925 000	532 000	372 000	260 000	112 000	162 000		1 404 000	

施工企业：×× 建筑公司　　编制日期：2015 年 7 月 1 日

二、工程价款结算会计处理

为了总括地核算和监督与发包单位的工程价款结算情况，施工企业除设置“工程结算”

账户外，还应设置“应收账款”“预收账款”账户。

【例 20-18】宏达建筑公司承建一项土石方工程，开工前，施工项目部按工程承包合同的规定，收到发包单位通过银行转账拨付的工程备料款 30 万元。月中，企业填列工程价款预收账单，向发包单位预收上半月的工程进度款 10 万元。月末，企业以工程价款结算账单与发包单位办理工程价款结算：本月已完工程价款 19 万元，按规定应扣还预收工程款 10 万元、预收备料款 6 万元。施工项目部收到发包单位支付的工程价款 3 万元。

施工项目部相关账务处理如下：

(1) 开工前预收工程备料款：

借：银行存款　　300 000

　　贷：预收账款——预收备料款　　300 000

(2) 月中预收工程款：

借：银行存款　　100 000

　　贷：预收账款——预收工程款　　100 000

(3) 月末办理结算：

借：应收账款——应收工程款　　190 000

　　贷：工程结算　　190 000

借：预收账款——预收工程款　　100 000

　　　　　　——预收备料款　　600 00

　　贷：应收账款——应收工程款　　160 000

(4) 收到发包单位支付的工程价款 3 万元：

借：银行存款　　30 000

　　贷：应收账款——应收工程款　　30 000

一个工程项目如果由两个以上施工企业同时交叉作业，根据国家对基本建设工程管理的要求，建设单位和施工企业应实行承发包责任制和总分包协作制。

【例 20-19】宏达建筑公司承建某大学科技园区建设工程，并将其中一座三层实验楼的建造工程分包给另一施工企业，发生与分包工程结算有关的业务及会计处理如下：

(1) 根据预付备料款额度，通过银行向分包单位预付备料款 276 000 元。

借：预付账款——预付分包备料款　　276 000

　　贷：银行存款　　276 000

(2) 与发包单位办好手续，由发包单位拨给分包单位主要材料一批，计价 5 万元，抵作预付备料款。

借：预付账款——预付分包备料款　　50 000

　　贷：预收账款——预收备料款　　50 000

(3) 按照工程分包合同规定，于月中根据工程进度预付分包单位工程款 11 万元。

借：预付账款——预付分包工程款　　110 000

　　贷：银行存款　　110 000

(4) 月末，根据经审核的分包单位“工程价款结算账单”，结算应付分包单位已完工程价款226 000 元。

借：工程施工　　226 000

　　贷：应付账款——应付分包工程款　　226 000

(5) 根据工程合同规定，从应付分包工程款中扣回预付备料款 8 万元，预付工程款 11 万元。

借：应付账款——应付分包工程款　　190 000

　　贷：预付账款——预付分包工程款　　1 10 000

　　　　　　　——预付分包备料款　　80 000

(6) 以银行存款支付分包单位已完工程价款 36 000 元。

借：应付账款——应付分包工程款　　36 000

　　贷：银行存款　　36 000

三、未执行建造合同企业的工程价款收入的核算

（一）应设置的会计账户

1．“主营业务收入”账户

本账户核算企业承包工程实现的工程价款结算收入，包括已完工程价款收入、索赔款、合同变更收入和奖励款。企业按规定向发包单位收取的除工程价款以外列作营业收入的各种款项，如临时设施费、劳动保险费、施工机构调迁费等也在本账户核算。企业实现的工程价款收入和应向发包单位收取的列作营业收入的款项，借记“应收账款”“银行存款”等账户，贷记本账户。

2．“主营业务成本”账户

本账户核算企业已办理工程价款结算的已完工程实际成本。实行合同完成后一次结算的合同工程，其本期已结算工程的工程成本是指合同执行期间发生的累计合同工程成本。实行按月或分段结算的合同工程，其本期已结算工程的工程成本，应根据期末未结算工程成本累计减期末未完工程成本进行计算。未完工程成本是指期末尚未办理价款结算的工程成本，可采用“估量法”或“估价法”计算确定。月份终了，企业应根据本月已办理工程价款结算的已完工程实际成本，借记本账户，贷记“工程施工”账户。

3．“营业税金及附加”账户

本账户核算企业因从事建筑安装生产活动取得工程价款结算收入而按规定应缴纳的营业税、城市维护建设税以及教育费附加。月末，企业按规定计算出应由建筑安装工程价款结算收入负担的营业税金、城市维护建设税以及教育费附加，借记本账户，贷记“应交税费”等账户。

期末，应将“主营业务收入”账户余额全部转入“本年利润”贷方，同时将“主营业务成本”“营业税金及附加”账户的余额转入本年利润借方，结转后，以上账户应无余额。

（二）工程价款收入的确认

企业应当根据收入的性质，按收入确认的原则，合理地确认和计量各项收入。对于施工企业，其工程施工和提供劳务、作业，以出具的“工程价款结算清单”经发包单位签订后，确认营业收入的实现。由于施工企业与发包单位在办理工程价款结算时往往采用多种不同的结算方式，所以工程价款收入的确认应区别情况作以下不同的处理：

(1) 实行完成合同后（竣工）一次结算工程价款的工程合同，应于合同完成、施工企业与客户进行工程价款结算时，确认工程收入的实现，实现的收入额为承、发包双方结算的合同价款总额。

(2) 实行旬末或月中预支、月终结算、竣工后清算的工程项目，应分期确认工程结算收入的实现，即各月份终了，与客户进行已完工程价款结算时，确认合同已完工部分工程收入的实现。本期收入额为月终结算的已完工程价款的金额。

(3) 实行按工程进度划分不同阶段、分段结算工程价款的工程项目，应按合同规定的形象进度分次确认已完阶段工程结算收入的实现，即应于完成合同规定的工程进度或工程阶段，与客户进行已完工程价款结算时，确认已完工程收入的实现。本期实现的收入额为本期已结算的分段工程价款的金额。

(4) 实行其他结算方式的工程项目，其工程收入应按合同规定的结算方式和结算时间，与客户进行工程价款结算时，一次或分次确认工程收入。本期实现的收入额为本期结算的已完工程价款或竣工一次结算的全部合同价款总额。

【例 20-20】宏达建筑公司承建万通公司办公楼建造工程，合同规定按月结算工程价款。公司发生与工程价款结算有关的经济业务及会计处理如下：

(1) 工程开工前，根据工程承包合同规定，向万通公司收取工程备料款 385 000 元。

	借方	贷方
借：银行存款	385 000	
贷：预收账款——预收备料款		385 000

(2) 月中，按上半月实际工程进度填列“工程价款预收账单”，向万通公司预收工程款 26 万元。

	借方	贷方
借：银行存款	260 000	
贷：预收账款——预收工程款		260 000

(3) 月末，根据“工程价款结算账单”结算当月工程价款，并经发包单位签字确认：已完工程价款 534 000 元，按规定扣回预收工程款 26 万元，预收备料款 112 000 元。

	借方	贷方
借：应收账款——应收工程款	162 000	
预收账款——预收工程款	260 000	
——预收备料款	112 000	
贷：主营业务收入		534 000

实际收到万通公司支付的工程价款时：

	借方	贷方
借：银行存款	162 000	
贷：应收账款——应收工程款		162 000

(4) 月末，结转已完工程实际成本 418 000 元。

借：主营业务成本　　418 000

　　贷：工程施工　　418 000

(5) 月末，根据本月工程价款收入计算应负担的营业税、城市维护建设税及教育费附加。

应缴营业税 =534 000 × 3% =16 020（元）

城市维护建设税 =16 020 × 7% =1 121. 40（元）

教育费附加 =16 020 × 3% =480.60（元）

借：营业税金及附加　　17 622

　　贷：应缴税费——应缴营业税　　16 020

　　　　　　　　——应交城市维护建设税　　1121. 40

　　　　　　　　——应交教育费附加　　480. 60

(6) 月末，将各收入、费用账户余额转入“本年利润”账户。

借：本年利润　　435 622

　　贷：主营业务成本　　418 000

　　　　营业税金及附加　　17 622

借：主营业务收入　　534 000

　　贷：本年利润　　534 000

第二十一章 分包工程核算

施工企业建造工程往往将部分业务依法分包给协作单位，由双方或多方共同完成该建设项目，分包包括专业分包和劳务分包两种。

1. 专业分包

专业分包是指从事工程总承包的单位将所承包的建设工程的一部分依法发包给具有相应资质的承包单位的行为，该总承包人并不退出承包关系，其与第三人就第三人完成的工作成果向发包人承担连带责任。合法的分包须满足以下几个条件：(1) 分包必须取得发包人的同意；(2) 专业分包只能是一次分包，即分包单位不得再将其承包的工程分包出去；(3) 分包必须是分包给具备相应资质条件的单位；(4) 总承包人可以将承包工程中的部分工程发包给具有相应资质条件的分包单位，但不得将主体工程分包出去。

2. 劳务分包

劳务分包是指总承包企业或专业承包企业将自己所承接工程的劳务作业依法分包给具有相应资质的劳务分包企业进行施工作业。

分包核算是依据双方签订的合同，在整个工程施工的过程中，严格执行合同中约定的内容和事项，监督合同双方认真履行合同义务，准确、及时、完整、真实、连续地核算反映分包成本的一项经济业务，是项目成本管理和会计核算的重要组成部分，其核算内容包括合同招投标、合同评审、合同签订、合同交底、合同履行、合同结算决算、工程款支付等。

第一节 分包工程程序及核算

分包工程的核算程序一般分为：

合同招标评审签订——合同交底——合同履行开始 - 中期结算——工程款支付——分包决算——质保金支付——合同终止。

一、合同招标、评审、签订、交底、履行开始

依据招标管理办法，公司及各单位对外分包工程需进行招标，确定信誉良好、资质达标、

价格合理、实力强的分包单位。

依据合同管理办法，公司及各单位对外签订合同（包括具有合同性质的意向书、协议书等）前，无论合同金额大小，必须在进行自评后上报公司合同主管部门评审。未进行评审的合同，一律不得签订。据此，项目部对外签订合同前必须先自评，然后报公司合同主管部门评审。财务人员应参与项目部合同评审，为规避合同风险，评审时一般注意以下内容:

(1) 当事人的名称或姓名和住所。

(2) 工程地点及工程内容。合同中应明确承包工程的地点、范围和工程量，并附有工程量清单。

(3) 承包方式及合同价款。合同中应明确承包方式、合同价款及价款内容，单价合同应明确合同单价及价款内容，注明是否含税并明确税种税率。还应明确合同变更索赔的条件、方式等。

(4) 合同工期。合同中应明确开工日期、完工日期和总工期（日历天数或月），为配合项目部的总工期，合同中还应明确阶段工期目标，并在合同中明确工期延误责任的划分及奖罚措施。

(5) 质量标准。为确保工程质量，合同中一般要明确分部工程验收和完工验收程序、质量标准和奖罚措施，并且标准一般不低于业主要求的标准。

(6) 工程款的计量与支付。合同中应严格规定工程计量和竣工决算的前提条件、时间及程序，明确支付工程款的前提条件、比例、代垫款项的处理方式、付款地点和付款方式。一般不得向对方支付预付款，特殊情况下必须支付预付款时，要求对方出具预付款保函或采用其他担保形式，并报公司合同评审委员会审查批准。

(7) 材料供应。目前，施工企业项目部对外分包一般为部分分包，故合同中应明确总包方负担或供应的材料种类、规格、数量、范围、损耗比例、超耗材料扣款单价及材料交接地点等，并且还要明确此外所有材料费用的归属。

(8) 工程保修。合同中应明确工程保修责任、保修金的比例或金额及保修期限。一般情况下，保修金比例高于业主比例，保修期限不短于业主期限，特别是主体工程。明确质保金支付的方式、时间及条件。如：我方收到业主支付的质保金后 × 天内支付。

(9) 履约保证措施和争议解决的方式。对外订立合同时，必须要求对方提供履约保函或其他担保方式，明确解决争议的方式。

(10) 双方的责任、义务和权利。要明确总包方提供的施工条件、施工资料及施工配合等，对方的施工投入、人员财产等安全措施、施工技术资料、文明施工、服从我方管理、工程不得转包、违约责任及赔偿、资金的管理及施工配合等。

(11) 其他。如人力不可抗拒因素、环境保护、文物保护、隐蔽工程的处理及免责条款等。

二、合同交底

合同签订后，项目部合同管理部门应组织项目部有关领导、有关部门人员及现场有关人员召开合同交底会，对不同人员就相关合同内容和双方商谈记录进行交底，以便合同的履行。具体如下：

(1) 合同管理人员向项目管理人员和企业各部门相关人员进行“合同交底”，组织大家学习合同和合同总体分析结果，对合同的主要内容做出解释和说明。

(2) 将各种合同事件的责任分解落实到各工程小组或分包人。

(3) 在合同实施前与其他相关的各方面，如发包人、监理工程师、承包人沟通，召开协调会议，落实各种安排。

(4) 在合同实施过程中还必须进行经常性的检查、监督，对合同作解释。

(5) 合同责任的完成必须通过其他经济手段来保证。对分包商，主要通过分包合同确定双方的责权利关系，保证分包商能及时地按质按量地完成合同责任。

三、合同招标、履行开始

合同招标时，应收取各投标单位相应的标书费用及投标保证金。招标结束后，按招标文件规定，退还相关的投标保证金。

合同生效后，即合同履行的开始。相关人员要就合同相关内容进行合同的履行和监督。

合同中如约定履约保证金的，分包单位应缴纳履约保证金，收到款项时，会计分录为：

的借：银行存款

贷：其他应付款——履约保证金——××公司

凭证附件：收据记账联、进账单或银行收款通知单。

合同履行完毕退付时，做相反分录，附件为对方开具的收据及银行付款单据。

如为其他形式担保的，要递交相关资料，如履约保函等，到期登记退还，不需其他处理。

【例 21-1】2014 年 3 月 1 日，某施工企业收到某分包单位缴纳的 20 万元履约保证金，收到保证金时，账务处理如下：

借：银行存款　　200 000

贷：其他应付款——履约保证金　　200 000

四、中期结算

为了准确核算项目部分包成本，准确反映项目部月度生产经营情况，要坚持实行月度结算制度。成本核算部门每月月末要对施工单位进行月度结算，结算要及时、准确，不能漏结，更不能多结。

应按合同中规定的结算原则进行结算。一般合同中都约定结算条款，如：乙方在每月 × 日前向甲方提交已完工程的结算报告，甲方按照《工程量清单》中的支付项目和计量单位核实乙方当月实际完成并报监理、业主签认后的工程数量，按构成合同价款相应项目的承包单价计算确定乙方当月工程进度价款。

结算程序：分包单位申报——安质技术审核 + 成本部门审核——结算意见汇签 + 工程款结算单 + 递交财务核查——整改——账务处理。

1. 对方单位申报

每月对方单位应按合同中约定时间进行工程量申报，申报表格式由项目部成本部门统一要求，申报表要反映出工程细目、单位及数量（与工程量清单一致），注明或后附工程进度表，申报人签字并加盖公章。

2. 安质技术审核

对方单位申报后，安质技术要对申报工程的质量、数量等进行复核，特别是钢结构加工结算，并在审核栏内填写确认数据。

3. 成本核算部门依据安质技术审核过的工程量，按照结算原则进行审核，审核无误后应打印出工程结算意见汇签单，为了统一核算，汇签单上应注明汇签意见的对象和期间，由相关部门负责人及项目部相关领导进行意见签署。

4. 结算意见汇签

相关部门负责人要依据项目部的管理分工，按照相关合同条款，在意见框内签署明细结算意见，注明扣罚奖金额，如写不下可另附意见说明单。如工程部门要签署工期是否满足等；安质技术部门要签署工程质量是否达到要求，施工是否符合要求等；材料部门要注明材料消耗情况等；机电部门要签署水电机械费使用情况，等等。

5. 工程款结算单

成本部门应根据合同、结算意见汇签单及相关单据，做出工程款结算单，经复核后，双方负责人要签字盖章确认。

(1) 合同内部分，依据审核后的工程量和合同工程量清单或合同单价，计算出工程价款。

(2) 合同外部分，如为合同变更索赔部分，应依据合同中相应条款进行处理；如为零星用工等，可依据项目部相关合同单价进行计算确认；其他情况应视为分包工程，需签订合同或补充协议，依核算程序进行。

(3) 扣款项目，依据各部门签署的意见和扣款单计算确认扣款项目，单据要有制单、复核、对方签字确认，如机械扣款单要有调度或生产副经理复核，材料最终要有单项工程核销单等。扣款单据应同时交财务部门和结算部门一份，财务部门进行账务处理，结算部门在当期付款中扣减。

【例 21-2】某施工企业分包一部分工程给某分包单位，根据分包合同，该分包单位自购劳保用品，生产过程中，该施工企业调拨给该分包单位一批手套，总价 3 000 元，该施工企业账务处理如下：

借：应付账款——应付工程款——× × 公司　　3 000

　　贷：原材料　　3 000

凭证附件：材料调拨单。

(4) 结算单还应注明本次结算应扣留质保金。

6. 递交财务核查

工程结算单递交财务后，财务人员应根据合同、理论工程量、形象进度及其他相关资料对结算单及附件进行认真核查。若核查出数据不符等情况要及时退成本结算部门进行相应整改。

7. 账务处理

财务人员应据核查过的结算单及附件及时进行账务处理。

会计分录为：

借：工程施工——合同成本——××工程

　　贷：应付账款——应付工程款——××公司

凭证附件：工程结算单及其附件（发票）。

分包工程为劳务分包的，账务处理时，在“工程施工”科目的“劳务协作成本”明细科目核算。

分包工程为专业分包的，账务处理时，应将分包结算中的人工费、材料费、机械使用费、其他直接费、其他间接费分配后，在“工程施工”科目的相应明细科目核算。

五、质保金支付

保修期满，项目部应依据合同支付工程质保金。

(1) 工程需维修。保修期满前，工程需维修的，分包单位应及时进行工程的维修工作，并承担全部费用。否则，总包方施工企业将发生的费用从质保金中支付，不足的，由分包单位支付。

委托其他单位及个人维修发生费用做如下分录：

借：应付账款——应付工程款——× ×公司

　　贷：银行存款

凭证附件：工程结算单、发票或收款收据及银行付款单据、项目资金支付审批单。

【例21-3】该分包单位保修期未满，墩身出现裂纹，需修补，该施工企业于2005年6月15日书面通知该分包单位，但该分包单位未及时进行修补，根据合同，项目部委托其他单位进行修补，发生支出20 000元。质保期满前不再发生修理费。处理如下：

会计分录：

借：应付账款——应付工程款——该分包单位　　20 000

　　贷：银行存款　　20 000

凭证附件：工程结算单、发票或收款收据及银行付款单据、项目资金支付审批单。

(2) 对整个工程完工验交前保修期到期的合同，支付质保金（发生维修的支付质保金余额）时要填制质保金支付单，需技术部门、安质部门、工程部门、成本部门及项目负责人签署支付意见，同意付款。

会计分录：

借：应付账款——应付工程款——××公司

　　贷：银行存款

凭证附件：质保金支付单、对方出具的收款收据、银行付款单据。

【例 21-4】该分包单位质保金为 72 000 元，按合同规定，2015 年 3 月 11 日到期。对方在 2015 年 3 月 23 日向项目部索要质保金，填制了质保金支付单并经各相关人员及领导签批同意支付，扣除维修费用 20 000 元。账务处理如下：

借：应付账款——应付工程款 52 000

贷：银行存款 52 000

凭证附件：质保金支付单、对方出具的收款收据、银行付款单据。

(3) 施工企业分包工程的质保金金额少、期限短，一般按账面价值确认。如存在金额大、期限长的质保金，应按质保金期限和折现率，计算其折现金额，折现前后的差额冲减当期预计总成本和工程施工成本，按期转回时，按折现率计算的利息增加预计总成本和工程施工成本。

分包单位施工生产过程中，不考虑质保金的折现因素。分包单位完工决算后，开始计算质保金起，计算质保金折现金额，会计分录为：

借：应付账款

贷：工程施工

按期转回时，会计分录为：

借：工程施工

贷：应付账款

六、合同终止

以上履行完毕，合同自然终止。

七、工程预结算

按合同约定和公司规定分包结算应为月度结算，但由于一些原因，结算部门不能及时进行结算，导致项目部不能及时准确地反映当期成本和债权债务情况，故要求结算部门要进行工程预结算。

预结算时，根据分包单位当期完成的工程量和合同单价计算出当期工程价款，如果扣除款项金额较大，对当期成本和债权债务有较大影响，还应扣除扣款项目。

对于预结算金额，到下期应将原分录红字冲回，将正式结算金额入账。

八、分包工程的营业税处理

施工企业的总包人将工程分包给专业施工分包企业时，应以工程项目的全部承包额减去付给分包人价款后的余额为营业额。如果承包人发生应税行为，承包人以发包人名义对外经营并由发包人承担相关法律责任的，以发包人为纳税人，则发包人属于法定的代扣代缴纳税义务人，在与分包人办理已完工程价款结算时，还应以与分包人结算的工程价款为依据计算并代扣代缴其营业税，并向分包人提供《建筑业总承包及分包单位结算工程款完税证明》。但如果承包人不是以发包人名义对外经营并由发包人承担法律责任的，则以承包人为纳税义务人，而不再由发包人缴纳税款并提供完税证明。

在实际操作中，承包人代扣缴分包人营业税费后，应对分包人开具相关代扣税款凭证，以防止产生总包人不提供相关凭证或分包人不接受代扣缴等不规范行为，出现漏税或重复纳税现象。施工企业为总包人，并对外签订有分包工程的，分包单位营业税由施工企业代扣代缴，如果分包合同中没有特别注明是否含营业税，则应视为含税价，财务部门在对分包单位结算价款时，应将税款扣回；如果分包合同中特别注明不含营业税，在结算时则不予扣减。

由于存在区域性税收政策的竞争，在纳税实践中，涉及多个行政区域的大型施工项目的分包工程的纳税地点常常成为关注的焦点。根据相关条例规定，施工企业项目存在分包时，总包人应按营业税纳税地点规定扣缴分包人应缴的营业税。具体的做法主要有两种：一是当施工项目为非跨省分包时，扣缴人可以在工程所在地代扣缴分包人营业税费；二是当施工项目为跨省分包时，由总包人在其机构所在地代扣缴相关分包人的营业税费，即总包人在其所在地代扣缴各层次分包人的营业税费。

【例 21-5】甲公司承包一个合同值为 1 000 万元的工程项目，并把其中 300 万元的部分项目分包给具有相应资质的分包人乙公司，工程完工后，该工程项目最终结算值为 1 000 万元，分包人乙公司与总包人甲公司对该工程结算如下：工程分包结算 300 万元，其中营业税费 9.99 万元 (按 3.33% 计算)。最终总包人甲开具 1 000 万元建筑业发票给建设单位，分包人甲开具 300 万元建筑业发票给总包人。

(1) 总包人会计处理：

办理分包工程结算时：

借：工程施工—合同成本　　300

　　贷：应付账款—乙公司　　300

按差额支付工程价款时：

借：应付账款—乙公司　　290.01(300−9.99)

　　贷：银行存款　　290.01(300−9.99)

工程项目结算确认合同收入时计提税费：

借：营业税金及附加　　33.3(1000 × 3.33%)

　　贷：应交税费　　33.3(1000 × 3.33%)

实际申报缴纳税费时：

借：应交税费　　33.3

　　贷：银行存款　　33.3

同时给分包人开具代扣代缴完税证明 9.99 万元 (300 × 3.33%)。

(2) 分包人会计处理：

办理分包工程结算时：

借：应收账款—甲公司　　300

贷：工程结算 300

按差额收取工程价款时：

借：银行存款 290.01

贷：应收账款—甲公司 290.01

工程项目结算确认合同收入时计提税费：

借：营业税金及附加 9.99(300 × 3.33%)

贷：应交税费 9.99(300 × 3.33%)

根据总包人给分包人开具的代扣代缴完税证明 9.99 万元 (300 × 3.33%) 到工程所在地进行申报抵税，同时给总包人出具 300 万元建筑业发票。

借：应交税费 9.99

贷：应收账款—甲公司 9.99

其次，根据新营业税条例的规定要求，作为工程分包业务的直接纳税人，分包人自行在工程所在地税务机关申报缴纳，同时向总包人出具办理分包抵税的建筑业发票和完税证明资料。

(1) 总包人会计处理：

办理分包工程结算时：

借：工程施工—合同成本 300

贷：应付账款—乙公司 300

按全额支付工程价款时：

借：应付账款—乙公司 300

贷：银行存款 300

工程项目结算确认合同收入时计提税费：

借：营业税金及附加 33.3(1 000 × 3.33%)

贷：应交税费 33.3(1 000 × 3.33%)

根据分包人在工程所在地实际申报缴纳营业税费的完税证明 9.99 万元 (300 × 3.33%) 复印件并加盖分包人单位公章，以及分包人给总包人出具的 300 万元建筑业发票，到工程所在地税务机关进行申报抵税，同时给发包人出具的 1 000 万元建筑业发票。按实际差额 700 万元 (1 000−300) 申报缴纳营业税费：

借：应交税费 23.31(700 × 3.33%)

贷：银行存款 23.31(700 × 3.33%)

同时按分包抵税作成本调整：

借：应交税费 9.99(300 × 3.33%)

贷：工程施工—合同成本 9.99(300 × 3.33%)

(2) 分包人会计处理：

办理分包工程结算时：

借：应收账款—甲公司 300

贷：工程结算 300

按全额收取工程价款时：

借：银行存款　300

　　贷：应收账款—甲公司　300

工程项目结算确认合同收入时计提税费：

借：营业税金及附加　9.99(300×3.33%)

　　贷：应交税费　9.99(300×3.33%)

到工程所在地税务机关实际申报缴纳营业税费9.99万元(300×3.33%)，同时给总包人出具300万元建筑业发票以及附送完税证明9.99万元复印件并加盖分包人单位公章。

借：应交税费　9.99

　　贷：银行存款　9.99

九、合同预付款的处理

在订立合同时，一般不得向对方支付预付款，特殊情况下必须支付预付款时，要求对方出具预付款保函或其他担保形式，并报公司合同评审委员会审查批准。对方出具保函或其他担保形式后，依据合同支付工程预付款。

会计分录为：

借：预付账款——应付工程款——××公司

　　贷：银行存款

凭证附件：分包单位收款收据、支票存根或银行回单、公司项目资金支付审批单。

预付款依据合同约定的条件扣回，扣回时直接冲减预付账款。

【例21-6】根据合同约定，某分包单位于2004年3月5日出具了15万元的预付款保函，施工企业支付预付款15万元。

该施工企业账务处理如下：

借：预付账款——应付工程款　150 000

　　贷：银行存款　150 000

凭证附件：分包单位收款收据、支票存根或银行回单、公司项目资金支付审批单。

第二节　分包工程资金的管理

为加强合同管理，尽量避免合同风险，特别是由于分包单位不守信用引发的合同风险，项目部要加大对分包单位资金和民工工资支付的监管力度，结合施工企业实际情况制定相应的管理办法，并在合同中予以明确。

财务人员要积极参与做好此项管理工作，加大对分包单位的管理力度，特别是信誉不好和初次合作的单位，结合实际情况通过宣传、制定办法等手段达到管理目的。

(1) 为保证工程款的专款专用，避免挪用和转移工程款，各分包单位须在项目部认可的银行设立银行存款账户，项目部有权监督账户的使用情况。

(2) 各分包单位开户银行预留印鉴上应预留一枚项目部财务主管的印章，即各分包单位银行预留印鉴由各分包单位财务专用章、单位负责人印章、项目部财务主管印章组成，即各分包单位每次在银行办理结算业务（现金支票、转账支票、电汇等结算业务）时，须到施工企业财务加盖预留印章。

(3) 各分包单位办理取款业务时，应向施工企业财务提供该笔资金使用明细表，对不合理的资金使用，施工企业有权拒绝办理。

(4) 各分包单位应根据项目部下达的月度施工计划，每月月初 5 日前向施工企业上报资金使用计划，项目部根据合同和资金状况及工程进展情况，合理安排资金的拨付。

(5) 为保证工程款的专款专用，各分包单位在工程没有竣工或欠当地各种款项没有清算前，一律不得向外地调拨资金，特殊情况（如购材料、租赁机械等）必须报施工企业批准，才能调往外地，否则按挪用工程款处理。

(6) 各分包单位优先考虑民工工资的支付，并按月报送民工工资支付单，必要时由施工企业派有关人员现场监督发放。

(7) 为保证分包单位履行施工合同，应向发包单位提供履约保函或保证金。

第二十二章 工程借款费用核算

企业经营需要购置固定资产、生产设备、流动资金、对外投资等，施工企业也不例外。企业从事各种经营活动需要大量货币资金，而施工企业属于微利企业，资本积累缓慢，靠权益性资金不能完全解决公司运营的资金来源，通常会通过向金融机构借款来筹措生产资金。本章讲述这些借款所发生费用的处理方法。

第一节 借款费用概述

一、借款费用的范围

借款费用是企业因借入资金所付出的代价，它包括借款利息、折价或者溢价的摊销、辅助费用以及因外币借款而发生的汇兑差额等。

因借款而发生的利息，包括企业向银行或者其他金融机构等借入资金发生的利息、发行公司债券发生的利息，以及为购建或者生产符合资本化条件的资产而发生的带息债务所承担的利息等。

因借款而发生的折价或者溢价主要是指发行债券等所发生的折价或者溢价，发行债券中的折价或者溢价，其实质是对债券票面利息的调整（即将债券票面利率调整为实际利率），属于借款费用的范畴。

因外币借款而发生的汇兑差额，是指由于汇率变动对外币借款本金及其利息的记账本位币金额所产生的影响金额。

因借款而发生的辅助费用，是指企业在借款过程中发生的诸如手续费、佣金等费用，由于这些费用是因安排借款而发生的，也属于借入资金所付出的代价，是借款费用的构成部分。

二、借款的范围

按照借款费用准则，借款包括专门借款和一般借款。

专门借款是指为购建或者生产符合资本化条件的资产而专门借入的款项。专门借款通常应当有明确的用途，并通常应当具有标明该用途的借款合同。例如，某施工企业为了解决在建工程项目资金周转困难向某银行专门贷款 5 000 万元、某施工企业集团下属房地产开发企业为了开发楼盘向某银行专门贷款 15 000 万元等，均属于专门借款，其使用目的明确，而且其使用受与银行相关的合同限制。

一般借款是指除专门借款之外的借款，相对于专门借款而言，一般借款在借入时，其用途通常没有特指用于符合资本化条件的资产的购建或者生产。

三、符合资本化条件的资产

符合资本化条件的资产是指需要经过相当长时间的购建或者生产活动才能达到预定可使用或者可销售状态的固定资产、投资性房地产和存货等资产。建造合同成本、确认为无形资产的开发支出等在符合条件的情况下，也可以认定为符合资本化条件的资产。

符合资本化条件的存货，主要包括施工企业的建造合同成本、房地产开发企业开发的用于对外出售的房地产开发产品、企业制造的用于对外出售的大型机器设备等。这类存货通常需要经过相当长时间的建造或者生产过程，才能达到预定可销售状态。其中，“相当长时间”应当是指为资产的购建或者生产所必需的时间，通常为 1 年以上（含 1 年）。

在实务中，如果由于人为或者故意等非正常因素导致资产的购建或者生产时间相当长的，该资产不属于符合资本化条件的资产。购入即可使用的资产，或者购入后需要安装但所需安装时间较短的资产，或者需要建造或者生产但所需建造，或者生产时间较短的资产，均不属于符合资本化条件的资产。

第二节 借款费用的确认

借款费用的确认主要解决的是将每期发生的借款费用资本化、计入相关资产的成本，还是将有关借款费用费用化、计入当期损益的问题。根据借款费用准则的规定，借款费用确认的基本原则是：企业发生的借款费用，可直接归属于符合资本化条件的资产的购建或者生产的，应当予以资本化，计入相关资产成本；其他借款费用，应当在发生时根据其发生额确认为费用，计入当期损益。

企业只有对发生在资本化期间的有关借款费用，才允许资本化，资本化期间的确定是借款费用确认和计量的重要前提。根据借款费用准则的规定，借款费用资本化期间，是指从借款费用开始资本化时点到停止资本化时点的期间，但不包括借款费用暂停资本化的期间。

施工企业作为建造承包商为客户建造资产，通常是客户筹集资金，并根据合同约定，定期向施工企业支付工程进度款。但是，施工企业也可能在工程项目建造过程中因资金周转等原因向银行借入款项，发生借款费用。施工企业在工程项目建造期间发生的借款费用，符合借款费用准则规定的资本化条件的，应当计入建造合同成本。合同完成后发生的借款费用，应计入当期损益，不再计入建造合同成本。

施工企业若在工程项目建造过程中因资金周转等原因，向内部资金中心借入款项而发生了借款费用，按照借款费用准则规定，符合资本化条件的借款费用应予以资本化计入建造合同成本。考虑到在集团内部借入款项及发生的借款费用属于应当合并抵销的关联交易和事项，如果对在集团内部借入款项发生的资本化借款费用予以合并抵销，将会引起工程项目完工百分比及建造合同收入、毛利的重新计算。为了简化建造合同收入和成本的核算，同时又能满足合并财务报表的准确编报，可以约定凡是在集团内部借入款项而发生的借款费用一律予以费用化，计入当期损益。除此之外，企业因购建或者生产符合资本化条件的其他资产（如房地产企业开发的楼盘等）向集团内部借入款项而发生的借款费用也可以按照此原则进行处理。

一、借款费用开始资本化的时点

借款费用允许开始资本化必须同时满足三个条件，即资产支出已经发生、借款费用已经发生、为使资产达到预定可使用或者可销售状态所必要的购建或者生产活动已经开始。这三个条件中，只要有一个条件不满足，相关借款费用就不能资本化。

（一）“资产支出已经发生”的界定

“资产支出已经发生”是指企业已经发生了支付现金、转移非现金资产或者承担带息债务形式的支出。

1. 支付现金

支付现金是指用货币资金支付符合资本化条件的资产的购建或者生产支出。

某施工企业用现金或者银行存款购买为建造符合资本化条件的资产的工程项目所需用材料，支付有关职工薪酬，向协力队伍支付劳务款等，这些支出均属于资产支出。

2. 转移非现金资产

转移非现金资产是指企业将自己的非现金资产直接用于符合资本化条件的资产的购建或者生产。

某施工企业将自己用货币资金购买的水泥向某钢铁企业换取用于符合资本化条件的资产的工程项目建造所需用钢材，这些水泥成本均属于资产支出。

3. 承担带息债务

承担带息债务是指企业为了购买购建或者生产符合资本化条件的资产所需用物资等而承担的带息应付款项（如带息应付票据）。企业为购建或者生产符合资本化条件的资产而承担的带息债务应当作为资产支出（如果承担的是不带息债务，就不应当将购买价款计入资产支出），当该带息债务发生时，视同资产支出已经发生。

【例22-1】某施工企业因建造长期工程所需，于2007年5月1日购入一批钢材，开出一张20万元的带息银行承兑汇票，期限为6个月，票面年利率为6%。对于该事项，企业尽管没有为工程建设的目的直接支付现金，但承担了带息债务，所以应当将20万元的购买工程用钢材款作为资产支出，自5月1日开出承兑汇票开始即表明资产支出已经发生。

（二）“借款费用已经发生”的界定

“借款费用已经发生”，是指企业已经发生了因购建或者生产符合资本化条件的资产而专门借入款项的借款费用，或者所占用的一般借款的借款费用。

【例 22-2】某施工企业于 2007 年 1 月 1 日为建造一项工期为 3 年的工程项目从银行专门借入款项 6 000 万元，当日开始计息。在 2007 年 1 月 1 日即应当认为借款费用已经发生。

（三）“为使资产达到预定可使用或者可销售状态所必要的购建或者生产活动已经开始”的界定

“为使资产达到预定可使用或者可销售状态所必要的购建或者生产活动已经开始”，是指符合资本化条件的资产的实体建造或者生产工作已经开始。例如，工程项目的实际开工建造等。它不包括仅仅持有资产但没有发生为改变资产形态而进行的实质上的建造或者生产活动。

只有在上述三个条件同时满足的情况下，有关借款费用才可开始资本化，只要其中有一个条件没有满足，借款费用就不能开始资本化。

二、借款费用暂停资本化的时间

符合资本化条件的资产在购建或者生产过程中发生非正常中断且中断时间连续超过 3 个月的，应当暂停借款费用的资本化。中断的原因必须是非正常中断，属于正常中断的，相关借款费用仍可资本化。

【例 22-3】某施工企业于 2015 年 1 月 1 日开始建造一项工期为 3 年的工程项目，因资金短缺的原因，专门借入款项，支出已经发生，因此借款费用从当日起开始资本化。2015 年 5 月 30 日，由于工程施工发生了安全事故，导致工程中断，直到 10 月 2 日才复工。该中断就属于非正常中断，因此，该专门借款在 5 月 30 日至 10 月 2 日间所发生的借款费用不应资本化，而应作为财务费用计入当期损益。

非正常中断，通常是由于企业管理决策上的原因，或者其他不可预见的原因等所导致的中断。比如，建设方因与施工方发生了质量纠纷，或者工程、生产用料没有及时供应，或者资金周转发生了困难，或者施工、生产发生了安全事故，或者发生了与资产购建、生产有关的劳动纠纷等，导致资产购建或者生产活动发生中断，均属于非正常中断。

非正常中断与正常中断显著不同。正常中断通常仅限于因购建或者生产符合资本化条件的资产达到预定可使用或者可销售状态所必要的程序，或者事先可预见的不可抗力因素导致的中断。比如，某些工程建造到一定阶段必须暂停下来进行质量或者安全检查，检查通过后才可继续下一阶段的建造工作，这类中断是在施工前可以预见的，而且是工程建造必须经过的程序，属于正常中断。某些地区的工程在建造过程中，由于可预见的不可抗力因素（如雨季或冰冻季节等原因）导致施工出现停顿，也属于正常中断。

【例 22-4】某施工企业在北方某地建造工程项目期间，遇上冰冻季节（通常为 6 个月），工程施工因此中断，待冰冻季节过后方能继续施工。由于该地区在施工期间出现较长时间的冰冻为正常情况，由此导致的施工中断是可预见的不可抗力因素导致的中断，属于正常中断。在正常中断期间所发生的借款费用可以继续资本化，计入相关资产的成本。

三、借款费用停止资本化的时点

购建或者生产符合资本化条件的资产达到预定可使用或者可销售状态时，借款费用应当停止资本化。如果所购建或者生产的资产分别建造、分别完工的，企业应当区别情况界定借款费用停止资本化的时点：

(1) 所购建或者生产的符合资本化条件的资产的各部分分别完工，且每部分在其他部分继续建造或者生产过程中可供使用或者可对外销售，且为使该部分资产达到预定可使用或可销售状态所必要的购建或者生产活动实质上已经完成的，应当停止与该部分资产相关的借款费用的资本化。

(2) 如果企业购建或者生产的资产的各部分分别完工，但必须等到整体完工后才可使用或者对外销售的，应当在该资产整体完工时停止借款费用的资本化。

第三节 借款费用的计量

一、借款利息资本化金额的确定

在借款费用资本化期间，每一会计期间的利息（包括折价或溢价的摊销）资本化金额，应当按照下列规定确定：

(1) 为购建或者生产符合资本化条件的资产而借入专门借款的，应当以专门借款当期实际发生的利息费用，减去将尚未动用的借款资金存入银行取得的利息收入或进行暂时性投资取得的投资收益后的金额确定。

(2) 为购建或者生产符合资本化条件的资产而占用了一般借款的，企业应当根据累计资产支出超过专门借款部分的资产支出加权平均数乘以所占用一般借款的资本化率，计算确定一般借款应予资本化的利息金额。资本化率应当根据一般借款加权平均利率计算确定。

(3) 每一会计期间的利息资本化金额，不应当超过当期相关借款实际发生的利息金额。

因此，企业在确定每期利息（包括折价或溢价的摊销）资本化金额时，应当首先判断符合资本化条件的资产在购建或者生产过程中所占用的资金来源，如果所占用的资金是专门借款资金，则应当在资本化期间，根据每期实际发生的专门借款利息费用，确定应予资本化的金额。在企业将闲置的专门借款资金存入银行取得利息收入或者进行暂时性投资获取投资收益的情况下，企业还应当将这些相关的利息收入或者投资收益从资本化金额中扣除，以如实反映符合资本化条件的资产的实际成本。

企业占用一般借款资金购建或者生产符合资本化条件的资产时，一般借款的借款费用的资本化金额的确定应当与资产支出相挂钩，具体分两种情况：

(1) 企业在购建或者生产符合资本化条件的资产时，如果专门借款资金不足，占用了一般借款资金的，则应当根据为购建或者生产符合资本化条件的资产而发生的累计资产支出超过专门借款部分的资产支出加权平均数乘以所占用一般借款的资本化率，计算确定一般借款应予资本化的利息金额。资本化率应当根据一般借款加权平均利率计算确定。

(2) 企业在购建或者生产符合资本化条件的资产时，如果没有借入专门借款，占用的都是一般借款资金，则应以累计资产支出加权平均数为基础计算所占用的一般借款利息资本化金额。

有关计算公式如下：

一般借款利息费用资本化金额 = 累计资产支出超过专门借款部分的资产支出加权平均数（或累计资产支出加权平均数）× 所占用一般借款的资本化率

资产支出加权平均数 = ∑（每笔资产支出金额 × 该笔资产支出在当期所占用的天数 ÷ 当期天数）

所占用一般借款的资本化率 = 所占用一般借款加权平均利率 = 所占用一般借款当期实际发生的利息之和 ÷ 所占用一般借款本金加权平均数

所占用一般借款本金加权平均数 = ∑（所占用每笔一般借款本金 × 每笔一般借款在当期所占用的天数 ÷ 当期天数）

【例 22-5】某施工企业于 2005 年 9 月 20 日开工建造新中标的工程项目，工程于 2015 年 9 月 30 日办理了竣工决算并移交。在建造过程中，由于业主资金支付不到位，出现了暂时资金周转困难。为此，该企业于 2014 年 1 月 1 日专门借款 6 000 万元，借款期限为 2 年，年利率为 6%，按年支付利息，除此之外，无其他专门借款。该企业于 2014 年 1 月 1 日至 2015 年 9 月 30 日之间发生的建造工程支出如下：

(1)2014 年 4 月 1 日，支出 3 000 万元；

(2)2014 年 6 月 1 日，支出 1 000 万元；

(3)2014 年 7 月 1 日，支出 3 000 万元；

(4)2015 年 1 月 1 日，支出 4 000 万元；

(5)2015 年 4 月 1 日，支出 2 000 万元；

(6)2015 年 7 月 1 日，支出 1 000 万元；

另外，工程项目的建造还占用了该企业两笔一般借款：

(1) 从银行取得长期借款 4 000 万元，期限为 2006 年 12 月 1 日至 2009 年 12 月 1 日，年利率为 6%，按年支付利息。

(2) 从银行取得长期借款 2 亿元，取得日为 2006 年 1 月 1 日，期限为 5 年，年利率为 8%，按年支付利息。

尚未动用的专门借款资金全部存入银行，假定月利率为 0.25%，并收到款项存入银行。假定全年按 360 天计。因质量原因，工程项目于 2014 年 8 月 1 日至 11 月 30 日发生中断。

根据上述资料，有关利息资本化金额的计算和账务处理如下：

(1)2014年和2015年专门借款利息资本化金额及应计入当期损益的金额：

①2014年专门借款能够资本化的期间为4月1日至7月31日和12月份，共5个月。2014年专门借款利息资本化金额=6 000×6%×5÷12−3 000×0.25%×2−2 000×0.25%×1=130(万元)。

②2014年专门借款不能够资本化的期间为1月1日至3月31日和8月1日至11月30日，共7个月。2014年专门借款利息应计入当期损益的金额=6 000×6%×7÷12−6 000×0.25%×3=165(万元)。

2014年专门借款利息收入=6 000×0.25%×3+3 000×0.25%×2+2 000×0.25%×1=65(万元)。

③2015年专门借款能够资本化的期间为1月1日至9月30日，共9个月。2015年专门借款利息资本化金额=6 000×6%×9÷12=270(万元)。

④2015年专门借款不能够资本化的期间为10月1日至12月31日，共3个月。2015年专门借款利息应计入当期损益的金额=6 000×6%×3÷12=90(万元)。

(2)2014年和2015年一般借款利息资本化金额及应计入当期损益的金额：

一般借款资本化率(年)=(4 000×6%+20 000×8%)÷(4 000+20 000)=7.67%。

①2014年占用了一般借款资金的资产支出加权平均数=1 000×2÷12=166.67(万元)。2014年一般借款利息资本化金额=166.67×7.67%=12.78(万元)。

②2014年一般借款利息应计入当期损益的金额=(4 000×6%+20 000×8%)−12.78=1 827.22(万元)。

③2015年占用了一般借款资金的资产支出加权平均数=(1 000+4 000)×9÷12+2 000×6÷12+1 000×3÷12=5 000(万元)。2015年一般借款利息资本化金额＝5 000×7.67%＝383.5(万元)。

④2015年一般借款利息应计入当期损益的金额=(4 000×6%+20 000×8%)−383.5=1 456.5(万元)。

(3)2014年和2015年利息资本化金额及应计入当期损益的金额：

2014年利息资本化金额=130+12.78=142.78(万元)；

2014年应计入当期损益的金额=165+1 827.22=1 992.22(万元)；

2015年利息资本化金额=270+383.5=653.5(万元)；

2015年应计入当期损益的金额=90+1 456.5=1 546.5(万元)。

(4)2014年和2015年有关账务处理如下：

2014年：

借：工程施工——合同成本　　1 427 800

　　财务费用　　19 922 200

　　银行存款　　650 000

　　贷：应付利息　　22 000 000

2015年：

借：工程施工——合同成本　　6 535 000

财务费用　　15 465 000

贷：应付利息　　22 000 000

注：应付利息 =6 000×6% +4 000×6% +20 000×8% =2 200(万元)。

凭证附件：专门借款合同、借款利息单、存款利息单等。

二、借款辅助费用资本化金额的确定

辅助费用是企业为了安排借款而发生的必要费用，包括借款手续费(如发行债券手续费)、佣金等。如果企业不发生这些费用，就无法取得借款，因此辅助费用是企业借入款项所付出的一种代价，是借款费用的有机组成部分。

对于企业发生的专门借款辅助费用，在所购建或者生产的符合资本化条件的资产达到预定可使用或者可销售状态之前发生的，应当在发生时根据其发生额予以资本化；在所购建或者生产的符合资本化条件的资产达到预定可使用或者可销售状态之后所发生的，应当在发生时根据其发生额确认为费用，计入当期损益。上述资本化或计入当期损益的辅助费用的发生额，是指根据《企业会计准则第 22 号——金融工具确认和计量》，按照实际利率法所确定的金融负债交易费用对每期利息费用的调整额。借款实际利率与合同利率差异较小的，也可以采用合同利率计算确定利息费用。一般借款发生的辅助费用，也应当按照上述原则确定其发生额并进行处理。

考虑到借款辅助费用与金融负债交易费用是一致的，其会计处理也应当保持一致。根据《企业会计准则第 22 号——金融工具确认和计量》的规定，除以公允价值计量且其变动计入当期损益的金融负债之外，其他金融负债相关的交易费用应当计入金融负债的初始确认金额。为购建或者生产符合资本化条件的资产借入的专门借款或者一般借款，通常都属于除以公允价值计量且其变动计入当期损益的金融负债之外的其他金融负债。对于这些金融负债所发生的辅助费用需要计入借款的初始确认金额，即抵减相关借款的初始金额，从而影响以后各期实际利息的计算。换句话说，由于辅助费用的发生将导致相关借款实际利率的上升，从而需要对各期利息费用作相应调整，在确定借款辅助费用资本化金额时可以结合借款利息资本化金额一起计算。

三、外币专门借款汇兑差额资本化金额的确定

当企业为购建或者生产符合资本化条件的资产所借入的专门借款为外币借款时，由于企业取得外币借款日、使用外币借款日和会计结算日往往并不一致，而外汇汇率又在随时发生变化，因此，外币借款会产生汇兑差额。相应地，在借款费用资本化期间，为购建固定资产而专门借入的外币借款所产生的汇兑差额，是购建固定资产的一项代价，应当予以资本化，计入固定资产成本。出于简化核算的考虑，借款费用准则规定，在资本化期间，外币专门借款本金及其利息的汇兑差额，应当予以资本化，计入符合资本化条件的资产的成本。而除外币专门借款之外的其他外币借款本金及其利息所产生的汇兑差额应当作为财务费用，计入当期损益。

第二十三章 施工企业税费核算

《关于全面推开营业税改征增值税试点的通知》（财税〔2016〕36号，以下简称36号文）规定："在中华人民共和国境内销售服务、无形资产或者不动产的单位和个人，为增值税纳税人，应当缴纳增值税，不缴纳营业税。"

根据2014年12月27日《国家税务总局关于修改〈税务登记管理办法〉的决定》修正的《税务登记管理办法》规定："从事生产、经营的纳税人领取工商营业执照的，应当自领取工商营业执照之日起30日内申报办理税务登记，税务机关发放税务登记证及副本；境外企业在中国境内承包建筑、安装、装配、勘探工程和提供劳务的，应当自项目合同或协议签订之日起30日内，向项目所在地税务机关申报办理税务登记，税务机关发放临时税务登记证及副本。纳税人提交的证件和资料齐全且税务登记表的填写内容符合规定的，税务机关应当日办理并发放税务登记证件；纳税人提交的证件和资料不齐全或税务登记表的填写内容不符合规定的，税务机关应当场通知其补正或重新填报。"

《国家税务总局关于跨地区经营建筑企业所得税征收管理问题的通知》（国税函〔2010〕156号）规定："实行总分机构体制的跨地区经营建筑企业应按照'统一计算，分级管理，就地预缴，汇总清算，财政调库'的办法计算缴纳企业所得税。建筑企业所属二级或二级以下分支机构直接管理的项目部不就地预缴企业所得税，其经营收入、职工工资和资产总额应汇总到二级分支机构统一核算，由二级分支机构预缴企业所得税。建筑企业总机构直接管理的跨地区设立的项目部，应按项目实际经营收入的0.2%按月或按季由总机构向项目所在地预分企业所得税，并由项目部向所在地主管税务机关预缴。"

第一节 增值税概述

一、征税范围

（一）建筑服务税目注释

自2016年5月1日起，我国全面推行营改增试点，将建筑业、房地产业、金融业、生活服务业等全部纳税人纳入试点范围。建筑服务，是指各类建筑物、构筑物及其附属设施的建造、修缮、装饰，线路、管道、设备、设施等的安装以及其他工程作业的业务活动。具体包括以下方面。

1. 工程服务

工程服务，是指新建、改建各种建筑物、构筑物的工程作业，包括与建筑物相连的各种设备或者支柱、操作平台的安装或者装设工程作业，以及各种窑炉和金属结构工程作业。

2. 安装服务

安装服务，是指生产设备、动力设备、起重设备、运输设备、传动设备、医疗实验设备以及其他各种设备、设施的装配、安置工程作业，包括与被安装设备相连的工作台、梯子、栏杆的装设工程作业，以及被安装设备的绝缘、防腐、保温、油漆等工程作业。

固定电话、有线电视、宽带、水、电、燃气、暖气等经营者向用户收取的安装费、初装费、开户费、扩容费以及类似收费，按照安装服务缴纳增值税。

3. 修缮服务

修缮服务，是指对建筑物、构筑物进行修补、加固、养护、改善，使之恢复原来的使用价值或者延长其使用期限的工程作业。

4. 装饰服务

装饰服务，是指对建筑物、构筑物进行修饰装修，使之美观或者具有特定用途的工程作业。

5. 其他建筑服务

其他建筑服务，是指上列工程作业之外的各种工程作业服务，如钻井（打井）、拆除建筑物或者构筑物、平整土地、园林绿化、疏浚（不包括航道疏浚）、建筑物平移、搭脚手架、爆破、矿山穿孔、表面附着物（包括岩层、土层、沙层等）剥离和清理等工程作业。

（二）其他规定

销售建筑服务，是指有偿提供建筑服务，但属于下列非经营活动的情形除外：

(1) 行政单位收取的同时满足以下条件的政府性基金或者行政事业性收费。

①由国务院或者财政部批准设立的政府性基金，由国务院或者省级人民政府及其财政、价格主管部门批准设立的行政事业性收费；

②收取时开具省级以上（含省级）财政部门监（印）制的财政票据；

③所收款项全额上缴财政。

(2) 单位或者个体工商户聘用的员工为本单位或者雇主提供取得工资的服务。

(3) 单位或者个体工商户为聘用的员工提供服务。

(4) 财政部和国家税务总局规定的其他情形。

二、税率和征收率

提供建筑服务的增值税一般纳税人，适用的税率为 11%；提供建筑服务的增值税小规模纳税人，适用的征收率为 3%。

三、应纳税额的计算

（一）基本规定

增值税计税方法，包括一般计税方法和简易计税方法。一般纳税人发生应税行为适用一般计税方法计税。一般纳税人发生财政部和国家税务总局规定的特定应税行为，可以选择适用简易计税方法计税，但一经选择，36 个月内不得变更。

小规模纳税人发生应税行为适用简易计税方法计税。除了提供建筑服务的小规模纳税人适用简易计税方法以外，36 号文还明确在以下情形下，一般纳税人提供建筑服务也可以选择适用简易计税方法，按 3% 征收率计税。

1. 以清包工方式提供建筑服务

以清包工方式提供建筑服务，是指施工方不采购建筑工程所需的材料或只采购辅助材料，并收取人工费、管理费或者其他费用的建筑服务。

2. 为甲供工程提供建筑服务

甲供工程，是指全部或部分设备、材料、动力由工程发包方自行采购的建筑工程。

3. 为建筑工程老项目提供建筑服务

建筑工程老项目，是指《建筑工程施工许可证》注明的合同开工日期在 2016 年 4 月 30 日前的建筑工程项目；未取得《建筑工程施工许可证》的，建筑工程承包合同注明的开工日期在 2016 年 4 月 30 日前的建筑工程项目。

在上述情形下，施工企业可抵扣的进项税一般较少，例如在甲供工程中，建筑企业的主要成本为人工支出，很难取得足够的进项税额，而简易计税方法的推出可以使施工企业承担较低的增值税征收率，有利于减轻施工企业的税收负担。然而，值得关注的是，若施工企业一般纳税人选择按简易计税方法计税，则其将无法抵扣进项税。

（二）一般计税方法

1. 应纳税额

一般计税方法的应纳税额，是指当期销项税额抵扣当期进项税额后的余额。应纳税额计算公式：

应纳税额 = 当期销项税额 – 当期进项税额

当期销项税额小于当期进项税额不足抵扣时，其不足部分可以结转下期继续抵扣。

销项税额，是指纳税人发生应税行为按照销售额和增值税税率计算并收取的增值税额。销项税额计算公式：

销项税额 = 销售额 × 税率

一般计税方法的销售额不包括销项税额，纳税人采用销售额和销项税额合并定价方法的，按照下列公式计算销售额：

销售额 = 含税销售额 ÷（1+ 税率）

进项税额，是指纳税人购进货物、加工修理修配劳务、服务、无形资产或者不动产，支付或者负担的增值税额。

2. 准予抵扣的进项税额

(1) 从销售方取得的增值税专用发票（含税控机动车销售统一发票，下同）上注明的增值税额。

(2) 从海关取得的海关进口增值税专用缴款书上注明的增值税额。

(3) 购进农产品，除取得增值税专用发票或者海关进口增值税专用缴款书外，按照农产品收购发票或者销售发票上注明的农产品买价和13%的扣除率计算的进项税额。计算公式为：

进项税额 = 买价 × 扣除率

买价，是指纳税人购进农产品在农产品收购发票或者销售发票上注明的价款和按照规定缴纳的烟叶税。

购进农产品，按照《农产品增值税进项税额核定扣除试点实施办法》抵扣进项税额的除外。

(4) 从境外单位或者个人购进服务、无形资产或者不动产，自税务机关或者扣缴义务人取得的解缴税款的完税凭证上注明的增值税额。

3. 不得抵扣的进项税额

(1) 用于简易计税方法计税项目、免征增值税项目、集体福利或者个人消费的购进货物、加工修理修配劳务、服务、无形资产和不动产。其中涉及的固定资产、无形资产、不动产，仅指专用于上述项目的固定资产、无形资产（不包括其他权益性无形资产）、不动产。

纳税人的交际应酬消费属于个人消费。

(2) 非正常损失的购进货物，以及相关的加工修理修配劳务和交通运输服务。

(3) 非正常损失的在产品、产成品所耗用的购进货物（不包括固定资产）、加工修理修配劳务和交通运输服务。

(4) 非正常损失的不动产，以及该不动产所耗用的购进货物、设计服务和建筑服务。

(5) 非正常损失的不动产在建工程所耗用的购进货物、设计服务和建筑服务。

纳税人新建、改建、扩建、修缮、装饰不动产，均属于不动产在建工程。

(6) 购进的旅客运输服务、贷款服务、餐饮服务、居民日常服务和娱乐服务。

(7) 财政部和国家税务总局规定的其他情形。

（三）简易计税方法

简易计税方法的应纳税额，是指按照销售额和增值税征收率计算的增值税额，不得抵扣进项税额。应纳税额计算公式：

应纳税额 = 销售额 × 征收率

简易计税方法的销售额不包括其应纳税额，纳税人采用销售额和应纳税额合并定价方法的，按照下列公式计算销售额：

销售额 = 含税销售额 ÷（1 + 征收率）

纳税人适用简易计税方法计税的，因销售折让、中止或者退回而退还给购买方的销售额，应当从当期销售额中扣减。扣减当期销售额后仍有余额造成多缴的税款，可以从以后的应纳税额中扣减。

（四）销售额的确定

1．销售额的含义

销售额的含义是指纳税人发生应税行为取得的全部价款和价外费用，财政部和国家税务总局另有规定的除外。

价外费用，是指价外收取的各种性质的收费，但不包括以下项目：

(1) 代为收取并符合本办法第十条规定的政府性基金或者行政事业性收费。

(2) 以委托方名义开具发票代委托方收取的款项。

2．无销售额的情形

纳税人发生应税行为价格明显偏低或者偏高且不具有合理商业目的的，或者发生本办法第十四条所列行为而无销售额的，主管税务机关有权按照下列顺序确定销售额：

(1) 按照纳税人最近时期销售同类服务、无形资产或者不动产的平均价格确定。

(2) 按照其他纳税人最近时期销售同类服务、无形资产或者不动产的平均价格确定。

(3) 按照组成计税价格确定。组成计税价格的公式为：

组成计税价格 = 成本 ×（1+ 成本利润率）

成本利润率由国家税务总局确定。

不具有合理商业目的，是指以谋取税收利益为主要目的，通过人为安排，减少、免除、推迟缴纳增值税税款，或者增加退还增值税税款。

四、纳税义务发生时间和纳税地点

（一）纳税义务发生时间

(1) 纳税人提供建筑服务并收讫销售款项或者取得索取销售款项凭据的当天；先开具发票的，为开具发票的当天。

收讫销售款项，是指纳税人提供建筑服务过程中或者完成后收到款项。

取得索取销售款项凭据的当天，是指书面合同确定的付款日期；未签订书面合同或者书面合同未确定付款日期的，为建筑服务完成的当天。

(2) 纳税人提供建筑服务采取预收款方式的，其纳税义务发生时间为收到预收款的当天。

（二）纳税地点

(1) 固定业户应当向其机构所在地或者居住地主管税务机关申报纳税。总机构和分支机构不在同一县（市）的，应当分别向各自所在地的主管税务机关申报纳税；经财政部和国家税务总局或者其授权的财政和税务机关批准，可以由总机构汇总向总机构所在地的主管税务机关申报纳税。

(2) 非固定业户应当向应税行为发生地主管税务机关申报纳税；未申报纳税的，由其机构所在地或者居住地主管税务机关补征税款。

(3) 其他个人提供建筑服务应向建筑服务发生地主管税务机关申报纳税。

(4) 扣缴义务人应当向其机构所在地或者居住地主管税务机关申报缴纳扣缴的税款。

（三）纳税期限

增值税的纳税期限分别为 1 日、3 日、5 日、10 日、15 日、1 个月或者 1 个季度。纳税人的具体纳税期限，由主管税务机关根据纳税人应纳税额的大小分别核定。以 1 个季度为纳税期限的规定适用于小规模纳税人、银行、财务公司、信托投资公司、信用社，以及财政部和国家税务总局规定的其他纳税人。不能按照固定期限纳税的，可以按次纳税。

纳税人以 1 个月或者 1 个季度为 1 个纳税期的，自期满之日起 15 日内申报纳税；以 1 日、3 日、5 日、10 日或者 15 日为 1 个纳税期的，自期满之日起 5 日内预缴税款，于次月 1 日起 15 日内申报纳税并结清上月应纳税款。

五、跨县（市、区）提供建筑服务

跨县（市、区）提供建筑服务，是指单位和个体工商户（以下简称纳税人）在其机构所在地以外的县（市、区）提供建筑服务。纳税人在同一直辖市、计划单列市范围内跨县（市、区）提供建筑服务的，由直辖市、计划单列市国家税务局决定是否适用增值税纳税办法。

（一）预缴税款

1. 纳税人跨县（市、区）提供建筑服务预缴税款的规定（表 23-1）

(1) 一般纳税人跨县（市、区）提供建筑服务，适用一般计税方法计税的，以取得的全部价款和价外费用扣除支付的分包款后的余额，按照 2% 的预征率计算应预缴税款。

(2) 一般纳税人跨县（市、区）提供建筑服务，选择适用简易计税方法计税的，以取得的全部价款和价外费用扣除支付的分包款后的余额，按照 3% 的征收率计算应预缴税款。

表 23-1　　跨县（市）提供建筑服务纳税要点归纳

纳税人性质	计税方法	预缴基础	预征率	销售额	征收率
一般纳税人	一般计税方法	全部价款和价外费用扣除支付的分包款后的余额	2%	全部价款和价外费用	11%
一般纳税人	简易计税方法	全部价款和价外费用扣除支付的分包款后的余额	3%	全部价款和价外费用扣除支付的分包款后的余额	3%
小规模纳税人	简易计税方法	全部价款和价外费用扣除支付的分包款后的余额	3%	全部价款和价外费用扣除支付的分包款后的余额	3%

(3) 小规模纳税人跨县（市、区）提供建筑服务，以取得的全部价款和价外费用扣除支付的分包款后的余额，按照 3% 的征收率计算应预缴税款。

2. 纳税人跨县（市、区）提供建筑服务应预缴税款的计算

(1) 适用一般计税方法计税的，

应预缴税款 =(全部价款和价外费用 － 支付的分包款) ÷ (1+11%) × 2%

(2) 适用简易计税方法计税的，

应预缴税款 =(全部价款和价外费用 － 支付的分包款) ÷ (1+3%) × 3%

纳税人取得的全部价款和价外费用扣除支付的分包款后的余额为负数的，可结转下次预缴税款时继续扣除。纳税人应按照工程项目分别计算应预缴税款，分别预缴。

（二）凭证要求和提交资料

1. 凭证要求

纳税人按照上述规定从取得的全部价款和价外费用中扣除支付的分包款，应当取得符合法律、行政法规和国家税务总局规定的合法有效凭证，否则不得扣除。

上述凭证是指：

(1) 从分包方取得的 2016 年 4 月 30 日前开具的建筑业营业税发票。

上述建筑业营业税发票在 2016 年 6 月 30 日前可作为预缴税款的扣除凭证。

(2) 从分包方取得的2016年5月1日后开具的，备注栏注明建筑服务发生地所在县（市、区）、项目名称的增值税发票。

(3) 国家税务总局规定的其他凭证。

2. 提交资料

纳税人跨县（市、区）提供建筑服务，在向建筑服务发生地主管国税机关预缴税款时，需提交以下资料：

(1)《增值税预缴税款表》；

(2) 与发包方签订的建筑合同原件及复印件；

(3) 与分包方签订的分包合同原件及复印件；

(4) 从分包方取得的发票原件及复印件。

（三）其他规定

(1) 纳税人跨县（市、区）提供建筑服务，向建筑服务发生地主管国税机关预缴的增值税税款，可以在当期增值税应纳税额中抵减，抵减不完的，结转下期继续抵减。

纳税人以预缴税款抵减应纳税额，应以完税凭证作为合法有效凭证。

(2) 小规模纳税人跨县（市、区）提供建筑服务，不能自行开具增值税发票的，可向建筑服务发生地主管国税机关按照其取得的全部价款和价外费用申请代开增值税发票。

(3) 对跨县（市、区）提供的建筑服务，纳税人应自行建立预缴税款台账，区分不同县（市、区）和项目逐笔登记全部收入、支付的分包款、已扣除的分包款、扣除分包款的发票号码、已预缴税款以及预缴税款的完税凭证号码等相关内容，留存备查。

六、跨境提供建筑服务

（一）免征增值税

境内的单位和个人销售的下列服务免征增值税，但财政部和国家税务总局规定适用增值税零税率的除外：

(1) 工程项目在境外的建筑服务。

(2) 工程项目在境外的工程监理服务。

(3) 工程、矿产资源在境外的工程勘察勘探服务。

（二）适用方法

境内的单位和个人提供适用增值税零税率的建筑服务，如果属于适用简易计税方法的，实行免征增值税办法。如果属于适用增值税一般计税方法的，生产企业实行免抵退税办法，外贸企业外购建筑服务出口实行免退税办法，外贸企业直接将建筑服务出口，视同生产企业连同其出口货物统一实行免抵退税办法。

实行退（免）税办法的建筑服务，如果主管税务机关认定出口价格偏高的，有权按照核定的出口价格计算退（免）税，核定的出口价格低于外贸企业购进价格的，低于部分对应的进项税额不予退税，转入成本。

（三）其他规定

境内的单位和个人销售适用增值税零税率的建筑服务的，可以放弃适用增值税零税率，选择免税或按规定缴纳增值税。放弃适用增值税零税率后，36 个月内不得再申请适用增值税零税率。

境内的单位和个人销售适用增值税零税率的建筑服务，按月向主管退税的税务机关申报办理增值税退（免）税手续。具体管理办法由国家税务总局商财政部另行制定。

第二节 增值税会计核算

一、销项税额的会计核算

（一）一般销售方式下的会计核算

根据营改增相关税收政策，增值税纳税义务发生时间为纳税人提供建筑服务并收讫销售款项或者取得索取销售款项凭据的当天；若先开具发票，则为开具发票的当天；纳税人提供建筑服务采取预收款方式的，其纳税义务发生时间为收到预收款的当天。

一般情况下，企业应根据销售结算凭证，按照确认的收入和按规定收取的增值税额借记“银行存款”“应收账款”“应收票据”等科目，按照按规定收取的增值税额贷记“应交税费——应交增值税（销项税额）”科目，按确认的收入贷记“主营业务收入”“其他业务收入”等科目。

【例 23-1】某市一家施工企业已认定为增值税一般纳税人，2016 年 8 月提供建筑服务取得不含税收入 800 万元，销售原材料取得不含税收入 50 万元（非主营业务），按照适用税率分别开具了增值税专用发票，款项均已存入银行。

建筑服务适用税率为 11%，销售原材料适用税率为 17%，因此 2016 年 8 月该公司应计提的销项税额 =8 000 000 × 11%+500 000 × 17%=965 000（元）。其会计分录为：

借：银行存款　　946 5000

　　贷：主营业务收入　　8 000 000

　　　　其他业务收入　　500 000

　　　　应交税费——应交增值税（销项税额）　　96 5000

值得注意的是，采取预收款方式提供建筑服务的企业，其纳税义务发生时间为收到预收款的当天，应当在收到预收款时就计提增值税销项税额。

【例 23-2】甲施工企业为增值税一般纳税人，在 5 月 15 日与乙公司签订建筑施工合同，合同约定甲企业为乙公司提供建筑施工服务，期限为 10 个月，施工开始日为 6 月 1 日，同时还约定乙公司要在 5 月 20 日向甲企业一次性支付全额款项。5 月 20 日，甲企业收到乙公司支付的不含税款 100 万元和相应税款。

本题实际上是甲企业采用预收款方式向乙公司提供建筑服务，纳税义务发生时间为收到预收款的当天，所以甲企业应于 5 月 20 日一次性对总额 100 万元计提销项税，即销项税额 = 1 000 000 × 11%=110 000（元）。其会计分录为：

5 月 20 日收到预收款时：

借：银行存款　　1110 000

　　贷：预收账款　　1 000 000

　　　　应交税费——应交增值税（销项税额）　　110 000

从 6 月 1 日起，在租赁期限的每月月末，甲公司分别确认收入 100 000 元（1 000 000 ÷ 10）：

借：预收账款　　100 000

　　贷：主营业务收入　　100 000

（二）视同提供应税服务的会计核算

纳税人发生视同提供应税服务情形，其纳税义务发生时间为应税服务完成的当天，应按规定计提销项税额，借记“营业外支出”“应付利润”等科目，贷记“应交税费——应交增值税（销项税额）”科目。

【例 23-3】 2016 年 7 月 20 日，某施工企业（增值税一般纳税人）派两名建筑工人参加一项建筑施工项目，免费提供建筑服务 2 天。（已知该施工企业此类建筑服务价格为每人 1 500 元 / 天）。

2016 年 7 月 20 日该施工企业提供的免费建筑服务应该视同提供应税服务计算增值税。

销项税额 =2×2×1 500×11%=660（元）

其会计分录为：

借：营业外支出　　　　660

　　贷：应交税费——应交增值税（销项税额）　　　　660

（三）特殊销售的会计核算

1．折扣销售的销项税额会计核算

若应税服务提供方将价款和折扣额在同一张发票上注明，则以折扣后的金额为销售额计算销项税额，会计处理同正常销售；若未在同一张发票上分别注明，则不可扣减折扣额，以未折扣金额计算缴纳增值税。

2．销售折扣的销项税额会计核算

销售折扣（也称现金折扣）作为具有融资性质的理财费用，不得从销售额中扣除，现金折扣数额应计入“财务费用”。

3．服务中止或者折让而退回的销项税额会计核算

纳税人提供的适用一般方法计税的应税服务，因服务中止或者折让而退还购买方的增值税额，应当从当期的销项税额中扣减。纳税人提供应税服务、开具增值税专用发票后，出现应税服务中止、折让、开票有误等情形，应当按照国家税务总局的规定开具红字增值税专用发票，未按规定开具红字增值税专用发票的，不得扣减销项税额。

【例 23-4】 甲施工企业向乙公司提供建筑施工服务，应税收入为 100 000 元，增值税额为 11 000 元。由于施工未及时开工，双方协商折让 10%，月底收到乙公司转来的由其主管税务机关出具的《开具红字增值税专用发票通知单》。

其会计分录为：

借：应收账款——乙公司　　　　111 000

　　贷：主营业务收入　　　　100 000

　　　　应交税费——应交增值税（销项税额）　　　　11 000

收到转来的《开具红字增值税专用发票通知单》时，按折让后的价款重新开具专用发票，冲销主营业务收入 10 000 元和增值税额 1 100 元。

借：主营业务收入　　　　10 000

　　应交税费——应交增值税（销项税额）　　　　1 100

　　贷：应收账款——乙公司　　　　11 100

二、进项税额的会计核算

（一）采购货物进项税额的会计核算

在实际成本法下，企业采购货物尚未入库时，按照增值税专用发票上注明的增值税税额借记“应交税费——应交增值税（进项税额）”科目，按照增值税专用发票上注明的价款借记“在途物资”科目，按价税合计金额贷记“银行存款”“应付账款”“应付票据”等科目；所购货物到达验收入库时，借记“原材料”等科目，贷记“在途物资”科目。由于企业的增值税专用发票取得时间与认证时间不一致，在取得发票时，企业可先通过“待摊费用——待抵扣进项税额”科目核算，待认证通过、符合抵扣条件后再转入“应交税费——应交增值税（进项税额）”科目。

【例 23-5】某施工企业为增值税一般纳税人，原材料核算采用实际成本法。某日购进施工用钢材，取得的增值税专用发票注明价款 100 000 元，税款 17 000 元。贷款已支付，材料已验收入库。

其会计分录为：

借：在途物资　　10 000

　　应交税费——应交增值税（进项税额）　　17 000

　　贷：银行存款　　117 000

借：原材料　　100 000

　　贷：在途物资　　100 000

（二）接受应税服务进项税额的会计核算

企业接受增值税应税服务，按照增值税专用发票上注明的增值税额借记“应交税费——应交增值税（进项税额）”科目，按发票上注明的价款借记“原材料”“主营业务成本”“制造费用”“管理费用”等科目，贷记“银行存款”“应付账款”“应付票据”等科目。

【例 23-6】某施工企业（增值税一般纳税人）采购原材料——A 型钢材，向运输公司支付运费并收到增值税专用发票，发票上注明价款 10 000 元，增值税额 1 100 元。款项已支付，货物已验收入库。

其会计分录为：

借：原材料　　10 000

　　应交税费——应交增值税（进项税额）　　1 100

　　贷：银行存款　　11 100

【例 23-7】A 施工企业企业（增值税一般纳税人）为降低本企业的涉税风险，就有关涉税事宜向当地某著名税务师事务所进行咨询，支付咨询费用共计 10 600 元，取得事务所开具的增值税专用发票，该发票已通过认证。

其会计分录为：

借：管理费用　　10 000

应交税费——应交增值税（进项税额） 600

贷：银行存款 10 600

【例 23-8】B 施工企业（增值税一般纳税人）为维护财务管理系统的正常运转，购买某科技公司的软件维护服务，收到的增值税专用发票上注明价款 10 000 元，增值税税额为 600 元，款项已支付。

其会计分录为：

借：管理费用 10 000

应交税费——应交增值税（进项税额） 600

贷：银行存款 10 600

三、进项税额转出的会计核算

（一）购进货物改变用途

购进货物改变用途是指将购进的本来用于应税项目的货物转用于简易计税方法计税项目、免征增值税项目、集体福利或者个人消费，其购进时已得到抵扣的进项税额要做转出处理。按购进货物的成本与转出的进项税额之和借记“在建工程”“应付职工薪酬”等科目，按其成本贷记“原材料”“库存商品”等科目，按转出的进项税额贷记“应交税费——应交增值税（进项税额转出）”科目。这里需要注意的是：

第一，如果购进货物用于对外投资、无偿赠送其他单位或个人以及分配利润，要视同销售处理，按其对外售价计算销项税额，其进项税额可以进行抵扣。

第二，如果购进货物直接用于简易计税方法计税项目、免征增值税项目、集体福利或者个人消费，则不能计提进项税额，购进货物时所支付的增值税款直接计入所购货物的成本之中。

第三，如果购进货物是作为应税项目购进的，由于其进项税额已得到了抵扣，若改变用途用于简易计税方法计税项目、免征增值税项目、集体福利或者个人消费才需做进项税额转出处理。

第四，在进行进项税额转出时，其负担的运费所计提的进项税额也一并转出。

【例 23-9】某施工企业（增值税一般纳税人）将上月购进的材料用于职工福利。已知材料的实际成本为 11 000 元，其中含运费 1 000 元。其进项税额已进行了抵扣。

计算进项税额转出数额：

材料部分应转出的进项税额 =（11 000−1 000）×17%=1 700（元）

运费部分应转出的进项税额 =1 000×11%=110（元）

其会计分录为：

借：应付职工薪酬 12 810

贷：原材料 11 000

应交税费——应交增值税（进项税额转出）　　　　　　　　　　1 810

（二）货物发生非正常损失

由于非正常损失的购进货物和非正常损失的在产品、产成品所耗用的购进货物（不含固定资产）、应税劳务或交通运输业服务的进项税额，一般都已在以前的纳税期做了抵扣。发生损失后，一般很难核实所损失的货物是在何时购进的，其原始进价和进项税额也无法准确核定。因此，应按货物的实际成本计算不得抵扣的进项税额。损失的在产品、产成品的实际成本中只有所耗用的原材料、应税劳务和交通运输业服务部分才产生进项税额，其人工部分不产生进项税额，因此在计算在产品、产成品的进项税额转出金额时，要按其成本资料计算所含的原材料和外购劳务、交通运输业服务成本。另外，由于原材料、应税劳务、交通运输业服务在计提进项税额时，抵扣率可能不同，如交通运输业服务的增值税税率只有11%，此时需要根据企业的有关资料计算一个平均抵扣率，以便计算转出的进项税额。

企业货物发生非正常损失，在未查明原因之前，按照该货物的实际成本与转出的进项税额之和借记“待处理财产损溢”科目，贷记“原材料”“库存商品”“应交税费——应交增值税（进项税额转出）”等科目。

【例23-10】某施工企业（增值税一般纳税人）6月份丢失钢材2批，每批成本10 000元。其中，每件钢材中外购货物和应税劳务的成本比例为60%，综合抵扣率为16.5%。原因尚未查明。

应转出进项税额 =10 000×2×60%×16.5%=1 980（元）

其会计分录为：

借：待处理财产损溢　　　　　　　　　　　　　　　　21 980

　　贷：库存商品　　　　　　　　　　　　　　　　　　　20 000

　　　　应交税费——应交增值税（进项税额转出）　　　　1 980

第三节　企业所得税概述

一、征税对象

企业所得税的征税对象是指企业的生产经营所得、其他所得和清算所得。

（一）居民企业的征税对象

居民企业以来源于中国境内、境外的所得作为征税对象。所得，包括销售货物所得、提供劳务所得、转让财产所得、股息红利等权益性投资所得，以及利息所得、租金所得、特许权使用费所得、接受捐赠所得和其他所得。

（二）非居民企业的征税对象

非居民企业在中国境内设立机构、场所的，应当就其所设机构、场所取得的来源于中国境内的所得，以及发生在中国境外但与其所设机构、场所有实际联系的所得，缴纳企业所得税。非居民企业在中国境内未设立机构、场所的，或者虽设立机构、场所但取得的所得与其所设机构、场所没有实际联系的，应当就其来源于中国境内的所得缴纳企业所得税。

二、税率

企业所得税的税率是指对纳税人应纳税所得额征税的比率，即企业应纳税额与应纳税所得额的比率。按照《企业所得税法》的规定，企业所得税实行 25% 的比例税率。为了鼓励和扶持部分行业、企业和地区的发展，现行税法还针对特定企业、行业和地区设置了相应的低税率。例如，考虑到许多利润水平较低的小型企业，税法规定了一档照顾性税率，即对年度应纳税所得额不超过 30 万元，从业人数不超过 100 人，资产总额不超过 3 000 万元的工业企业和年度应纳税所得额不超过 30 万元，从业人数不超过 80 人，资产总额不超过 1 000 万元的其他企业减按 20% 的所得税税率征收企业所得税；对国家需要重点扶持的高新技术企业，减按 15% 的税率征收企业所得税；自 2011 年 1 月 1 日至 2020 年 12 月 31 日，设在西部地区的鼓励类产业企业适用 15% 的税率计算缴纳企业所得税；自 2014 年 1 月 1 日起至 2018 年 12 月 31 日止，在北京、天津、上海、重庆、大连、深圳、广州、武汉、哈尔滨、成都、南京、西安、济南、杭州、合肥、南昌、长沙、大庆、苏州、无锡、厦门等 21 个中国服务外包示范城市，对经认定的技术先进型服务企业，减按 15% 的税率征收企业所得税；对设在广东横琴新区、福建平潭综合实验区和深圳前海深港现代服务业合作区的鼓励类产业企业，减按 15% 的税率征收企业所得税；对国家规划布局内的重点软件企业和集成电路设计企业，如当年未享受免税优惠，可适用 10% 的税率计算缴纳企业所得税。此外，税法还对在中国境内未设立机构、场所，或者虽设立机构、场所但取得的所得与其所设机构、场所没有实际联系的非居民企业减按 10% 的所得税税率征收企业所得税。

三、应纳税所得额的确定

应纳税所得额是指纳税人每一个纳税年度的收入总额减去准予扣除项目金额后的余额，其计算公式为：

应纳税所得额 = 收入总额 - 不征税收入 - 免税收入 - 各项扣除 - 以前年度亏损

应纳税所得额与会计利润是两个不同的概念，两者既有联系，又有区别。应纳税所得额是一个税收概念，是根据《企业所得税法》按照一定的标准确定的、纳税人在一定时期内的计税所得，包括企业来源于中国境内、境外的全部生产经营所得和其他所得。而会计利润则是一个会计核算概念，反映的是企业一定时期内生产经营的财务成果。会计利润是确定应纳税所得额的基础，但不能等同于应纳税所得额。企业按照财务会计制度的规定计算出的会计利润，根据税法规定做相应的调整后，才能作为企业的应纳税所得额。

（一）收入总额

收入总额是指企业在生产经营活动中以及通过其他行为取得的各项收入的总和。企业的收入总额包括以货币形式和非货币形式从各种来源取得的收入，具体有：销售货物收入，提供劳务收入，转让财产收入，股息、红利等权益性投资收益，以及利息收入、租金收入、特许权使用费收入、接受捐赠收入、其他收入。

企业取得收入的货币形式包括现金、银行存款、应收账款、应收票据、准备持有至到期的债券投资以及债务的豁免等；纳税人以非货币形式取得的收入包括固定资产、生物资产、无形资产、股权投资、存货、不准备持有至到期的债券投资、劳务以及有关权益等。

（二）准予扣除项目

在计算应税所得额时准予从收入额中扣除的项目，是指纳税人每一个纳税年度实际发生的与取得应纳税收入直接相关的所有必要和正常的成本、费用、税金、损失和其他支出。

1．部分扣除项目的具体范围和标准

(1) 工资、薪金支出。企业发生的合理的工资、薪金支出准予据实扣除，包括基本工资、奖金、津贴、补贴、年终加薪、加班工资以及与员工任职或者受雇有关的其他支出。

(2) 职工福利费、工会经费、职工教育经费。《企业所得税法》规定，上述三项经费分别按照工资、薪金总额的 14%、2%、2.5% 计算扣除。职工福利费、工会经费、职工教育经费按标准扣除，未超过标准的按实际数扣除，超过标准的只能按标准扣除；除国务院财政、税务主管部门另有规定外，企业发生的职工教育经费支出，不超过标准的部分准予扣除，超过部分准予结转以后纳税年度扣除。

(3) 利息费用。非金融企业向金融企业借款的利息支出、金融企业的各项存款利息支出和同业拆借利息支出、企业经批准发行债券的利息支出可据实扣除；非金融企业向非金融企业借款的利息支出，不超过按照金融企业同期同类贷款利息计算的数额部分可据实扣除，超过部分不允许扣除。

(4) 业务招待费。企业发生的与生产经营活动有关的业务招待费支出，按照发生额的 60% 扣除，最高不得超过当年销售（营业）收入的 5‰。

(5) 广告费和业务宣传费。企业发生的符合条件的广告费和业务宣传费支出，除国务院财政、税务主管部门另有规定外，不超过当年销售（营业）收入 15% 的部分，准予扣除；超过部分，准予结转以后纳税年度扣除。

(6) 公益性捐赠支出。公益性捐赠是指企业通过公益性社会团体或者县级以上人民政府及其部门，用于《中华人民共和国公益事业捐赠法》规定的公益事业的捐赠。企业发生的公益性捐赠支出，不超过年度利润总额 12% 的部分，准予扣除。年度利润总额是指企业依照国家统一会计制度的规定计算的年度会计利润。

(7) 租赁费。

① 以经营租赁方式租入固定资产发生的租赁费支出，按照租赁期限均匀扣除。

② 以融资租赁方式租入固定资产发生的租赁费支出，按照规定，构成融资租入固定资产价值的部分应当提取折旧费用，分期扣除。

(8) 有关资产的费用。企业转让资产，准予在计算应纳税所得额时扣除该项资产的净值，即资产的计税基础减去折旧、折耗、摊销、准备金等后的余额。企业使用或者销售存货，按照规定计算的存货成本，准予在计算应纳税所得额时扣除。企业按规定计算的固定资产折旧、无形资产摊销费用和按规定摊销的长期待摊费用以及按照直线法计算的生产性生物资产折旧，准予在计算应纳税所得额时扣除。

2. 不得扣除的项目

在计算应纳税所得额时，下列支出不得扣除：向投资者支付的股息、红利等权益性投资收益款项；企业所得税税款；税收滞纳金；罚金、罚款和被没收财物的损失；超过规定标准的捐赠支出；赞助支出；未经核定的准备金支出；企业之间支付的管理费、企业内营业机构之间支付的租金和特许权使用费以及非银行企业内营业机构之间支付的利息，不得扣除；与取得收入无关的其他支出。

第四节 企业所得税会计核算

一、资产负债表债务法

（一）递延所得税负债的确认和计量

企业应该将当期和以前期间应交未交的所得税确认为负债。当企业资产的账面价值大于计税基础或负债的账面价值小于计税基础，从而产生应纳税暂时性差异时，企业应该将其确认为负债，作为递延所得税负债加以处理。在确认递延所得税负债的同时，应增加利润表中的所得税费用。所得税准则规定，在资产负债表日，对于递延所得税负债，应当根据相关税法规定，按照预期收回该项资产或清偿该负债期间的适用税率计量，即递延所得税负债应以相关应纳税暂时性差异转回期间适用的所得税税率计量。

(1) 除所得税准则中明确规定不可确认递延所得税负债的情况外，企业对于所有的应纳税暂时性差异均应确认相关的递延所得税负债。

(2) 不确认递延所得税负债的特殊情况：

在有些情况下，虽然资产、负债的账面价值与计税基础不同，产生了应纳税暂时性差异，但出于各方面考虑，会计准则中规定不确认相应的递延所得税负债，主要包括：

一是商誉的初始确认。

二是同时具有下列特征的交易中产生的资产或负债的初始确认：该项交易不是企业合并；交易发生时既不影响会计利润也不影响应纳税所得额（或可抵扣亏损）。

此外，企业对与子公司、联营企业及合营企业投资相关的应纳税暂时性差异，应当确认相应的递延所得税负债。但是，同时满足下列条件的除外：

第一，投资企业能够控制暂时性差异转回的时间；

第二，该暂时性差异在可预见的未来很可能不会转回。

（二）递延所得税资产的确认和计量

企业应该将已支付的所得税超过应支付的部分确认为资产。当企业资产的账面价值小于计税基础，或负债的账面价值大于计税基础，从而产生可抵扣暂时性差异时，企业应该将其确认为资产，作为递延所得税资产加以处理。确认递延所得税资产时，应当以预期收回该资产期间的适用所得税税率为基础计算确定。

(1) 除所得税准则中明确规定不可确认递延所得税资产的情况外，企业对于所有的可抵扣暂时性差异均应确认相关的递延所得税资产。

递延所得税资产产生于可抵扣暂时性差异，确认因可抵扣暂时性差异产生的递延所得税资产应以未来期间可能取得的应纳税所得额为限，但确认的前提条件是在资产负债表日，有确凿证据表明未来期间很可能获得足够的应纳税所得额来抵扣暂时性差异。如果有确凿证据表明未来期间很可能无法获得足够的应纳税所得额来抵扣暂时性差异，则不能确认为递延所得税资产；但在资产负债表日，如果有确凿证据表明未来期间很可能获得足够的应纳税所得额来抵扣暂时性差异，则应当确认以前期间未确认的递延所得税资产。

对于与子公司、联营企业及合营企业投资相关的可抵扣暂时性差异，同时满足下列条件的，也应当确认为相应的递延所得税资产：暂时性差异在可预见的未来很可能转回；未来很可能获得用来抵扣暂时性差异的应纳税所得额。

(2) 不确认递延所得税资产的特殊情况：

在有些情况下，虽然资产、负债的账面价值与计税基础不同，产生了可抵扣暂时性差异，但出于各方面考虑，会计准则中规定不确认相应的递延所得税资产。即同时具有下列特征的交易中因资产或负债的初始确认所产生的递延所得税资产不予确认：该项交易不是企业合并；交易发生时既不影响会计利润也不影响应纳税所得额（或可抵扣亏损）。

（三）所得税费用的确认和计量

在采用资产负债表债务法核算的情况下，利润表中的所得税费用包括当期所得税费用和递延所得税费用两部分。

1．当期所得税

当期所得税是指企业按照税法规定计算确定的针对当期发生的交易和事项，应交纳给税务部门的所得税金额，即当期应交所得税。一般情况下，应纳税所得额可在会计利润基础上考虑会计与税法之间的差异，按照以下公式计算确定：

应纳税所得额 = 会计利润 ± 按税法纳税调整项目金额 ± 其他需要调整金额

2. 递延所得税

递延所得税是指按照所得税准则规定当期应予确认的递延所得税资产和递延所得税负债金额。计算公式如下：

递延所得税 =（递延所得税负债的期末余额 – 递延所得税负债的期初余额）–（递延所得税资产的期末余额 – 递延所得税资产的期初余额）

3. 所得税费用

计算确定了当期所得税及递延所得税以后，利润表中应予确认的所得税费用为两者之和，即

所得税费用 = 当期所得税 + 递延所得税

二、资产的会计核算与纳税调整

（一）存货的会计核算与纳税调整

存货是指企业在日常活动中持有以备出售的产成品或商品、处在生产过程中的在产品、在生产过程或提供劳务过程中耗用的材料、物资等。

企业取得存货，应当按照成本进行计量。存货成本包括采购成本、加工成本和其他成本三个组成部分。

企业在确定发出存货的成本时，可以采用先进先出法、加权平均法和个别计价法。计价方法一经选用，不得随意变更。

根据会计准则规定，资产负债表日，存货应当按照成本与可变现净值孰低计量。当存货成本低于可变现净值时，存货按成本计量；当存货成本高于可变现净值时，存货按可变现净值计量，同时按照成本高于可变现净值的差额计提存货跌价准备，计入当期损益。可变现净值是指在日常活动中，存货的估计价值减去至完工时估计将要发生的成本、估计的销售费用以及相关税费后的金额。而根据税法的规定，存货计提的跌价准备是不计入应纳税所得额的。

【例23-11】 2015 年 12 月 31 日，A 公司甲商品的账面成本为 100 万元，但由于甲商品的市场价格下跌，预计可变现净值为 90 万元。2016 年 6 月 30 日，甲商品的市场价格有所上升，使得甲商品的预计可变现净值变为 96 万元。2016 年 7 月 10 日，甲商品售出，取得销售收入（不含增值税）102 万元。

(1) 2015 年 12 月 31 日，由于可变现净值小于账面价值，应计提存货跌价准备 10 万元。

借：资产减值损失——存货减值损失　　100 000

　　贷：存货跌价准备　　100 000

纳税调整：2015 年 12 月 31 日，甲商品的账面价值调整为 900 000 元，而其计税基础仍为

1 000 000 元，产生可抵扣暂时性差异 100 000 元，应调增应纳税所得额 100 000 元。

递延所得税资产 =100 000×25%=25 000（元）

借：递延所得税资产　　25 000

　贷：所得税费用　　25 000

(2) 2016 年 6 月 30 日，由于甲商品的市场价格上升，甲商品的可变现净值有所恢复，应计提的存货跌价准备为 4 万元（100−96），则当期应冲减已计提的存货跌价准备 6 万元（10−4），因此应转销的存货跌价准备为 6 万元。

借：存货跌价准备　　60 000

　贷：资产减值损失——存货减值损失　　60 000

纳税调整 :2016 年 6 月 30 日，甲商品的账面价值调整为 960 000 元，而其计税基础仍为 1 000 000 元，产生可抵扣暂时性差异 40 000 元，应调减应纳税所得额 60 000 元。

期末递延所得税资产 =40 000×25%=10 000（元）

期初递延所得税资产 =25 000（元）

递延所得税资产减少 15 000 元：

借：所得税费用　　15 000

　贷：递延所得税资产　　15 000

(3) 2016 年 7 月 10 日，商品售出。

借：银行存款　　1 193 400

　贷：其他业务收入　　1 020 000

　　应交税费——应交增值税（销项税额）　　173 400

借：主营业务成本　　960 000

　存货跌价准备　　40 000

　贷：库存商品　　1 000 000

纳税调整：调减应纳税所得额 40 000 元。资产负债表日，该项资产的账面价值与计税基础均为 0，递延所得税资产余额为 0，因此转销递延所得税资产的期初余额 10 000 元。

转销递延所得税资产 =40 000×25%=10 000（元）

借：所得税费用　　10 000

　贷：递延所得税资产　　10 000

（二）固定资产的会计核算与纳税调整

1．固定资产的计税基础及纳税调整

固定资产的计税基础与会计准则规定的固定资产的计价原则相同。

第一，外购的固定资产，以购买价款和支付的相关税费为计税基础。这与会计准则的规定一致。

第二，自行建造的固定资产，以竣工结算前发生的支出为计税基础。会计准则规定，自行建造固定资产的入账价值，由建造该项资产达到预定可使用状态前所发生的必要支出构成。

第三，融资租入的固定资产，以租赁合同约定的付款总额和承租人在签订租赁合同过程中发生的相关费用为计税基础；租赁合同未约定付款总额的，以该资产的公允价值和承租人在签订租赁合同过程中发生的相关费用为计税基础。

会计准则规定，在租赁开始日，承租人应当将租赁资产的公允价值与最低租赁付款额现值两者中的较低者作为租入资产的入账价值，将最低租赁付款额作为长期应付款的入账价值，其差额作为未确认融资费用。承租人在租赁谈判和签订租赁合同过程中发生的，可归属于租赁项目的手续费、律师费、差旅费、印花税等初始直接费用，应当计入租入资产价值。

第四，盘盈的固定资产，以同类固定资产的重置完全价值为计税基础。

第五，通过捐赠、投资、非货币性资产交换、债务重组等方式取得的固定资产，以该资产的公允价值和支付的相关税费为计税基础。

第六，改建的固定资产，以改建过程中发生的改建支出增加计税基础。

以各种方式取得的固定资产，初始确认时按照会计准则规定确定的入账价值基本上是被税法认可的，即取得固定资产时的账面价值一般等于计税基础。

2. 固定资产的折旧方法、折旧年限及纳税调整

(1) 固定资产折旧方法。《企业所得税法实施条例》第五十九条规定，固定资产按照直线法计算的折旧，准予扣除。

直线法也称平均年限法，是指按固定资产使用年限平均计算折旧的一种方法。采用这种方法计算的每期折旧额均相等，其计算公式为：

年折旧额 =（固定资产原值 - 预计净残值）÷ 预计使用年限

企业应当自固定资产投入使用月份的次月起计算折旧；停止使用的固定资产，应当自停止使用月份的次月起停止计算折旧。

《企业所得税法》第三十二条规定，企业的固定资产由于技术进步等原因，确需加速折旧的，可以缩短折旧年限或者采取加速折旧的方法。《企业所得税法实施条例》第九十八条规定，可以采取缩短折旧年限或者采取加速折旧方法的固定资产，包括：

第一，由于技术进步，产品更新换代较快的固定资产。

第二，常年处于强震动、高腐蚀状态的固定资产。

采取缩短折旧年限方法的，最低折旧年限不得低于税法规定折旧年限的 60%；采取加速折旧方法的，可以采取双倍余额递减法或者年数总和法。

会计准则规定，企业应当根据与固定资产有关的经济利益的预期实现方式合理选择折旧方法，如可以按年限平均法计提折旧，也可以按照双倍余额递减法、年数总和法计提折旧。税法规定，除了特殊情况外，基本是按照年限平均法计提折旧。由于折旧方法不同而产生的折旧费用的差异在计算应缴所得税时需要做相应的纳税调整。

(2) 固定资产的折旧年限。《企业所得税法实施条例》第六十条规定，除国务院财政、税务主管部门另有规定外，固定资产计算折旧的最低年限如下：

① 房屋、建筑物，为20年。

② 飞机、火车、轮船、机器、机械和其他生产设备，为10年。

③ 与生产经营活动有关的器具、工具、家具等，为5年。

④ 飞机、火车、轮船以外的运输工具，为4年。

⑤ 电子设备，为3年。

在计算应交所得税时，企业应根据税法规定的年限对会计核算的折旧数额进行纳税调整。固定资产会计折旧年限如果短于税法规定的最低折旧年限，其按会计折旧年限计提的折旧高于按税法规定的最低折旧年限计提的折旧部分，应调增当期应纳税所得额；固定资产会计折旧年限已满且会计折旧已提足，但税法规定的最低折旧年限尚未到期且税收折旧尚未足额扣除，其未足额扣除的部分准予在剩余的税收折旧年限继续按规定扣除。固定资产会计折旧年限如果长于税法规定的最低折旧年限，其折旧应按会计折旧年限计算扣除，税法另有规定的除外。

【例23-12】A施工企业于2016年年底以800万元购入一台生产用机器设备。按照该固定资产的预计使用情况，A企业在会计核算时估计其使用寿命为5年。按照税法规定，该设备的最低折旧年限为10年。

假设企业采用年限平均法对固定资产计提折旧（不考虑净残值及固定资产减值因素），则该项固定资产的折旧计算、纳税调整及相应会计分录如下：

会计每年计提折旧 =800÷5=160（万元）

税法每年计提折旧 =800÷10=80（万元）

产生暂时性差异80万元，在计算应缴所得税时应做纳税调整。

借：递延所得税资产　　　　200 000（=800 000×25%）

　　贷：所得税费用　　　　　　200 000

3. 固定资产减值准备产生的差异及纳税调整

在持有固定资产的期间，若企业按会计准则的规定对固定资产计提了减值准备，因税法规定企业计提的减值准备在发生实质性损失前不允许税前扣除，将造成固定资产的账面价值与计税基础的差异，在计算应纳税所得额时，其折旧仍按税法确定的固定资产计税基础计算扣除，需要进行相应的纳税调整。

【例23-13】B施工企业某项固定资产在2016年年底的账面余额为500万元，企业估计该项固定资产的可收回金额为450万元。

该项固定资产的账面余额大于可收回金额，两者之间的差额应计提50万元的固定资产减值准备。

其会计分录为：

借：资产减值损失　　　　500 000

　　贷：固定资产减值准备　　　　500 000

固定资产的计税基础与账面价值产生了50万元的暂时性差异，应进行纳税调整。

借：递延所得税资产　　　　125 000（=500 000×25%）

贷：所得税费用　　125 000

（三）无形资产的会计核算与纳税调整

1. 无形资产的计税基础及摊销

无形资产是指企业为生产产品、提供劳务、出租或者经营管理而持有的、没有实物形态的非货币性长期资产，包括专利权、商标权、著作权、土地使用权、非专利技术、商誉等。《企业所得税法实施条例》第六十六条规定，无形资产按照以下方法确定计税基础：

第一，外购的无形资产，以购买价款和支付的相关税费以及直接归属于使该资产达到预定用途发生的其他支出为计税基础。

第二，自行开发的无形资产，以开发过程中该资产符合资本化条件后至达到预定用途前发生的支出为计税基础。

第三，通过捐赠、投资、非货币性资产交换、债务重组等方式取得的无形资产，以该资产的公允价值和支付的相关税费为计税基础。

2. 无形资产产生的差异及纳税调整

(1) 研发形成的无形资产。在无形资产初始确认时，按照会计准则规定确定的入账价值与按照税法规定确定的计税成本之间一般不存在差异。无形资产的差异主要产生于研究开发形成的无形资产以及使用寿命不确定的无形资产。

《企业所得税法实施条例》第九十五条规定，企业为开发新技术、新产品、新工艺发生的研究开发费用，未形成无形资产计入当期损益的，在按照规定据实扣除的基础上，按照研究开发费用的50%加计扣除；形成无形资产的，按照无形资产成本的150%摊销。由于加计摊销而形成的差异不确认有关暂时性差异的所得税影响。

(2) 后续计量与减值准备差异。会计准则规定，企业应根据无形资产的使用寿命情况，区分为使用寿命有限的无形资产与使用寿命不确定的无形资产。对于源自合同性权利或其他法定权利的无形资产，其使用寿命不应超过合同性权利或其他法定权利的期限；没有明确的合同或法律规定的无形资产，企业应当综合各方面的情况来确定其使用寿命。无形资产的摊销方法包括直线法、生产总量法等。《企业所得税法实施条例》第六十七条规定，无形资产按照直线法计算的摊销费用，准予扣除。无形资产的摊销年限不得低于10年。作为投资或者受让的无形资产，有关法律规定或者合同约定了使用年限的，可以按照规定或者约定的使用年限分期摊销。外购商誉的支出，在企业整体转让或者清算时，准予扣除。当税法规定的摊销年限、摊销方法与会计确定的使用寿命及摊销方法不一致时，需要在计算所得税时做纳税调整。

在对无形资产计提减值准备的情况下，因税法规定计提的无形资产减值准备在转变为实质性损失前不允许税前扣除，即无形资产的计税基础不会随减值准备的提取发生变化，从而造成无形资产的账面价值与计税基础的差异。对由此形成的暂时性差异，在计算所得税时应做纳税调整。

【例23-14】B施工企业于2014年1月1日取得某项无形资产，取得成本为1 000万元。取得该项无形资产后，根据各方面情况判断，A企业无法合理预计其使用期限，从而将其作为使用寿命不确定的无形资产。企业在计税时，对该项资产按照10年的期限进行摊销。

B施工企业该年度对此项无形资产不进行摊销，按税法规定每年的摊销额为100万元，由此产生暂时性差异100万元。

（四）资产的会计核算与纳税调整综合案例

【例23-15】A公司为施工企业，适用企业所得税税率25%，所得税采用资产负债表债务法核算。2016年年初“递延所得税负债”科目余额为0，“递延所得税资产”科目余额为320万元，其中：因上年职工教育经费超过税前扣除限额确认递延所得税资产20万元，因未弥补的亏损确认递延所得税资产240万元。该公司2016年实现会计利润9 800万元，在申报2016年度企业所得税时涉及以下事项：

(1) 2016年2月8日，A公司向B公司提供建筑服务，取得不含税销售额1 800万元，成本1 200万元，适用增值税税率11%。

(2) 2016年2月27日，A公司外购一栋写字楼并于当日对外出租，取得时成本为3 000万元，采用公允价值模式进行后续计量。2016年12月31日，该写字楼公允价值跌至2 800万元。税法规定，该类写字楼采用年限平均法计提折旧，折旧年限为20年。假设净残值率为0。

(3) 2016年度，A公司发生广告费9 000万元，均以银行存款支付。公司当年实现销售收入56 800万元。税法规定，企业发生的广告费支出，不超过当年销售收入15%的部分，准予税前扣除；超过部分，准予结转以后年度税前扣除。

(4)A公司应收账款年初余额为300万元，坏账准备年初余额为零；应收账款年末余额为2400万元，坏账准备年末余额为200万元。税法规定，企业计提的各项资产减值损失在未发生实质性损失前不允许税前扣除。

(5) 2016年度，A公司计提工资薪金8 600万元，实际发放8 000万元，余下部分预计在下年发放；发生职工教育经费100万元。税法规定，工资按实际发放金额在税前列支，企业发生的职工教育经费支出，不超过工资薪金总额2.5%的部分，准予扣除；超过部分，准予在以后纳税年度结转扣除。

要求：

(1) 计算A公司2016年12月31日可抵扣暂时性差异余额及递延所得税资产余额。

(2) 计算A公司2016年12月31日应纳税暂时性差异余额及递延所得税负债余额。

(3) 计算A公司2016年递延所得税费用。

(4) 计算A公司2016年度应交所得税。

(5) 计算A公司2016度所得税费用，并编制与所得税有关的会计分录。

(1) ①“投资性房地产”的账面价值为2 800万元，计税基础=3 000−3 000/20×10/12=2 875(万元)，资产的账面价值小于计税基础，产生可抵扣暂时性差异75万元(2 875−2 800)。

②广告费产生可抵扣暂时性差异=9 000−56 800×15%=480（万元）

③应收账款的账面价值为2 200万元，计税基础为2 400万元，产生可抵扣暂时性差异200万元。

④“应付职工薪酬－工资薪金”账面价值 =8 600−8 000=600(万元)，计税基础 =600−600=0，负债的账面价值大于计税基础，产生可抵扣暂时性差异 600 万元。

2016 年可税前列支职工教育经费 =8 000×2.5%=200（万元），本年实际发生 100 万元，可转回上年职工教育经费超过税前扣除限额 80 万元（20/25%），2016 年末职工教育经费无可抵扣暂时性差异。

因 2016 年税前利润可弥补以前年度亏损，2016 年年初可抵扣暂时性差异 240 万元在 2016 年已转回，年末无余额。

综上，2016 年 12 月 31 日，可抵扣暂时性差异余额 =75+480+200+600=1 355（万元）

递延所得税资产余额 =1 355×25%=338.75（万元）

(2) 2016 不应确认递延所得税负债。

(3) A 公司 2016 年递延所得税费用 =（0−0）－（338.75−320）= −18.75（万元）

(4) A 公司 2016 年度的应纳所得税额

=9 800+75+(9 000−56 800×15%)+200+(8 600−8 000)−20/25%−240/25%=10 115(万元)

应交所得税 =10 115×25%=2 528.75（万元）

(5) A 公司 2016 年度所得税费用 =2 528.75−18.75=2 510（万元）

借：所得税费用　　2 510

　　递延所得税资产　　18.75

　　贷：应交税费——应交所得税　　2 528.75

第二十四章 利润核算

利润是指企业在一定会计期间的经营成果，包括收入减去费用后的净额、直接计入当期利润的利得和损失等。

直接计入当期利润的利得和损失，是指应当计入当期损益、会导致所有者权益发生增减变动、与所有者投入资本或者向所有者分配利润无关的利得或者损失。

第一节 利润的构成

一、营业利润

营业利润 = 营业收入 - 营业成本 - 营业税金及附加 - 销售费用 - 管理费用 - 财务费用 - 资产减值损失 + 公允价值变动收益 (- 公允价值变动损失)+ 投资收益 (- 投资损失)

(1) 营业收入，是指企业经营业务所确定的收入总额，包括主营业务收入和其他业务收入。

主营业务收入，是指企业为完成其经营目标从事的经常性活动实现的收入。如施工企业建造合同收入、工业企业产品销售收入、房地产企业楼盘销售收入、勘测设计企业的勘测设计科研收入等。

其他业务收入，是指企业为完成其经营目标从事的与经常性活动相关的活动实现的收入，也就是企业除主营业务收入以外的其他销售或其他业务的收入。如施工企业物资配送部门对外销售材料、设备出租等取得的收入。

施工企业在完成建造合同后出售残余物资取得的收益不计入收入，而应冲减建造合同成本。

(2) 营业成本，是指企业经营业务所发生的实际成本总额，包括主营业务成本和其他业务成本。

主营业务成本，是指企业经营主营业务发生的与主营业务收入相配比的成本。

其他业务成本，是指企业除主营业务以外的其他销售或其他业务所发生的与其他业务收入相配比的成本。

(3) 营业税金及附加，是指企业经营活动发生的营业税、消费税、城市维护建设税、资源税和教育费附加等相关税费（不包含增值税、所得税等有关税费）。主营业务活动和其他经营活动发生的相关税费，均在营业税金及附加中核算。

(4) 资产减值损失，是指企业计提各项资产减值准备所形成的损失。

(5) 公允价值变动收益（或损失），是指企业交易性金融资产等公允价值变动形成的应计入当期损益的利得（或损失）。

(6) 投资收益，是指企业以各种方式对外投资所取得的收益（或发生的损失）。

二、利润总额

利润总额 = 营业利润 + 营业外收入 - 营业外支出

其中，营业外收入（或支出）是指企业发生的与日常活动无直接关系的各项利得（或损失）。

三、净利润

净利润 = 利润总额 - 所得税费用

其中，所得税费用是指企业确认的应从当期利润总额中扣除的所得税费用。

第二节 其他业务的核算

一、其他业务的内容

施工企业的其他业务主要有：材料销售业务、机械作业业务、出租固定资产业务、出租无形资产业务和其他经营业务等。

二、科目设置

企业应当设置“其他业务收入”“其他业务成本”和“营业税金及附加”科目对发生的其他业务进行核算。

三、账务处理

(1) 企业发生其他业务按照收入准则确认收入实现时，会计分录为：

借：银行存款等

　　贷：其他业务收入

凭证附件：收款单等。

(2) 企业确认与其他业务收入相配比的成本时，会计分录为：

借：其他业务成本

贷：原材料、累计折旧、累计摊销、银行存款等

凭证附件：付款单、领料单、折旧（摊销）计算表等。

(3) 企业按规定计算确定的与其他业务相关的税费，会计分录为：

借：营业税金及附加

贷：应交税费

凭证附件：税票、税费计算表等。

【例 24-1】甲企业是一家大型施工企业，其机械租赁中心 2015 年 12 月份对外出租机械取得租金收入 70 000 元存入银行，机械租赁中心担负对外出租机械的司机工资 5 000 元，设备折旧 40 000 元，油料及修理费由承租方负担，假定按照 5% 交纳营业税、7% 交纳城建税、3% 交纳教育费附加。则该机械租赁中心的账务处理为：

(1) 确认取得租金收入时：

借：银行存款	70 000	
贷：其他业务收入		70 000

(2) 确认发生的其他业务成本时：

借：其他业务成本	45 000	
贷：应付职工薪酬		5 000
累计折旧		40 000

(3) 计算相关的税费：

借：营业税金及附加	3 850	
贷：应交税费——应交营业税		3 500(70 000×5%)
——应交城市维护建设税		245(3 500×7%)
——应交教育费附加		105(3 500×3%)

第三节 营业外收支的核算

营业外收支是指企业发生的与日常活动无直接关系的各项收支。营业外收支虽然与企业生产经营活动没有多大的关系，但从企业主体来考虑，同样带来收入或形成企业的支出，也是增加或减少利润的因素，对企业的利润总额及净利润产生较大的影响。

企业在进行会计核算时，应当区别营业外收入和营业外支出进行核算，不得以营业外支出直接冲减营业外收入，也不得以营业外收入冲减营业外支出。

一、营业外收入的核算

(一)营业外收入的内容

营业外收入是指企业发生的与日常活动无直接关系的各项利得。营业外收入并不是由企业经营资金耗费所产生的，不需要企业付出代价，实际上是一种纯收入，不可能也不需要与有关费用进行配比。因此在会计核算上，应当严格区分营业外收入与营业收入的界限。

营业外收入主要包括：非流动资产处置利得、非货币性资产交换利得、债务重组利得、政府补助、盘盈利得、捐赠利得等。

非流动资产处置利得包括固定资产处置和无形资产出售利得。固定资产处置利得，指企业出售固定资产所取得价款或报废固定资产的材料价值和变价收入等，扣除固定资产的账面价值、清理费用、处置相关税费后的净收益；无形资产出售利得，指企业出售无形资产所取得价款扣除出售无形资产的账面价值、出售相关税费的净收益。

非货币性资产交换利得，指在非货币性资产交换中换出资产为固定资产、无形资产的，换入资产公允价值大于换出资产账面价值的差额，扣除相关费用后计入营业外收入的金额。

债务重组利得，指重组债务的账面价值超过清偿债务的现金、非现金资产的公允价值、所转股份的公允价值或者重组后债务账面价值之间的差额。

政府补助，指企业从政府无偿取得货币性资产或非货币性资产形成的利得。政府补助按补助的内容划分，主要包括财政拨款、财政贴息、税收返还和无偿划拨非货币性资产。

盘盈利得，指企业对于在现金等清查盘点中盘盈的现金等，报经批准后计入营业外收入的金额。

捐赠利得，指企业接受捐赠产生的利得。

(二)科目设置

企业应设置“营业外收入”科目进行核算，按各营业外收入项目设置以下明细科目：非流动资产处置利得、非货币性资产交换利得、债务重组利得、政府补助、盘盈利得、捐赠利得、罚款净收入、赔偿金收入、违约金收入、滞纳金收入、其他。

(三)账务处理

(1) 企业出售、转让、报废固定资产或发生固定资产毁损，应当将处置收入扣除账面价值和相关税费后的金额计入当期损益。固定资产清理取得的净收益，按照固定资产清理账面余额编制，会计分录：

借：固定资产清理

　　贷：营业外收入——非流动资产处置利得

凭证附件：清理过程中的收款单、付款单、固定资产净值计算表等。

【例 24-2】甲公司有一台设备，因使用期满经批准报废。该设备原价为 200 000 元，累计已计提折旧 185 000 元，计提固定资产减值准备 5 000 元。在清理过程中，以银行存款支付清理费用 5 000 元，收到残料变卖收入 10 000 元，应支付相关税费 300 元。甲公司该项固定资产清理净收益 = 10 000−(200 000−185 000−5 000−5 000−300)=5 300（元），甲公司的账务处理为：

借：固定资产清理　　5 300

　　贷：营业外收入——非流动资产处置利得　　5 300

(2) 企业出售无形资产时，应按实际收到的金额，会计分录为：

借：银行存款、累计摊销、无形资产减值准备

　　贷：应交税费、无形资产、营业外收入——非流动资产处置利得

凭证附件：收款单、税费计算表、无形资产净值计算表等。

(3) 非货币性资产交换利得。按照换出资产账面价值低于换入资产的公允价值的金额，扣除相关税费后，会计分录为：

借：固定资产、原材料、应交税费等

　　贷：固定资产清理、银行存款、营业外收入——非货币性资产交换利得等

凭证附件：固定资产接收记录、材料入库单、付款单等。

(4) 盘盈利得。现金盘盈，按照确定的价值，会计分录为：

借：待处理财产损溢

　　贷：营业外收入——盘盈利得

凭证附件：现金盘点表。

注：盘盈的固定资产作为前期差错处理，在按管理权限报经批准处理前，应先通过“以前年度损益调整”科目核算；盘盈的存货应按其重置成本作为入账价值，并通过“待处理财产损溢”科目进行会计处理，按管理权限报经批准后，冲减当期管理费用；现金短缺属于无法查明的其他原因，根据管理权限报经批准后计入“管理费用”科目。

(5) 捐赠利得。企业接受捐赠，按照实际收到金额，会计分录为：

借：银行存款

　　贷：营业外收入——捐赠利得

凭证附件：收款单等。

(6) 罚款净收入、赔偿金收入、违约金收入、滞纳金收入，按照实际发生数额，会计分录为：

借：银行存款

　　贷：营业外收入——罚款净收入等

凭证附件：收款单等。

(7) 企业应当通过“营业外收入”科目，核算营业外收入的取得和结转情况。期末，应将该科目余额转入“本年利润”科目，结转后该科目无余额。期末结转时，会计分录为：

借：营业外收入

　　贷：本年利润

凭证附件：结转前的科目余额表。

二、营业外支出的核算

(一) 营业外支出的内容

营业外支出是指企业发生的与日常活动无直接关系的各项损失。营业外支出主要包括：非流动资产处置损失、非货币性资产交换损失、债务重组损失、公益性捐赠支出、非常损失、盘亏损失等。

非流动资产处置损失包括固定资产处置损失、无形资产出售损失和无形资产报废损失。固定资产处置损失，指企业出售、转让固定资产所取得价款或报废、毁损固定资产的材料价值和变价收入等，不足抵补处置固定资产的账面价值、清理费用、处置相关税费的属于生产经营期间正常的处置净损失；无形资产出售损失，指企业出售无形资产所取得价款，不足抵补出售无形资产的账面价值、出售相关税费的净损失。

非货币性资产交换损失，指在非货币性资产交换中换出资产为固定资产、无形资产的，换入资产公允价值小于换出资产账面价值的差额，扣除相关费用后计入营业外支出的金额。

债务重组损失，指重组债权的账面余额与受让资产的公允价值、所转股份的公允价值或者重组后债权的账面价值之间的差额。

公益性捐赠支出，指企业对外进行公益性捐赠发生的支出。

非常损失，指企业对于因客观因素(如自然灾害等)造成的损失，在扣除保险公司或过失人赔偿后计入营业外支出的净损失。

盘亏损失，指企业对于在财产清查中盘亏固定资产的账面价值扣除保险赔偿或过失人赔偿，按管理权限报经批准后计入营业外支出的部分。

(二) 科目设置

企业应设置“营业外支出”科目进行核算，按各营业外支出项目设置以下明细科目：非流动资产处置损失、非货币性资产交换损失、债务重组损失、公益性捐赠支出、非常损失、盘亏损失、罚款支出、赔偿支出、违约金支出、滞纳金支出和其他。

(三) 账务处理

(1) 企业出售、转让、报废固定资产或发生固定资产毁损，应当将处置收入扣除账面价值和相关税费后的金额计入当期损益。固定资产清理完成后的净损失，属于生产经营期间正常的处理损失，会计分录为：

借：营业外支出——非流动资产处置损失

　　贷：固定资产清理

凭证附件：固定资产净损失计算表等。

属于生产经营期间由于自然灾害等非正常原因造成的，会计分录为：

借：营业外支出——非常损失

　　贷：固定资产清理

凭证附件：固定资产净损失计算表、非正常原因说明等。

(2) 企业在财产清查中盘亏的固定资产，按管理权限报经批准后处理时，会计分录为：

借：其他应收款

　　营业外支出——盘亏损失

　　贷：待处理财产损溢

凭证附件：固定资产盘点记录、报批记录等。

(3) 企业出售无形资产时，会计分录为：

借：银行存款、累计摊销、无形资产减值准备、营业外支出——非流动资产处置损失

　　贷：应交税费、无形资产

凭证附件：收款单、税费计算表、无形资产净值计算表等。

(4) 企业拥有的无形资产预期不能为企业带来未来经济利益，则该项无形资产不再符合无形资产定义，应将其报废并予以转销，转销时，会计分录为：

借：累计摊销、无形资产减值准备、营业外支出——非流动资产处置损失

　　贷：无形资产

凭证附件：报废批准记录、无形资产净值计算表等。

(5) 企业存货发生的盘亏或毁损，按管理权限报经批准后，属于自然灾害等非常原因造成的存货毁损，应先扣除处置收入（如残料价值）、可以收回的保险赔偿和过失人赔偿，将净损失计入“营业外支出——非常损失”科目，会计分录为：

借：银行存款、其他应收款、营业外支出——非常损失等

　　贷：待处理财产损溢

凭证附件：收款单、报批记录、非正常原因说明等。

存货发生的盘亏或毁损，按管理权限报经批准后，属于计量收发差错和管理不善等原因造成的存货短缺，应先扣除残料价值、可以收回的保险赔偿和过失人赔偿，将净损失计入“管理费用”科目。

(6) 企业发生对外公益性捐赠，会计分录为：

借：营业外支出——公益性捐赠支出、累计折旧、固定资产减值准备

　　贷：固定资产、原材料、银行存款、应交税费等

凭证附件：接受捐赠方开具的收据、付款单、固定资产调拨记录等。

(7) 非货币性资产交换损失。在非货币性资产交换中换出资产为固定资产、无形资产的，按照换出资产账面价值大于换入资产的公允价值的金额，扣除相关税费后计入营业外支出，会计分录为：

借：固定资产、营业外支出——非货币性资产交换损失

　　贷：固定资产清理等

凭证附件：固定资产接收记录等。

(8) 罚款支出、赔偿金支出、违约金支出、滞纳金支出，按照实际发生数额计入营业外支出，会计分录为：

借：营业外支出——罚款支出等

　　贷：银行存款等

凭证附件：付款单等。

(9) 期末，将“营业外支出”科目的余额转入“本年利润”科目，结转后该科目无余额。期末结转时，会计分录为：

借：本年利润

　　贷：营业外支出

凭证附件：结转前的科目余额表。

第四节 政府补助的核算

一、政府补助的定义及主要形式

政府补助是指企业从政府无偿取得货币性资产或非货币性资产，但不包括政府作为企业所有者投入的资本。政府补助的主要特征有：一是无偿性；二是直接取得资产；三是政府资本性投入不属于政府补助。

政府补助的主要形式有四种。

(一) 财政拨款

财政拨款是指政府为了支持企业而无偿拨付的款项。为了体现财政拨款的政策引导作用，这类拨款通常具有严格的政策条件，只有符合申报条件的企业才能申请拨款，同时附有明确的使用条件，政府在批准拨款时就规定了资金的具体用途。比如，职工再就业补贴、自然灾后补贴、工程项目取得的财政部门拨付的扶持奖励基金(或补贴)等均属于财政拨款。

(二) 财政贴息

财政贴息是指政府为支持特定领域或区域发展、根据国家宏观经济形势和政策目标，对承贷企业的银行贷款利息给予的补贴。财政贴息的补贴对象通常是符合申报条件的某个综合性项目，包括设备购置、人员培训、研发费用、人员开支、购买服务等，也可以是单项的，比如仅限于固定资产贷款项目。

(三) 税收返还

税收返还是指政府按照国家有关规定采取先征后返(退)，即征即退等办法向企业返还的税款，属于以税收优惠形式给予的一种政府补助。

除了税收返还之外，税收优惠还包括直接减征、免征、增加计税抵扣额、抵免部分税额等形式。这类税收优惠体现了政策导向，但政府并未直接向企业无偿提供资产，因此不作为政府补助准则规范的政府补助处理。由于增值税是价外税，出口货物前道环节所含的进项税额是抵扣项目，体现为企业垫付资金的性质，增值税出口退税实质上是政府归还企业事先垫付的资金，不属于政府补助。

(四) 无偿划拨非货币性资产

属于无偿划拨非货币性资产的情况主要有无偿划拨土地使用权、天然起源的天然林等。政府补助通常为货币性资产形式，但也存在非货币性资产的情况。

二、政府补助的分类

根据政府补助准则规定，政府补助应当划分为与资产相关的政府补助和与收益相关的政府补助，这是因为两类政府补助给企业带来经济利益或者弥补相关成本或费用的形式不同，从而在具体账务处理上存在差别。

(一) 与资产相关的政府补助

与资产相关的政府补助，是指企业取得的、用于购建或以其他方式形成长期资产的政府补助。

(二) 与收益相关的政府补助

与收益相关的政府补助，是指除与资产相关的政府补助之外的政府补助。

三、政府补助的账务处理

企业收到的政府补助，应当采用收益法中的总额法进行确认。收益法中的总额法是指在确认政府补助时，将其全额确认为收益，而不是作为相关资产账面余额或者费用的扣减。

(一) 与资产相关的政府补助

企业取得与资产相关的政府补助，不能全额确认为当期收益，应当随着相关资产的使用逐渐计入以后各期的收益。

与资产相关的政府补助通常为货币性资产形式，企业在实际收到款项时，会计分录为：

借：银行存款等

　　贷：递延收益

凭证附件：收款单。

将政府补助用于购建长期资产时，相关长期资产的购建与企业正常的资产购建或研发处理一致，通过“在建工程”“研发支出”等科目归集，完成后转为固定资产或无形资产。

自相关长期资产可供使用时，在相关资产计提折旧或摊销时，按照长期资产的预计使用期限，将递延收益平均分摊转入当期损益，会计分录为：

借：递延收益

贷：营业外收入

凭证附件：分摊计算表。

相关资产在使用寿命结束时或结束前被处置（出售、转让、报废等），尚未分摊的递延收益余额应当一次性转入资产处置当期的收益，不再予以递延。

【例24-3】2015年2月，甲公司需购置一台科研设备，预计价款为550万元，因资金不足，按相关规定向有关部门提出补助216万元的申请。2007年3月1日，政府批准了甲公司的申请并拨付甲公司216万元财政拨款（同日到账）。2007年4月30日，甲公司购入不需安装科研设备，实际成本为540万元，使用寿命为10年，采用直线法计提折旧（假设无残值）。2015年4月，甲公司出售了这台设备，取得价款125万元。（不考虑其他因素）

甲公司的账务处理如下：

(1)2015年3月1日实际收到财政拨款，确认政府补助：

借：银行存款	2 160 000	
贷：递延收益		2 160 000

(2)2015年4月30日购入设备：

借：固定资产	5 400 000	
贷：银行存款		5 400 000

(3) 自2007年5月起每个资产负债表日 （月末）计提折旧，同时分摊递延收益：

①计提折旧：

借：管理费用	45 000	
贷：累计折旧		45 000

②分摊递延收益（月末）：

借：递延收益	18 000	
贷：营业外收入		18 000

(4)2015年4月出售设备，同时转销递延收益余额：

①出售设备：

借：固定资产清理	1 080 000	
累计折旧	4 320 000	
贷：固定资产		5 400 000
借：银行存款	1 250 000	
贷：固定资产清理		1 080 000
营业外收入		170 000

②转销递延收益：

借：递延收益	432 000	

贷：营业外收入　　432 000

（二）与收益相关的政府补助

与收益相关的政府补助应当在其补偿的相关费用或损失发生的期间计入当期损益，即用于补偿企业以后期间费用或损失的，在取得时先确认为递延收益，然后在确认相关费用的期间计入当期营业外收入；用于补偿企业已发生费用或损失的，取得时直接计入当期营业外收入。

企业在日常活动中按照固定的定额标准取得的政府补助，应当按照应收金额计量，会计分录为：

借：其他应收款

　　贷：营业外收入或递延收益

凭证附件：应收金额计算表等。

不确定的或者在非日常活动中取得的政府补助，应当按照实际收到的金额计量，会计分录为：

借：银行存款等

　　贷：营业外收入或递延收益

凭证附件：收款单。

涉及按期分摊递延收益的，会计分录为：

借：递延收益

　　贷：营业外收入

凭证附件：分摊计算表。

【例24-4】2013年9月，甲公司按照有关规定为其自主创新的某高新技术项目申请政府财政贴息，申报材料中表明该项目已于2013年3月启动，预计共需投入资金3 000万元，项目期两年半，已投入资金600万元。项目尚需新增投资2 400万元，其中计划贷款1 000万元，已与银行签订贷款协议，协议规定贷款年利率6%，贷款期2年。

经审核，2013年11月政府批准拨付甲公司贴息资金100万元，分别在2014年10月和2015年10月支付48万元和52万元。甲公司的账务处理为：

(1)2014年10月实际收到贴息资金48万元时：

借：银行存款　　480 000

　　贷：递延收益　　480 000

(2)2014年10月起，在项目期内分配递延收益（假设按月分配）：

借：递延收益　　40 000

　　贷：营业外收入　　40 000

(3)2015年10月实际收到贴息资金52万元时：

借：银行存款　　520 000

贷：营业外收入　　520 000

第五节 本年利润的核算

一、科目设置

企业应设置“本年利润”科目，核算企业当期实现的净利润（或发生的净亏损）。该科目的贷方余额为当期实现的净利润，借方余额为当期发生的净亏损。

二、账务处理

（一）期末结转利润

会计期末，将“主营业务收入”“其他业务收入”“营业外收入”等科目的余额转入“本年利润”科目的贷方；将“主营业务成本”“其他业务成本”“营业税金及附加”“销售费用”“管理费用”“财务费用”“资产减值损失”“营业外支出”“所得税费用”等科目的余额转入“本年利润”科目的借方；将“投资收益”“公允价值变动损益”科目的净收益（或净损失）转入“本年利润”科目的贷方（或借方）。

(1) 结转各项收入、收益时，会计分录为：

借：主营业务收入
　　其他业务收入
　　营业外收入
　　投资收益
　　公允价值变动损益
　　贷：本年利润

凭证附件：结转前的科目余额表。

(2) 结转各项成本及其他支出时，会计分录为：

借：本年利润
　　贷：主营业务成本
　　　　营业税金及附加
　　　　其他业务成本
　　　　销售费用
　　　　管理费用
　　　　财务费用
　　　　资产减值损失
　　　　公允价值变动损益

投资收益

营业外支出

所得税费用

凭证附件：结转前的科目余额表。

(二) 年度终了的账务处理

年度终了，将本年收入和支出相抵后结出的本年实现的净利润转入“利润分配——未分配利润”科目，会计分录为：

借：本年利润

贷：利润分配——未分配利润

凭证附件：结转前的科目余额表。

如为净亏损，作相反会计分录，结转后“本年利润”科目应无余额。

第二十五章 外币折算

第一节 记账本位币的确定

一、记账本位币的定义

记账本位币是指企业经营所处的主要经济环境中的货币。主要经济环境，通常是指企业主要产生和支出现金的环境，使用该环境中的货币最能反映企业主要交易的经济结果。例如，我国大多数企业主要产生和支出现金的环境在国内，因此，一般以人民币作为记账本位币。

二、企业记账本位币的确定

我国《会计法》规定，业务收支以人民币以外的货币为主的单位，可以选定其中一种货币作为记账本位币，但是编报的财务会计报告应当折算为人民币。企业记账本位币的选定，应当考虑下列因素：

一是从日常活动收入的角度看，所选择的货币能够对企业商品和劳务销售价格起主要作用，通常以该货币进行商品和劳务销售价格的计价和结算。

二是从日常活动支出的角度看，所选择的货币能够对商品和劳务所需人工、材料和其他费用产生主要影响，通常以该货币进行这些费用的计价和结算。

三是融资活动获得的资金以及保存从经营活动中收取的款项时所使用的货币。即视融资活动获得的资金在其生产经营活动中的重要性，或者企业通常留存销售收入的货币而定。

【例 25-1】国内 A 施工企业超过 80% 的营业收入来自于国外，其收入一般以美元结算，主要受美元的影响，因此，从影响价格的角度看，A 企业应选择美元作为记账本位币。

如果 A 企业除厂房设施、25% 的人工成本在国内以人民币采购外，生产所需原材料、机器设备及 75% 以上的人工成本都来自于美国投资者以美元在国际市场的采购，则可进一步确定 A 企业的记账本位币是美元。

如果 A 企业的人工成本、原材料及相应的厂房设施、机器设备等 95% 以上在国内采购并以人民币计价，则难以确定 A 企业的记账本位币，需要考虑第三项因素。如果 A 企业取得的美元营业收入在汇回国内时可随时换成人民币存款，且A企业对所有以美元结算的资金往来的外币风险都进行了套期保值，则A企业应当选定人民币为其记账本位币。

在确定企业的记账本位币时，上述因素的重要程度因企业具体情况不同而不同，需要企业管理当局根据实际情况进行判断。一般情况下，综合考虑前两项即可确定企业的记账本位币，第三项为参考因素，视其对企业收支现金的影响程度而定。在综合考虑前两项因素仍不能确定企业记账本位币的情况下，第三项因素对企业记账本位币的确定起重要作用。

需要强调的是，企业管理当局根据实际情况确定的记账本位币只有一种，该货币一经确定，不得改变，除非与确定记账本位币相关的企业经营所处的主要经济环境发生重大变化。

三、境外经营记账本位币的确定

（一）境外经营的含义

境外经营通常是指企业在境外的子公司、合营企业、联营企业、分支机构。当企业在境内的子公司、联营企业、合营企业或者分支机构选定的记账本位币不同于企业的记账本位币时，也应当视同境外经营。

区分某实体是否为该企业的境外经营的关键有两项：一是该实体与企业的关系，是否为企业的子公司、合营企业、联营企业、分支机构；二是该实体的记账本位币是否与企业记账本位币相同，而不是以该实体是否在企业所在地的境外作为标准。

（二）境外经营记账本位币的确定

境外经营也是一个企业，在确定其记账本位币时也应当考虑企业选择确定记账本位币需要考虑的因素。同时，由于境外经营是企业的子公司、联营企业、合营企业或者分支机构，因此，境外经营记账本位币的选择还应当考虑该境外经营与企业的关系：

(1) 境外经营对其所从事的活动是否拥有很强的自主性。如果境外经营所从事的活动视同企业经营活动的延伸，该境外经营应当选择与企业记账本位币相同的货币作为记账本位币，如果境外经营所从事的活动拥有极大的自主性，应根据所处的主要经济环境选择记账本位币。

(2) 境外经营与企业的交易是否在境外经营活动中占有较大比重。如果境外经营与企业的交易在境外经营活动中所占的比例较高，境外经营应当选择与企业记账本位币相同的货币作为记账本位币；反之，应根据所处的主要经济环境选择记账本位币。

(3) 境外经营活动产生的现金流量是否直接影响企业的现金流量、是否可以随时汇回。如果境外经营活动产生的现金流量直接影响企业的现金流量，并可随时汇回，境外经营应当选择与企业记账本位币相同的货币作为记账本位币；反之，应根据所处的主要经济环境选择记账本位币。

(4) 境外经营活动产生的现金流量是否足以偿还其现有债务和可预期的债务。如果境外经营活动产生的现金流量在企业不提供资金的情况下，难以偿还其现有债务和正常情况下可预期的债务，境外经营应当选择与企业记账本位币相同的货币作为记账本位币；反之，应根据所处的主要经济环境选择记账本位币。

四、记账本位币变更的会计处理

企业因经营所处的主要经济环境发生重大变化，确需变更记账本位币的，应当采用变更当日的即期汇率将所有项目折算为变更后的记账本位币，折算后的金额作为新的记账本位币的历史成本。由于采用同一即期汇率进行折算，因此，不会产生汇兑差额。当然，企业需要提供确凿的证据证明企业经营所处的主要经济环境确实发生了重大变化，并应当在附注中披露变更的理由。

企业记账本位币发生变更的，其比较财务报表应当以可比当日的即期汇率折算所有资产负债表和利润表项目。

第二节 外币交易的会计处理

一、外币交易的核算程序

外币交易的记账方法有外币统账制和外币分账制两种。外币统账制是指企业在发生外币交易时，即折算为记账本位币入账。外币分账制是指企业在日常核算时分别币种记账，资产负债表日，分别货币性项目和非货币性项目进行调整：货币性项目按资产负债表日即期汇率折算，非货币性项目按交易日即期汇率折算；产生的汇兑差额计入当期损益。从我国目前的情况看，绝大多数企业采用外币统账制，只有银行等少数金融企业由于外币交易频繁，涉及外币币种较多，可以采用分账制记账方法进行日常核算。无论是采用分账制记账方法，还是采用统账制记账方法，只是账务处理的程序不同，但产生的结果应当相同，即计算出的汇兑差额相同；相应的会计处理也相同，即均计入当期损益。

本节主要介绍外币统账制下的账户设置及其会计核算的基本程序。

（一）账户设置

外币统账制方法下，对外币交易的核算不单独设置科目，对外币交易金额因汇率变动而产生的差额可在“财务费用”科目下设置二级科目“汇兑差额”反映。该科目借方反映因汇率变动而产生的汇兑损失，贷方反映因汇率变动而产生的汇兑收益。期末余额结转入“本年利润”科目后一般无余额。

（二）会计核算的基本程序

企业发生外币交易时，其会计核算的基本程序为：

第一，将外币金额按照交易日的即期汇率或即期汇率的近似汇率折算为记账本位币金额，按照折算后的记账本位币金额登记有关账户；在登记有关记账本位币账户的同时，按照外币金额登记相应的外币账户。

第二，期末，将所有外币货币性项目的外币余额，按照期末即期汇率折算为记账本位币金额，并与原记账本位币金额相比较，其差额记入“财务费用——汇兑差额”科目。

第三，结算外币货币性项目时，将其外币结算金额按照当日即期汇率折算为记账本位币金额，并与原记账本位币金额相比较，其差额记入“财务费用——汇兑差额”科目。

二、即期汇率和即期汇率的近似汇率

（一）即期汇率的选择

汇率是指两种货币相兑换的比率，是一种货币单位用另一种货币单位所表示的价格。我们通常在银行见到的汇率有三种表示方式：买入价、卖出价和中间价。买入价指银行买入其他货币的价格，卖出价指银行出售其他货币的价格，中间价是银行买入价与卖出价的平均价，银行的卖出价一般高于买入价，以获取其中的差价。

无论买入价，还是卖出价，均是立即交付的结算价格，都是即期汇率。即期汇率是相对于远期汇率而言的。远期汇率是在未来某一日交付时的结算价格。为方便核算，准则中规定，企业用于记账的即期汇率一般指当日中国人民银行公布的人民币汇率的中间价。但是，在企业发生单纯的货币兑换交易或涉及货币兑换的交易时，仅用中间价不能反映货币买卖的损益，需要使用买入价或卖出价折算。

企业发生的外币交易只涉及人民币与美元、欧元、日元、港元等之间折算的，可直接采用中国人民银行每日公布的人民币汇率的中间价作为即期汇率进行折算；企业发生的外币交易涉及人民币与其他货币之间折算的，应按照国家外汇管理局公布的各种货币对美元折算率采用套算的方法进行折算，企业在外币交易日或对外币报表的某些项目进行折算时，也可以选择即期汇率的近似汇率折算。即期汇率的近似汇率是“按照系统合理的方法确定的、与交易发生日即期汇率近似的汇率”，通常是指当期平均汇率或加权平均汇率等。加权平均汇率需要采用外币交易的外币金额作为权重进行计算。

确定即期汇率的近似汇率的方法应在前后各期保持一致。如果汇率波动使得采用即期汇率的近似汇率折算不适当时，应当采用交易发生日的即期汇率折算。至于何时不适当，需要企业根据汇率变动情况及计算近似汇率的方法等进行判断。

三、外币交易的会计处理

外币是企业记账本位币以外的货币。外币交易是指企业发生以外币计价或者结算的交易。包括：①买入或者卖出以外币计价的商品或者劳务，例如，以人民币为记账本位币的国内 A 公司向国外 B 公司销售商品，货款以美元结算；A 公司购买 S 公司发行的 H 股股票，A 公司从境外以美元购买固定资产或生产用原材料等。②借入或者借出外币资金，例如，以人民币为记账本位币的甲公司从中国银行借入欧元、经批准向海外发行美元债券等。③其他以外币计价或者结算的交易。指除上述①、②外，以记账本位币以外的货币计价或者结算的其他交易。例如，接受外币现金捐赠等。

（一）初始确认

企业发生外币交易的，应在初始确认时采用交易日的即期汇率或即期汇率的近似汇率将外币金额折算为记账本位币金额。这里的即期汇率可以是外汇牌价的买入价或卖出价，也可以是中间价，在与银行不进行货币兑换的情况下，一般以中间价作为即期汇率。

【例 25-2】甲施工企业的记账本位币为人民币，对外币交易采用交易日的即期汇率折算。2015 年 3 月 3 日，从境外乙公司购入不需要安装的设备一台，设备价款为 250 000 美元，购入该设备当日的即期汇率为 1 美元 =7.6 元人民币，适用的增值税税率为 17%，款项尚未支付，增值税以银行存款支付。有关会计分录如下：

借：固定资产——机器设备　(250 000×7.6)1 900 000

　应交税费——应交增值税（进项税额）　323 000

　贷：应付账款——丙公司（美元）　1 900 000

　　银行存款　323 000

企业收到投资者以外币投入的资本，无论是否有合同约定汇率，均不采用合同约定汇率和即期汇率的近似汇率折算，而是采用交易日即期汇率折算，这样，外币投入资本与相应的货币性项目的记账本位币金额相等，不产生外币资本折算差额。

【例 25-3】乙股份有限公司以人民币为记账本位币，对外币交易采用交易日的即期汇率折算。2015 年 6 月 1 日，将 50 000 美元到银行兑换为人民币，银行当日的美元买入价为 1 美元 =7.55 元人民币，中间价为 1 美元 =7.60 元人民币。

本例中，企业与银行发生货币兑换，兑换所用汇率为银行的买入价或卖出价，而通常记账所用的即期汇率为中间价，由于汇率变动而产生的汇兑差额计入当期财务费用。有关会计分录如下：

借：银行存款——人民币　(50 000×7.55) 377 500

　财务费用——汇兑差额　2500

　贷：银行存款——美元　(50 000×7. 6) 380 000

（二）期末调整或结算

期末，企业应当分别外币货币性项目和外币非货币性项目进行处理。

1. 货币性项目

货币性项目是企业持有的货币和将以固定或可确定金额的货币收取的资产或者偿付的负债。货币性项目分为货币性资产和货币性负债，货币性资产包括现金、银行存款、应收账款、其他应收款、长期应收款等，货币性负债包括应付账款、其他应付款、短期借款、应付债券、长期借款、长期应付款等。

期末或结算货币性项目时，应以当日即期汇率折算外币货币性项目，该项目因当日即期汇率不同于该项目初始入账时或前一期末即期汇率而产生的汇兑差额计入当期损益。

2. 非货币性项目

非货币性项目是货币性项目以外的项目，如预付账款、预收账款、存货、长期股权投资、交易性金融资产（股票、基金）、固定资产、无形资产等。

(1) 对于以历史成本计量的外币非货币性项目，已在交易发生日按当日即期汇率折算，资产负债表日不应改变其原记账本位币金额，不产生汇兑差额。

(2) 对于以成本与可变现净值孰低计量的存货，如果其可变现净值以外币确定，则在确定存货的期末价值时，应先将可变现净值折算为记账本位币，再与以记账本位币反映的存货成本进行比较。

【例 25-4】P 上市公司以人民币为记账本位币。2014 年 11 月 2 日，从英国 W 公司采购国内市场尚无的 A 商品 10 000 件，每件价格为 1 000 英镑，当日即期汇率为 1 英镑 =15 元人民币。20×7 年 12 月 31 日，尚有 1 000 件 A 商品未销售出去，国内市场仍无 A 商品供应，A 商品在国际市场的价格降至 900 英镑。12 月 31 日的即期汇率是 1 英镑 = 15.5 元人民币。假定不考虑增值税等相关税费。

本例中，由于存货在资产负债表日采用成本与可变现净值孰低计量，因此，在以外币购入存货并且该存货在资产负债表日确定的可变现净值以外币反映时，计提存货跌价准备应当考虑汇率变动的影响。因此，该公司应作会计分录如下：

11 月 2 日，购入 A 商品：

借：库存商品 -A　　　　(10 000 × 1 000 × 15) 150 000 000

　　贷：银行存款——英镑　　　　150 000 000

12 月 31 日，计提存货跌价准备：

借：资产减值损失　　　　1 050 000

　　贷：存货跌价准备　　　　1 050 000

1 000 × 1 000 × 15 − 1 000 × 900 × 15.5 =1 050 000（元人民币）

(3) 对于以公允价值计量的股票、基金等非货币性项目，如果期末的公允价值以外币反映，则应当先将该外币按照公允价值确定当日的即期汇率折算为记账本位币金额，再与原记账本位币金额进行比较，其差额作为公允价值变动损益，计入当期损益。

【例 25-5】国内甲公司的记账本位币为人民币。2014 年 12 月 10 日以每股 1.5 美元的价格购入乙公司 B 股 10 000 股作为交易性金融资产，当日汇率为 1 美元 =7.6 元人民币，款项已付。2014 年 12 月 31 日，由于市价变动，当月购入的乙公司 B 股的市价变为每股 1 美元，当日汇率为 1 美元 =7.65 元人民币。假定不考虑相关税费的影响。

2014 年 12 月 10 日，该公司对上述交易应作以下处理：

借：交易性金融资产　　　　　　　　　　　　(1.5×10 000×7.6) 114 000

　　贷：银行存款——美元　　　　　　　　　　　　　　　　114 000

根据《企业会计准则第22号——金融工具确认和计量》，交易性金融资产以公允价值计量。由于该项交易性金融资产是以外币计价，在资产负债表日，不仅应考虑股票市价的变动，还应一并考虑美元与人民币之间汇率变动的影响，上述交易性金融资产在资产负债表日的人民币金额为76 500元（即1×10 000×7.65），与原账面价值114 000元的差额为37 500元人民币，计入公允价值变动损益。相应的会计分录为：

借：公允价值变动损益　　　　　　　　　　　　　　　37 500

　　贷：交易性金融资产　　　　　　　　　　　　　　　　37 500

37 500元人民币既包含甲公司所购乙公司B股股票公允价值变动的影响，又包含人民币与美元之间汇率变动的影响。

2015年1月10日，甲公司将所购乙公司B股股票按当日市价每股1.2美元全部售出，所得价款为12 000美元，按当日汇率1美元=7.7元人民币折算为人民币金额为92 400元，与其原账面价值人民币金额76 500元的差额为15 900元人民币，对于汇率的变动和股票市价的变动不进行区分，均作为投资收益进行处理。因此，售出当日，甲公司应作会计分录如下：

借：银行存款——美元　　　　　　　　　　(1.2×10 000×7.7)92 400

　　贷：交易性金融资产　　　　　　　　　　(114 000−37 500) 76 500

　　　　投资收益　　　　　　　　　　　　　　　　　　　15 900

借：投资收益　　　　　　　　　　　　　　　　　　37 500

　　贷：公允价值变动损益　　　　　　　　　　　　　　　37 500

第三节　外币财务报表折算

在将企业的境外经营通过合并、权益法核算等纳入到企业的财务报表中时，需要将企业境外经营的财务报表折算为以企业记账本位币反映的财务报表，这一过程就是外币财务报表的折算。可见，境外经营及其记账本位币的确定是进行财务报表折算的关键。有关境外经营记账本位币的确定见本章第一节。

一、境外经营财务报表的折算

（一）折算方法

在对企业境外经营财务报表进行折算前，应当调整境外经营的会计期间和会计政策，使之与企业会计期间和会计政策相一致，根据调整后会计政策及会计期间编制相应货币（记账本位币以外的货币）的财务报表，再按照以下方法对境外经营财务报表进行折算：

(1) 资产负债表中资产和负债项目，采用资产负债表日的即期汇率折算，所有者权益项目除“未分配利润”项目外，其他项目采用发生时的即期汇率折算。

(2) 利润表中的收入和费用项目，采用交易发生日的即期汇率或即期汇率的近似汇率折算。

(3) 产生的外币财务报表折算差额，在编制合并财务报表时，应在合并资产负债表中“其他综合收益”项目列示。

比较财务报表的折算比照上述规定处理。

【例 25-6】 国内甲公司的记账本位币为人民币，该公司在境外有一子公司乙公司，乙公司确定的记账本位币为美元。根据合同规定，甲公司拥有乙公司 70% 的股权，并能够对乙公司的财务和经营政策施加重大影响。甲公司采用当期平均汇率折算乙公司利润表项目。乙公司的有关资料如下：

2014 年 12 月 31 日的汇率为 1 美元＝ 7.7 元人民币，2014 年的平均汇率为 1 美元＝ 7.6 元人民币，实收资本、资本公积发生日的即期汇率为 1 美元＝ 8 元人民币，20×6 年 12 月 31 日的股本为 500 万美元，折算为人民币为 4 000 万元；累计盈余公积为 50 万美元，折算为人民币为 405 万元，累计未分配利润为 120 万美元，折算为人民币为 972 万元，甲、乙公司均在年末提取盈余公积，乙公司当年提取的盈余公积为 70 万美元。

报表折算如表 25-1、表 25-2 和表 25-3 所示。

表 25-1 利 润 表

2014 年度 单位：万元

项 目	期末数 / 美元	折算汇率	折算为人民币金额
一、营业收入	2 000	7.6	15 200
减：营业成本	1 500	7.6	11 400
营业税金及附加	40	7.6	304
管理费用	100	7.6	760
财务费用	10	7.6	76
加：投资收益	30	7.6	228
二、营业利润	380		2 888
加：营业外收入	40	7.6	304
减：营业外交出	20	7.6	152
三、和润总额	400		3 040
减：所得税费用	120	7.6	912
四、净利润	280		2 128
五、每股收益			
六、其他综合收益			
七、综合收益总额			

表 25-2　　　　　　　　　　　所有者权益变动表

2014 年度　　　　　　　　　　　　　　　　　　　　　　　　单位：万元

项　目	实收资本			盈余公积			未分配利润		其他综合收益	股东权益合计
	美元	折算汇率	人民币	美元	折算汇率	人民币	美元	人民币		人民币
一、本年年初余额	500	8	4 000	50		405	120	972		5 377
二、本年增减变动金额										
（一）净利润							280	2 128		2 128
（二）其他综合收益										－190
其中：外币报表折算差额									－190	－190
（三）利润分配										
提取盈余公积				70	7.6	532	－70	－532		0
三、本年年末余额	500	8	4 000	120		937	330	2 568	－190	7 315

当期计提的盈余公积采用当期平均汇率折算，期初盈余公积为以前年度计提的盈余公积按相应年度平均汇率折算后金额的累计，期初未分配利润记账本位币金额为以前年度未分配利润记账本位币金额的累计。

表 25-3　　　　　　　　　　　资产负债表

2014 年 12 月 31 日　　　　　　　　　　　　　　　　　　　单位：万元

资产	期末数/美元	折算汇率	折算为人民币金额	负债和所有者权益（或股东权益）	期末数/美元	折算汇率	折算为人民币金额
流动资产：				流动负债：			
货币资金	190	7.7	1 463	短期借款	45	7.7	346.5
应收账款	190	7.7	1 463	应付账款	285	7.7	2 194.5
存货	240	7.7	1 848	其他流动负债	110	7.7	847
其他流动资产	200	7.7	1 540	流动负债合计	440		3 388
流动资产合计	820		6 314	非流动负债：			
非流动资产：				长期借款	140	7.7	1 078

续表

资产	期末数/美元	折算汇率	折算为人民币金额	负债和所有者权益（或股东权益）	期末数/美元	折算汇率	折算为人民币金额
长期应收款	120	7.7	924	应付债券	80	7.7	616
固定资产	550	7.7	4 235	其他非流动负债	90	7.7	693
在建工程	80	7.7	616	非流动负债合计	310		2 387
无形资产	100	7.7	770	负债合计	750		5 775
其他非流动资产	30	7.7	231	股东权益：			
非流动资产合计	880		6 776	股本	500	8	4 000
				盈余公积	120		937
				未分配利润	330		2 568
				外币报表折算差额			−190
				股东权益合计	950		7 315
资产总计	1 700		13 090	负债和股东权益总计	1 700		13 090

外币报表折算差额为以记账本位币反映的净资产减去以记账本位币反映的实收资本、资本公积、累计盈余公积及累计未分配利润后的余额。

（二）特殊项目的处理

1．少数股东应分担的外币报表折算差额

在境外经营为其子公司的情况下，企业在编制合并财务报表时，应按少数股东在境外经营所有者权益中所享有的份额计算少数股东应分担的外币报表折算差额，并入少数股东权益列示于合并资产负债表。

2．实质上构成对境外经营净投资的外币货币性项目产生的汇兑差额的处理

母公司含有实质上构成对子公司（境外经营）净投资的外币货币性项目的情况下，在编制合并财务报表时，应分别以下两种情况编制抵销分录：

(1) 实质上构成对子公司净投资的外币货币性项目以母公司或子公司的记账本位币反

映，则应在抵销长期应收应付项目的同时，将其产生的汇兑差额转入“其他综合收益”项目。即借记或贷记“财务费用——汇兑差额”科目，贷记或借记“其他综合收益”。

(2) 实质上构成对子公司净投资的外币货币性项目以母、子公司的记账本位币以外的货币反映，则应将母、子公司此项外币货币性项目产生的汇兑差额相互抵销，差额转入“其他综合收益”。

如果合并财务报表中各子公司之间也存在实质上构成对另一子公司（境外经营）净投资的外币货币性项目，在编制合并财务报表时应比照上述情况编制相应的抵销分录。

二、境外经营的处置

企业可能通过出售、清算、返还股本或放弃全部或部分权益等方式处置其在境外经营中的利益。在包含境外经营的财务报表中，将已列入其他综合收益的外币报表折算差额中与该境外经营相关部分，自所有者权益项目中转入处置当期损益；如果是部分处置境外经营，应当按处置的比例计算处置部分的外币报表折算差额，转入处置当期损益。

第二十六章 财务报表列报

财务报表是对企业财务状况、经营成果和现金流量的结构性表述。期末，企业应披露的财务报表至少应当包括五个方面：资产负债表、利润表、现金流量表、所有者权益变动表和附注。在反映了以上五个方面内容的基础上，具体会计准则有披露要求的，还应按照具体准则的要求再行披露。

按财务报表编制期间的不同，可以将财务报表分为中期财务报表和年度财务报表。中期财务报表是以短于一个完整会计年度的报告期为基础编制的财务报表，包括月报、季报和半年报等。

第一节 资产负债表

资产负债表是反映企业在某一特定日期财务状况的报表。它反映企业在某一特定日期拥有或控制的经济资源、所承担的现实义务和所有者对净资产的要求权。

一、资产、负债和所有者权益的列报

(一)资产的列报

资产负债表中的资产反映由过去的交易、事项形成并由企业控制的、预期会给企业带来经济利益的资源。资产应当按照流动资产和非流动资产两大类别在资产负债表中列示，在流动资产和非流动资产类别下进一步按性质分项列示。

1. 流动资产和非流动资产的划分

资产负债表中的资产应当分别流动资产和非流动资产列报。资产满足下列条件之一的，应当归类为流动资产：①预计在一个正常营业周期中变现、出售或耗用。主要包括存货、应收账款等资产；②主要为交易目的持有；③预计在资产负债表日起1年内(含1年)变现；④自资产负债表日起1年内，交换其他资产或清偿负债的能力不受限制的现金或现金等价物。

2. 正常的营业周期

判断流动资产、流动负债时的一个正常营业周期，是指企业从购买用于加工的资产起至实现现金或现金等价物的期间。

正常营业周期通常短于1年，在1年内有几个营业周期。但是，对于建筑施工企业，正常营业周期通常大于1年。例如，房地产企业开发用于出售的房地产开发产品，施工企业承揽的工程项目等，从组织施工购买原材料进行建设，到工程项目竣工结算并收回全部现金或现金等价物的过程，往往超过1年，在这种情况下，与生产循环相关的产成品，工程施工、应收账款、原材料尽管是超过1年才变现、结算或耗用，仍应作为流动资产列示。

当正常营业周期不能确定时，应当以1年作为正常营业周期。

(二) 负债的列报

资产负债表中的负债反映企业在某一特定日期所承担的、预期会导致经济利益流出企业的现实义务。负债应当按照流动负债和非流动负债在资产负债表中列示，在流动负债和非流动负债类别下进一步按性质分项列示。

1. 流动负债和非流动负债的划分

负债满足下列条件之一的应当归类为流动负债：①预计在一个正常营业周期中清偿；②主要为交易目的而持有；③自资产负债表日起1年内到期应予清偿；④企业无权自主地将清偿推迟至资产负债表日后1年以上。需要说明的是，某些流动负债，比如但不限于应付账款、预收账款、应付职工薪酬、其他应付款等，属于企业正常营业周期中使用营运资金的一部分。尽管这些经营性项目有时在资产负债表日后超过1年才到期清偿，但是他们仍应划分为流动负债。

2. 资产负债表日后事项对流动负债和非流动负债划分的影响

总的原则是，企业在资产负债表上对债务流动和非流动的划分，应当反映在资产负债表日有效的合同安排，考虑在资产负债表日起1年内企业是否必须无条件清偿。而资产负债表日后、财务报告批准报出日前的再融资等行为，与资产负债表日后判断负债的流动性状况无关。只要不是在资产负债表日或之前所做的再融资、展期或提供宽限期限等，都不能改变某项负债在资产负债表日的分类，该项负债在资产负债表日的流动性性质不受资产负债表日后事项的影响。

(1) 资产负债表日起1年内到期的负债。对于在资产负债表日起1年内到期的负债，企业预计能够自主地将清偿义务展期至资产负债表日后1年以上的，应当归类为非流动负债；不能自主地将清偿义务展期的应当归类为流动负债。

(2) 违约长期债务。企业在资产负债表日或之前违反了长期借款协议，导致贷款人可随时要求清偿的负债，应当归类为流动负债。但是如果贷款人在资产负债表日或之前同意提供在资产负债表日后1年以上的宽限期，企业能够在此宽限期内改正违约行为，且贷款人不能要求随时清偿时，应当归类为非流动负债。

（三）所有者权益的列报

资产负债表中的所有者权益是企业资产扣除负债后的剩余权益，反映在某一特定日期企业所有者拥有的净资产的总额。资产负债表中的所有者权益一般按照净资产的不同来源和特定用途进行分类，企业应当按照实收资本（股本）、资本公积、盈余公积、未分配利润等项目分别列示。

二、资产负债表特殊项目的列报

1. 临时设施的列报	公司在工程项目现场搭建的临时设施，可以设置“临时设施”以及“临时设施摊销”两个一级科目进行会计核算。在财务报表列示时，将仅用于单一施工项目的临时设施作为存货项目列报；可用于多项工程项目的临时设施，在固定资产项目下列报
2. 工程项目质保金的列报	企业各工程施工项目的应收工程款中有一部分是项目的质保金，根据合同一般都有确定的回收期，根据会计准则的规定，该项资产符合金融资产的定义，应属于有确定回收期限的应收款项，需按照公允价值对其进行计量，因此应按照各项目的质保金金额，在报表日预计的回收期（一般以合同约定为准，但如实际回收期与合同约定差异较大，则需考虑实际情况），以及可反映业主的信用风险评估的折现率进行折现，以折现后的金额作为应收质保金的金额，折现前后的差额冲减当期“主营业务收入”。而质保金随着到期期限的缩短，其前期折现会逐年转回，其转回的金额作为“财务费用——利息收入”，如果其到期收回，则按照实际收回的金额与账面折现后的金额之间的差额作为“财务费用——利息收入”，如到期未收回，将其余额与账面折现后的金额之间的差额作为“财务费用——利息收入”，将其余额转入“应收账款”，并分析其回收的可能性，计提减值准备。在报表列报时，应收质保金按其折现后的账面金额在应收账款项目下列报，并在附注中披露应收质保金金额及其折现转回产生的利息收入及应收质保金到期情况。 如果应收质保金预计在合同规定期限内无法收回，则需要在折现的基础上再考虑计提适当的坏账准备
3. 委托贷款的列报	企业的委托贷款业务，因其在活跃市场上没有报价而不符合持有至到期投资的定义，因此，将到期日在1年以内的部分分类到流动资产，到期日在1年以上部分分类到非流动资产。具体来说，将1年期委托贷款在“其他应收款”项目下列报，将1年期以上的委托贷款在“长期应收款”项目下列报；将到期日在1年以内的长期委托贷款分类到流动资产，在“1年内到期的长期资产”项目下列报。并分析其回收的可能性，如果发生减值迹象的，计提减值准备，并在附注中披露委托贷款的信息
4. 金融资产和金融负债允许抵销和不允许抵销的列报	金融资产和金融负债在资产负债表中应分别列示，一般不允许相互抵销。 ⑴ 金融资产同时满足下列条件时，应当以相互抵销后的净额在资产负债表列报：一是企业具有抵销已确认金额的法定权利，且该种法定权利是可执行的；二是企业计划以净额计算或同时变现该金融资产和清偿该金融负债。 ⑵ 不符合相互抵销条件的不能将相关金融资产和金融负债相互抵销，金融资产和金融负债在资产负债表中应分别列报：一是企业将浮动利率长期债券与收取浮动利息、支付固定利息的互换组合在一起，合成为一项固定利率长期债券，这种组合的各单项金融工具形成的资产和负债不能相互抵销；二是企业将某项金融资产充作金融负债的担保物，该担保资产不能与被担保的金融负债抵销

续表

5. 银行承兑汇票贴现的列报	企业将未到期的银行承兑汇票到期前向银行贴现，视贴现的汇票是否能到期兑付确定具体的会计处理，如果承兑银行没有破产的可能性，则视该银行承兑汇票能够到期兑付，则该贴现票据符合金融资产终止确认条件，企业因该票据贴现而收到的现金在现金流量表中“销售商品收到的现金”项目下列报，相应发生的财务费用作为经营活动产生的财务费用列报。企业的账务处理如下： 借：　银行存款 借(贷)：财务费用 　　　　贷：应收票据 目前，有会计师事务所认为，银行属于企业，有破产的可能性，因而银行承兑汇票有到期不能兑付的可能性。因此银行承兑汇票的贴现不符合金融资产转移的终止确认条件，企业应将银行承兑汇票的贴现视为以票据作为质押向银行取得贷款的业务，并在附注中作详细披露。因该观点将银行承兑汇票贴现视为票据质押贷款，因而企业应将收到的银行存款在现金流量表中“借款收到的现金”项目下列报，因此而发生的财务费用作为筹资活动发生的财务费用。在这种观点下，企业的账务处理应为： 借：　银行存款 借(贷)：财务费用 　　　　贷：短期借款
6. 投资性应收款项的列报	投资性应收款项是指在应收款项核算的委托贷款、对外资金拆借和其他具有投资性质的应收款项。这些项目在资产负债表中作为应收账款、预付账款、其他应收款、长期应收款等项目列报，但其并不是由企业经营活动产生的，企业须在附注“贷款及应收款项”项目下作详细披露

三、资产负债表的填列方法

(一)年初余额的填列方法

资产负债表“年初数”栏各项数字,应根据上年末资产负债表“年末数”栏所列数字填列。如果企业有期初数变化的各类调整事项或上年资产负债表规定的各个项目的名称和内容与本年度不一致，企业应在上年财务报表列报年末数基础上按照会计准则的要求对本年年初数进行调整，填入表内“年初数”栏。

(二)期末余额的填列方法

资产负债表“期末余额”栏各项数字，一般应根据资产、负债和所有者权益类科目的期末余额填列。

1. 根据总账科目余额填列

资产负债表中的有些项目,可直接根据总账科目的余额填列。如“交易性金融资产”“可供出售金融资产”“短期借款”“应付票据”“应付职工薪酬”“专项应付款”等项目；有些项目则需根据几个总账科目的期末余额计算填列，如“货币资金”项目，则根据“库存现金”“银行存款”“其他货币资金”三个总账科目的期末余额合计数填列。

2. 根据明细账科目余额计算填列

如“应收账款”项目，需要根据“应收账款”和“预收账款”两个科目所属的相关明细科目的期末余额计算填列；“应付账款”项目，需要根据“应付账款”和“预付账款”两个科目所属的相关明细科目的期末余额计算填列；“预收账款”项目，需要根据“应收账款”和“预收账款”两个科目所属的相关明细科目的期末余额计算填列；“预付账款”项目，需要根据“应付账款”和“预付账款”两个科目所属的相关明细科目的期末余额计算填列；“其他应收款”项目，需要根据“其他应收款”和“其他应付款”两个科目所属的相关明细科目的期末余额计算填列；“其他应付款”项目，需要根据“其他应收款”和“其他应付款”两个科目所属的相关明细科目的期末余额计算填列。

3. 根据总账科目和明细账科目余额分析计算填列

如“长期借款”项目，应根据“长期借款”总账科目余额扣除“长期借款”所属的明细项目中将在1年内到期且企业不能自主地将清偿义务展期的长期借款后的金额计算填列。

4. 根据有关科目余额减去备抵科目余额后的净额填列

如“应收账款”项目，应根据“应收账款”科目的期末余额减去“坏账准备”科目余额后的净额填列。其他需要计提减值准备的项目的填列方法与“应收账款”项目的填列方法类似。

5. 综合运用上述填列方法分析填列

如资产负债表中的“存货”项目，应根据“原材料”“库存商品”“委托加工物资”“周转材料”“材料采购”“在途物资”“发出商品”“材料成本差异”“工程施工”“工程结算”等总账科目期末余额的汇总数，再减去“存货跌价准备”科目余额后的净额填列。

(三)资产项目的填列说明

1. “货币资金”项目	反映企业库存现金、银行结算户存款、外埠存款、银行汇票存款、信用卡存款、信用证保证金存款等的合计数。本项目应根据“库存现金”“银行存款”“其他货币资金”科目期末余额的合计数填列。 企业需要在附注中披露受限资产的情况，除了在其他应收款中核算的信用证保证金存款、存出投资款等外，受限资金的情况还包括：不能通知银行存款到期前提前支取的定期存款；各种保证金户：包括票据保证金、风险保证金、履约保证金、安全保证金、工程保证金、预售保证金、信用卡保证金、信用证保证金、保函保证金、抵押借款保证金、按揭保证金、外债偿还交存保证金；以及代收代支专户：房改专户、维修基金专户、社保专户等情形
2. “交易性金融资产”项目	反映企业持有的以公允价值计量且变动计入当期损益的为交易目的持有的债券投资、股票投资、基金投资、权证投资等金融资产。本项目应根据“交易性金融资产”科目的期末余额填列
3. “应收票据”项目	反映企业因销售商品、提供劳务及工程结算等收到的商业汇票，包括银行承兑汇票和商业承兑汇票。本科目应根据“应收票据”的期末余额，减去“坏账准备”科目中有关应收票据计提的坏账准备期末余额后的金额填列。 需要说明的是，企业发生的银行承兑汇票贴现业务，如不符合金融资产转移的终止确认条件，则作为以票据质押从银行取得短期贷款的业务，此时，贴现的银行承兑汇票金额仍在本项填列
4. “应收账款”项目	反映企业因承建工程向建设单位收取的工程进度款及销售商品、提供劳务等经营活动应收取的款项。本项目应根据“应收账款”和“预收账款”科目所属各明细科目的期末借方余额合计数，减去“坏账准备”科目中有关应收账款计提的坏账准备期末余额后的金额填列。如果“应收账款”科目所属明细科目期末有贷方余额的，应在资产负债表“预收账款”项目内填列
5. “预付账款”项目	反映企业按工程合同预付给分包单位或购销合同规定预付给供货单位的款项等。本项目应当根据“预付账款”和“应付账款”科目所属各明细科目的期末借方余额合计数，减去“坏账准备”科目中有关预付账款计提的坏账准备期末余额后的金额填列。如果“预付账款”科目所属明细科目期末有贷方余额的，应在资产负债表“应付账款”项目内填列

续表

6. “应收利息”项目	反映企业应收取的债券投资等的利息。本项目应根据“应收利息”科目期末余额，减去“坏账准备”科目中有关应收利息计提的坏账准备期末余额后的金额填列
7. “应收股利”项目	反映企业应收取的现金股利和应收取其他单位分配的利润。本项目应根据“应收股利”科目期末余额，减去“坏账准备”科目中有关应收股利计提的坏账准备期末余额后的金额填列
8. “其他应收款”项目	反映企业除应收票据、应收账款、预付账款、应收利息等经营活动以外的其他各种应收、暂付的款项、应收的各种赔偿金、罚款、备用金、保证金等，以及已不符合预付账款性质而按规定转入的款项。本项目应根据“其他应收款”科目的期末余额，减去“坏账准备”科目中有关其他应收款计提的坏账准备期末余额后的金额填列
9. “存货”项目	反映企业期末在库、在途和在加工的各种存货的可变现净值。本科目应根据“材料采购”“原材料”“库存商品”“周转材料”“委托加工物资”“委托代销商品”“生产成本”等科目的期末余额合计，减去“受托代销商品款”“存货低价准备”科目期末余额后的金额填列。材料采用计划成本核算，以及库存商品采用计划成本或售价核算的企业，还应该加或减材料成本差异、商品进销差价的金额填列。 执行建造合同的企业，“工程施工”科目余额大于“工程结算”科目余额的金额，减去计提的合同预计损失后的金额，也在本项目列报。需要说明的是，同一工程项目“工程施工”大于“工程结算”的差额形成的“存货”与该工程项目施工形成的“预收账款”在报表列报时可以抵销，其他情况在报表列报时“工程施工”大于“工程结算”在“存货”项目列报的金额不得与其他相关项目相互抵销，须分别列报
10. “1年内到期的非流动资产”项目	反映企业将于1年内到期的非流动资产项目金额。本项目应根据有关科目的期末余额填列。 期限长于1年且在资产负债表日后1年内到期的委托贷款也在本项目列报
11. “其他流动资产”项目	反映企业除以上流动资产项目外的其他流动资产。本项目应根据有关科目的期末余额填列。如果其他流动资产的价值较大，应在附注中作详细的披露。 期限为1年期的委托贷款也在本项目列报
12. “可供出售金融资产”项目	反映企业持有的可供出售的股票投资、国债和债券等有价证券属于可供出售金融资产的，在本科目列报。本项目可根据“可供出售金融资产”科目余额减去“可供出售金融资产减值准备”科目余额后的金额填列
13. “持有至到期投资”项目	反映企业持有的以摊余成本计量的持有至到期的投资。本项目应根据“持有至到期投资”科目的期末余额，减去“持有至到期投资减值准备”科目期末余额后的金额填列
14. “长期应收款”项目	反映企业融资租赁发生的应收款项、采用递延方式具有融资性质的销售商品和提供劳务等经营活动产生的长期应收款项。本项目应根据“长期应收款”科目余额减去相应的“未实现融资收益”科目和“坏账准备”相关明细科目余额后的金额填列
15. “长期股权投资”项目	反映企业持有的对子公司、合营企业、联营企业的投资及对被投资单位不具备控制或重大影响且在活跃市场中没有报价、公允价值不能可靠计量的权益性投资。本项目应根据“长期股权投资”期末余额，减去“长期股权投资减值准备”科目期末余额后的金额填列
16. “投资性房地产”项目	反映企业持有的投资性房地产。企业采用成本模式计量投资性房地产的，本项目应根据“投资性房地产”科目的期末余额，减去“投资性房地产累计折旧”和“投资性房地产减值准备”科目余额后的金额填列；企业采用公允价值模式计量投资性房地产的，本项目应根据“投资性房地产”科目的期末余额填列
17. “固定资产”项目	反映企业各种固定资产原价减去累计折旧和减值准备后的净额。本项目应根据“固定资产”科目的期末余额，减去“累计折旧”和“固定资产减值准备”科目期末余额后的金额填列。需要说明的是，企业在工程施工现场为工程项目施工需要而建设的符合固定资产定义的临时设施也在本项目列报

续表

18. “在建工程”项目	反映企业期末各项未完工程的实际支出，包括交付安装的设备价值、未完建筑安装工程已耗用的材料、工程和费用支出、预付出包工程的价款的可回收金额。本项目应根据“在建工程”科目的期末余额，减去“在建工程减值准备”科目期末余额后的金额填列
19. “工程物资”项目	反映企业尚未交付使用的各项工程物资的实际成本。本项目应根据“工程物资”科目的期末余额，减去“工程物资减值准备”科目余额后的金额填列。 预付设备款通常属于非金融资产，且在转出时作为在建工程或固定资产核算，因此企业应将预付设备款作为非流动资产，在本项目列报
20. “固定资产清理”项目	反映企业因出售、毁损、报废等原因转入清理但尚未清理完毕的固定资产净值及临时设施账面价值，以及固定资产、临时设施清理过程中发生的清理费用和变价收入等各项金额的差额。本项目应根据“固定资产清理”科目的期末借方余额填列，如“固定资产清理”科目出现贷方余额，以“—”号填列
21. “生产性生物资产”项目	反映企业持有的生产性生物资产。本项目应根据“生产性生物资产”科目的期末余额，减去“生产性生物资产减值准备”科目期末余额后的金额填列
22. “无形资产”项目	反映企业持有的无形资产，包括专利权、非专利技术、商标权、著作权、土地使用权、特许使用权等。本项目应根据“无形资产”科目的期末余额，减去“累计摊销”和“无形资产减值准备”科目期末余额后的金额填列
23. “开发支出”项目	反映企业开发无形资产过程中能够资本化形成无形资产成本的支出部分。本项目应根据“研发支出”科目中所属的“资本化支出”明细科目期末余额填列
24. “商誉”项目	反映企业合并中形成的商誉价值。本项目应根据“商誉”科目的期末余额，减去相应减值准备后的金额填列
25. “长期待摊费用”项目	反映企业已经发生但应由本期和以后各期分担的分摊期限在1年以上的各项费用。长期待摊费用中在1年内（含1年）摊销的部分，在资产负债表“1年内到期的非流动资产”项目填列。本项目应根据“长期待摊费用”科目的期末余额减去将于1年内（含1年）摊销的数额后的金额填列
26. “递延所得税资产”项目	反映企业确认的可抵扣暂时性差异产生的递延所得税资产。本项目应根据“递延所得税资产”科目的期末余额填列
27. “其他非流动资产”项目	反映企业除长期股权投资、固定资产、在建工程、工程物资、无形资产等以外的其他非流动资产。本项目应根据相关科目的期末余额填列

（四）负债项目的填列说明

1. “短期借款”项目	反映企业向银行或其他金融机构等借入的期限在1年以内（含1年）的各种借款。本项目应根据“短期借款”科目的期末余额填列。 需要说明的是，企业发生的银行承兑汇票贴现业务，如不符合金融资产转移终止的确认条件，则作为以票据质押从银行取得短期贷款的业务，此时，贴现的银行承兑汇票金额在本项填列
2. “交易性金融负债”项目	反映企业承担的以公允价值计量且变动计入当期损益的为交易目的所持有的金融负债。本项目应根据“交易性金融负债”科目的期末余额填列
3. “应付票据”项目	反映企业购买材料、商品和接受劳务供应、拨付分包单位工程款等而开出、承兑的商业汇票，包括银行承兑汇票和商业承兑汇票。本项目应根据“应付票据”科目的期末余额填列

续表

4. “应付账款”项目	反映企业因工程结算、购买材料、商品和接受劳务等经营活动应支付的款项。本项目应根据“应付账款”和“预付账款”科目所属各明细科目的期末贷方余额合计数填列；如果“应付账款”科目所属各明细科目期末有借方余额，应在资产负债表“预付账款”项目内填列
5. “预收账款”项目	反映企业按照合同向工程建设单位预收的款项及按照合同约定预收购货单位的款项等。本项目应根据“预收账款”和“应收账款”科目所属各明细科目的期末贷方余额合计数填列；如果“预收账款”科目所属各明细科目期末有借方余额，应在资产负债表“应收账款”项目内填列。 执行建造合同的企业，“工程施工”科目余额小于“工程结算”科目余额的金额，也在本项目列报。需要说明的是，同一工程项目“工程施工”大于“工程结算”的差额形成的“存货”与该工程项目施工形成的“预收账款”在报表列报时可以抵销，其他情况在报表列报时“工程施工”大于“工程结算”在“存货”项目列报的金额不得抵销，须分别列报
6. “应付职工薪酬”项目	反映企业根据有关规定应付给职工的工资、职工福利、社会保险费、住房公积金、工会经费、职工教育经费、非货币性福利、辞退福利等各种报酬。本项目应根据“应付职工薪酬”科目余额填列。 应付职工薪酬中不应包含应付劳务分包部分，应付劳务分包金额应在“应付账款”项目填报
7. “应交税费”项目	反映企业按税法规定计算应交纳的各种税费，包括增值税、消费税、营业税、所得税、资源税、土地增值税、城市建设维护税、房产税、土地使用税、车船使用税、教育费附加、矿产资源补偿费及地方各种费及附加等。企业代扣的个人所得税，也在本项目列示。企业应交的税费不需要预计应交数的，如印花税、耕地占用税等，不在本项目列示。本项目应根据“应交税费”科目的期末余额填列；如“应交税费”科目期末为借方余额，应以“—”号填列
8. “应付利息”项目	反映企业按照规定应支付的利息，包括分期付息到期还本的长期借款应支付的利息、企业发行的企业债券应支付的利息等。本项目应根据“应付利息”科目的期末余额填列
9. “应付股利”项目	反映企业分配的现金股利或利润。企业分配的股票股利，不通过本项目列示。本项目应根据“应付股利”科目的期末余额填列
10. “其他应付款”项目	反映企业除应付票据、应付账款、预收账款、应付职工薪酬、应付股利、应付利息、应交税费等经营活动以外的其他应付、暂收款项。本项目应根据“其他应付款”科目期末余额填列
11. “1年内到期的非流动负债”项目	反映企业非流动负债中将于资产负债表日后1年内到期部分的金额，如1年内到期的长期借款。本项目应根据相关科目的期末余额分析填列
12. “其他流动负债”项目	反映企业除短期借款、交易性金融负债、应付票据、应付账款、应付职工薪酬、应交税费等流动负债以外的流动负债。本项目应根据相关科目的期末余额填列
13. “长期借款”项目	反映企业向银行或其他金融机构借入的期限在1年以上（不含1年）的各项借款。本项目应根据“长期借款”科目余额分析填列
14. “应付债券”项目	反映企业为筹集长期资金而发行的债券本金和利息，本项目应根据“应付债券”期末余额填列
15. “长期应付款”项目	反映企业除长期借款和应付债券以外的其他各种长期应付款项。本项目应根据“长期应付款”科目的期末余额，减去相应的“未确认融资费用”科目期末余额后的金额填列
16. “专项应付款”项目	反映企业取得的政府作为企业所有者投资的具有专项或特定用途的款项。本科目应根据“专项应付款”科目的期末余额填列
17. “预计负债”项目	反映企业确认的对外担保、未决诉讼、产品质量保证、亏损性合同等预计负债。本项目应根据“预计负债”科目期末余额填列
18. “递延所得税负债”项目	反映企业确认的应纳税暂时性差异产生的所得税负债。本项目应根据“递延所得税负债”科目的期末余额填列

续表

19. “其他非流动负债”项目	反映企业除长期借款、应付债券等负债以外的其他非流动负债。本项目应根据有关科目的期末余额减去将于1年内(含1年)到期偿还数后的余额填列。非流动负债各项目中将于1年内(含1年)到期的部分，应在“1年内到期的非流动负债”项目填列

(五)所有者权益项目的填列说明

1. “实收资本(股本)”项目	反映企业各投资者实际投资的资本(股本)总额。本项目应根据“实收资本(股本)”科目的期末余额填列
2. “资本公积”项目	反映企业收到投资者出资超出其在注册资本或股本中所占的份额以及直接计入所有者权益的利得和损失等。主要包括资本(股本)溢价、被投资单位其他权益变动、权益结算的股份支付、自用房地产或存货转换为采用公允价值模式计量的投资性房地产、金融工具重分类、可供出售金融资产公允价值变动、套期保值等。本项目应根据“资本公积”科目期末余额填列
3. “盈余公积”项目	反映企业盈余公积的期末余额。本项目应根据“盈余公积”科目期末余额填列
4. “未分配利润”项目	反映企业尚未分配的利润。本项目根据“本年利润”科目和“利润分配”科目的余额计算填列。未弥补的亏损在本项目内以“—”号填列

第二节 利 润 表

利润表是反映企业在一定会计期间的经营成果的会计报表。利润表的列报必须充分反映企业经营业绩的主要来源和构成，有助于使用者判断净利润的质量及风险，有助于使用者预测净利润的连续性，从而作出正确的决策。

一、利润表的列报

企业的利润表一般采取多步式结构，即通过对当期的收入、费用、支出项目按性质加以归类，按利润形成的主要环节列示一些中间指标，分部计算当期净损益。

财务报表列报准则规定，企业应当采取多步式列报利润表，将不同性质的收入和费用类别进行对比，从而可以得出一些中间性的利润数据，便于使用者理解企业经营成果的不同来源。

企业的利润表主要包括以下几个内容：(1) 营业收入，由主营业务收入和其他业务收入构成；(2) 营业利润，营业利润 = 营业收入 − 营业成本 − 营业税金及附加 − 销售费用 − 管理费用 − 财务费用 − 资产减值损失 + 公允价值变动损益 + 投资损益；(3) 利润总额，利润总额 = 营业利润 + 营业外收入 − 营业外支出；(4) 净利润，净利润 = 利润总额 − 所得税费用；(5) 每股收益，普通股或潜在普通股已公开交易的企业，以及正处于公开发行普通股或潜在普通股过程中的企业，还应当在利润表中计算列示每股收益。

根据财务报表列报准则的规定，企业需要提供比较利润表，以使报表使用者比较不同期间利润的实现情况，判断企业经营成果的发展趋势。因此利润表应分为“本年实际数”和“上年实际数”两栏填列。

利润表“上年实际数”金额栏各项数字，应根据上年末利润表“本年实际数”栏所列数字填列。如果企业有期初数变化的各类调整事项或上年利润表规定的各个项目的名称和内容与本年度不一致，企业应在上年财务报表列报本年实际数基础上按照会计准则的要求对上年实际数进行调整，填入表内“上年实际数”栏。

利润表“本年实际数”栏各项数字一般应根据损益类科目的发生额分析计算填列。

二、利润表的填列方法

1. “营业收入”项目	反映企业经营主要业务和其他业务所确认的收入总额。企业经营营业执照规定的业务确认的收入在“主营业务收入”项目中反映，企业经营的不属于营业执照规定业务或不经常发生的业务包括出租固定资产、出租无形资产、出租包装物和商品、销售材料等实现的收入在“其他业务收入”项目反映。本项目应根据“主营业务收入”和“其他业务收入”科目的发生额分析填列
2. “营业成本”项目	反映企业经营主要业务和其他业务所发生的成本总额。企业经营营业执照规定的业务发生的成本在“主营业务成本”项目中反映，企业经营的不属于营业执照规定业务或不经常发生的业务发生的成本在“其他业务成本”项目反映。本项目应根据“主营业务成本”和“其他业务成本”科目的发生额分析填列
3. “营业税金及附加”项目	反映企业经营主要业务和其他业务应负担的消费税、营业税、城市建设维护税、资源税、土地增值税、教育费附加、地方各项费及附加等。企业负担的增值税是价外税，当企业为一般纳税人时，企业负担的增值税反映为与税务机关的债务往来，当企业为小规模纳税人时，企业负担的增值税在营业成本中反映，因此企业负担的增值税不在“营业税金及附加”项目反映。本项目应根据“营业税金及附加”科目的发生额分析填列
4. “销售费用”项目	反映企业在销售过程中发生的包装费、广告费用和为销售本企业商品而专设的销售机构的职工薪酬、业务费等经营经费。施工企业发生的已移交工程维修费及广告费用也应在本项目反映。本项目应根据“销售费用”科目的发生额分析填列
5. “管理费用”项目	反映企业为组织和管理企业生产经营所发生的管理费用，包括企业的董事会和行政管理部门在企业的经营管理中发生的或者应由企业统一负担的公司经费（包括行政管理部门职工薪酬、修理费、物料消耗、低值易耗品摊销、办公费和差旅费等）、工会经费、董事会费（包括董事会成员津贴、会议费和差旅费等）、聘请中介机构费、咨询费（含顾问费）、诉讼费、业务招待费、房产税、车船使用税、土地使用税、印花税、技术转让费、矿产资源补偿费、研发费用、排污费等。企业与管理用固定资产有关的后续支出，包括固定资产发生的日常修理费、大修理费用、更新改造支出、房屋的装修费用等，没有满足固定资产准则规定的固定资产确认条件的，也在本项目反映。企业（建造承包商）为订立合同发生的差旅费、投标费等，能够单独区分和可靠计量且合同很可能订立的，应当予以归集，待取得合同时计入合同成本，不在本项目反映。本项目应根据“管理费用”的发生额分析填列
6. “财务费用”项目	反映企业为筹集生产经营所需资金等而发生的筹资费用，包括利息支出（减利息收入）、汇兑差额以及相关的手续费、企业发生的现金折扣或收到的现金折扣以及金融资产折现等。为购建或生产满足资本化条件的，资产发生的应予资本化借款费用，应计入相关资产的成本，不在本项目反映；企业（建造承包商）为订立合同发生的投标保函、投标保证金等投标费而支付的财务费用，能够单独区分和可靠计量且合同很可能订立的，应当予以归集，待取得合同时计入合同成本，不在本项目反映。本项目应根据“财务费用”科目的发生额分析填列

续表

7. “资产减值损失”项目	反映企业根据资产减值等准则计提各项资产减值准备所形成的损失。本项目应根据“资产减值损失”科目发生额分析填列
8. “公允价值变动收益”项目	反映企业在初始确认时划分为以公允价值计量且其变动计入当期损益的金融资产或金融负债（包括交易性金融资产或金融负债和直接指定为以公允价值计量且其变动计入当期损益的金融资产或金融负债），以及采用公允价值模式计量的投资性房地产、衍生工具、套期业务中公允价值变动形成的应计入当期损益的利得或损失。本项目应根据“公允价值变动损益”科目发生额分析填列。如为净损失，本项目以“—”号填列
9. “投资收益”项目	反映企业以各种方式对外投资所取得的收益。企业根据投资性房地产准则确认的采用公允价值模式计量的投资性房地产的租金收入和处置损益，也在本项目反映；企业处置交易性金融资产、交易性金融负债、可供出售金融资产实现的损益，也在本项目反映；企业的持有至到期投资和买入金融资产在持有期间取得的投资收益和处置损益，也在本项目反映；企业委托金融机构对其他单位贷款取得的利息收入，也在本项目反映。本项目应根据“投资收益”科目的发生额分析填列。如为投资损失，则以“—”号填列
10. “营业利润”项目	反映企业实现的营业利润。如为亏损，本项目以“—”号填列
11. “营业外收入”项目	反映企业发生的与其经营活动无直接关系的各项净收入，主要包括处置非流动资产利得、非货币性资产交换利得、债务重组利得、罚没利得、政府补助利得、确实无法支付而按规定程序经批准后转作营业外收入的应付款项等。本项目应根据“营业外收入”科目的发生额分析填列
12. “营业外支出”项目	反映企业发生的与其经营活动无直接关系的各项净支出，包括处置非流动资产损失、非货币性资产交换损失、债务重组损失、罚款支出、捐赠支出、非常损失等。本项目应根据“营业外支出”科目的发生额分析填列
13. “利润总额”项目	反映企业实现的利润。如为亏损，本项目以“—”号填列
14. “所得税费用”项目	反映企业根据所得税准则确认的应从当期利润总额中扣除的所得税费用，分为“本期所得税费用”和“递延所得税费用”两类。本项目应根据“所得税费用”科目发生额分析填列
15. “净利润”项目	反映企业实现的净利润。如为亏损，本项目以“—”号填列
16.“基本每股收益”项目	本项目按照归属于普通股股东的当期净利润除以实际发行在外的普通股的加权平均数计算确定。计算基本每股票收益时，分子为归属于普通股股东的当期净利润。发生亏损的企业，每股收益以“—”号填列
17.“稀释每股收益”项目	本项目计算时，当期发行在外普通股的加权平均数应当为计算基本每股收益时普通股的加权平均数与假定稀释性潜在普通股为已发行普通股而增加的普通股股数的加权平均数之和

第三节 现金流量表

现金流量表是反映企业一定会计期间现金和现金等价物流入和流出的报表。编制现金流量表的主要目的是为财务报表使用者提供企业一定会计期间现金和现金等价物流入和流出的信息，以便于财务报表的使用者了解和评价企业获取现金和现金等价物的能力，并据以预测企业未来现金流量。

编制现金流量表时，列报经营活动现金流量的方法有两种：一种是直接法，一种是间接法。所谓直接法，是指现金收入和现金支出的主要类别直接反映企业经营活动产生的现金流量，如承揽工程、销售商品、提供劳务收到的现金；承揽工程、销售商品、提供劳务收到的现金等就是按现金收入和支出的类别直接反映的。在直接法下，一般以利润表中的营业收入为起点，调节与经营活动有关的项目增减变动，然后计算出经营活动产生的现金流量。所谓间接法，是指以净利润为起点，调整不涉及现金的收入、费用、营业外收支等有关项目，剔除投资活动、筹资活动对现金流量的影响，据以计算出经营活动产生的现金流量。这实质上就是将按权责发生制原则确定的净利润调整为现金净流入，并剔除投资活动和筹资活动对现金流量的影响。

现金流量表准则规定，企业应当采取直接法编报现金流量表，同时在附注中提供以净利润为基础调节到经营活动现金流量的信息。

在具体编制现金流量表时，可以采用工作底稿法或 T 型账户法，也可以采用根据有关科目记录分析填列的方法。在现金流量表列报实务中，一般采用根据有关科目记录分析填列的方法，对于企业基层核算报表单位，可以采用根据现金及现金等价物日记账分析填列的方法。

一、现金流量表的编制基础

从现金流量表的编制原则上看，现金流量表是以收付实现制为基础编制，将权责发生制下的盈利信息调整为收付实现制下的现金流量信息。

1. 现金

反映企业库存现金及可以随时用于支付的存款。不能随时用于支付的存款不属于现金。现金主要包括：一是库存现金，是企业持有的可随时用于支付的现金，与“库存现金”科目核算的内容一致。二是银行存款，是指企业存入金融机构、可随时用于支付的存款，与“银行存款”科目核算的内容基本一致，但不包括不能随时用于支付的存款。比如，不能随时用于支付的定期存款、保证期内银行承兑汇票保证金、保证期内的投标保证金等不应作为现金；提前通知金融机构便于支取的定期存款、与金融机构协定利率的存款等则应包含在现金范围内。三是其他货币资金，是指企业存放在金融机构的外埠存款、银行汇票存款、银行本票存款、信用卡存款、信用证保证金存款和存出投资款等，与“其他货币资金”科目核算内容一致。

企业不能随时用于支付的现金，作为受限资金列报，将其净流量视为投资活动的现金流量。

2. 现金等价物

现金等价物是指企业持有的期限短、流动性强、易于转化为已知金额现金、价值变动风险小的投资。其中“期限短”一般是指自购买日起 3 个月内到期，比如企业在市场上购买的 3 个月内到期的国家债券等。

现金等价物不是现金，但其支付能力与现金差别不大。判断一项投资是否是现金等价物，看它是否符合以下四个条件：一是期限短；二是流动性强；三是易于转换为已知金额的现金；四是价值变动风险小。现金等价物通常包括 3 个月内到期的短期债券投资，权益性投资变现的金额通常不确定，因而不属于现金等价物。

企业应当根据经营特点等具体情况确定现金及现金等价物的范围，一经确定不得随意变更。如果发生变更，应当按照会计政策变更处理。

二、现金流量的列报

1. 现金流量的分类

根据企业业务活动和现金流量的来源，现金流量表准则将企业一定时期产生的现金流量分为三类：经营活动产生的现金流量、投资活动产生的现金流量和筹资活动产生的现金流量。

(1) 经营活动产生的现金流量。经营活动是企业投资和筹资以外的所有交易和事项。对企业而言，经营活动主要包括承揽工程、销售开发房产、销售商品、提供劳务、发包工程、购买商品、接收劳务、支付税费等。企业因这些业务而发生的现金流量应当归类为经营活动产生的现金流量。

(2) 投资活动产生的现金流量。投资活动是企业长期资产的购建和不包括现金等价物范围内的投资及其处置活动。长期资产一般包含固定资产、无形资产、符合固定资产定义的临时设施、在建工程、其他持有期限在一年或一个营业周期以上的资产。企业因这些业务而发生的现金流量应当归类为投资活动产生的现金流量。

(3) 筹资活动产生的现金流量。筹资活动是指导致企业资本及债务规模发生变化的活动，通常情况下，应付账款、应付票据等属于经营活动。企业因这些业务而发生的现金流量应当归类为筹资活动产生的现金流量。

在现金流量列报中，现金及现金等价物被视为一个整体，企业现金形式的转换不会产生现金的流入和流出。

2. 企业日常经营活动之外特殊业务现金流量归类

对于企业日常经营活动之外不经常发生的特殊项目，如自然灾害、保险赔款、捐赠等，应当归并到相关类别中，并单独反映。

(1) 现金的利息收入。现金流量表准则对与经营性存款产生的现金流入没有硬性规定，在会计实务中，一般有三种观点：一是归类为投资活动产生的现金流量，原因是符合投资的定义，准则中投资指企业为通过分配来增加财富，或为谋求其他利益，而将资产让渡给其他单位所获得的另一项资产。存款利息收入是通过银行间接取得的收入，符合投资的定义，因而应将经营性存款产生的现金流量在“收到的其他与投资活动有关的现金”

项下列报。二是归类为经营活动产生的现金流量，原因是企业将资金存进银行，其目的不是投资，虽然在实际上产生了利息收入，但企业的出发点并不是为了获取利息，而是遵守国家相关财经法规的规定，将资金存进银行，因而应将经营性存款产生的现金流量在“收到的其他与经营活动有关的现金”项下列报。三是归类为筹资活动产生的现金流量，在“收到的其他与筹资活动有关的现金”项下列报或作为“分配股利、利润或偿付利息支付的现金”项目的抵减项。原因是企业在经营活动中因弥补流动资金的不足需要向金融机构贷款，贷款需要支付利息，因而企业从银行取得的利息收入也应作为筹资活动的一部分。

一般来说，在现金流量表编制实务中，一般将现金等价物的利息收入在“取得投资收益收到的现金”项下列报，将企业存放于金融机构的经营性存款取得的利息收入在“收到的其他与投资活动有关的现金”项下列报。

企业可以根据自身的实际情况和经济业务性质以及报表审计事务所的要求合理划分，但划分之后应遵循一贯性原则，不得随意改变。目前的会计师事务所一般倾向于将现金存入银行产生的利息收入归类为投资活动，在“收到的其他与投资活动有关的现金”项下列报。

(2) 银行承兑汇票的贴现。企业将未到期的银行承兑汇票到期前向银行贴现，视贴现的汇票是否能到期兑付确定具体的会计处理，如果承兑银行没有破产的可能性，则视该银行承兑汇票能够到期兑付，则该贴现票据符合金融资产终止确认条件，企业因该票据贴现而收到的现金在现金流量表中“销售商品收到的现金”项目下列报，相应发生的财务费用作为经营活动产生的财务费用列报。

目前，有会计师事务所认为，银行属于企业，有破产的可能性，因而银行承兑汇票有到期不能兑付的可能性。因此银行承兑汇票的贴现不符合金融资产转移的终止确认条件，企业应将银行承兑汇票的贴现视为以票据作为质押向银行取得贷款的业务，企业因票据贴现收到的银行存款在现金流量表中“借款收到的现金”项下列报，因此而发生的财务费用作为筹资活动发生的财务费用。

(3) 自然灾害、保险赔偿、捐赠。对于自然灾害和保险赔偿，如果能确定是属于流动资产损失和赔偿，应当列入经营活动产生的现金流量；属于固定资产及其他非流动资产损失和赔偿，应当列入投资活动的现金流量；如果不能确定是哪类资产的损失和赔偿，则应当列入经营活动产生的现金流量。

捐赠的收入和支出，应当列入经营活动产生的现金流量。

(4) 如果特殊项目的现金流量金额不大，则可列入相应现金流量类别下的“其他”项目，不单独列示，目前，会计师审计时的要求是合并列示“其他”项目金额不超过10万元。

三、现金流量表的填列方法

（一）经营活动产生的现金流量有关项目

1. 销售商品、提供劳务收到的现金	本项目反映企业销售商品、提供劳务实际收到的现金，包括承揽工程收入、销售收入和应向购买者收取的增值税销项税额，具体应包括：本期承揽工程收入、销售收入、提供劳务收到的现金，以及前期承揽工程收入、销售收入、提供劳务在本期收到的现金和本期预收的款项，减去本期销售本期退回的商品和前期销售本期退回的商品支付的现金。企业销售材料和代购代销业务收到的现金，也在本项目反映。本项目可根据“现金”“银行存款”“应收票据”“应收账款”“预收账款”“主营业务收入”“其他业务收入”科目的记录分析填列。其计算公式为： 销售商品、提供劳务收到的现金＝承揽工程收入＋销售收入＋增值税销项税额＋应收账款减少（期初余额－期末余额）+ 应收票据减少（期初余额－期末余额）+ 预收账款增加额（期末余额—期初余额）± 特殊项目的调整 公式中的特殊项目主要包括：一是计提坏账准备；二是收到债务人以物抵债；三是报表项目的合并列报，比如工程施工与工程结算的差额如果在借方，则抵减同一项目的预收账款；四是销售税额中的视同销售，比如将货物对外投资；五是不符合终止确认条件的票据贴现及符合终止确认条件的票据贴现息等；六是工程施工大于工程结算形成的预收账款等。企业应分析这些不涉及现金流的特殊项目的影响，调整本期现金流量
2. 收到的税收返还	本项目反映企业收到的返还的各项税费，如收到的增值税、营业税、所得税、消费税和教育费附加返还款等。本项目可根据“现金”“银行存款”“营业税金及附加”“营业外收入”等科目的记录分析填列
3. 收到的其他与经营活动有关的现金	本项目反映企业除上述各项目外，收到的其他与经营活动有关的现金，如罚款收入、经营租赁固定资产收到的现金、流动资产损失中由个人赔款的部分和保险赔款的现金收入、除税收返还外的其他政府补贴、接受捐赠收到的现金、收回履约保证金、投标保证金等收到的现金、收回的代垫款项、收回职工借款、备用金等，本项目可根据“现金”“银行存款”“其他应收款”“管理费用”“营业费用”“营业外收入”等科目的记录分析填列。 本项目中单项金额较大的项目须在会计报表附注中披露，目前，一般的披露要求是“收到的其他与经营活动有关的现金”项目中合计披露的“其他”金额不超过 10 万元
4. 购买商品、接受劳务支付的现金	本项目反映企业支付发包工程款、购买材料、接受劳务支付的现金，包括支付的工程款、货款及与货款一起支付的增值税进项税额，具体包括：本期支付工程款、购买商品、接受劳务支付的现金以及本期支付前期工程款、购买商品、接收劳务的未付款和本期预付款项，减去本期发生的购货退回收到的现金。为工程项目施工和购置存货而发生的借款利息资本化的部分，应在“分配股利、利润或偿付利息支付的现金”项目反映。本项目可根据“现金”“银行存款”“应付票据”“应付账款”“预付账款”“应交税费（增值税进项税额）”“主营业务成本”“其他业务成本”“存货”有关科目的记录分析填列。其计算公式为： 购买商品、接受劳务支付的现金＝营业成本＋增值税（进项税额）+ 应付账款本年减少（期初余额－期末余额）+ 应付票据本年减少（期初余额－期末余额）+ 预付账款的本年增加（期末余额－期初余额）+ 存货项目增加额（期末余额－期初余额）－当期列入生产成本、制造费用的职工薪酬－当期列入生产成本、制造费用的折旧费和固定资产修理费用 ± 特殊项目的调整 公式中的特殊项目主要包括：债务重组中未支付现金的应付款项减少，在建工程领用的经营用存货、计提的存货跌价准备、工程施工与工程结算的借差抵同一项目的预收账款的存货等

续表

5. 支付给职工以及为职工支付的现金	本项目反映企业实际支付给职工以及为职工支付的现金，包括企业为获得职工提供服务，本期实际给予各种形式的报酬以及其他相关支出，如支付给职工的工资、奖金、各种津贴和补贴等，以及为职工支付的其他费用，不包括支付给在建工程人员的工资。支付给在建工程人员的工资，在“购建固定资产、无形资产和其他长期资产所支付的现金”项目反映。 企业为职工支付的医疗、养老、失业、生育等社会保险基金、补充养老金、住房公积金、职工住房补贴，企业为职工缴纳的商业保险，因解除职工劳动关系给予的补偿，现金结算的股份支付，以及企业支付给职工或为职工支付的其他福利费用等，应根据职工的工作性质和服务对象，分别在“购建固定资产、无形资产和其他长期资产所支付的现金”和本项目反映。 企业支付的离退休人员的各项费用，包括支付统筹退休金以及未参加统筹退休人员的费用，在“支付的其他与经营活动有关的现金”项目反映。 企业支付的三类人员费用（扣除离退休人员费用外），性质上属于辞退福利的范畴，原则上在本项目反映，如果企业发生的三类人员费用没有在“应付职工薪酬”项下反映，则企业可将支付给三类人员的现金归类在“支付的其他与经营活动有关的现金”列报。 本项目的金额应与应付职工薪酬“本年支付数”相核对，在本项目列报的金额加上在“购建固定资产、无形资产和其他长期资产所支付的现金”项下列示的与职工薪酬有关的金额应等于应付职工薪酬“本年支付数”金额。 本项目可根据“现金”“银行存款”“应付职工薪酬”等科目的记录分析填列。也可根据应付职工薪酬明细表中的“本年支付数”分析填列
6. 支付的各项税费	本项目反映企业按规定支付的各项税费，包括本期发生并支付的税费，以及以前各期发生本期支付的税费和预交的税费，如支付的营业税、增值税、所得税、教育费附加、印花税、房产税、土地增值税、土地使用税、车船使用税等，不包括本期退回的增值税、所得税。本期退回的增值税、所得税等，在“收到的税收返还”项目反映；也不包含应计入固定资产价值的各项税费，计入固定资产价值的各项税费在“购建固定资产、无形资产和其他长期资产所支付的现金”反映。 本项目的金额应与应交税费“本年支付数”相核对，在本项目列报的金额加上在“购建固定资产、无形资产和其他长期资产所支付的现金”项下列报的金额应等于应交税费“本年支付数”项下的金额。 本项目可根据“应交税费”“现金”“银行存款”等科目分析填列，也可根据应交税费明细表“本期支付数”分析填列
7. 支付的其他与经营活动有关的现金	本项目反映企业除上述各项目外，支付的其他与经营活动有关的现金，如罚款支出、支付的差旅费、业务招待费、财产保险费、经营租赁、企业负担离退休人员工资、投标保证金等保证金类、代付款项、借款、备用金、银行结算手续费、捐赠等支付的现金等。其他与经营活动有关的现金，如果金额较大，应单独列示。 本项目中单项金额较大的项目须在会计报表附注中披露，目前，通常披露要求是“支付其他与经营活动有关的现金”项目中合计披露的“其他”金额不超过10万元。 本项目可根据“其他应收款”“关联往来”“营业费用”“管理费用”“财务费用”等相关科目的发生额分析填列

（二）投资活动产生的现金流量有关项目

1. 收回投资收到的现金	本项目反映企业出售、转让或到期收回除现金等价物以外的交易性金融资产、持有至到期投资、可供出售金融资产、长期股权投资、投资性房地产、投资性贷款及应收款项等而收到的现金。 债权性投资收回的本金，在本项目反映，债权性投资收回的利息，不在本项目反映，而在“取得投资收益所收到的现金”项目反映。处置子公司和其他营业单位收到的现金净额在“处置子公司及其他营业单位收到的现金净额”项目单独反映，不在本项目反映。 本项目可根据“交易性金融资产”“持有至到期投资”“可供出售金融资产”“长期股权投资”、“投资性房地产”“现金”“银行存款”等科目的记录分析填列

续表

2. 取得投资收益收到的现金	本项目反映企业因股权性投资而分得的现金股利，从子公司、联营企业或合营企业分回利润而收到的现金，因债权性投资而取得的利息收入。现金等价物产生的利息收益一般在本项目反映，股票股利不在本项目反映。 本项目应根据“应收股利”“应收利息”“投资收益”“现金”“银行存款”等科目的记录分析填列
3. 处置固定资产、无形资产和其他长期资产收回的现金净额	本项目反映企业出售固定资产、无形资产和其他长期资产取得的现金，减去为处置这些资产而支付的有关费用后的净额。由于自然灾害等原因所造成的固定资产等长期资产报废、毁损而收到的保险赔款收入，在本项目反映。 如果处置固定资产、无形资产和其他长期资产所收回的现金净额为负数，则应归类为投资活动支付的现金流量，在“支付的其他与投资活动有关的现金”项下列报。 本项目可根据“固定资产清理”“现金”“银行存款”等相关科目发生额记录分析填列
4. 处置子公司及其他营业单位收到的现金净额	本项目反映企业处置子公司及其他经营单位所取得的现金减去子公司或其他营业单位持有的现金及现金等价物以及相关处置费用后的净额，本项目可根据有关科目的记录分析填列。 现金流量表准则要求企业在附注中以总额披露当期取得或处置子公司及其他营业单位的下列信息：取得或处置价格、取得或处置价格中以现金支付的部分、取得或处置子公司及其他经营单位所取得的现金、取得或处置子公司及其他营业单位按主要类别分类的非现金资产和负债。 处置子公司及其他营业单位收到的现金净额如为负数，则将该金额在“支付其他与投资活动有关的现金”项下列报
5. 收到的其他与投资活动有关的现金	该项目反映企业除了以上项目外，收到的其他与投资活动有关的现金。如收回购买股票和债券时支付的已宣告但尚未领取的现金股利或已到付息期但尚未领取的债券利息、收回融资租赁设备本金。在本项目中，收到的其他与投资活动有关的现金既包括本期收回的本期应收部分，也包括本期收回的前期应收部分，还包括本期预收的部分。 如果处置固定资产、无形资产和其他长期资产所收回的现金净额为负数，在本项目反映；处置子公司及其他营业单位收到的现金净额如为负数，在本项目反映；现金产生的利息收入，也在本项目反映，现金等价物产生的利息收入，在“取得投资收益收到的现金”项目反映。 其他现金流入如价值较大的，应单列项目反映。本项目可根据相关科目记录分析填列
6. 购建固定资产、无形资产和其他长期资产支付的现金	本项目反映企业购买、建造固定资产、取得无形资产和其他长期资产支付的现金，包括购买机器设备所支付的现金及增值税款、建造工程所支付的现金、建造符合固定资产定义的临时设施所支付的现金、支付在建工程人员工资的现金支出。 企业为购建固定资产、无形资产和其他长期资产而发生的借款利息资本化的部分，不在本项目反映，应归类在“分配股利、利润或偿付利息支付的现金”项下反映。 企业支付的融资租入固定资产的租赁费用，在“支付的其他与筹资活动有关的现金”项下反映。 企业分期付款方式购入固定资产，其性质与筹资有关，因此企业首次支付的货款在本项目反映，以后各期支付的现金作为筹资活动现金流量，在“支付的其他与筹资活动有关的现金”项下反映。 本项目可根据“固定资产”“在建工程”“工程物资”“无形资产”“现金”“银行存款”等科目的记录分析填列
7. 投资支付的现金	本项目反映企业进行权益性投资和债权性投资所支付的现金，包括企业取得的除现金等价物以外的交易性金融资产、持有至到期投资、可供出售金融资产而支付的现金，以及支付的佣金、手续费等交易费用。企业购买债权的价款中含有债券利息的，以及溢价或折价购入的，均按实际支付的金额反映。 企业购买股票和债券时，实际支付的价款中包含的已宣告但尚未领取的现金股利或已到付息期但尚未领取的债券利息，应在“支付的其他与投资活动有关的现金”项目中反映；收回购买股票和债券时支付的已宣告但尚未领取的现金股利或已到付息期但尚未领取的债券利息，应在“收到的其他与投资活动有关的现金”项目中反映。 本项目可根据“交易性金融资产”“持有至到期投资”“可供出售金融资产”“长期股权投资”“现金”“银行存款”等科目的记录分析填列

续表

8. 取得子公司及其他营业单位支付的现金净额	本项目反映企业取得子公司及其他经营单位的购买价款中以现金支付的部分，减去子公司或其他经营单位持有的现金和现金等价物后的净额，如果为负数，应在“收到的其他与投资活动有关的现金”项下反映。本项目可根据有关项目的记录分析填列
9. 支付的其他与投资活动有关的现金	本项目反映除上述各项目外，支付的其他与投资活动有关的现金。 如果处置固定资产、无形资产和其他长期资产所收回的现金净额为负数，则应归类为投资活动支付的现金流量，在“支付的其他与投资活动有关的现金”项下列报；企业购买股票和债券时，实际支付的价款中包含的已宣告但尚未领取的现金股利或已到付息期但尚未领取的债券利息，应在“支付的其他与投资活动有关的现金”项目中反映；企业取得子公司及其他经营单位的购买价款中以现金支付的部分，减去子公司或其他经营单位持有的现金和现金等价物后为负数，应在“收到的其他与投资活动有关的现金”项下反映。 如果在本项目反映的事项金额较大，应单独列示反映。本项目可根据有关科目的记录分析填列

（三）筹资活动产生的现金流量有关项目

1. 吸收投资收到的现金	本项目反映企业发行股票、债券等方式筹集资金实际收到的款项净额（发行收入减去支付的佣金等发生费用后的净额）。以发行股票等方式筹集资金而由企业支付的审计、咨询等费用，不在本项目反映，在“支付的其他与筹资活动有关的现金”项下反映；由金融企业直接支付的手续费、宣传费、咨询费、印刷费等费用，从发行股票、债券取得现金收入中扣除，以净额列示。本项目可根据“实收资本（股本）”“资本公积”“应付债券”“现金”“银行存款”等科目的记录分析填列
2. 借款收到的现金	本项目反映企业举借各种短期、长期借款而收到的现金。企业不符合金融资产终止确认条件的票据贴现收到的现金，也在本项目反映。本项目可根据有关科目的记录分析填列
3. 收到的其他与筹资活动有关的现金	本项目反映企业除上述各项目外，收到的其他与筹资活动有关的现金。其他筹资活动有关的现金，如果价值较大，应单独列项反映。 本项目可根据相关科目的记录分析填列
4. 偿还债务支付的现金	本项目反映企业以现金偿还债务的本金，包括归还金融企业的借款本金、偿还企业到期债券本金等。本项目可根据“短期借款”“长期借款”“交易性金融负债”“应付债券”“现金”“银行存款”等科目的记录分析填列
5. 分配股利、利润或偿付利息支付的现金	本项目反映企业实际支付的现金股利、支付给其他投资单位的利润或现金支付的借款利息、债券利息。不同用途的借款，其利息的开支渠道不一样，如在建工程、财务费用、工程施工、研发支出等，均在本项目反映。本项目可以根据“应付股利”“利润分配”“财务费用”“在建工程”“工程施工”“研发支出”“现金”“银行存款”等科目的记录分析填列
6. 支付的其他与筹资活动有关的现金	本项目反映企业除上述项目外，支付的其他与筹资活动有关的现金。以发行股票等方式筹集资金而由企业支付的审计、咨询等费用，在本项目反映；企业分期付款方式购入固定资产，以后各期支付的现金作为筹资活动现金流量，在本项目反映；企业支付融资租赁的租赁费，在本项目反映；企业减少注册资本支付的现金，也在本项目反映。其他与筹资活动有关的现金，如果其价值较大，应单列反映。本项目可根据有关科目的记录分析填列

（四）汇率变动对现金及现金等价物的影响

编制现金流量表时，应当将企业外币现金流量以及境外子公司的现金流量折算成记账本位币。现金流量表准则规定，外币现金流量以及境外子公司的现金流量，应当采取现金流量发生日的即期汇率或按照系统合理的方法确定、与现金流量发生即期汇率近似的汇率折算。汇率变动对现金的影响应当作为调节项目，在现金流量表单独列示。

汇率变动对现金的影响，是指企业外币现金流量即境外子公司的现金流量折算成本位币时，所采用的是现金流量发生日的即期汇率或按照系统合理的方法确定、与现金流量发生即期汇率近似的汇率，而现金流量表“现金及现金等价物”项目中外币现金净增加额是按照资产负债表日的即期汇率折算。这两者的差额即为汇率变动对现金的影响。

在编制现金流量表时，对当期发生的外币业务，可不必逐笔计算汇率变动对现金的影响，可通过现金流量表补充资料“现金及现金等价物净增加额”金额与现金流量表中“经营活动产生的现金流量净额”“投资活动产生的现金流量净额”“筹资活动产生的现金流量净额”三项目之和比较，其差额即为汇率变动对现金的影响额。

四、现金流量表附注的编制

现金流量表准则规定，企业应当采用间接法在现金流量表中披露将净利润调节为经营活动现金流量的信息。现金流量表补充资料包括将净利润调节为经营活动现金流量、不涉及现金收支的重大投资和筹资活动、现金及现金等价物净变动情况等项目。

（一）将净利润调节为经营活动现金流量的编制

1. 资产减值准备

资产减值准备包括坏账准备，存货跌价准备，投资性房地产减值准备、长期股权投资减值准备、持有至到期投资减值准备、固定资产减值准备、在建工程减值准备、工程物资减值准备、无形资产减值准备、商誉减值准备等。企业计提的各项减值准备，包括在利润表“资产减值损失”项目，但并没有发生现金流出。所以，在将净利润调节为经营活动现金流量时，需要加回。本项目可根据资产减值损失科目的记录分析填列。

本项目的金额应等于利润表中“资产减值损失”项目金额。

2. 固定资产折旧、油气资产折耗、生产性生物资产折旧

企业计提的固定资产折旧，有的包括在管理费用中，有的包括在制造费用和工程施工中。计入管理费用的部分在计算净利润时从中扣除，但并没有发生现金流出，在将净利润调节为经营活动现金流量时，需要加回。计入制造费用和工程施工的已变现部分，在计算净利润时通过营业成本予以扣回，但并没有发生现金流出；计入制造费用和工程施工的未变现部分，既不涉及现金收支，也不影响企业当期净利润，由于在调节存货时，已从中扣除，在此处将净利润调节为经营活动现金流量时，需要加回。

同理，企业计提的油气资产折耗、生产性生物资产折旧也需要加回。

本项目可根据“累计折旧”“累计折耗”“生产性生物资产折旧”科目的贷方发生额分析填列。

本项目的金额应等于附注中披露的固定资产本期计提的折旧额。

3．无形资产摊销和长期待摊费用摊销

企业对使用寿命有限的无形资产计提摊销时，计入管理费用或工程施工或相关资产成本。长期待摊费用摊销时，有的计入管理费用，有的计入营业费用，有的计入工程施工和制造费用。计入管理费用等期间费用和计入制造费用和工程施工的已变现部分，在计算净利润时通过相关项目予以扣除，但并没有发生现金流出；计入制造费用和工程施工的未变现部分，在调节存货时，已从中扣除，但不涉及现金收支，所以在将净利润调节为经营活动现金流量时，需要加回。

本项目可根据“累计摊销”“长期待摊费用摊销”科目的贷方发生额分析填列。

本项目的金额应等于附注中披露的本期计提的无形资产摊销和长期待摊费用本期摊销额。

4．处置固定资产、无形资产和其他长期资产的损失（减：收益）

企业处置固定资产、无形资产和其他长期资产发生的损益，属于投资活动产生的损益，不属于经营活动产生的损益，所以在将净利润调节为经营活动现金流量时，需要予以剔除。如为损失，在将净利润调节为经营活动现金流量时，应当加回；如为收益，在将净利润调节为经营活动现金流量时，应当剔除。

本项目可根据“营业外收入”“营业外支出”等科目所属明细科目的记录分析填列，如为收益，以“—”号填列。

5．固定资产报废损失

企业发生的固定资产报废损益，属于投资活动产生的损益，不属于经营活动产生的损益，所以在将净利润调节为经营活动现金流量时，需要予以剔除。同样，投资性房地产发生报废、毁损而产生的损益，也需要予以剔除。如为损失，在将净利润调节为经营活动现金流量时，应当加回；如为收益，在将净利润调节为经营活动现金流量时，应当剔除。

本项目可根据“营业外收入”、“营业外支出”等科目所属明细科目的记录分析填列，如为收益，以“—”号填列。

6．公允价值变动损益

公允价值变动损益反映企业在初始确认时划分为以公允价值计量且其变动计入当期损益的交易性金融资产或金融负债、衍生工具、套期等业务中公允价值变动形成应计入当期损益的利得和损失。企业发生的公允价值变动损益，通常与企业的投资活动或筹资活动相关，而且不影响企业当期的现金流量。因此，应当将其在净利润中剔除。本项目可根据“公允价值变动损益”科目的发生额分析填列。

7．财务费用

企业发生的财务费用中不属于经营活动的部分，应当将其在净利润中剔除，本项目可根据“财务费用”科目的本期借方发生额分析填列，如为收益，以“-”填列。

企业一般将现金及现金等价物产生的利息收入归类为投资活动产生的现金流，因此，在将净利润调节为经营活动现金流量时，应当剔除现金及现金等价物产生的利息收入。

企业的票据贴现，如符合金融资产终止确认条件，则发生的财务费用作为经营活动的损益，在将净利润调节为经营活动现金流量时，不予剔除；如不符合终止确认条件，则发生的财务费用属于筹资活动损益，在将净利润调节为经营活动现金流量时，需要予以剔除。

企业经营活动中发生的金融机构结算手续费用，属于经营活动产生的财务费用，在将净利润调节为经营活动现金流量时，不予剔除。

在会计实务中，企业的财务费用一般按费用项目设置明细科目，在此基础上，企业可以分“经营活动”“投资活动”“筹资活动”设置明细分类，以便于企业在编制现金流量表时使用。

8．投资损失（减：损益）

企业发生的投资损益，属于投资活动产生的损益，不属于经营活动产生的损益，所以在将净利润调节为经营活动现金流量时，需要予以剔除。如为损失，在将净利润调节为经营活动现金流量时，应当加回；如为收益，在将净利润调节为经营活动现金流量时，应当剔除。

本项目可根据“投资收益”项目的数字填列，如为收益，则以“—”号填列。

本项目的金额应等于利润表中“投资收益”项目金额。

9．递延所得税资产减少（减：增加）

如果递延所得税资产减少使计入所得税费用的金额大于当期应交的所得税金额，其差额没有发生现金流出，但在计算净利润时已扣除，在将净利润调节为经营活动现金流量时，应当加回。如果递延所得税资产增加使计入所得税费用的金额小于当期应交的所得税金额，二者之间的差额没有发生现金流入，但在计算净利润时已包括在内，在将净利润调节为经营活动现金流量时，应当扣除。

本项目可根据“递延所得税资产”项目期初、期末余额分析填列。

10．递延所得税负债增加（减：减少）

如果递延所得税负债增加使计入所得税费用的金额大于当期应交的所得税金额，其差额没有发生现金流出，但在计算净利润时已扣除，在将净利润调节为经营活动现金流量时，应当加回。如果递延所得税负债减少使计入所得税费用的金额小于当期应交的所得税金额，二者之间的差额没有发生现金流入，但在计算净利润时已包括在内，在将净利润调节为经营活动现金流量时，应当扣除。

本项目可根据“递延所得税负债”项目期初、期末余额分析填列。

需要说明的是，当某项交易或事项按照会计准则规定应计入所有者权益，由于该交易或事项产生的递延所得税资产或负债及其变化应计入所有者权益，不构成利润表中的递延所得税费用。在这种情况下，在将净利润调节为经营活动现金流量时，不需要调整。比如企业可供出售金融资产公允价值变动引起的递延所得税负债的变化，就不需要调整。

11．存货的减少（减：增加）

期末存货比期初存货减少，说明本期生产经营、工程耗用的存货有一部分是期初存货，耗用的这部分存货并没有发生现金流出，但在计算净利润时已经扣除，所以在将净利润调节为经营活动现金流量时，应当加回。期末存货比期初存货增加，说明当期购入的存货除耗用外，还剩余一部分，这部分存货也发生了现金流出，但在计算净利润时没有包含在内，因而在将净利润调节为经营活动现金流量时，需要剔除。

存货的增减变化还涉及应付项目，这一因素在“经营性应付项目的增加（减：减少）”中考虑。

本项目可根据资产负债表中“存货”项目的期初数、期末数之间的差额填列。如果存货的增减变化属于投资活动，比如在建工程领用存货、接收投资增加的存货、对外投资减少的存货，应当予以剔除。

需要说明的是，企业如果计提了存货减值准备，在填列本项目时，应考虑存货跌价准备的因素。

12. 经营性应收项目的减少（减：增加）

经营性应收项目包括应收票据、应收账款、预付账款、长期应收款和其他应收款中与经营活动有关的部分，以及应收的增值税销项税额等。经营性应收项目期末余额小于经营性应收项目期初余额，说明本期收回的现金大于利润表中所确认的营业收入数，所以在将净利润调节为经营活动现金流量时，应当加回。经营性应收项目期末余额大于经营性应收项目期初余额，说明本期营业收入中有一部分没有收回现金，但在计算净利润时这部分营业收入已包括在内，所以在将净利润调节为经营活动现金流量时，应当剔除。

本项目可根据相关项目的期初、期末余额分析填列，如为增加，以“—”号填列。

13. 经营性应付项目的增加（减：减少）

经营性应付项目包括应付票据、应付账款、预收账款、应付职工薪酬、应交税费、应付利息、长期应付款、其他应付款中与经营活动有关的部分，以及应付的增值税进项税额等。经营性应付项目期末余额大于经营性应付项目期初余额，说明本期购入的存货中有一部分没有支付现金，但在计算净利润时却通过销售成本包含在内，在将净利润调节为经营活动现金流量时，应当加回。经营性应付项目期末余额小于经营性应付项目期初余额，说明本期支付的现金大于利润表中所确认的销售成本，在将净利润调节为经营活动现金流量时，应当剔除。

本项目可根据相关项目的期初、期末余额分析填列，如为增加，以“—”号填列。

（二）不涉及现金收支的重大投资和筹资活动

不涉及现金收支的重大投资和筹资活动，反映企业一定期间内影响资产或负债但不形成该期现金收支的所有投资和筹资活动的信息。这些投资和筹资活动虽不涉及当期现金收支，但对以后各期的现金流量有重大影响。比如企业融资租入设备，将形成的负债计入“长期应付款”账户，当期并不涉及设备款及租赁费，但以后各期必须支付现金，从而在一定时期内形成了一项固定的现金支出。

准则需要披露不涉及当期现金收支，但影响企业财务状况或在未来可能影响企业现金流量的重大投资和筹资活动，主要包括：

(1) 债务转为资本，反映企业本期转为资本的债务。

(2)1 年内到期的可转换公司债券，反映企业 1 年内到期的可转换公司债券本息。

(3) 融资租入固定资产，反映企业本期租入的固定资产。

第四节 所有者权益变动表

所有者权益变动表是反映构成所有者权益各组成部分当期增减变动情况的报表。所有者权益变动表应当能够全面反映企业一定时期所有者权益变动的情况，不仅包括所有者权益总量的变动，还包括所有者权益增减变动的重要结构性信息，特别是反映直接计入所有者权益的利得和损失，让报表使用者准确理解所有者权益变动的根源。

企业会计准则规定，在所有者权益变动表中，企业至少应当单独列示反映下列信息的项目：净利润；直接计入所有者权益的利得和损失项目及其总额；会计政策变更和差错更正的累计影响金额；所有者投入资本和向所有者分配利润等、提取的盈余公积；实收资本或股本、资本公积、盈余公积、未分配利润的期初和期末余额及其调节情况。

财务报表列报准则规定，企业需要提供比较所有者权益变动表，因此，所有者权益变动表各项目须分为“本年金额”和“上年金额”填列。

所有者权益变动表的具体格式参见《（企业会计准则第 30 号——财务报表列报）应用指南》。

一、所有者权益变动各项目列报说明

1．“上年年末余额”项目

反映企业上年资产负债表中实收资本（或股本）、资本公积、盈余公积、未分配利润的年末余额。

2．“会计政策变更”和“前期差错更正”项目

分别反映企业采用追溯调整法处理的会计政策变更的累积影响金额和采用追溯法会计处理重述的会计差错更正累积影响金额。

为体现会计政策变更和前期差错更正的影响，企业应当在上期期末所有者权益余额的基础上进行调整得出本期期初所有者权益，根据“盈余公积”“利润分配”“以前年度损益调整”等科目的发生额分析填列。

3．“本年增减变动额”项目

(1)“净利润”项目，反映企业当年实现的净利润（或净亏损）金额，并对应填列在“未分配利润”栏。

(2)“直接计入所有者权益的利得和损失”项目，反映企业当年直接计入所有者权益的利得和损失金额，不同事项发生的利得和损失应分别列报。其中：

“可供出售金融资产公允价值变动净额”项目，反映企业持有的可供出售金融资产当年公允价值变动金额，并对应列在“资本公积”栏。

“权益法下被投资单位其他权益变动的影响”项目，反映企业对按照权益法核算的长期股权投资，被投资单位除当年实现的净利润以外其他所有者权益当年变动中应享有的份

额，并对应列在“资本公积”栏。

“与计入（所有者权益／股东权益）项目相关的所得税影响”项目，反映企业根据所得税准则规定应计入所有者权益项目的当年所得税影响金额，并对应列在“资本公积”栏。

“其他直接计入所有者权益的利得和损失”项目，反映企业除上述外的事项发生的直接计入所有者权益的利得和损失，这些事项的金额须分别列示，并对应列在“资本公积”栏。

(3)“净利润”和“直接计入所有者权益的利得和损失”小计项目，反映企业当年实现的净利润金额和当年直接计入所有者权益的利得和损失的合计金额。

(4)“所有者投入资本和减少资本”项目，反映当年所有者投入或减少的资本，其中：

“所有者投入资本”项目，反映企业接受所有者投入形成的实收资本（或股本）和资本溢价（或股本溢价），并对应列示在“实收资本”和“资本公积”栏。

“股份支付计入所有者权益的金额”项目，反映企业处于等待期中的权益结算的股份支付当年计入资本公积的金额，并对应列在“资本公积”栏。

“其他所有者投入资本和减少资本”项目，反映企业的其他影响所有者投入资本或减少资本的事项，比如企业收购少数股东股权、土地入股转增资本等事项，这些事项须单独列报，并对应列示在“实收资本”和“资本公积”栏。

(5)“利润分配”项下各项目，反映企业当年对所有者（或股东）分配利润（或股利）金额和按照规定提取的盈余公积金额，并对应列示在“未分配利润”和“盈余公积”栏。其中：

“提取盈余公积”项目，反映企业按照规定提取的盈余公积。

“对所有者（或股东）的分配”项目，反映对所有者（或股东）分配的利润（或股利）金额。

(6)“所有者权益内部结转”项下各项目，反映企业不影响当年所有者权益总额的所有者权益各组成部分之间当年的增减变动，包括资本公积转增资本（或股本）、盈余公积转增资本（股本）、盈余公积弥补亏损等项目的金额。其中：

“资本公积转增资本（或股本）”项目，反映企业以资本公积转增资本或股本的金额。

“盈余公积转增资本（股本）”项目，反映企业以盈余公积转增资本或股本的金额。

“盈余公积弥补亏损”，反映企业以盈余公积弥补亏损的金额。

二、上年金额栏的填报方法

所有者权益变动表“上年金额”栏内各项数字，应根据上年度所有者权益变动表“本年金额”栏所列数字填列。如果上年度所有者权益变动表规定的各项目的名称和本年度不一致，应对上年度所有者权益变动表各项目的名称和数字按本年度的规定进行调整，填入所有者权益变动表“上年金额”栏。

三、本年金额栏的填报方法

所有者权益变动表“本年金额”栏内各项数字一般应根据“实收资本（或股本）”“资本公积”“利润分配”“库存股”“以前年度损益调整”等科目的发生额分析填列。

第五节 附　注

附注是对资产负债表、利润表、现金流量表和所有者权益变动表等报表中列示项目的问题描述或明细资料，以及未能在报表中列示项目的说明等。

一、附注的披露要求

(1) 附注披露的内容应是定量、定性信息的结合。

(2) 附注应按照一定的结构进行系统合理的排列和分类，有顺序的披露信息。

(3) 附注相关信息应当与资产负债表、利润表、现金流量表和所有者权益变动表等报表中列示的项目相互参照，以有助于使用者联系相关联的信息。

二、附注披露的内容

(一) 企业的基本情况

(1) 企业的注册地、组织形式和总部地址。

(2) 企业的业务性质和主要经营活动，如企业所处的行业、所提供的主要产品或服务、客户的性质、销售策略、监管环境的性质等。

(3) 母公司以及集团最终母公司的名称。

(4) 财务报告的批准报出者和财务报告批准报出日。

(二) 财务报表的编制基础

说明企业是否按持续经营基础编制财务报表，以及编制财务报表所依据的持续经营假设是合理的。说明财务报表项目分类、名称等列报方式的变化，可比年度财务报表已按新会计准则的要求进行了重述。

(三) 遵循企业会计准则的声明

企业应当声明编制的财务报表符合企业会计准则的要求，真实、完整地反映了企业的财务状况、经营成果和现金流量信息，以此明确企业编制财务报表所依据的制度基础。

如果企业编制财务报表只是部分遵循了企业会计准则，则附注中不得作出上述表述。

(四) 重要会计政策和会计估计

根据财务报表列报准则要求，企业应当披露采用的重要会计政策和会计估计，不重要的会计政策和会计估计可以不予披露。

1．重要会计政策的说明

企业发生某项经济业务时，必须从允许的会计处理方法中选择适合本企业特点的会计政策，企业选择不同的会计处理方法，可能会极大影响企业的财务状况和经营成果，进而编制出不同的财务报表。为了帮助报表使用者理解，有必要对这些会计政策加以披露。

需要说明的是，企业会计政策还应当披露以下内容：

(1) 财务报表项目的计算基础。会计计量属性包括历史成本、重置成本、可变现净值、现值和公允价值，这项披露要求便于使用者了解企业财务报表中的项目是按何种计量基础予以计量的，如存货是按成本还是按可变现净值计量等。

(2) 会计政策的确定依据。主要是指企业在运用会计政策过程中所作的对报表项目确认的项目金额最具影响的判断。比如企业对拥有的持股不足 50% 的关联企业，是如何判断企业拥有控制权因此将其纳入合并范围。

2. 重要会计估计的说明

企业应当披露会计估计中所采用的关键假设和不确定因素的确定依据，这些关键假设和不确定因素在下一个会计期间内可能导致资产、负债账面价值进行重大调整。比如企业的应收质保金的折现，企业应当披露所选用的折现率及其选用的合理性等。这些假设的变动对这些资产和负债项目金额确定影响很大，有可能在下一个会计期间内导致资产、负债账面价值进行重大调整。强调对这一事项的披露，有助于提高财务报表的可理解性。

(五) 会计政策和会计估计变更以及差错更正说明

企业应当按照《企业会计准则第 28 号——会计政策、会计估计变更以及差错更正》及其应用指南的要求，披露会计政策和会计估计变更以及差错更正的有关情况。

(六) 重要报表项目的说明

企业应当以文字和数字描述相结合、尽可能以列报形式披露重要报表项目的构成和当期变动情况，并与报表项目相互参照。

在披露顺序上，一般应按照资产负债表、利润表、现金流量表、所有者权益变动表的顺序及其报表项目列示的顺序。

(七) 其他重要事项的说明

主要包括或有和承诺事项、资产负债表日后非调整事项、关联方及其交易。

第六节 关联方的披露

一、关联方的认定

关联方披露准则规定：一方控制、共同控制另一方或对另一方施加重大影响的，构成关联方。因此，关联方关系的存在是以控制、共同控制或重大影响为前提条件的。企业在判断关联方关系时，应当遵循实质重于形式原则。从一个企业的角度出发，与其存在关联方关系的各方包括：

(1) 该企业的母公司，不仅包括直接或间接控制该企业的其他企业，也包括能够对该企业实施直接或间接控制的部门、单位。

(2) 某一个企业通过一个或若干个中间企业间接地控制一个或多个企业。

(3) 该企业的子公司，包括直接或间接地被该企业控制的其他企业，也包括直接或间接地被该企业控制的单位、信托资金等。

(4) 对企业实施直接控制或间接共同控制的投资方与该企业之间是关联方关系，但这些投资方之间并不能因为仅仅共同控制了同一家企业视为关联方。

(5) 对该企业施加重大影响的投资方与该企业之间是关联方关系，但这些投资方之间并不能因为对同一家企业有重大影响而视为关联方。

(6) 该企业的合营企业及该企业的联营企业。

(7) 该企业的主要投资者个人及与其关系密切的家庭成员。主要投资者个人，是指能够控制、共同控制一个企业或对一个企业施加重大影响的个人投资者。

(8) 该企业或其母公司的关键管理人员及与其关系密切的家庭成员。关键管理人员，是指有权并负责计划、指挥和控制企业经营活动的人员。主要包括董事长、副董事长、董事、董事会秘书、总经理、总会计师、财务总监、主管各项事务的副总经理以及行使类似决策职能的人员。与主要投资者或关键管理人员关系密切的家庭成员，是指在处理与企业交易时可能影响该个人或受该个人影响的家庭成员，如父母、配偶、兄弟、姐妹、子女等。

(9) 该企业的主要投资者个人、关键管理人员或与其关系密切的家庭成员控制、共同控制或施加重大影响的其他企业。

二、不构成关联方关系的情况

(1) 与该企业发生日常往来的资金提供者、公用事业部门、政府部门和机构，以及与该企业发生重大交易而存在经济依存关系的单个客户、供应商、特许商、经销商和代理商之间，不构成关联方。

(2) 与企业共同控制合营企业的合营者之间，不构成关联方。

(3) 仅仅受国家控制而不存在控制、共同控制或重大影响关系的企业，不构成关联方关系。

三、关联方交易的类型

关联方交易，是指关联方之间转移资源、劳务或义务的行为，而不论是否收取价款。因此，判断是否属于关联方交易，应以交易是否发生为依据，而不以是否收取价款为前提。

(1) 购买或销售商品。购买或销售商品是关联方交易较常见的交易事项，比如企业集团成员之间相互购买或销售商品，从而形成了关联方交易。

(2) 购买或销售商品以外的其他资产。

(3) 提供和接受劳务。

(4) 担保。担保包括在借贷、买卖、货物运输、加工承揽等经济业务中，为了保证其债权实现而实行的担保等。

(5) 提供资金，包括借贷或股权投资等。

(6) 租赁，包括经营租赁和融资租赁。

(7) 代理。如代理签订合同等。

(8) 研究与开发项目的转移。

(9) 许可协议。

(10) 代表企业或由企业代表另一方进行债务结算。

(11) 关键管理人员薪酬。

四、关联方的披露

(1) 企业无论是否发生关联方交易，均应当在附注中披露与该企业之间存在控制关系的母公司和子公司有关信息。

企业应当披露母公司和子公司的名称。母公司不是最终控制方的，还应当披露企业集团对该企业享有最终控制权的企业的名称。母公司或最终控制方均不对外提供财务报表的，还应当披露母公司之上与其最相近的对外提供财务报表的母公司名称。

(2) 企业与关联方发生交易的，应当在附注中披露关联方关系的性质、交易类型及交易要素。

关联方关系的性质，是指关联方与该企业的关系，即关联方是该企业的子公司、合营企业、联营企业等。

交易类型通常包括购买或销售商品、购买或销售商品以外的其他资产、提供和接受劳务、担保、提供资金、租赁、代理、研究与开发项目的转移、许可协议、代表企业或由企业代表另一方进行债务结算、关键管理人员薪酬。

交易因素至少应当包括交易金额、未结算项目金额、条款和条件，以及有关提供或取得担保的信息，未结算应收项目坏账准备金额，定价政策。

判断关联方交易是否重要，不应以交易金额的大小作为判断标准，而应以交易对企业财务状况和经营成果的影响程度而定。对企业财务状况和经营成果有影响的关联方交易，应当分别关联方以及交易金额类型披露，不具有重要性的，类型相似的关联方可合并披露，但以不影响预期报表阅读者正确理解企业财务状况、经营成果为前提。

(3) 对外提供合并财务报表的，对于已包含在合并范围的企业间的交易不予披露。合并财务报表是将集团作为一个整体来反映与其有关的财务信息，在合并财务报表中，企业集团作为一个整体看待，集团内的交易已不属于交易，并已在合并财务报表时予以抵销。

第二十七章 企业合并

第一节 企业合并概述

一、企业合并的界定

企业合并是将两个或两个以上单独的企业合并形成一个报告主体的交易或事项。

企业合并的结果通常是一个企业取得了对一个或多个业务的控制权。如果一个企业取得了对另一个或多个企业的控制权，而被购买方（或被合并方）并不构成业务，则该交易或事项不形成企业合并。企业取得了不形成业务的一组资产或净资产时，应将购买成本基于购买日所取得各项可辨认资产、负债的相对公允价值基础进行分配，不按照企业合并准则进行处理。

业务是指企业内部某些生产经营活动或资产负债的组合，该组合具有投入、加工处理过程和产出能力，能够独立计算其成本费用或所产生的收入，但一般不构成一个企业、不具有独立的法人资格，如企业的分公司、独立的生产车间、不具有独立法人资格的分部等。

从企业合并的定义看，是否形成企业合并，除要看取得的企业是否构成业务之外，关键还要看有关交易或事项发生前后，是否引起报告主体的变化。报告主体的变化产生于控制权的变化。在交易事项发生以后，一方能够对另一方的生产经营决策实施控制，形成母子公司关系，涉及控制权的转移，该交易或事项发生以后，子公司需要纳入到母公司合并财务报表的范围中，从合并财务报告角度形成报告主体的变化；交易事项发生以后，一方能够控制另一方的全部净资产，被合并的企业在合并后失去其法人资格，也涉及控制权的变化及报告主体的变化，形成企业合并。

二、企业合并的方式

企业合并从合并方式划分，包括控股合并、吸收合并和新设合并。

（一）控股合并

合并方(或购买方,下同)通过企业合并交易或事项取得对被合并方(或被购买方,下同)

的控制权，企业合并后能够通过所取得的股权等主导被合并方的生产经营决策并自被合并方的生产经营活动中获益，被合并方在企业合并后仍维持其独立法人资格继续经营的，为控股合并。

（二）吸收合并

合并方在企业合并中取得被合并方的全部净资产，并将有关资产、负债并入合并方自身的账簿和报表进行核算。企业合并后，注销被合并方的法人资格，由合并方持有合并中取得的被合并方的资产、负债，在新的基础上继续经营，该类合并为吸收合并。

（三）新设合并

参与合并的各方在企业合并后法人资格均被注销，重新注册成立一家新的企业，由新注册成立的企业持有参与合并各企业的资产、负债，在新的基础上经营，为新设合并。

三、企业合并类型的划分

我国的企业合并准则中将企业合并按照一定的标准划分为两大基本类型——同一控制下的企业合并与非同一控制下的企业合并。企业合并的类型划分不同，所遵循的会计处理原则也不同。

（一）同一控制下的企业合并

同一控制下的企业合并，是指参与合并的企业在合并前后均受同一方或相同的多方最终控制且该控制并非暂时性的。

（二）非同一控制下的企业合并

非同一控制下的企业合并，是指参与合并各方在合并前后不受同一方或相同的多方最终控制的合并交易，即除判断为属于同一控制下企业合并的情况以外其他的企业合并。

第二节 同一控制下企业合并

同一控制下的企业合并，是从合并方出发，确定合并方在合并日对于企业合并事项应进行的会计处理。合并方，是指取得对其他参与合并企业控制权的一方；合并日，是指合并方实际取得对被合并方控制权的日期。

一、同一控制下企业合并的处理原则

同一控制下的企业合并，合并方应遵循以下原则进行相关的处理：

(1) 合并方在合并中确认取得的被合并方的资产、负债仅限于被合并方账面上原已确认的资产和负债，合并中不产生新的资产和负债。

(2) 合并方在合并中取得的被合并方各项资产、负债应维持其在被合并方的原账面价值不变。

(3) 合并方在合并中取得的净资产的入账价值相对于为进行企业合并支付的对价账面价值之间的差额，不作为资产的处置损益，不影响合并当期利润表，有关差额应调整所有者权益相关项目。合并方在企业合并中取得的价值量相对于所放弃价值量之间存在差额的，应当调整所有者权益。在根据合并差额调整合并方的所有者权益时，应首先调整资本公积（资本溢价或股本溢价），资本公积（资本溢价或股本溢价）的余额不足冲减的，应冲减留存收益。

(4) 对于同一控制下的控股合并，合并方在编制合并财务报表时，应视同合并后形成的报告主体自最终控制方开始实施时一直是一体化存续下来的，参与合并各方在合并以前期间实现的留存收益应体现为合并财务报表中的留存收益。在合并财务报表中，应以合并方的资本公积（或经调整后的资本公积中的资本溢价部分）为限，在所有者权益内部进行调整，将被合并方在合并日以前实现的留存收益中按照持股比例计算归属于合并方的部分自资本公积转入留存收益。

二、会计处理

同一控制下的企业合并，视合并方式不同，应当分别按照以下规定进行会计处理。

（一）同一控制下的控股合并

同一控制下的企业合并中，合并方在合并后取得对被合并方生产经营决策的控制权，并且被合并方在企业合并后仍然继续经营的，合并方在合并日涉及两个方面的问题：一是对于因该项企业合并形成的对被合并方的长期股权投资的确认和计量问题；二是合并日合并财务报表的编制问题。

1. 长期股权投资的确认和计量

按照《企业会计准则第 2 号——长期股权投资》的规定，形成同一控制下企业合并的长期股权投资，合并方应以合并日应享有被合并方账面所有者权益的份额作为长期股权投资的初始投资成本，借记“长期股权投资”科目，按享有被投资单位已宣告但尚未发放的现金股利或利润，借记“应收股利”科目，按支付的合并对价的账面价值，贷记有关资产或借记有关负债科目，以支付现金、非现金资产方式进行的，该初始投资成本与支付的现金、非现金资产的差额，相应调整资本公积（资本溢价或股本溢价），资本公积（资本溢价或股本溢价）的余额不足冲减的，依次冲减盈余公积、未分配利润；以发行权益性证券方式进行的，长期股权投资的初始投资成本与所发行股份的面值总额之间的差额，应调整资本公积（资本溢价或股本溢价），资本公积（资本溢价或股本溢价）的余额不足冲减的，相应调整盈余公积和未分配利润。

关于该合并方式下长期股权投资初始投资成本的确定及其举例，参见本教材第五章“长期股权投资及合营安排”。

2. 合并日合并财务报表的编制

同一控制下的企业合并形成母子公司关系的，合并方一般应在合并日编制合并财务报表，反映于合并日形成的报告主体的财务状况、视同该主体一直存在产生的经营成果等。考虑有关因素的影响，编制合并日的合并财务报表存在困难的，上述有关处理原则同样适用于合并当期期末合并财务报表的编制。

编制合并日的合并财务报表时，一般包括合并资产负债表、合并利润表及合并现金流量表。

（二）同一控制下的吸收合并

同一控制下的吸收合并中，合并方主要涉及合并日取得被合并方资产、负债入账价值的确定，以及合并中取得有关净资产的入账价值与支付的合并对价账面价值之间差额的处理。

1. 合并中取得资产、负债入账价值的确定

合并方对同一控制下吸收合并中取得的资产、负债应当按照相关资产、负债在被合并方的原账面价值入账。其中，对于合并方与被合并方在企业合并前采用的会计政策不同的，在将被合并方的相关资产和负债并入合并方的账簿和报表进行核算之前，首先应基于重要性原则，统一被合并方的会计政策，即应当按照合并方的会计政策对被合并方的有关资产、负债的账面价值进行调整，以调整后的账面价值确认。

2. 合并差额的处理

合并方在确认了合并中取得的被合并方的资产和负债的入账价值后，以发行权益性证券方式进行的该类合并，所确认的净资产入账价值与发行股份面值总额的差额，应调整资本公积（资本溢价或股本溢价），资本公积（资本溢价或股本溢价）的余额不足冲减的，相应冲减盈余公积和未分配利润；以支付现金、非现金资产方式进行的该类合并，所确认的净资产入账价值与支付的现金、非现金资产账面价值的差额，相应调整资本公积（资本溢价或股本溢价），资本公积（资本溢价或股本溢价）的余额不足冲减的，应依次冲减盈余公积、未分配利润。

（三）合并方为进行企业合并发生的有关费用的处理

合并方为进行企业合并发生的有关费用，指合并方为进行企业合并发生的各项直接相关费用，如为进行企业合并支付的审计费用、进行资产评估的费用以及有关的法律咨询费用等增量费用。

同一控制下企业合并进行过程中发生的各项直接相关的费用，应于发生时费用化计入当期损益。借记“管理费用”等科目，贷记“银行存款”等科目。但以下两种情况除外：

(1) 以发行债券方式进行的企业合并，与发行债券相关的佣金、手续费等应按照《企业会计准则第 22 号——金融工具确认和计量》的规定进行核算。即该部分费用，虽然与筹集用于企业合并的对价直接相关，但其核算应遵照金融工具准则，有关的费用应计入负债的初始计量金额中。其中，债券如为折价发行的，该部分费用应增加折价的金额；债券如为溢价发行的，该部分费用应减少溢价的金额。

(2) 以发行权益性证券作为合并对价的，与所发行权益性证券相关的佣金、手续费等应按照《企业会计准则第 37 号——金融工具列报》的规定进行核算。即与发行权益性证券相关的费用，应自所发行权益性证券的发行收入中扣减，在权益性工具发行有溢价的情况下，自溢价收入中扣除，在权益性证券发行无溢价或溢价金额不足以扣减的情况下，应当冲减盈余公积和未分配利润。

企业专设的并购部门发生的日常管理费用，如果该部门的设置并不是与某项企业合并直接相关，而是企业的一个常设部门，其设置的目的是寻找相关的并购机会等，维持该部门日常运转的有关费用，不属于与企业合并直接相关的费用，应当于发生时费用化计入当期损益。

第三节 非同一控制下企业合并

非同一控制下的企业合并，主要涉及购买方及购买日的确定、企业合并成本的确定、合并中取得各项可辨认资产、负债的确认和计量、合并差额的处理等。

一、非同一控制下企业合并的处理原则

非同一控制下的企业合并，是参与合并的一方购买另一方或多方的交易，基本处理原则是购买法。

（一）确定购买方

采用购买法核算企业合并的首要前提是确定购买方。购买方是指在企业合并中取得对另一方或多方控制权的一方。合并中一方取得了另一方半数以上有表决权股份的，除非有明确的证据表明该股份不能形成控制，一般认为取得控股权的一方为购买方。某些情况下，即使一方没有取得另一方半数以上有表决权股份，但存在以下情况时，一般也可认为其获得了对另一方的控制权，如：

(1) 通过与其他投资者签订协议，实质上拥有被购买企业半数以上表决权。

(2) 按照法律或协议等的规定，具有主导被购买企业财务和经营决策的权力。

(3) 有权任免被购买企业董事会或类似权力机构绝大多数成员。

(4) 在被购买企业董事会或类似权力机构具有绝大多数投票权。

（二）确定购买日

购买日是购买方获得对被购买方控制权的日期，即企业合并交易进行过程中，发生控制权转移的日期。同时满足以下条件时，一般可认为实现了控制权的转移，形成购买日。有关的条件包括：

(1) 企业合并合同或协议已获股东大会等内部权力机构通过，如对于股份有限公司，其内部权力机构一般指股东大会。

(2) 按照规定，合并事项需要经过国家有关主管部门审批的，已获得相关部门的批准。

(3) 参与合并各方已办理了必要的财产权交接手续。作为购买方，其通过企业合并无论是取得对被购买方的股权还是被购买方的全部净资产，能够形成与取得股权或净资产相关的风险和报酬的转移，一般需办理相关的财产权交接手续，从而从法律上保障有关风险和报酬的转移。

(4) 购买方已支付了购买价款的大部分（一般应超过50%），并且有能力支付剩余款项。

(5) 购买方实际上已经控制了被购买方的财务和经营政策，并享有相应的收益、承担相应的风险。

（三）确定企业合并成本

企业合并成本包括购买方为进行企业合并支付的现金或非现金资产、发行或承担的债务、发行的权益性证券等在购买日的公允价值。

某些情况下，当企业合并合同或协议中规定视未来或有事项的发生，购买方通过发行额外证券、支付额外现金或其他资产等方式追加合并对价，或者要求返还之前已经支付的对价，购买方应当将合并协议约定的或有对价作为企业合并转移对价的一部分，按照其在购买日的公允价值计入企业合并成本。根据《企业会计准则第 22 号——金融工具确认和计量》《企业会计准则第 37 号——金融工具列报》以及其他相关准则的规定，或有对价符合金融负债或权益工具定义的，购买方应当将拟支付的或有对价确认为一项负债或权益；符合资产定义并满足资产确认条件的，购买方应当将符合合并协议约定条件的、对已支付的合并对价中可收回部分的权利确认为一项资产。

非同一控制下企业合并中发生的与企业合并直接相关的费用，包括为进行合并而发生的会计审计费用、法律服务费用、咨询费用等，与同一控制下企业合并进行过程中发生的有关费用处理原则一致，这里所称合并中发生的各项直接相关费用，不包括与为进行企业合并发行的权益性证券或发行的债务相关的手续费、佣金等，该部分费用应比照本章关于同一控制下企业合并中类似费用的原则处理，即应抵减权益性证券的溢价发行收入或是计入所发行债务的初始确认金额。

通过多次交换交易，分步取得股权最终形成企业合并的，在购买方的个别财务报表中，应当以购买日之前所持被购买方的股权投资的账面价值与购买日新增投资成本之和，作为该项投资的初始投资成本；在合并财务报表中，以购买日之前所持被购买方股权于购买日的公允价值与购买日支付对价的公允价值之和，作为合并成本。

（四）企业合并成本在取得的可辨认资产和负债之间的分配

非同一控制下的企业合并中，通过企业合并交易，购买方无论是取得对被购买方生产经营决策的控制权，还是取得被购买方的全部净资产，从本质上看，取得的均是对被购买方净资产的控制权。视合并方式的不同，在控股合并情况下，购买方在其个别财务报表中应确认所形成的对被购买方的长期股权投资，该长期股权投资所代表的是购买方对合并中取得的被购买方各项资产、负债享有的份额，具体体现在合并财务报表中应列示的有关资产、负债；在吸收合并情况下，合并中取得的被购买方各项可辨认资产、负债等直接体现为购买方账簿及个别财务报表中的资产、负债项目。

(1) 购买方在企业合并中取得的被购买方各项可辨认资产和负债

要作为本企业的资产、负债（或合并财务报表中的资产、负债）进行确认，在购买日，应当满足资产、负债的确认条件。有关确认条件包括：

①合并中取得的被购买方的各项资产（无形资产除外），其所带来的未来经济利益预期能够流入企业且公允价值能够可靠计量的，应单独作为资产确认。

②合并中取得的被购买方的各项负债（或有负债除外），履行有关的义务预期会导致经济利益流出企业且公允价值能够可靠计量的，应单独作为负债确认。

(2) 企业合并中取得的无形资产的确认。

非同一控制下的企业合并中，购买方在对企业合并中取得的被购买方资产进行初始确认时，应当对被购买方拥有的但在其财务报表中未确认的无形资产进行充分辨认和合理判断，满足以下条件之一的，应确认为无形资产：

①源于合同性权利或其他法定权利；

②能够从被购买方分离或者划分出来，并能单独或与相关合同、资产和负债一起，用于出售、转移、授予许可、租赁或交换。

企业合并中取得的需要区别于商誉单独确认的无形资产一般是按照合同或法律产生的权利，某些并非产生于合同或法律规定的无形资产，需要区别于商誉单独确认的条件是能够对其进行区分，即能够区别于被购买企业的其他资产并且能够单独出售、转让、出租等。

应区别于商誉单独确认的无形资产一般包括：商标、版权及与其相关的许可协议、特许权、分销权等类似权利、专利技术、专有技术等。

(3) 对于购买方在企业合并时可能需要代被购买方承担的或有负债

在其公允价值能够可靠计量的情况下，应作为合并中取得的负债单独确认。

在企业合并中，对于或有负债的确认条件，与企业在正常经营过程中因或有事项需要确认负债的条件不同，在购买日，可能相关的或有事项导致经济利益流出企业的可能性还比较小，但其公允价值能够合理确定的情况下，即需要作为合并中取得的负债确认。

(4) 企业合并中取得的资产、负债在满足确认条件后，应以其公允价值计量。

对于被购买方在企业合并之前已经确认的商誉和递延所得税项目，购买方在对企业合并成本进行分配、确认合并中取得可辨认资产和负债时不应予以考虑。

在按照规定确定了合并中应予确认的各项可辨认资产、负债的公允价值后，其计税基础与账面价值不同形成暂时性差异的，应当按照所得税会计准则的规定确认相应的递延所得税资产或递延所得税负债。

（五）企业合并成本与合并中取得的被购买方可辨认净资产公允价值份额差额的处理

购买方对于企业合并成本与确认的可辨认净资产公允价值份额的差额，应视情况分别处理：

(1) 企业合并成本大于合并中取得的被购买方可辨认净资产公允价值份额的差额应确认为商誉。视企业合并方式的不同，在控股合并情况下，该差额是指在合并财务报表中应予列示的商誉，即长期股权投资的成本与购买日按照持股比例计算确定应享有被购买方可辨认净资产公允价值份额之间的差额；在吸收合并情况下，该差额是购买方在其账簿及个别财务报表中应确认的商誉。

商誉在确认以后，持有期间不要求摊销，应当按照《企业会计准则第 8 号——资产减值》的规定对其价值进行测试，按照账面价值与可收回金额孰低的原则计量，对于可收回金额低于账面价值的部分，计提减值准备，有关减值准备在提取以后，不能够转回。

(2) 企业合并成本小于合并中取得的被购买方可辨认净资产公允价值份额的部分，应计入合并当期损益。

该种情况下，购买方首先要对合并中取得的资产、负债的公允价值、作为合并对价的非现金资产或发行的权益性证券等的公允价值进行复核，如果复核结果表明所确定的各项资产和负债的公允价值确定是恰当的，应将企业合并成本低于取得的被购买方可辨认净资产公允价值份额之间的差额，计入合并当期的营业外收入，并在财务报表附注中予以说明。

在吸收合并情况下，上述企业合并成本小于合并中取得的被购买方可辨认净资产公允价值份额的差额，应计入购买方合并当期的个别利润表；在控股合并情况下，上述差额应体现在购买方合并当期的合并利润表中，不影响购买方的个别利润表。

（六）企业合并成本或有关可辨认资产、负债公允价值暂时确定的情况

对于非同一控制下的企业合并，如果在购买日或合并当期期末，因各种因素影响无法合理确定企业合并成本或合并中取得有关可辨认资产、负债的公允价值，在合并当期期末，购买方应以暂时确定的价值为基础对企业合并交易或事项进行核算。后续取得进一步信息表明有关资产、负债公允价值与暂时确定的价值不同的，应分别以下情况进行处理：

1. 购买日后 12 个月内对有关价值量的调整

在合并当期期末以暂时确定的价值对企业合并进行处理的情况下，自购买日算起 12

个月内取得进一步的信息表明需对原暂时确定的企业合并成本或所取得的资产、负债的暂时性价值进行调整的，应视同在购买日发生，即应进行追溯调整，同时对以暂时性价值为基础提供的比较报表信息，也应进行相关的调整。

2. 超过规定期限后的价值量调整

自购买日算起12个月以后对企业合并成本或合并中取得的可辨认资产、负债的价值进行调整，应当按照《企业会计准则第28号——会计政策、会计估计变更和会计差错更正》的原则进行处理，即应视为会计差错更正，在调整相关资产、负债账面价值的同时，应调整所确认的商誉或是计入合并当期利润表中的金额，以及相关资产的折旧、摊销等。

（七）购买日合并财务报表的编制

非同一控制下的企业合并中形成母子公司关系的，购买方一般应于购买日编制合并资产负债表，反映其于购买日开始能够控制的经济资源情况。在合并资产负债表中，合并中取得的被购买方各项可辨认资产、负债应以其在购买日的公允价值计量，长期股权投资的成本大于合并中取得的被购买方可辨认净资产公允价值份额的差额，体现为合并财务报表中的商誉；长期股权投资的成本小于合并中取得的被购买方可辨认净资产公允价值份额的差额，应计入合并当期损益。因购买日不需要编制合并利润表，该差额体现在合并资产负债表上，应调整合并资产负债表的盈余公积和未分配利润。

二、会计处理

（一）非同一控制下的控股合并

该合并方式下，购买方所涉及的会计处理问题主要有两个方面：一是购买日因进行企业合并形成的对被购买方的长期股权投资初始投资成本的确定，该成本与作为合并对价支付的有关资产账面价值之间差额的处理；二是购买日合并财务报表的编制。

非同一控制下的企业合并中，购买方取得对被购买方控制权的，在购买日应当按照确定的企业合并成本（不包括应自被投资单位收取的现金股利或利润），作为形成的对被购买方长期股权投资的初始投资成本，借记“长期股权投资”科目，按享有被投资单位已宣告但尚未发放的现金股利或利润，借记“应收股利”科目，按支付合并对价的账面价值，贷记有关资产或借记有关负债科目，按其差额，贷记“营业外收入”或借记“营业外支出”等科目。按发生的直接相关费用，借记“管理费用”科目，贷记“银行存款”等科目。

关于非同一控制下控股合并中长期股权投资初始投资成本的确定及其举例，参见本教材第五章“长期股权投资及合营安排”。

购买方为取得对被购买方的控制权，以支付非货币性资产为对价的，有关非货币性资产在购买日的公允价值与其账面价值的差额，应作为资产的处置损益，计入合并当期的利润表。其中，以库存商品等作为合并对价的，应按库存商品的公允价值，贷记“主营业务收入”科目，并同时结转相关的成本。

（二）非同一控制下的吸收合并

非同一控制下的吸收合并，购买方在购买日应当将合并中取得的符合确认条件的各项资产、负债，按其公允价值确认为本企业的资产和负债；作为合并对价的有关非货币性资产在购买日的公允价值与其账面价值的差额，应作为资产的处置损益计入合并当期的利润表；确定的企业合并成本与所取得的被购买方可辨认净资产公允价值的差额，视情况分别确认为商誉或是作为企业合并当期的损益计入利润表。其具体处理原则与非同一控制下的控股合并类似，不同点在于在非同一控制下的吸收合并中，合并中取得的可辨认资产和负债是作为个别财务报表中的项目列示，合并中产生的商誉也是作为购买方账簿及个别财务报表中的资产列示。

三、通过多次交易分步实现的企业合并

如果企业合并并非通过一次交换交易实现，而是通过多次交换交易分步实现的，则企业在每一单项交易发生时，应确认对被投资单位的投资。投资企业在持有被投资单位的部分股权后，通过增加持股比例等达到对被投资单位形成控制的，购买方应当区分个别和合并财务报表分别进行处理。

（一）个别财务报表

1. 同一控制下企业合并

通过多次交易分步实现同一控制下企业合并，合并日，按照取得被合并方所有者权益账面价值的份额作为长期股权投资的初始投资成本，合并日长期股权投资初始投资成本，与达到合并前的长期股权投资账面价值加上合并日取得股份新支付对价的公允价值之和的差额，调整资本公积（资本溢价或股本溢价），资本公积不足冲减的，冲减留存收益。合并日之前持有的被合并方的股权涉及其他综合收益的也直接转入资本公积（资本溢价或股本溢价）。并按以下原则进行会计处理：

(1) 合并方于合并日之前持有的被合并方的股权投资，保持其账面价值不变。

(2) 这里所谓的被合并方账面所有者权益，是指被合并方的所有者权益相对于最终控制方而言的账面价值。

(3) 如果通过多次交易实现同一控制下吸收合并的，按照同一控制下吸收合并相同的原则进行会计处理。

2. 非同一控制下企业合并

在个别财务报表中，购买方应当以购买日之前所持被购买方的股权投资的账面价值与购买日新增股权投资成本之和，作为该项投资的初始投资成本；购买日之前持有的被购买方的股权涉及其他综合收益的，应当在处置该项投资时将与其相关的其他综合收益转入当期投资收益。并按以下原则进行会计处理：

(1) 购买方于购买日之前持有的被购买方的股权投资，保持其账面价值不变。

(2) 追加的投资，按照购买日支付对价的公允价值计量，并确认长期股权投资。

(3) 购买方对于购买日之前持有的被购买方的股权投资涉及其他综合收益的，例如，购买方原持有的股权投资按照权益法核算时，被购买方持有的可供出售金融资产公允价值变动确认的其他综合收益，购买方按持股比例计算应享有的份额并确认为其他综合收益的部分，不予处理。待购买方出售被购买方股权时，再按出售股权相对应的其他综合收益部分转入出售当期的损益。

(4) 如果通过多次交易实现非同一控制下吸收合并的，按照非同一控制下吸收合并相同的原则进行会计处理。

四、反向购买的处理

（一）反向购买的会计处理

非同一控制下的企业合并，以发行权益性证券交换股权的方式进行的，通常发行权益性证券的一方为购买方。但某些企业合并中，发行权益性证券的一方因其生产经营决策在合并后被参与合并的另一方所控制的，发行权益性证券一方虽然为法律上的母公司，但其为会计上的被购买方，该类企业合并通常称为“反向购买”。例如，A 公司为一家规模较小的上市公司，B 公司为一家规模较大的公司。B 公司拟通过收购 A 公司的方式达到上市目的，但该交易是通过 A 公司向 B 公司原股东发行普通股用以交换 B 公司原股东持有的对 B 公司股权方式实现。该项交易后，B 公司原控股股东持有 A 公司 50% 以上股权，A 公司持有 B 公司 50% 以上股权，A 公司为法律上的母公司、B 公司为法律上的子公司，但从会计的角度来看，A 公司为被购买方，B 公司为购买方。

（二）非上市公司购买上市公司股权实现间接上市的会计处理

非上市公司以所持有的对子公司投资等资产为对价取得上市公司的控制权，构成反向购买的，上市公司编制合并财务报表时应当区别以下情况处理：

(1) 交易发生时，上市公司未持有任何资产、负债或仅持有现金、交易性金融资产等不构成业务的资产或负债的，上市公司在编制合并财务报表时，购买企业应按照权益性交易的原则进行处理，不得确认商誉或计入当期损益。

(2) 交易发生时，上市公司保留的资产、负债构成业务的，对于形成非同一控制下企业合并的，企业合并成本与取得的上市公司可辨认净资产公允价值份额的差额应当确认为商誉或是计入当期损益。

五、被购买方的会计处理

非同一控制下的企业合并中，被购买方在企业合并后仍持续经营的，如购买方取得被购买方 100% 股权，被购买方可以按合并中确定的有关资产、负债的公允价值调账，其他情况下，被购买方不应因企业合并改记资产、负债的账面价值。

第二十八章 合并财务报表

第一节 合并财务报表概述

合并财务报表，是指反映母公司和其全部子公司形成的企业集团整体财务状况、经营成果和现金流量的财务报表。

合并财务报表至少包括合并资产负债表、合并利润表、合并所有者权益变动表（或合并股东权益变动表）、合并现金流量表和附注，它们分别从不同的方面反映企业集团财务状况、经营成果及其现金流量情况，构成一个完整的合并财务报表体系，如表 28-1 所示。

表 28-1 合并财务报表各组成部分及其作用

组成部分	作用
合并资产负债表	反映母公司和子公司所形成的企业集团某一特定日期财务状况的报表
合并利润表	反映母公司和子公司所形成的企业集团整体在一定期间内经营成果的报表
合并所有者权益变动表	反映母公司在一定期间内，包括经营成果分配在内的所有者（或股东）权益增减变动情况的报表。它是从母公司的角度，站在母公司所有者的立场反映企业所有者（或股东）在母公司中的权益增减变动情况的报表
合并现金流量表	反映母公司和子公司所形成的企业集团在一定期间现金流入、流出量以及现金净增减变动情况的报表
附注	对在合并资产负债表、合并利润表、合并现金流量表和合并所有者权益变动表（或合并股东权益变动表）等报表中列示项目的文字描述或明细资料，以及对未能在这些报表中列示项目的说明等

第二节 合并范围的确定

一、以控制为基础确定合并范围

合并财务报表的合并范围应当以控制为基础予以确定。控制，是指投资方拥有对被投资方的权力，通过参与被投资方的相关活动而享有可变回报，并且有能力运用对被投资方的权力影响其回报金额。

因此，投资方要实现控制，必须具备两项基本要素，一是因涉入被投资方而享有可变回报；二是拥有对被投资方的权力，并且有能力运用对被投资方的权力影响其回报金额。投资方只有同时具备上述两个要素时，才能控制被投资方。

在理解可变回报时，应当注意：享有控制权的投资方，通过参与被投资方相关活动，享有的是可变回报。可变回报，是不固定且可能随着被投资方业绩而变化的回报，可以仅是正回报，仅是负回报，或者同时包括正回报和负回报。

投资方通常应当对是否控制被投资方整体进行判断。但在少数情况下，如果有确凿证据表明同时满足下列条件并且符合相关法律法规规定的，投资方应当将被投资方的一部分视为被投资方可分割的部分，进而判断是否控制该部分（可分割部分）：

(1) 该部分的资产是偿付该部分负债或该部分其他利益方的唯一来源，不能用于偿还该部分以外的被投资方的其他负债；

(2) 除与该部分相关的各方外，其他方不享有与该部分资产相关的权利，也不享有与该部分资产剩余现金流量相关的权利。

实质上该部分的所有资产、负债及其他相关权益均与被投资方的剩余部分相隔离，即：该部分的资产产生的回报不能由该部分以外的被投资方其他部分享有，该部分的负债也不能用该部分以外的被投资方资产偿还。

如果被投资方的一部分资产和负债及其他相关权益满足上述条件，构成可分割部分，则投资方应当基于控制的判断标准确定其是否能控制该可分割部分，考虑该可分割部分的相关活动及其决策机制，投资方是否目前有能力主导可分割部分的相关活动并据以从中取得可变回报。如果投资方控制可分割部分，则应将其进行合并。在此情况下，其他方在考虑是否合并被投资方时，应仅对被投资方的剩余部分进行控制及合并的评估，而将可分割部分排除在外。

二、控制标准的具体运用

(一) 母公司拥有半数以上的表决权的被投资单位应当纳入合并财务报表的合并范围

母公司拥有半数以上表决权，通常包括以下三种情况：

(1) 母公司直接拥有被投资单位半数以上表决权；

(2) 母公司间接拥有被投资单位半数以上表决权。间接拥有是指母公司通过子公司而对子公司的子公司拥有半数以上的表决权；

(3) 母公司直接和间接方式合计拥有被投资单位半数以上的表决权。直接和间接方式合计拥有半数以上的表决权，是指母公司以直接方式拥有某一单位半数以下的表决权，同时又通过其他方式如通过子公司拥有该被投资单位一部分表决权，两者合计拥有被投资单位半数以上的表决权。

(二) 母公司拥有其半数以下的表决权的被投资单位纳入合并财务报表的合并范围情况

(1) 通过与被投资单位其他投资者之间的协议，拥有被投资单位半数以上表决权。这种情况下，母公司对这一被投资单位的财务和经营决策拥有控制权，使被投资单位成为事实上的子公司，为此必须将其纳入合并财务报表的合并范围。

(2) 根据公司章程或协议，有权决定被投资单位的财务和经营决策。这样，也就使被投资单位成为事实上的子公司，从而应当纳入母公司的合并财务报表的合并范围。

(3) 有权任免被投资单位的董事会或类似机构的多数成员。这种情况是指母公司能够通过任免被投资单位董事会的多数成员控制被投资单位的日常经营活动，被投资单位成为事实上的子公司，从而应当纳入母公司的合并财务报表的合并范围。这里的多数是指半数以上(不包括半数)；同时，董事会或类似机构必须能够控制被投资单位，否则，这种情况并不适用。

(4) 被投资单位的董事会或类似机构占多数表决权。这种情况是指母公司能够控制董事会或类似机构的会议，从而主导公司董事会的经营决策，使该公司成为事实上的子公司，从而应当纳入母公司的合并财务报表的合并范围。这里的多数是指半数以上(不包括半数)；同时，董事会或类似机构必须能够控制被投资单位，否则，这种情况并不适用。

(三) 在确定能否控制被投资单位时对潜在表决权的考虑

在确定能否控制被投资单位时，应当考虑企业和其他企业持有的被投资单位的当期可转换债券、当期可转换的认股权等潜在表决因素。

(1) 这里的潜在表决权，是指当期可转换债券、当期可转换的认股权等，不包括在将来某一日或将来发生某一事项才能转换的可转换公司债券或才能执行的认股权证等，也不包括诸如行权价格的设定使得在任何情况下都不可能转换为实际表决权的其他债务工具或权益工具；

(2) 应当考虑影响潜在表决权的所有事项和情况。但是本企业和其他企业或个人执行潜在表决权的意图和财务能力对潜在表决权的影响除外；

(3) 不仅要考虑企业在被投资单位的潜在表决权，同时也要考虑其他企业或个人在被投资单位的潜在表决权；

(4) 不仅要考虑可能会提高本企业在被投资单位持股比例的潜在表决权，还要考虑可能会降低本企业在被投资单位持股比例的潜在表决权；

(5) 潜在表决权仅仅作为判断是否存在控制的考虑因素，不影响当期母公司股东和少数股东之间的分配比例。

(四) 判断母公司能否控制特殊目的的主体应当考虑的主要因素

(1) 母公司为融资、销售商品或提供劳务等特定经营业务的需要直接或间接设立特殊目的的主体；

(2) 母公司具有控制或获得控制特殊目的的主体或其资产的决策权；

(3) 母公司通过章程、合同、协议等具有获取特殊目的的主体大部分利益的权力；

(4) 母公司通过章程、合同、协议等承担了特殊目的的主体的大部分风险。

第三节 合并财务报表的编制

一、编制合并财务报表的原则

1. 以个别财务报表为基础编制

合并财务报表并不是直接根据母公司和子公司的账簿编制，而是利用母公司和子公司编制的反映各自财务状况和经营成果的财务报表提供的数据，通过合并财务报表的特有方法进行编制。

2. 一体性原则

在编制合并财务报表时应当将母公司和所有子公司作为整体来看待，视为一个会计主体，母公司和子公司发生的经营活动都应当从企业集团这一整体的角度进行考虑。

3. 重要性原则

与个别财务报表相比，合并财务报表涉及多个法人主体，涉及的经营活动的范围很广，母公司与子公司经营活动往往跨越不同行业界限，有时母公司与子公司经营活动甚至相差很大。这样，合并财务报表要综合反映这样的会计主体的财务情况，必然要涉及重要性的判断问题。

二、编制合并财务报表的前期准备事项

合并财务报表的编制涉及多个子公司，有的合并财务报表的合并范围甚至包括数百个子公司。为了使编制的合并财务报表准确、全面反映企业集团的真实情况，必须做好一系列的前期准备事项。这些前期准备事项主要有：

(1) 统一母子公司的会计政策；

(2) 统一母子公司的资产负债表日及会计期间；

(3) 对子公司以外币表示的财务报表进行折算；

(4) 收集编制合并财务报表的相关资料。

三、编制合并财务报表的程序

合并财务报表编制程序大致如下：

(1) 设置合并工作底稿；

(2) 将母公司、纳入合并范围的子公司个别资产负债表、利润表及所有者权益变动表各项目的数据过入合并工作底稿，并在合并工作底稿中对母公司和子公司个别财务报表各项目的数据进行加总，计算得出个别资产负债表、个别利润表及个别所有者权益变动表各项目合计数额；

(3) 编制调整分录与抵销分录，将母公司与子公司、子公司相互之间发生的经济业务对个别财务报表有关项目的影响进行调整抵销处理；

(4) 计算合并财务报表各项目的合并数额；

(5) 填列合并财务报表。即根据合并工作底稿中计算出的资产、负债、所有者权益、收入、成本费用类各项目的合并数，填列正式的合并财务报表。

四、编制合并财务报表需要调整抵销的项目

（一）编制合并资产负债表需要调整抵销的项目

编制合并资产负债表时需要进行抵销处理的主要有如下项目：①母公司对子公司股权投资项目与子公司所有者权益（或股东权益）项目；②母公司与子公司、子公司相互之间未结算的内部债权债务项目；③存货项目，即内部购进存货价值中包含的未实现内部销售损益；④固定资产项目（包括固定资产原价和累计折旧项目），即内部购进固定资产价值中包含的未实现内部销售损益；⑤无形资产项目，即内部购进无形资产价值包含的未实现内部销售损益。

（二）编制合并利润表和合并所有者权益变动表需要调整抵销的项目

编制合并利润表和合并所有者权益变动表时需要进行抵销处理的主要有如下项目：①内部销售收入和内部销售成本项目；②内部投资收益项目，包括内部利息收入与利息支出项目、内部股权投资收益项目；③资产减值损失项目，即与内部交易相关的内部应收账款、存货、固定资产、无形资产等项目的资产减值损失；④纳入合并范围的子公司利润分配项目。

（三）编制合并现金流量表需要调整抵销的项目

编制合并现金流量表时，需要进行抵销的内容主要有：①母公司与子公司、子公司相互之间当期以现金投资或收购股权增加的投资所产生的现金流量。②母公司与子公司、子公司相互之间当期取得投资收益收到的现金与分配股利、利润或偿付利息支付的现金。

③母公司与子公司、子公司相互之间以现金结算债权与债务所产生的现金流量。④母公司与子公司、子公司相互之间当期销售商品所产生的现金流量。⑤母公司与子公司、子公司相互之间处置固定资产、无形资产和其他长期资产收回的现金净额与购建固定资产、无形资产和其他长期资产支付的现金。⑥母公司与子公司、子公司相互之间当期发生的其他内部交易所产生的现金流量。

第四节 长期股权投资与所有者权益的合并处理

一、同一控制下的企业合并处理

（一）合并日合并财务报表的编制

根据现行企业会计准则，母公司在合并日可以编制合并日的合并资产负债表、合并利润表、合并现金流量表等合并财务报表。母公司在将购买取得子公司股权登记入账后，在编制合并日合并资产负债表时，只需将对子公司的长期股权投资与子公司所有者权益中母公司所拥有的份额相抵销。

【例 28-1】甲公司为一家建筑施工企业，A 公司从事钢筋、混凝土等材料的生产与销售业务。甲公司与 A 公司均为同一集团控制下的企业，出于集团整体利益的考虑，2014 年 1 月 1 日由甲公司以 28 600 万元的价格取得 A 公司 80% 的股权。A 公司净资产的公允价值为 35 000 万元。甲公司在购买 A 公司过程中发生审计、法律服务等相关费用 120 万元。上述价款均以银行存款支付。A 公司采用的会计政策与甲公司一致。2014 年 1 月 1 日 A 公司的股东权益总额为 32 000 万元，其中，股本为 20 000 万元，资本公积为 8 000 万元，盈余公积为 1 200 万元，未分配利润为 2 800 万元。

分析：

(1) 由于 A 公司与甲公司均为同一控制下的企业，按同一控制下企业合并的规定进行处理，即按照 A 公司净资产的账面价值计算初始投资成本，则甲公司对 A 公司长期股权投资的初始投资成本 =32 000×80%=25 600(万元)。

(2) 购买该股权过程中发生的审计、法律服务等相关费用，实际上已支付给会计师事务所等中介机构，不属于甲公司与 A 公司所构成的企业集团内部交易，应直接计入当期损益，即计入当期管理费用。

(3) 编制合并日合并资产负债表时，假定不考虑留存收益恢复因素，甲公司应当进行如下抵销处理（单位：万元）：

借：股本	20 000
资本公积	8 000
盈余公积	1 200
未分配利润	2 800

贷：长期股权投资　　　　　　　　　　　　　　　　　　　　　　　　　25 600

　　少数股东权益　　　　　　　　　　　　　　　　　　　　　　　　　6 400

（二）合并日后合并财务报表的编制

编制合并日后合并财务报表时，首先，将母公司对子公司长期股权投资由成本法核算的结果调整为权益法核算的结果，使母公司对子公司长期股权投资项目反映其在子公司所有者权益中所拥有权益的变动情况；其次，将母公司对子公司长期股权投资项目与子公司所有者权益项目等内部交易相关的项目进行抵销处理，将内部交易对合并财务报表的影响予以抵销；最后，在编制合并日合并工作底稿的基础上，编制合并财务报表。

1. 将长期股权投资由成本法核算的结果调整为权益法核算的结果

将成本法核算调整为权益法核算时，应当自取得对子公司长期股权投资的年度起，逐年按照子公司当年实现的净利润中属于母公司享有的份额，调整增加对子公司长期股权投资的金额，并调整增加当年投资收益；对于子公司当期分派的现金股利或宣告分派的股利中母公司享有的份额，则调整冲减长期股权投资的账面价值，同时调整减少原投资收益。

在取得子公司长期股权投资的第 2 年，将成本法调整为权益法核算的结果时，则在调整计算第一年年末权益法核算的对子公司长期股权投资的金额的基础上，按第二年子公司实现的净利润中母公司所拥有的份额，调增长期股权投资的金额；按子公司分派或宣告分派的现金股利中母公司所拥有的份额，调减长期股权投资的金额。以后年度的调整，则比照上述做法进行处理。

子公司除净损益以外所有者权益的其他变动，在按照权益法对成本法核算的结果进行调整时，应当根据子公司本期除损益以外的所有者权益的其他变动而计入资本公积或其他综合收益的金额中所享有的金额，对长期股权投资的金额进行调整。在以后年度将成本法调整为权益法核算的结果时，也应当持续考虑这一因素对长期股权投资的金额进行调整。

【例 28-2】接【例 28-1】。甲公司于 2014 年 1 月 1 日，以 28 600 万元的价格取得 A 公司 80% 的股权，使其成为子公司。A 公司 2014 年 1 月 1 日股东权益总额为 32 000 万元，其中，股本为 20 000 万元，资本公积为 8 000 万元，盈余公积为 1 200 万元，未分配利润为 2 800 万元；2014 年 12 月 31 日，股东权益总额为 38 000 万元，其中，股本为 20 000 万元，资本公积为 8 000 万元，盈余公积为 3 200 万元，未分配利润为 6 800 万元。

A 公司 2014 年全年实现净利润 10 500 万元，经公司董事会提议并经股东会批准，2014 年提取盈余公积 2 000 万元，向股东宣告分派现金股利 4 500 万元。

分析：A 公司 2014 年实现净利润 10 500 万元，提取盈余公积 2 000 万元，向股东宣告分派现金股利 4 500 万元。甲公司对 A 公司长期股权投资取得时的账面价值为 25 600 万元，2014 年 12 月 31 日仍为 25 600 万元，甲公司当年确认投资收益 3 600（4 500×80%）万元。

将成本法核算的结果调整为权益法核算的结果相关的调整分录如下（单位：万元）：

借：长期股权投资 –A 公司　　　　　　　　　　　8 400（10 500×80%）

贷：投资收益　　8 400

借：投资收益　　3 600

贷：长期股权投资 –A 公司　　3 600

经过上述调整后，甲公司对A公司长期股权投资的账面价值为30 400万元(25 600+8 400−3 600)。甲公司对A公司长期股权投资的账面价值30 400万元正好与甲公司在A公司股东权益中所拥有的份额（38 000×80%）相等。

2．合并抵销处理

编制合并财务报表时，首先，必须将母公司对子公司长期股权与子公司所有者权益中所拥有的份额予以抵销。

【例28-3】接【例28-2】，经过调整后，甲公司对A公司长期股权投资的金额为30 400万元；A公司股东权益总额为38 000万元，甲公司拥有80%的股权，即在子公司股东权益中拥有30 400万元；其余20%则属于少数股东权益。

长期股权投资与子公司所有者权益相互抵销时，其抵销分录如下（单位：万元）：

借：股本　　20 000

资本公积　　8 000

盈余公积　　3 200

未分配利润　　6 800

贷：长期股权投资　　30 400

少数股东权益　　7 600

其次，还必须将对子公司的投资收益与子公司当年利润分配相抵销，使合并财务报表反映母公司股东权益变动的情况。

【例28-4】接【例28-3】，甲公司进行投资收益与子公司当年利润分配抵销处理时，其抵销分录如下（单位：万元）：

借：投资收益　　8 400

少数股东损益　　2 100

年初未分配利润　　2 800

贷：提取盈余公积　　2 000

向股东分配利润　　4 500

年末未分配利润　　6 800

A公司2014年宣告分派现金股利4 500万元，股利款项尚未支付，A公司已将其计列应付股利4 500万元。甲公司根据A公司宣告的分派现金股利的公告，按照其所享有的金额，已确认应收股利，并在其资产负债表中计列应收股利3 600万元。这属于母公司与子公司之间的债权债务，在编制合并财务报表时必须将其予以抵销，其抵销分录如下（单位：万元）：

借：应付股利　　3 600

贷：应收股利　　3 600

二、非同一控制下的企业合并处理

（一）购买日合并财务报表的编制

非同一控制下取得子公司，母公司编制购买日的合并资产负债表时，因企业合并取得的子公司各项可辨认资产、负债及或有负债应当以公允价值在合并财务报表中列示。母公司合并成本大于取得的子公司可辨认净资产公允价值份额的差额，作为合并商誉在合并资产负债表中列示。

1．按公允价值对非同一控制下取得子公司的财务报表进行调整

在非同一控制下取得子公司的情况下，母公司为进行企业合并要对子公司的资产负债进行估值，然而子公司作为持续经营的主体，一般情况下，即一般不将因该估值而产生的资产、负债公允价值的变动登记入账，其对外提供的财务报表仍然是以各项资产和负债原来的账面价值为基础编制的，其提供的购买日财务报表一般也是以各项资产和负债原账面价值为基础编制的。为此，母公司要编制购买日的合并财务报表，则必须按照购买日子公司资产、负债的公允价值对其财务报表项目进行调整。这一调整是通过在合并工作底稿中编制调整分录进行的，实际上相当于将各项资产、负债的公允价值变动模拟入账，然后以购买日子公司各项资产、负债的公允价值为基础编制购买日的合并财务报表。

【例 28-5】甲公司是一家建筑施工企业，A 公司是一家从事建筑施工材料生产与销售的企业，甲公司为了实现纵向一体化的效益，决定收购 A 公司。甲公司于 2014 年 1 月 1 日以定向增发公司普通股票的方式，取得 A 公司 70% 的股权。甲公司和 A 公司当日资产负债表及估值确认的资产负债主要数据如表 28-2 所示。

表 28-2　　资产负债表主要数据

单位：万元

资 产	甲公司	A 公司		负债和所有者权益	甲公司	A 公司	
		账面价值	公允价值			账面价值	公允价值
资产总计	156 000	58 000	62 000	负债和股东权益总计	156 000	58 000	62 000
其中：							
应收账款	5 800	3 920	3 820	股本	40 000	20 000	20 000
				资本公积	10 000	8 000	8 000
存货	31 000	20 000	21 100	盈余公积	11 000	1 200	1 200
				未分配利润	9 000	2 800	2 800
固定资产	21 000	18 000	21 000	股东权益合计	70 000	32 000	36 000

甲公司定向增发普通股股票 10 000 万股（每股面值为 1 元），市场价格每股为 2.95 元。甲公司并购 A 公司属于非同一控制下的企业合并，假定不考虑所得税、甲公司增发该普通股股票所发生

的审计以及发行等相关的费用（单位：万元）。

分析：甲公司将取得A公司70%的股权作为长期股权投资入账，其账务处理如下：

借：长期股权投资——A公司　29 500

　贷：股本　10 000

　　资本公积　19 500

编制购买日的合并资产负债表时，将A公司资产和负债的公允价值与其账面价值的差额分别调增或调减相关资产和负债项目的金额。在合并工作底稿中调整分录如下：

借：存货　1 100

　固定资产　3 000

　贷：应收账款　100

　　资本公积　4 000

上述调整实际上等于将资产、负债的公允价值变动模拟入账，通过这一调整，调整后的子公司资产负债表实际上是以公允价值反映资产和负债的。在此基础上，再与母公司的个别财务报表合并，则是将子公司的资产和负债以公允价值反映于合并资产负债表中。

2．母公司长期股权投资与子公司所有者权益抵销处理

在编制购买日的合并资产负债表时，需要将母公司对子公司长期股权投资与其在子公司所有者权益中所拥有的份额予以抵销。母公司对非同一控制下取得的子公司长期股权投资进行账务处理时，母公司是按子公司资产、负债的公允价值确定其在子公司所有者权益中所拥有的份额，合并成本超过这一金额的差额则作为合并商誉处理。在非全资子公司的情况下，不属于母公司所拥有的份额在抵销处理时则结转为少数股东权益。

接【例28-5】，基于资产和负债的公允价值对A公司财务报表调整后，

有关计算如下：

A公司调整后的资本公积 =8 000+4 000=12 000（万元）

A公司调整后的股东权益总额 =32 000 +4 000 =36 000（万元）

合并商誉 =29 500 −36 000 × 70% =4 300（万元）

少数股东权益 =36 000 × 30% =10 800（万元）

因此，甲公司将长期股权投资与其在A公司所有者权益中拥有的份额抵销时，其抵销分录如下（单位：万元）：

借：股本　20 000

　资本公积　12 000

　盈余公积　1 200

　未分配利润　2 800

　商誉　4 300

　贷：长期股权投资 −A公司　29 500

　　少数股东权益　10 800

（二）购买日后合并财务报表的编制

母公司在非同一控制下取得子公司后，在未来持有该子公司的情况下，每一会计期末都需要将其纳入合并范围，编制合并财务报表。

在将非同一控制下取得的子公司编入合并财务报表时，首先，应当以购买日确定的各项可辨认资产、负债及或有负债的公允价值为基础对子公司的财务报表进行调整。其次，将母公司对子公司的长期股权投资采用成本法核算的结果，调整为权益法核算的结果。再次，则是通过编制合并抵销分录，将母公司对子公司长期股权投资与子公司所有者权益等内部交易对合并财务报表的影响予以抵销。最后，则是在编制合并工作底稿的基础上，计算合并财务报表各项目的合并数，编制合并财务报表。

【例28-6】接【例28-5】，甲公司于2014年1月1日以定向增发普通股票的方式，取得A公司70%的股权。甲公司对A公司长期股权投资的金额为29 500万元，甲公司购买日编制的合并资产负债表中确认合并商誉为4 300万元。

A公司2014年12月31日股东权益总额为38 000万元，其中，股本为20 000万元、资本公积为8 000万元、盈余公积为3 200万元、未分配利润为6 800万元。A公司2014年全年实现净利润10 500万元，A公司当年提取盈余公积2 000万元、向股东分配现金股利4 500万元。截至2014年12月31日，应收账款按购买日确认的金额收回，确认的坏账已核销；购买日存货公允价值增值部分，当年已全部实现对外销售；购买日固定资产公允价值增加系公司用办公楼增值，该办公楼采用的折旧方法为年限平均法，该办公楼剩余折旧年限为20年，该办公楼增加的公允价值在未来20年内平均摊销。（会计分录中，单位：万元）

分析：

1. 甲公司2014年年末编制合并财务报表时相关项目计算

A公司调整后本年净利润=10 500+100（购买日应收账款公允价值减值的实现而调减资产减值损失）−1 100（购买日存货公允价值增值的实现而调增营业成本）−150（固定资产公允价值增值计算的折旧而调增管理费用）=9 350（万元）

150万元系固定资产公允价值增值的3 000万元按剩余折旧年限的摊销额。

A公司调整后本年年末未分配利润=2 800（年初）+9 350 −2 000（提取盈余公积）−4 500（分派股利）=5 650（万元）

权益法下甲公司对A公司投资的投资收益=9 350×70%=6 545（万元）

权益法下甲公司对A公司长期股权投资本年年末余额= 29 500+6 545−4 500（分派股利）×70%=32 895（万元）

少数股东损益=9 350×30%=2 805（万元）

少数股东权益的年末余额＝ 10 800+2 805−4 500×30% ＝ 12 255（万元）

2. 甲公司2014年编制合并财务报表时，进行的抵销调整

(1) 按公允价值对A公司财务报表项目进行调整。

根据购买日A公司资产和负债的公允价值与账面价值之间的差额，调整A公司相关公允价值

变动的资产和负债项目及资本公积项目。在合并工作底稿中，其调整分录如下：

借：存货　　1 100

　　固定资产　　3 000

　　贷：应收账款　　100

　　　　资本公积　　4 000

因购买日A公司资产和负债的公允价值与原账面价值之间的差额对A公司本年净利润的影响，调整A公司的相关项目。之所以进行这一调整，是由于子公司个别财务报表是按其资产、负债的原账面价值为基础编制的，其当期计算的净利润也是以其资产、负债的原账面价值为基础计算的结果，而公允价值与原账面价值存在差额的资产或负债，在经营过程中因使用、销售或偿付而实现其公允价值，其实现的公允价值对子公司当期净利润的影响需要在净利润计算中予以反映。在合并工作底稿中，其调整分录如下：

借：营业成本　　1 100

　　管理费用　　150

　　应收账款　　100

　　贷：存货　　1 100

　　　　固定资产　　150

　　　　资产减值损失　　100

(2) 按照权益法对甲公司财务报表项目进行调整。

因购买日A公司资产和负债的公允价值与原账面价值之间的差额对A公司本年净利润的影响，而对甲公司对A公司长期股权投资权益法核算的影响，需要对甲公司对A公司长期股权投资及相关项目进行调整；另一方面，甲公司对A公司的长期股权投资采用成本法进行核算，需要对成本法核算的结果按权益法核算的要求，对长期股权投资及相关项目进行调整。在合并工作底稿中，其调整分录如下：

借：长期股权投资　　6 545

　　投资收益　　3 150

　　贷：投资收益　　6 545

　　　　长期股权投资　　3 150（4500×70%）

(3) 长期股权投资与所有者权益的抵销。

将甲公司对A公司的长期股权投资与其在A公司股东权益中拥有的份额予以抵销。

在合并工作底稿中，其抵销分录如下：

借：股本　　20 000

　　资本公积　　12 000

　　盈余公积　　3 200

　　未分配利润　　5 650

　　商誉　　4 300

　　贷：长期股权投资　　32 895

少数股东权益　　　　12 255

(4) 投资收益与子公司利润分配等项目的抵销。

将甲公司对A公司投资收益与A公司本年利润分配有关项目的金额予以抵销。在合并工作底稿中，其抵销分录如下：

借：投资收益　　6 545

少数股东损益　　2 805

年初未分配利润　　2 800

贷：提取盈余公积　　2 000

向股东分配利润　　4 500

年末未分配利润　　5 650

(5) 应收股利与应付股利的抵销。

A公司本年宣告分派现金股利4 500万元，股利款项尚未支付，A公司已将其计列应付股利4 500万元。甲公司根据A公司宣告的分派现金股利的公告，按照其所享有的金额，已确认应收股利，并在其资产负债表中计列应收股利3 150（4 500×70%）万元。这属于母公司与子公司之间的债权债务，在编制合并财务报表时必须将其予以抵销，其抵销分录如下：

借：应付股利　　3 150

贷：应收股利　　3 150

【例28-7】A公司在购买日相关资产和负债等资料同【例28-5】，即购买日A公司股东权益总额为32 000万元，其中，股本为20 000万元、资本公积为8 000万元、盈余公积为1 200万元、未分配利润为2 800万元。A公司购买日应收账款账面价值为3 920万元、公允价值为3 820万元；存货的账面价值为20 000万元、公允价值为21 100万元；固定资产账面价值为18 000万元、公允价值为21 000万元。截至2015年12月31日，应收账款按购买日公允价值的金额收回；购买日的存货，当年已全部实现对外销售；购买日固定资产公允价值增加系公司管理用办公楼，该办公楼采用的折旧方法为年限平均法，该办公楼购买后剩余折旧年限为20年，假定该办公楼增加的公允价值在未来20年内平均摊销。

A公司2015年12月31日股东权益总额为44 000万元，其中，股本为20 000万元、资本公积为8 000万元、盈余公积为5 600万元、未分配利润为10 400万元。A公司2014年全年实现净利润12 000万元，A公司当年提取盈余公积2 400万元、向股东分配现金股利6 000万元。

1. 甲公司编制2015年度合并财务报表相关项目计算

A公司调整后本年净利润＝12 000－150（固定资产公允价值增值计算的折旧）＝11 850（万元）

A公司调整后本年年初未分配利润＝6 800＋100（上年实现的购买日应收账款公允价值减值）－1 100（上年实现的购买日存货公允价值增值）－150（固定资产公允价值增值计算的折旧）＝5 650（万元）

A公司调整后本年年末未分配利润＝5 650＋11 850－2 400（提取盈余公积）－6 000（分派股利）＝9 100（万元）

权益法下甲公司对A公司投资的投资收益=11 850×70%=8 295（万元）

权益法下甲公司对A公司长期股权投资本年年末余额＝32 895（上年末长期股权投资余额）+8 295－6 000（分派股利）×70%＝36 990（万元）

少数股东损益＝11 850×30%＝3 555（万元）

少数股东权益的年末余额＝12 255＋3 555－6 000×30%＝14 010（万元）

2. 甲公司2015年编制合并财务报表时进行的抵销调整（单位：万元）：

(1) 按公允价值对A公司资产和负债的公允价值与账面价值之间的差额，调整A公司年初未分配利润及相关项目。其调整分录如下：

借：年初未分配利润　　1 100
　　固定资产　　3 000
　贷：年初未分配利润　　100
　　　资本公积　　4 000

因购买日A公司资产和负债的公允价值与原账面价值之间的差额对A公司上年净利润的影响，调整A公司年初未分配利润及相关项目。其调整分录如下：

借：年初未分配利润　　1 100
　　年初未分配利润　　150
　　年初未分配利润　　100
　贷：年初未分配利润　　1 100
　　　固定资产　　150
　　　年初未分配利润　　100

上述调整分录简化为：

借：年初未分配利润　　150
　贷：固定资产　　150

因购买日A公司固定资产公允价值与原账面价值之间的差额对A公司本年净利润的影响，调整A公司固定资产折旧相关项目及累计折旧项目。调整分录如下：

借：管理费用　　150
　贷：固定资产　　150

至于应收账款公允价值减值和存货公允价值增值，由于在上一年已全部实现，不涉及对本年实现净利润的影响。

(2) 按照权益法对甲公司财务报表项目进行调整。

因购买日A公司资产和负债的公允价值与原账面价值之间的差额对A公司上年净利润的影响，而对甲公司对A公司长期股权投资权益法核算的影响，调整甲公司对A公司长期股权投资及相关项目。其调整分录如下：

借：长期股权投资　　6 545
　　年初未分配利润　　3 150
　贷：年初未分配利润　　6 545

长期股权投资　　3 150

甲公司对A公司长期股权投资由成本法核算的结果调整为权益法核算的结果，即根据调整后A公司本年实现净利润以及本年分派现金股利中所拥有的份额，调整本年甲公司对A公司投资收益。其调整分录如下：

借：长期股权投资　　8 295
　　投资收益　　4 200
　贷：投资收益　　8 295
　　　长期股权投资　　4 200

(3) 长期股权投资与子公司所有者权益的抵销。

将甲公司对A公司的长期股权投资与其在A公司所有者权益中拥有的份额予以抵销。其抵销分录如下：

借：股本　　20 000
　　资本公积　　12 000
　　盈余公积　　5 600
　　年末未分配利润　　9 100
　　商誉　　4 300
　贷：长期股权投资　　36 990
　　　少数股东权益　　14 010

(4) 投资收益与子公司利润分配等项目的抵销。

将甲公司对A公司投资收益与A公司本年利润分配有关项目的金额予以抵销。其抵销分录如下：

借：投资收益　　8 295
　　少数股东损益　　3 555
　　年初未分配利润　　5 650
　贷：提取盈余公积　　2 400
　　　向股东分配利润　　6 000
　　　年末未分配利润　　9 100

(5) 应收股利与应付股利的抵销。

A公司本年宣告分派现金股利6 000万元，股利款项尚未支付，A公司已将其计列应付股利6 000万元。甲公司根据A公司宣告的分派现金股利的公告，按照其所享有的金额，已确认应收股利，并在其资产负债表中计列应收股利4 200万元。这属于母公司与子公司之间的债权债务，在编制合并财务报表时必须将其予以抵销，其抵销分录如下：

借：应付股利　　4 200
　贷：应收股利　　4 200

第五节 内部商品交易的合并处理

一、内部销售收入和内部销售成本的抵销处理

内部销售收入是指企业集团内部母公司与子公司、子公司相互之间（以下称成员企业）发生的购销活动所产生的销售收入。内部销售成本是指企业集团内部母公司与子公司、子公司相互之间发生的内部销售商品的销售成本。

（一）购买企业内部购进的商品当期全部实现销售时的抵销处理

从企业集团整体来看，内部购销业务只是实现了一次销售，其销售收入只是购买企业销售产品的销售收入，其销售成本只是销售企业销售该商品的成本。在编制合并财务报表时，应将重复反映的内部销售收入与内部销售成本予以抵销。进行抵销处理时，应借记“营业收入”等项目，贷记“营业成本”等项目。

【例 28-8】安建建工是一家建筑施工企业，拥有天华公司 70% 的股权，系天华公司的母公司。安建建工本期个别利润表的营业收入中有 3 000 万元系向天华公司销售产品取得的销售收入，该产品销售成本为 2 100 万元。天华公司在本期将该产品全部售出，其销售收入为 3 750 万元，销售成本为 3 000 万元，并分别在其个别利润表中列示。

对此，编制合并财务报表将内部销售收入和内部销售成本予以抵销时，应编制如下抵销分录：

借：营业收入　　3 000

　　贷：营业成本　　3 000

（二）购买企业内部购进的商品未实现对外销售时的抵销处理

存货价值中包含的未实现内部销售损益是由于企业集团内部商品购销活动所引起的。在内部购销活动中，销售企业将集团内部销售作为收入确认并计算销售利润，而购买企业则是以支付购货的价款作为其成本入账。在本期未实现对外销售而形成期末存货时，其存货价值中也相应地包括两部分内容：一部分为真正的存货成本（即销售企业销售该商品的成本），另一部分为销售企业的销售毛利（即其销售收入减去销售成本的差额）。对于期末存货价值中包括的这部分销售毛利，从企业集团整体来看，并不是真正实现的利润。因此，在编制合并资产负债表时，应当将存货价值中包含的未实现内部销售损益予以抵销。

【例 28-9】甲公司是 A 公司的母公司。甲公司本期个别利润表的营业收入中有 2 000 万元是向 A 公司销售商品实现的收入，其商品成本为 1 400 万元，销售毛利率为 30 %。A 公司本期从甲公司购入的商品在本期均未实现销售，期末存货中包含有 2 000 万元从甲公司购进的商品，该存货中包含的未实现内部销售损益为 600 万元。

编制合并利润表时，将内部销售收入、内部销售成本及存货价值中包含的未实现内部销售损益抵销时，其抵销分录如下：（单位：万元）

借：营业收入　　2 000

　　贷：营业成本　　1 400

　　　　存货　　600

【例 28-10】甲公司是A公司的母公司。甲公司本期个别利润表的营业收入中有5000万元是向A公司销售产品取得的销售收入，该产品销售成本为3 500万元，销售毛利率为30%。A公司在本期将该批内部购进商品的60%实现销售，其销售收入为3 750万元，销售成本为3 000万元，销售毛利率为20%，并列示于其个别利润表中；该批商品的另外40%则形成A公司期末存货，即期末存货为2 000万元，列示于A公司的个别资产负债表之中。

此时，在编制合并财务报表时，其抵销处理如下：

借：营业收入　　5 000 (3 000 +2 000)

　　贷：营业成本　　4 400 (3 500 +1 500 × 60%)

　　　　存货　　600 (1 500 × 40%)

二、连续编制合并财务报表时内部销售商品的合并处理

在连续编制合并财务报表的情况下，其具体合并处理程序和方法如下：

(1) 将上期抵销的存货价值中包含的未实现内部销售损益对本期期初未分配利润的影响进行抵销。即按照上期内部购进存货价值中包含的未实现内部销售损益的数额，借记“期初未分配利润”项目，贷记“营业成本”项目。

(2) 对于本期发生内部购销活动的，将内部销售收入、内部销售成本及内部购进存货中未实现内部销售损益予以抵销。即按照销售企业内部销售收入的数额，借记“营业收入”项目，贷记“营业成本”“存货”项目。

(3) 将期末内部购进存货价值中包含的未实现内部销售损益予以抵销。对于期末内部购买形成的存货（包括上期结转形成的本期存货），应按照购买企业期末内部购入存货价值中包含的未实现内部销售损益的数额，借记“未分配利润（期初）”“营业成本”项目，贷记“存货”项目。

【例 28-11】上期甲公司与A公司内部购销资料、内部销售的抵销处理见【例 28-10】。本期甲公司个别财务报表中向A公司销售商品取得销售收入6 000万元，销售成本为4 200万元，甲公司本期销售毛利率与上期相同，为30%。A公司个别财务报表中从甲公司购进商品本期实现对外销售收入为5 625万元，销售成本为4 500万元，销售毛利率为20%；期末内部购进形成的存货为3 500万元（期初存货2 000万元＋本期购进存货6 000万元一本期销售成本4 500万元），存货价值中包含的未实现内部销售损益为750万元。

分析：编制合并财务报表时应进行如下合并处理：

(1) 调整期初未分配利润的数额（单位：万元）：

借：期初未分配利润　　600

　　贷：营业成本　　600

(2) 抵销本期内部销售收入：

借：营业收入 6 000

贷：营业成本 6 000

(3) 抵销期末存货中包含的未实现内部销售损益：

借：营业成本 1 050 (3 500 × 30%)

贷：存货 1 050

三、存货跌价准备的合并处理

（一）初次编制合并财务报表时存货跌价准备的合并处理

对于内部销售形成的存货计提跌价准备，从购买企业来看有两种情况：第一种情况是，购买企业本期期末内部购进存货的可变现净值低于其取得成本，但高于销售企业销售成本。第二种情况是，购买企业本期期末内部购进存货的可变现净值既低于该存货的取得成本，也低于销售企业的该存货的取得成本。

(1) 在第一种情况下，从购买企业个别财务报表来说，购买企业按该存货的可变现净值低于其取得成本的金额，一方面，确认存货跌价准备并在其个别资产负债表中通过抵销存货项目的金额列示；另一方面，在利润表中作为资产减值损失列示。但从合并财务报表来说，随着内部购进存货包含的未实现内部销售损益的抵销，该存货在合并财务报表中列示的成本为抵销未实现内部销售损益后的成本。当该存货的可变现净值低于购买企业的取得成本，但高于该存货在合并财务报表中成本时，则不需要计提存货跌价准备。个别财务报表中计列的相应的存货跌价准备，也应予以抵销。进行合并处理时，应当按照购买企业本期计提存货跌价准备的金额，借记“存货”项目，贷记“资产减值损失”项目。

【例 28-12】甲公司系 A 公司的母公司，甲公司本期向 A 公司销售商品 2 000 万元，其销售成本为 1 400 万元；A 公司购进的该商品当期全部未实现对外销售而形成期末存货。A 公司期末对存货进行检查时，发现该商品已经部分陈旧，其可变现净值已降至 1 840 万元。为此，A 公司期末对该存货计提存货跌价准备 160 万元，并在其个别财务报表中列示。

在本例中，该存货的可变现净值降至 1 840 万元，高于抵销未实现内部销售损益后的金额（1 400 万元）。此时，在编制本期合并财务报表时，应进行如下合并处理（单位：万元）：

(1) 将内部销售收入与内部销售成本抵销：

借：营业收入 2 000

贷：营业成本 2 000

(2) 将内部销售形成的存货价值中包含的未实现内部销售损益抵销：

借：营业成本 600

贷：存货 600

(3) 将 A 公司本期计提的存货减值准备抵销：

借：存货 160

贷：资产减值损失　　　　160

(2) 在第二种情况下，从购买企业个别财务报表来说，购买企业按该存货的可变现净值低于其取得成本的金额确认存货跌价准备。确认的存货跌价准备的金额，一方面，在其个别资产负债表中通过抵销存货项目列示；另一方面，在利润表中作为资产减值损失列示。购买企业在个别财务报表中确认的存货跌价准备的金额，既包括购买企业该商品取得成本高于销售企业销售成本（即取得成本）的差额（即抵销的未实现内部销售损益），也包括销售企业销售成本高于该商品可变现净值的差额。但从合并财务报表来说，随着内部购进存货价值中包含的未实现内部销售损益的抵销，在合并财务报表中列示的该存货的成本为抵销未实现内部销售损益后的成本。相对于购买企业该存货的取得成本高于销售企业销售该存货成本的差额部分计提的跌价准备的金额，已因未实现内部销售损益的抵销而抵销，故在编制合并财务报表时，也须将这部分金额予以抵销；而相对于销售企业销售该存货成本高于该存货可变现净值的部分而计提的跌价准备的金额，无论从购买企业来说，还是对于整个企业集团来说，都是必须计提的存货跌价准备，必须在合并财务报表中予以反映。进行抵销处理时，应当按购买企业本期计提的存货跌价准备中内部购进商品取得成本高于销售企业取得成本的数额，借记“存货”项目，贷记“资产减值损失”项目。

【例 28-13】甲公司为 A 公司的母公司。甲公司本期向 A 公司销售商品 2 000 万元，其销售成本为 1 400 万元，并以此在其个别利润表中列示。A 公司购进的该商品当期全部未实现对外销售而形成期末存货；期末对存货进行检查时，发现该存货已经部分陈旧，其可变现净值降至 1 320 万元。为此，A 公司期末对该存货计提存货跌价准备 680 万元。

分析：该存货的可变现净值降至 1320 万元，低于抵销未实现内部销售损益后的金额（1 400 万元）。在 A 公司本期计提的存货跌价准备 680 万元中，其中的 600 万元是相对于 A 公司取得成本（2 000 万元）高于甲公司销售该商品的销售成本（1 400 万元）部分计提的，另外 80 万元则是相对于甲公司销售该商品的销售成本（1 400 万元）高于其可变现净值（1 320 万元）的部分计提的。此时，A 公司对计提存货跌价准备中相当于抵销的未实现内部销售损益的数额 600 万元部分，从整个企业集团来说，该商品的取得成本为 1 400 万元，在可变现净值高于成本的情况下，不需要计提存货跌价准备，故必须将其予以抵销；而对于另外的 80 万元的存货跌价准备，从整个企业集团来说，则是必须计提的存货跌价准备，则不需要进行抵销处理。

在编制本期合并财务报表时，应进行如下抵销处理（单位：万元）：

(1) 将内部销售收入与内部销售成本抵销：

借：营业收入　　　　2 000

　　贷：营业成本　　　　2 000

(2) 将内部销售形成的存货价值中包含的未实现内部销售损益抵销：

借：营业成本　　　　600

　　贷：存货　　　　600

(3) 将 A 公司本期计提的存货减值准备中相当于未实现内部销售利润的部分抵销：

借：存货 600

贷：资产减值损失 600

（二）连续编制合并财务报表时存货跌价准备的合并处理

在连续编制合并财务报表进行合并处理时，首先，将上期资产减值损失中抵销的存货跌价准备对本期期初未分配利润的影响予以抵销，即按上期资产减值损失项目中抵销的存货跌价准备的数额，借记“存货”或“营业成本”项目，贷记“期初未分配利润”项目。其次，对于本期对内部购进存货在个别财务报表中补提或者冲销的存货跌价准备的数额也应予以抵销，借记“存货”项目，贷记“资产减值损失”项目。

至于抵销存货跌价准备的数额，应当分别不同的情况进行处理。当本期内部购进存货的可变现净值低于持有该存货企业的取得成本但高于抵销未实现内部销售损益后的取得成本（即销售企业该存货的取得成本）时，其抵销的存货跌价准备的金额为本期存货跌价准备的增加额。当本期内部购进存货的可变现净值低于抵销未实现内部销售损益后的取得成本（即销售企业的取得成本）时，其抵销的存货跌价准备的金额为相对于购买企业该存货的取得成本高于销售企业销售成本的差额部分计提的跌价准备的数额扣除期初内部购进存货计提的存货跌价准备的金额后的余额，即本期期末存货中包含的未实现内部销售损益的金额减去期初内部购进存货计提的存货跌价准备的金额后的余额。

【例 28-14】甲公司与 A 公司之间内部销售情况、内部销售及存货跌价准备的抵销处理见【例 28-12】。A 公司与甲公司之间本期未发生内部销售。本期期末存货系上期内部销售结存的存货。A 公司本期期末对存货清查时，该内部购进存货的可变现净值为 1 200 万元，A 公司期末存货跌价准备余额为 800 万元。

本例中，该内部购进存货的可变现净值由上期期末的 1 840 万元降至 1 200 万元，既低于 A 公司从甲公司购买时的取得成本，也低于抵销未实现内部销售损益后的金额（即甲公司销售该商品的成本 1 400 万元）。A 公司本期期末存货跌价准备余额 800 万元，从计提时间来看，包括上期期末计提结存的存货跌价准备 160 万元，还包括本期期末计提的存货跌价准备 640 万元。上期计提的部分，在编制上期合并财务报表时已将其与相应的资产减值损失相抵销，从而影响到本期的期初未分配利润。为此，对于这一部分在本期编制合并财务报表时需要调整期初未分配利润的数额。而对于本期计提的 640 万元存货跌价准备，其中 440 万元是相对上期计提存货跌价准备后存货净额与甲公司该内部销售商品的销售成本之间的差额计提的，而另外 200 万元则是相对甲公司该内部销售商品的销售成本与其可变现净值之间的差额计提的。从整个企业集团来说，前者应当予以抵销；后者则是属于应当计提的。

甲公司在编制本期合并财务报表时，应进行如下合并处理（单位：万元）：

(1) 借：存货 160

贷：期初未分配利润 160

(2) 借：期初未分配利润 600

贷：存货　　600

(3) 借：存货　　440

贷：资产减值损失　　440

【例 28-15】接【例 28-12】，甲公司上期向 A 公司销售商品 2 000 万元，其销售成本为 1 400 万元；A 公司购进的该商品当期未实现对外销售全部形成期末存货。A 公司期末对存货进行检查时，发现该存货已经部分陈旧，其可变现净值降至 1 840 万元，A 公司期末对该存货计提存货跌价准备 160 万元。在编制上期合并财务报表时，已将该存货跌价准备予以抵销，其抵销处理见【例 28-12】。甲公司本期向 A 公司销售商品 3 000 万元，甲公司销售该商品的销售成本为 2 100 万元。A 公司本期对外销售内部购进商品实现的销售收入为 4 000 万元，销售成本为 3 200 万元，其中上期从甲公司购进商品本期全部售出，销售收入为 2 500 万元，销售成本为 2 000 万元；本期从甲公司购进商品销售 40%，销售收入为 1 500 元，销售成本为 1 200 万元。另 60% 形成期末存货，其取得成本为 1 800 万元，期末其可变现净值为 1 620 万元，A 公司本期期末对该内部购进形成的存货计提存货跌价准备 180 万元。

甲公司在编制合并财务报表时，应进行如下合并处理（单位：万元）：

(1) 借：营业成本　　160

贷：期初未分配利润　　160

(2) 借：期初未分配利润　　600

贷：营业成本　　600

(3) 借：营业收入　　3 000

贷：营业成本　　3 000

(4) 借：营业成本　　540

贷：存货　　540

(5) 借：存货　　180

贷：资产减值损失　　180

第六节　内部债权债务的合并处理

一、内部债权债务抵销概述

母公司与子公司、子公司相互之间的债权和债务项目，是指母公司与子公司、子公司相互之间的应收账款与应付账款、预付账款和预收账款、应付债券与债券投资等项目。对于发生在母公司与子公司、子公司相互之间的这些项目，从债权方企业来说，在资产负债表中表现为一项债权资产；而从债务方来说，一方面形成一项负债，另一方面同时形成一项资产。发生的这种内部债权债务，从母公司与子公司组成的集团整体角度来看，它只是集团内部资金运动，既不增加企业集团的资产，也不增加负债。为此，在编制合并财务报表时也应当将内部债权债务项目予以抵销。

在编制合并资产负债表时需要进行合并处理的内部债权债务项目主要包括：(1) 应收账款与应付账款；(2) 应收票据与应付票据；(3) 预付账款与预收账款；(4) 长期债券投资与应付债券；(5) 应收股利与应付股利；(6) 其他应收款与其他应付款。

【例 28-16】甲公司系 A 公司的母公司。甲公司个别资产负债表应收账款中有 600 万元为应收 A 公司账款；应收票据中有 400 万元为应收 A 公司票据；持有至到期投资中有 A 公司发行的应付债券 2 500 万元。

对此，甲公司在编制合并财务报表时，应当将这些内部债权债务予以抵销。其抵销分录如下（单位：万元）：

(1) 内部应收账款与应付账款抵销：

借：应付账款　　600

　　贷：应收账款　　600

(2) 内部应收票据与应付票据抵销：

借：应付票据　　400

　　贷：应收票据　　400

(3) 持有至到期投资与应付债券抵销：

借：应付债券　　2 500

　　贷：持有至到期投资　　2 500

二、内部应收应付款项及其坏账准备的合并处理

企业对于包括应收账款、应收票据、预付账款以及其他应收款在内的所有应收款项，应当根据其预计可收回金额变动情况，确认资产减值损失，计提坏账准备。这里的应收账款、应收票据等也包括应收子公司账款、应收子公司票据等。在对子公司的应收款项计提坏账准备的情况下，在编制合并财务报表时，随着内部应收款项的抵销，与此相联系也须将该内部应收款项计提的坏账准备予以抵销。将内部应收款项抵销时，按内部应付款项的金额，借记“应付账款”“应付票据”等项目，贷记“应收账款”“应收票据”等项目；将内部应收款项计提的坏账准备抵销时，按各内部应收款项计提的相应坏账准备期末余额，借记“应收账款”“应收票据”等项目，贷记“资产减值损失”项目。

【例 28-17】甲公司为 A 公司的母公司。甲公司本期个别资产负债表应收账款中有 580 万元为应收 A 公司账款，该应收账款账面余额为 600 万元，甲公司当年计提坏账准备 20 万元；应收票据中有 390 万元为应收 A 公司票据，该应收票据账面余额为 400 万元，甲公司当年计提坏账准备 10 万元。A 公司本期个别资产负债表中应付账款和应付票据中列示有应付甲公司账款 600 万元和应付甲公司票据 400 万元。

在编制合并财务报表时，甲公司应当将内部应收账款与应付账款相互抵销，同时，还应将内部应收账款计提的坏账准备予以抵销，其抵销分录为（单位：万元）：

(1) 应收账款与应付账款抵销：

借：应付账款　　600

　贷：应收账款　　600

(2) 应收票据与应付票据抵销：

借：应付票据　　400

　贷：应收票据　　400

(3) 坏账准备与资产减值损失抵销：

借：应收账款　　20

　应收票据　　10

　贷：资产减值损失　　30

三、连续编制合并财务报表时内部应收款项及其坏账准备的合并处理

（一）内部应收款项坏账准备本期余额与上期余额相等时的合并处理

【例 28-18】甲公司为 A 公司的母公司。甲公司和 A 公司上期内部应收款项、坏账准备情况、内部债权债务的抵销见【例 28-17】。甲公司本期个别资产负债表应收账款中有应收 A 公司账款 580 万元，该应收账款系上期发生的，账面余额为 600 万元，甲公司上期对其计提坏账准备 20 万元，该坏账准备结转到本期；应收 A 公司票据 390 万元，该应收票据系上期发生的，账面余额为 400 万元，甲公司上期对其计提坏账准备 10 万元，该坏账准备结转到本期。本期对上述内部应收账款和应收票据未计提坏账准备。

甲公司在合并工作底稿中应进行如下抵销处理：

(1) 将上期内部应收款项计提的坏账准备抵销（单位：万元）：

在这种情况下，母公司个别资产负债表中坏账准备余额可以理解为实际上是上期结转而来的余额。因此，只须将上期内部应收账款计提的坏账准备予以抵销，同时，调整期初未分配利润的数额。其抵销分录如下：

借：应收账款　　20

　应收票据　　10

　贷：期初未分配利润　　30

(2) 内部应收账款、应收票据与应付账款、应付票据抵销：

借：应付账款　　600

　贷：应收账款　　600

借：应付票据　　400

　贷：应收票据　　400

（二）内部应收款项坏账准备本期余额大于上期余额时的合并处理

【例 28-19】甲公司为 A 公司的母公司。甲公司和 A 公司上期内部应收款项、坏账准备情况、

内部债权债务的抵销见【例 28-17】。甲公司本期个别资产负债表应收账款中有应收 A 公司账款 735 万元，该应收账款账面余额为 800 万元，甲公司对该应收账款累计计提坏账准备 65 万元，其中 20 万元系上期结转至本期的，本期对其补提坏账准备 45 万元；应收 A 公司票据 875 万元，该应收票据账面余额为 900 万元，甲公司对该应收票据累计计提坏账准备 25 万元，其中 10 万元系上期结转至本期的，本期对其补提坏账准备 15 万元。

甲公司在合并工作底稿中应进行如下抵销处理（单位：万元）：

(1) 抵销上期内部应收款项计提的坏账准备，并调整期初未分配利润的数额：

借：应收账款　　20
　　应收票据　　10
　　贷：期初未分配利润　　30

(2) 内部应收账款、应收票据与应付账款、应付票据抵销：

借：应付账款　　800
　　贷：应收账款　　800
借：应付票据　　900
　　贷：应收票据　　900

(3) 抵销本期内部应收款项增加计提的坏账准备与资产减值损失：

借：应收账款　　45
　　应收票据　　15
　　贷：资产减值损失　　60

（三）内部应收款项坏账准备本期余额小于上期余额时的合并处理

【例 28-20】甲公司为 A 公司的母公司。甲公司和 A 公司上期内部应收款项、坏账准备情况、内部债权债务的抵销见【例 28-17】。甲公司本期个别资产负债表应收账款中有应收 A 公司账款 538 万元，该应收账款账面余额为 550 万元，甲公司对该应收账款累计计提坏账准备 12 万元，其中上期结转至本期的坏账准备 20 万元，本期冲减坏账准备 8 万元；应收 A 公司票据 374 万元，该应收票据账面余额为 380 万元，甲公司对其累计计提坏账准备 6 万元，其中上期结转至本期的坏账准备 10 万元，本期冲减坏账准备 4 万元。

甲公司在合并工作底稿中应进行如下抵销处理（单位：万元）：

(1) 抵销上期内部应收款项计提的坏账准备，并调整期初未分配利润的数额：

借：应收账款　　20
　　应收票据　　10
　　贷：期初未分配利润　　30

(2) 内部应收账款、应收票据与应付账款、应付票据抵销：

借：应付账款　　550
　　贷：应收账款　　550
借：应付票据　　380

贷：应收票据 380

(3) 抵销本期内部应收款项冲销的坏账准备与资产减值损失：

借：资产减值损失 12

贷：应收账款 8

应收票据 4

第七节 内部固定资产交易的合并处理

一、内部固定资产交易概述

内部固定资产交易，是指企业集团内部发生的与固定资产有关的购销业务。根据销售企业销售的是产品还是固定资产，可以将企业集团内部固定产交易划分为两种类型：第一种类型是企业集团内部企业将自身使用的固定资产变卖给企业集团内的其他企业作为固定资产使用；第二种类型是企业集团内部企业将自身生产的产品销售给企业集团内的其他企业作为固定资产使用。此外，还有另一类型的内部固定资产交易，即企业集团内部企业将自身使用的固定资产变卖给企业集团内的其他企业作为普通商品销售。这种类型的固定资产交易，属于固定资产的内部处置，在企业集团内部发生的情况极少，一般情况下发生的数量也不大。

二、内部固定资产交易当期的合并处理

（一）内部固定资产交易但当期未计提折旧的抵销处理

1. 企业集团内部固定资产变卖交易的抵销处理

在合并工作底稿中编制抵销分录时，应当按照该内部交易固定资产的转让价格与其原账面价值之间的差额，借记“营业外收入”项目，贷记“固定资产原价”项目。如果该内部交易的固定资产转让价格低于其原账面价值，则按其差额，借记“固定资产原价”项目，贷记“营业外支出”项目。

【例 28-21】A 公司和 B 公司为甲公司控制下的两个子公司。A 公司将其净值为 1 280 万元的某厂房，以 1 500 万元的价格变卖给 B 公司作为固定资产使用。A 公司因该内部固定资产交易实现收益 220 万元，并列示于其个别利润表之中。B 公司以 1 500 万元的金额将该厂房作为固定资产的原价入账，并列示其个别资产负债表之中。

在该内部固定资产交易中，A 公司因交易实现营业外收入 220 万元。编制合并财务报表时，甲公司必须将因该固定资产交易实现的营业外收入与固定资产原值中包含的未实现内部销售损益的数额予以抵销。其抵销分录如下（单位：万元）：

借：营业外收入 220

贷：固定资产原价 220

通过上述抵销处理后，该内部固定资产交易所实现的损益予以抵销，该厂房的原价通过抵销处理后调整为 1 280 万元。

2．企业集团内部产品销售给其他企业作为固定资产交易的抵销处理

在合并工作底稿中编制抵销分录将其抵销时，应当借记“营业收入”项目，贷记“营业成本”项目和“固定资产原价”项目。其中借记“营业收入”项目的数额，为销售企业销售该产品的销售收入；贷记“营业成本”项目的数额为销售企业销售该产品结转的销售成本；贷记“固定资产原价”项目的数额为销售企业销售该产品的销售收入与销售成本之间的差额，即该内部交易所形成的固定资产原价中包含的未实现内部销售损益的数额。

【例 28-22】A 公司和 B 公司为甲公司控制下的两个子公司。A 公司于 2014 年 12 月，将自己生产的产品销售给 B 公司作为固定资产使用，A 公司销售该产品的销售收入为 1 680 万元，销售成本为 1 200 万元，B 公司以 1 680 万元的价格作为该固定资产的原价入账。

此时，与一般的内部商品交易的抵销处理相似，编制合并财务报表时，甲公司应当将该产品的销售收入 1 680 万元及其销售成本 1 200 万元，以及 B 公司固定资产原价中包含的未实现内部销售损益的 480 万元（1 680- 1 200）予以抵销。在合并工作底稿中应进行如下抵销处理（单位：万元）：

借：营业收入 1 680

贷：营业成本 1 200

固定资产原价 480

（二）内部固定资产交易且当期计提折旧的合并处理

在发生内部固定资产交易当期编制合并财务报表时，其合并抵销处理如下：

(1) 将内部交易固定资产相关的销售收入、销售成本以及其原价中包含的未实现内部销售损益予以抵销，即按销售企业由于该固定资产交易所实现的销售收入，借记“营业收入”项目，按照其销售成本，贷记“营业成本”项目，按照该内部交易固定资产的销售收入与销售成本之间的差额（即原价中包含的未实现内部销售损益的数额），贷记“固定资产原价”项目。

(2) 将内部交易固定资产当期因未实现内部销售损益而多计提的折旧费用和累计折旧予以抵销。对固定资产计提折旧，一方面增加当期的费用，另一方面形成累计折旧。对因内部交易固定资产当期使用多计提的折旧进行抵销处理时，应按当期多计提的数额，借记“累计折旧”项目，贷记“管理费用”等项目（为便于理解，本节有关内部交易固定资产均假定为管理用固定资产，其各期多计提的折旧费用均通过“管理费用”项目进行抵销处理）。

【例 28-23】A 公司和 B 公司为甲公司控制下的两个子公司。A 公司于 2011 年 1 月 1 日，将自己生产的产品销售给 B 公司作为固定资产使用，A 公司销售该产品的销售收入为 1 680 万元，销售成本为 1 200 万元。B 公司以 1 680 万元的价格作为该固定资产的原价入账。B 公司购买的该固定

资产用于公司的行政管理，该固定资产属于不需要安装的固定资产，当月投入使用，其折旧年限为4年，预计净残值为零。为简化合并处理，假定该内部交易固定资产在交易当年按12个月计提折旧。

甲公司在编制合并财务报表时，应当进行如下抵销处理（单位：万元）：

(1) 将该内部交易固定资产相关销售收入与销售成本及原价中包含的未实现内部销售损益予以抵销。本例中，A公司因该内部交易确认销售收入1 680万元，结转销售成本1 200万元；B公司该固定资产的原价为1 680万元，其中包含的未实现内部销售损益为480万元(1 680 −1 200)。在合并工作底稿中应进行如下抵销处理：

借：营业收入　　1 680

　　贷：营业成本　　1 200

　　　　固定资产原价　　480

(2) 将当年计提的折旧和累计折旧中包含的未实现内部销售损益予以抵销。该固定资产在B公司按4年的折旧年限计提折旧，每年计提折旧420万元，其中每年计提的折旧和累计折旧中均包含未实现内部销售损益的摊销额120万元（480÷4）。在合并工作底稿中应进行如下抵销处理：

借：累计折旧　　120

　　贷：管理费用　　120

三、内部交易固定资产取得后至处置前期间的合并处理

在以后的会计期间，具体抵销程序如下：

(1) 将内部交易固定资产原价中包含的未实现内部销售损益抵销，并调整期初未分配利润，即按照固定资产原价中包含的未实现内部销售损益的数额，借记"期初未分配利润"项目，贷记"固定资产原价"项目。

(2) 将以前会计期间内部交易固定资产多计提的累计折旧抵销，并调整期初未分配利润，即按照以前会计期间抵销该内部交易固定资产因包含未实现内部销售损益而多计提（或少计提）的累计折旧额，借记"累计折旧"项目，贷记"期初未分配利润"项目。

(3) 将当期由于该内部交易固定资产因包含未实现内部销售损益而多计提的折旧费用予以抵销，并调整本期计提的累计折旧额，即按照本期该内部交易的固定资产多计提的折旧额，借记"累计折旧"项目，贷记"管理费用"等费用项目。

【例28-24】接【例28-23】，B公司2012年个别资产负债表中，该内部交易固定资产原价为1 680万元，累计折旧为840万元，该固定资产净值为840万元。该内部交易固定资产2012年计提折旧为420万元。甲公司编制2012年度合并财务报表时，应当进行如下抵销处理（单位：万元）：

(1) 借：期初未分配利润　　480

　　　贷：固定资产原价　　480

(2) 借：累计折旧　　120

　　　贷：期初未分配利润　　120

(3) 借：累计折旧　　120

贷：管理费用　　120

【例 28-25】接【例 28- 24】，B 公司 2013 年个别资产负债表中，该内部交易固定资产原价为 1 680 万元，累计折旧为 1 260 万元，该固定资产净值为 420 万元。该内部交易固定资产 2013 年计提折旧为 420 万元。

甲公司编制 2013 年度合并财务报表时，应当进行如下抵销处理：

(1) 借：期初未分配利润　　480

贷：固定资产原价　　480

(2) 借：累计折旧　　240

贷：期初未分配利润　　240

(3) 借：累计折旧　　120

贷：管理费用　　120

四、内部交易固定资产清理期间的合并处理

对于销售企业来说，因该内部交易固定资产实现的利润，作为期初未分配利润的一部分结转到以后的会计期间，直到购买企业对该内部交易固定资产进行清理。从购买企业来说，对内部交易固定资产进行清理的会计期间，在其个别财务报表中表现为固定资产原价和累计折旧的减少；该固定资产清理收入减去该固定资产净值以及有关清理费用后的余额，则在其个别利润表中以营业外收入（或营业外支出）项目列示。固定资产清理时可能出现三种情况：①期满清理；②超期清理；③提前清理。编制合并财务报表时，应当根据具体情况进行合并处理。

（一）内部交易固定资产使用期限届满进行清理期间的合并处理

【例 28-26】接【例 28- 25】，2014 年 12 月该内部交易固定资产使用期满，B 公司于 2014 年 12 月对其进行清理。B 公司对该固定资产清理时实现固定资产清理净收益 14 万元，在 2014 年度个别利润表中以营业外收入项目列示。随着对该固定资产的清理，该固定资产的原价和累计折旧转销，在 2014 年 12 月 31 日个别资产负债表中已无该固定资产的列示。

此时，甲公司编制合并财务报表时，应当进行如下抵销处理（单位：万元）：

(1) 按照内部交易固定资产原价中包含的未实现内部销售利润，调整期初未分配利润：

借：期初未分配利润　　480

贷：营业外收入　　480

(2) 按以前会计期间因固定资产原价中包含的未实现内部销售损益而多计提累计折旧的数额，调整期初未分配利润：

借：营业外收入　　360

贷：期初未分配利润　　360

(3) 将本期因固定资产原价中包含的未实现内部销售损益而多计提的折旧额抵销：

借：营业外收入　　120

　　贷：管理费用　　120

（二）内部交易固定资产超期使用进行清理期间的合并处理

【例 28-27】接【例 28- 25】，2014 年 12 月 31 日该内部交易固定资产使用期满，但该固定资产仍处于使用之中，B 公司未对其进行清理报废。B 公司 2014 年度个别资产负债表中仍列示该固定资产的原价 1 680 万元，累计折旧 1 680 万元；在其个别利润表列示该固定资产当年计提的折旧 420 万元。

此时，甲公司在编制 2014 年度合并财务报表时，应当进行如下抵销处理（单位：万元）：

(1) 将内部交易固定资产原价中包含的未实现内部销售损益抵销，并调整期初未分配利润：

借：期初未分配利润　　480

　　贷：固定资产原价　　480

(2) 将因固定资产原价中包含的未实现内部销售损益而多计提的累计折旧抵销，并调整期初未分配利润：

借：累计折旧　　360

　　贷：期初未分配利润　　360

(3) 将本期因固定资产原价中包含的未实现内部销售损益而多计提的折旧额抵销：

借：累计折旧　　120

　　贷：管理费用　　120

在内部交易固定资产超期使用未进行清理前，由于该内部交易的固定资产仍处于使用之中，并在购买企业资产负债表中列示，因此，必须将该固定资产原价中包含的未实现内部销售损益予以抵销；其次，由于该固定资产的累计折旧仍然是按包含有未实现内部销售损益的原价计提折旧，为此也必须将其计提的累计折旧予以抵销。但由于固定资产超期使用不计提折旧，所以不存在抵销多计提折旧问题。

【例 28-28】接【例 28- 27】，该内部交易固定资产 2015 年仍处于使用之中。B 公司个别资产负债表中内部交易固定资产为 1 680 万元，累计折旧为 1 680 万元；由于固定资产超期使用不计提折旧，B 公司个别利润表中无该内部固定资产计提的折旧费用。

此时，甲公司编制合并财务报表时，应进行如下抵销处理（单位：万元）：

(1) 将固定资产原价中包含的未实现内部销售损益抵销，调整期初未分配利润：

借：期初未分配利润　　480

　　贷：固定资产原价　　480

(2) 将累计折旧包含的未实现内部销售损益抵销，调整期初未分配利润：

借：累计折旧　　480

　　贷：期初未分配利润　　480

（三）内部交易固定资产使用期限未满提前进行清理期间的合并处理

在这种情况下，购买企业内部交易固定资产实体已不复存在，因此不存在着未实现内部销售损益抵销问题，但由于固定资产提前报废，固定资产原价中包含的未实现内部销售损益随着清理而成为实现的损益。对于销售企业来说，因该内部交易固定资产所实现的损益，作为期初未分配利润的一部分结转到购买企业对该内部交易固定资产进行清理的会计期间。为此，首先必须调整期初未分配利润；其次在固定资产进行清理前仍需计提折旧，本期计提折旧中仍然包含有多计提的折旧，需要将多计提的折旧费用予以抵销。

【例28-29】接【例28-25】，B公司于2013年12月对该内部交易固定资产进行清理，在对其清理过程中取得清理净收益25万元，在其个别利润表作为营业外收入列示。

本例中，该内部交易固定资产至2013年12月已经使用三年，B公司对该固定资产累计计提折旧1 260万元。

此时，编制合并财务报表时，应编制如下抵销分录（单位：万元）：

(1) 借：期初未分配利润　　480

　　贷：营业外收入　　480

(2) 借：营业外收入　　240

　　贷：期初未分配利润　　240

(3) 借：营业外收入　　120

　　贷：管理费用　　120

第八节　所得税会计相关的合并处理

一、所得税会计概述

在编制合并财务报表时，由于需要对企业集团内部交易进行合并抵销处理，由此可能导致在合并财务报表中反映的资产、负债账面价值与其计税基础不一致，存在着差异。为了使合并财务报表全面反映所得税相关的影响，特别是当期所负担的所得税费用的情况，应当进行所得税会计核算，在计算确定资产、负债的账面价值与计税基础之间差异的基础上，确认相应的递延所得税资产或递延所得税负债。

二、内部应收款项相关所得税会计的合并处理

在编制合并财务报表时，随着内部债权债务的抵销，也必须将内部应收账款计提的坏账准备予以抵销，对其进行合并抵销处理后，合并财务报表中该内部应收账款已不存在，由内部应收账款账面价值与计税基础之间的差异所形成的暂时性差异也不能存在。在编制

合并财务报表时，对持有该集团内部应收款项的企业因该暂时性差异确认的递延所得税资产则需要进行抵销处理。

【例 28-30】甲公司为A公司的母公司。甲公司本期个别资产负债表应收账款中有1 700万元为应收A公司账款，该应收账款账面余额为1 800万元，甲公司当年对其计提坏账准备100万元。A公司本期个别资产负债表中列示有应付甲公司账款1 800万元。甲公司和A公司适用的所得税税率均为25%。

甲公司在编制合并财务报表时，其合并处理如下：

(1) 将内部应收账款与应付账款相互抵销，其抵销分录如下：

借：应付账款　1 800

　　贷：应收账款　1 800

(2) 将内部应收账款计提的坏账准备予以抵销，其抵销分录如下：

借：应收账款　100

　　贷：资产减值损失　100

(3) 将甲公司对内部应收账款计提坏账准备导致暂时性差异确认的递延所得税资产予以抵销：

借：所得税费用　25

　　贷：递延所得税资产　25

三、内部交易存货相关所得税会计的合并处理

企业在编制合并财务报表时，应当将纳入合并范围的母公司与子公司以及子公司相互之间发生的内部交易对个别财务报表的影响予以抵销，其中包括内部商品交易所形成的存货价值中包含的未实现内部销售损益的金额。

【例 28-31】甲公司持有A公司80%的股权，是A公司的母公司。甲公司2011年利润表列示的营业收入中有5 000万元是当年向A公司销售产品取得的销售收入，该产品销售成本为3 500万元。A公司在2011年将该批内部购进商品的60%实现对外销售，其销售收入为3 750万元，销售成本为3 000万元，并列示于其利润表中；该批商品的另外40%则形成A公司期末存货，即期末存货为2 000万元，列示于A公司的资产负债表之中。甲公司和A公司适用的企业所得税税率均为25%。

甲公司在编制合并财务报表时，其合并抵销处理如下（单位：万元）：

(1) 将内部销售收入与内部销售成本及存货价值中包含的未实现内部销售损益抵销，其抵销分录如下：

借：营业收入　5 000

　　贷：营业成本　4 400

　　　　存货　600

(2) 确认与因编制合并财务报表导致的存货账面价值与其计税基础之间的暂时性差异相关的递延所得税资产。从A公司角度来说，其持有该存货账面价值与计税基础均为2 000万元；从甲集团公司角度来说，通过上述合并抵销处理，合并资产负债表中该存货的价值为1 400万元；由于甲公

司和A公司均为独立的法人实体，这一存货的计税基础应从A公司的角度来考虑，即其计税基础为2 000万元。因该内部交易抵销的未实现内部销售损益导致的暂时性差异为600万元(2 000−1400)，实际上就是抵销的未实现内部销售损益的金额。为此，编制合并财务报表时还应当对该暂时性差异确认递延所得税资产150万元(600×25%)。进行合并抵销处理时，其抵销分录如下：

借：递延所得税资产　　150

　　贷：所得税费用　　150

四、内部交易固定资产等相关所得税会计的合并处理

对于内部交易形成的固定资产，编制合并财务报表时应当将该内部交易对个别财务报表的影响予以抵销，其中包括将内部交易形成的固定资产价值中包含的未实现内部销售损益予以抵销。

【例28-32】A公司和B公司均为甲公司控制下的子公司。A公司于2011年1月1日，将自己生产的产品销售给B公司作为固定资产使用，A公司销售该产品的销售收入为1 680万元，销售成本为1 200万元。A公司在2011年度利润表中列示有该销售收入1 680万元，该销售成本1 200万元。B公司以1680万元的价格作为该固定资产的原价入账。B公司购买的该固定资产用于公司的销售业务，该固定资产属于不需要安装的固定资产，当月投入使用，其折旧年限为4年，预计净残值为零。B公司对该固定资产确定的折旧年限和预计净残值与税法规定一致。为简化合并处理，假定该内部交易固定资产在交易当年按12个月计提折旧。B公司在2011年12月31日的资产负债表中列示有该固定资产，其原价为1 680万元、累计折旧为420万元、固定资产净值为1 260万元。A公司、B公司和甲公司适用的所得税税率均为25%。

甲公司在编制合并财务报表时，应当进行如下抵销处理：

(1) 将该内部交易固定资产相关销售收入与销售成本及原价中包含的未实现内部销售损益予以抵销。其抵销分录如下：

借：营业收入　　1 680

　　贷：营业成本　　1 200

　　　　固定资产原价　　480

(2) 将当年计提的折旧和累计折旧中包含的未实现内部销售损益的金额予以抵销。其抵销分录如下：

借：累计折旧　　120

　　贷：销售费用　　120

(3) 确认递延所得税资产或负债相关计算如下：

B公司该固定资产的账面价值=1 680（固定资产原价）−420（当年计提的折旧额）=1 260（万元）

B公司该固定资产的计税基础=1 680（固定资产原价）−420（当年计提的折旧额）=1 260（万元）

根据上述计算，从B公司角度来看，因该内部交易形成的固定资产账面价值与其计税基础相同，

不产生暂时性差异，在B公司个别财务报表中不涉及确认递延所得税资产或递延所得税负债的问题。

合并财务报表中该固定资产的账面价值 =1 200（企业集团取得该资产的成本）－ 300（按取得资产成本计算确定的折旧额）= 900（万元）

合并财务报表中该固定资产的计税基础 =B 公司该固定资产的计税基础 =1 260（万元）

合并财务报表中与该固定资产相关的暂时性差异 = 900(账面价值)−1 260(计税基础)=− 360(万元)

关于合并财务报表中该固定资产的账面价值，是以抵销未实现内部销售损益后的固定资产原价（即销售企业的销售成本）1 200 万元（固定资产原价 1 680 万元 － 未实现内部销售损益 480 万元），以及按抵销未实现内部销售损益后的固定资产原价计算的折旧额为基础计算的。

合并财务报表中与该固定资产相关的暂时性差异，就是因抵销未实现内部销售损益而产生的。本例中该固定资产原价中抵销的未实现内部销售损益为 480 万元，同时由于该固定资产使用而计提的折旧额 420 万元中也包含未实现内部销售损益 120 万元，这 120 万元随着固定资产折旧而结转为已实现内部销售损益，因此该内部交易形成的固定资产价值中当年实际抵销的未实现内部销售损益为 360 万元 (480−120)。这 360 万元也就是因未实现内部销售损益而产生的暂时性差异。

对于合并财务报表中该内部交易固定资产因未实现内部销售损益的抵销而产生的暂时性差异，应当确认的递延所得税资产为 90 万元 (360 × 25%)。本例中，确认相关递延所得税资产的合并抵销分录如下：

借：递延所得税资产　　　　90

　　贷：所得税费用　　　　90

第九节　合并现金流量表的编制

一、合并现金流量表概述

合并现金流量表是综合反映母公司及其子公司组成的企业集团在一定会计期间现金流入、现金流出数量以及其增减变动情况的财务报表。合并现金流量表以母公司和子公司的现金流量表为基础，在抵销母公司与子公司、子公司相互之间发生内部交易对合并现金流量表的影响后，由母公司编制。合并现金流量表也可以以合并资产负债表和合并利润表为依据进行编制。

二、编制合并现金流量表需要抵销的项目

在以母公司和子公司个别现金流量表为基础编制合并现金流量表时，需要进行抵销的内容主要有：

(1) 母公司与子公司、子公司相互之间当期以现金投资或收购股权增加的投资所产生

的现金流量应当抵销。当母公司从子公司购买其持有的其他企业的股票时，由此所产生的现金流量，在购买股权的母公司的个别现金流量表中，表现为“投资活动产生的现金流量”中的“投资支付的现金”的增加，而在出售股权的子公司的个别现金流量表中则表现为“投资活动产生的现金流量”中的“收回投资收到的现金”的增加。在母公司对子公司投资的情况下，其所产生的现金流量在母公司的个别现金流量表中表现为“投资活动产生的现金流量”中的“投资支付的现金”的增加，而在接受投资的子公司个别现金流量表中则表现为“筹资活动产生的现金流量”中的“吸收投资收到的现金”的增加。因此，编制合并现金流量表时将其予以抵销。

(2) 母公司与子公司、子公司相互之间当期取得投资收益收到的现金，应当与分配股利、利润或偿付利息支付的现金相互抵销。母公司对子公司投资以及子公司之间进行投资分配现金股利或利润时，由此所产生的现金流量，在股利或利润支付方的个别现金流量表中表现为“筹资活动产生的现金流量”中的“分配股利、利润或偿付利息支付的现金”的增加，而在收到股利或利润方的个别现金流量表中则表现为“投资活动产生的现金流量”中的“取得投资收益收到的现金”的增加，为此，在编制合并现金流量表时必须将其予以抵销。

(3) 母公司与子公司、子公司相互之间以现金结算债权与债务所产生的现金流量应当抵销。以现金结算内部债权债务，对于债权方来说表现为现金的流入，而对于债务方来说则表现为现金的流出。在现金结算的债权与债务属于母公司与子公司、子公司相互之间内部销售商品和提供劳务所产生的情况下，从其个别现金流量表来说，在债权方的个别现金流量表中表现为“销售商品、提供劳务收到的现金”的增加；而在债务方的个别现金流量表中则表现为“购买商品、接受劳务支付的现金”的增加。在编制合并现金流量表时必须将由此所产生的现金流量予以抵销。在现金结算的债权与债务属于内部往来所产生的情况下，在债权方的个别现金流量表中表现为“收到的其他与经营活动有关的现金”的增加，在债务方的个别现金流量表中表现为“支付的其他与经营活动有关的现金”的增加，在编制合并现金流量表时也必须将由此所产生的现金流量予以抵销。

(4) 母公司与子公司、子公司相互之间当期销售商品所产生的现金流量应当抵销。母公司与子公司、子公司相互之间当期销售商品没有形成固定资产、在建工程、无形资产等资产的情况下，该内部销售商品所产生的现金流量，在销售方的个别现金流量表中表现为“销售商品、提供劳务收到的现金”的增加，而在购买方的个别现金流量表中则表现为“购买商品、接受劳务支付的现金”的增加。而在母公司与子公司、子公司相互之间当期销售商品形成固定资产、工程物资、在建工程、无形资产等资产的情况下，该内部销售商品所产生的现金流量，在购买方的个别现金流量表中表现为“购建固定资产、无形资产和其他长期资产所支付的现金”的增加。为此，在编制合并现金流量表时必须将由此所产生的现金流量予以抵销。

(5) 母公司与子公司、子公司相互之间处置固定资产、无形资产和其他长期资产收回的现金净额，应当与购建固定资产、无形资产和其他长期资产支付的现金相互抵销。内部处置固定资产时，由于处置固定资产等所产生的现金流量，对于处置方个别现金流量表来说，表现为“处置固定资产、无形资产和其他长期资产收回的现金净额”的增加；对于购置该资产的接受方来说，在其个别现金流量表中表现为“购置固定资产、无形资产和其他长期资产支付的现金”的增加。故在编制合并现金流量表时必须将由此所产生的现金流量予以抵销。

(6) 母公司与子公司、子公司相互之间当期发生的其他内部交易所产生的现金流量应当抵销。

第二十九章 会计政策、会计估计变更和差错更正

在学习和理解本章内容时，应当关注：①会计政策及其变更。一般情况下，企业采用的会计政策在每一会计期间和前后各期应当保持一致，不得随意变更，但符合特定条件的除外。会计政策变更有追溯调整法和未来适用法两种会计处理方法，分别适用于不同情形。②会计估计及其变更。会计估计变更是指由于资产和负债的当前状况及预期经济利益和义务发生了变化，从而对资产或负债的账面价值或者资产的定期消耗金额进行调整。企业对会计估计变更应当采用未来适用法处理。③前期差错及其更正。对于重要的前期差错，企业应当采用追溯重述法进行更正，但确定前期差错累积影响数不切实可行的除外。除了学习本章节的内容外，还应当认真阅读《企业会计准则第 28 号——会计政策、会计估计变更和差错更正》及相关指南和解释。

第一节 会计政策及其变更

一、会计政策概述

会计政策，是指企业在会计确认、计量和报告中所采用的原则、基础和会计处理方法。其中，原则，是指按照企业会计准则规定的、适合企业会计核算的具体会计原则；基础，是指为了将会计原则应用于交易或者事项而采用的基础，如计量基础（即计量属性），包括历史成本、重置成本、可变现净值、现值和公允价值等；会计处理方法，是指企业在会计核算中按照法律、行政法规或者国家统一的会计制度等规定采用或者选择的、适合本企业的具体会计处理方法。会计政策具有以下特点：

第一，会计政策的选择性。会计政策是在允许的会计原则、计量基础和会计处理方法中作出指定或具体选择。由于企业经济业务的复杂性和多样化，某些经济业务在符合会计原则和计量基础的要求下，可以有多种会计处理方法，即存在不止一种可供选择的会计政策。例如，确定发出存货的实际成本时可以在先进先出法、加权平均法或者个别计价法中进行选择。

第二，会计政策的强制性。在我国，会计准则和会计制度属于行政法规，会计政策所包括的具体会计原则、计量基础和具体会计处理方法由会计准则或会计制度规定，具有一定的强制性。企业必须在法规所允许的范围内选择适合本企业实际情况的会计政策。即企业在发生某项经济业务时，必须从允许的会计原则、计量基础和会计处理方法中选择出适合本企业特点的会计政策。

第三，会计政策的层次性。会计政策包括会计原则、计量基础和会计处理方法三个层次。例如，《企业会计准则第 13 号——或有事项》规定的以该义务是企业承担的现时义务、履行该义务很可能导致经济利益流出企业、该义务的金额能够可靠地计量作为预计负债的确认条件就是确认预计负债要遵循的会计原则；会计基础是为将会计原则体现在会计核算中而采用的计量基础，例如，《企业会计准则第 8 号——资产减值》中涉及的公允价值就是计量基础；《企业会计准则第 15 号——建造合同》规定的完工百分比法就是会计处理方法。会计原则、计量基础和会计处理方法三者是一个具有逻辑性的、密不可分的整体，通过这个整体，会计政策才能得以应用和落实。

企业应当披露采用的重要会计政策，不具有重要性的会计政策可以不予披露。判断会计政策是否重要，应当考虑与会计政策相关的项目的性质和金额。企业应当披露的重要会计政策包括：

(1) 发出存货成本的计量，是指企业确定发出存货成本所采用的会计处理。例如，企业发出存货成本的计量是采用先进先出法，还是采用其他计量方法。

(2) 长期股权投资的后续计量，是指企业取得长期股权投资后的会计处理。例如，企业对被投资单位的长期股权投资是采用成本法，还是采用权益法核算。

(3) 投资性房地产的后续计量，是指企业在资产负债表日对投资性房地产进行后续计量所采用的计量方法。例如，企业对投资性房地产的后续计量是采用成本模式，还是采用公允价值模式。

(4) 固定资产的初始计量，是指对取得的固定资产初始成本的计量。例如，企业取得的固定资产初始成本是以购买价款，还是以购买价款的现值为基础进行计量。

(5) 生物资产的初始计量，是指对取得的生物资产初始成本的计量。例如，企业为取得生物资产而产生的借款费用，是予以资本化，还是计入当期损益。

(6) 无形资产的确认，是指对无形项目的支出是否确认为无形资产。例如，企业内部研究开发项目开发阶段的支出是确认为无形资产，还是在发生时计入当期损益。

(7) 非货币性资产交换的计量，是指非货币性资产交换事项中对换入资产成本的计量。例如，非货币性资产交换是以换出资产的公允价值作为确定换入资产成本的基础，还是以换出资产的账面价值作为确定换入资产成本的基础。

(8) 收入的确认，是指收入确认所采用的会计原则。例如，企业确认收入时要同时满足已将商品所有权上的主要风险和报酬转移给购货方、收入的金额能够可靠地计量、相关经济利益很可能流入企业等条件。

(9) 合同收入与费用的确认，是指确认建造合同的收入和费用所采用的会计处理方法。

例如，企业确认建造合同的合同收入和合同费用采用完工百分比法。

(10) 借款费用的处理，是指借款费用的会计处理方法，即是采用资本化，还是采用费用化。

(11) 合并政策，是指编制合并财务报表所采用的原则。例如，母公司与子公司的会计年度不一致的处理原则、合并范围的确定原则等。

(12) 其他重要会计政策。

二、会计政策变更

会计政策变更，是指企业对相同的交易或者事项由原来采用的会计政策改用另一会计政策的行为。为保证会计信息的可比性，使财务报表使用者在比较企业一个以上期间的财务报表时，能够正确判断企业的财务状况、经营成果和现金流量的趋势，一般情况下，企业采用的会计政策，在每一会计期间和前后各期应当保持一致，不得随意变更。否则，势必削弱会计信息的可比性。但是，在下述两种情形下，企业可以变更会计政策：

第一，法律、行政法规或者国家统一的会计制度等要求变更。这种情况是指，按照法律、行政法规以及国家统一的会计制度的规定，要求企业采用新的会计政策，则企业应当按照法律、行政法规以及国家统一的会计制度的规定改变原会计政策，按照新的会计政策执行。例如，《企业会计准则第 1 号——存货》对发出存货实际成本的计价排除了后进先出法，这就要求执行企业会计准则体系的企业按照新规定，将原来以后进先出法核算发出存货成本改为准则规定可以采用的其他发出存货成本计价方法。

第二，会计政策变更能够提供更可靠、更相关的会计信息。由于经济环境、客观情况的改变，使企业原采用的会计政策所提供的会计信息，已不能恰当地反映企业的财务状况、经营成果和现金流量等情况。在这种情况下，应改变原有会计政策，按变更后的会计政策进行会计处理，以便对外提供更可靠、更相关的会计信息。例如，企业一直采用成本模式对投资性房地产进行后续计量，如果企业能够从房地产交易市场上持续地取得同类或类似房地产的市场价格及其他相关信息，从而能够对投资性房地产的公允价值作出合理的估计，此时，企业可以将投资性房地产的后续计量方法由成本模式变更为公允价值模式。

对会计政策变更的认定，直接影响会计处理方法的选择。因此，在会计实务中，企业应当正确认定属于会计政策变更的情形。下列两种情况不属于会计政策变更：

第一，本期发生的交易或者事项与以前相比具有本质差别而采用新的会计政策。这是因为，会计政策是针对特定类型的交易或事项，如果发生的交易或事项与其他交易或事项有本质区别，那么，企业实际上是为新的交易或事项选择适当的会计政策，并没有改变原有的会计政策。例如，企业以往租入的设备均为临时需要而租入的，企业按经营租赁会计处理方法核算，但自本年度起租入的设备均采用融资租赁方式，则该企业自本年度起对新租赁的设备采用融资租赁会计处理方法核算。由于该企业原租入的设备均为经营性租赁，本年度起租赁的设备均改为融资租赁，经营租赁和融资租赁有着本质差别，因而改变会计政策不属于会计政策变更。

第二，对初次发生的或不重要的交易或者事项采用新的会计政策。对初次发生的某类交易或事项采用适当的会计政策，并未改变原有的会计政策。例如，企业以前没有建造合同业务，当年签订一项建造合同为另一企业建造三栋厂房，对该项建造合同采用完工百分比法确认收入，不是会计政策变更。至于对不重要的交易或事项采用新的会计政策，不按会计政策变更作出会计处理并不影响会计信息的可比性，所以也不作为会计政策变更。例如，企业原在生产经营过程中使用少量的低值易耗品，并且价值较低，故企业在领用低值易耗品时一次计入费用；该企业于近期投产新产品，所需低值易耗品比较多，且价值较大，企业对领用的低值易耗品处理方法改为五五摊销法。该企业低值易耗品在企业生产经营中所占的费用比例并不大，改变低值易耗品处理方法后，对损益的影响也不大，属于不重要的事项，在这种情况下，会计政策的改变不属于会计政策变更。

三、会计政策变更与会计估计变更的划分

企业应当正确划分会计政策变更与会计估计变更，并按照不同的方法进行相关会计处理。企业应当以变更事项的会计确认、计量基础和列报项目是否发生变更作为判断该变更是会计政策变更还是会计估计变更的基础。

第一，以会计确认是否发生变更作为判断基础。《企业会计准则——基本准则》规定了资产、负债、所有者权益、收入、费用和利润 6 项会计要素的确认标准，是会计处理的首要环节。一般地，对会计确认的指定或选择是会计政策，其相应的变更是会计政策变更。会计确认的变更一般会引起列报项目的变更。例如，企业在前期将某项内部研究开发项目开发阶段的支出计入当期损益，而当期按照《企业会计准则第 6 号——无形资产》的规定，该项支出符合无形资产的确认条件，应当确认为无形资产。该事项的会计确认发生变更，即前期将研发费用确认为一项费用，而当期将其确认为一项资产。该事项中会计确认发生了变化，所以该变更是会计政策变更。

第二，以计量基础是否发生变更作为判断基础。《企业会计准则——基本准则》规定了历史成本、重置成本、可变现净值、现值和公允价值 5 项会计计量属性，是会计处理的计量基础。一般地，对计量基础的指定或选择是会计政策，其相应的变更是会计政策变更。例如，企业在前期对购入的价款超过正常信用条件延期支付的固定资产初始计量采用历史成本，而当期按照《企业会计准则第 4 号——固定资产》的规定，该类固定资产的初始成本应以购买价款的现值为基础确定。该事项的计量基础发生了变化，所以该变更是会计政策变更。

第三，以列报项目是否发生变更作为判断基础。《企业会计准则第 30 号——财务报表列报》规定了财务报表项目应采用的列报原则。一般地，对列报项目的指定或选择是会计政策，其相应的变更是会计政策变更。例如，某商业企业在前期将商品采购费用列入营业费用，当期根据《企业会计准则第 1 号——存货》的规定，将采购费用列入存货成本。因为列报项目发生了变化，所以该变更是会计政策变更。

第四，根据会计确认、计量基础和列报项目所选择的、为取得与资产负债表项目有关的金额或数值（如预计使用寿命、净残值等）所采用的处理方法，不是会计政策，而是会计估计，其相应的变更是会计估计变更。例如，企业需要对某项资产采用公允价值进行计量，而公允价值的确定需要根据市场情况选择不同的处理方法。相应地，当企业面对的市场情况发生变化时，其采用的确定公允价值的方法变更是会计估计变更，不是会计政策变更。

企业可以采用以下具体方法划分会计政策变更与会计估计变更：分析并判断该事项是否涉及会计确认、计量基础选择或列报项目的变更，当至少涉及上述一项划分基础变更时，该事项是会计政策变更；不涉及上述划分基础变更时，该事项可以判断为会计估计变更。例如，企业在前期将构建固定资产相关的一般借款利息计入当期损益，当期根据会计准则的规定，将其予以资本化，企业因此对该事项进行变更。该事项的计量基础未发生变更，即都是以历史成本作为计量基础；该事项的会计确认发生变更，即前期将借款费用确认为一项费用，而当期将其确认为一项资产；同时，会计确认的变更导致该事项在资产负债表和利润表相关项目的列报也发生变更。该事项涉及会计确认和列报的变更，所以属于会计政策变更。又如，企业原采用双倍余额递减法计提固定资产折旧，根据固定资产使用的实际情况，企业决定改用直线法计提固定资产折旧。该事项前后采用的两种计提折旧的方法都是以历史成本作为计量基础，对该事项的会计确认和列报项目也未发生变更，只是固定资产折旧、固定资产净值等相关金额发生了变化。因此，该事项属于会计估计变更。

四、会计政策变更的会计处理

发生会计政策变更时，有两种会计处理方法，即追溯调整法和未来适用法，两种方法适用于不同情形。

（一）追溯调整法

追溯调整法，是指对某项交易或事项变更会计政策，视同该项交易或事项初次发生时即采用变更后的会计政策，并以此对财务报表相关项目进行调整的方法。采用追溯调整法时，对于比较财务报表期间的会计政策变更，应调整各期间净损益各项目和财务报表其他相关项目，视同该政策在比较财务报表期间一直采用。对于比较财务报表可比期间以前的会计政策变更的累积影响数，应调整比较财务报表最早期间的期初留存收益，财务报表其他相关项目的数字也应一并调整。

追溯调整法通常由以下步骤构成：

第一步，计算会计政策变更的累积影响数；

第二步，编制相关项目的调整分录；

第三步，调整列报前期最早期初财务报表相关项目及其金额；

第四步，附注说明。

其中，会计政策变更累积影响数，是指按照变更后的会计政策对以前各期追溯计算的列报前期最早期初留存收益应有金额与现有金额之间的差额。根据上述定义的表述，会计政策变更的累积影响数可以分解为以下两个金额之间的差额：(1) 在变更会计政策当期，按变更后的会计政策对以前各期追溯计算，所得到的列报前期最早期初留存收益金额。(2) 在变更会计政策当期，列报前期最早期初留存收益金额。上述留存收益金额，包括盈余公积和未分配利润等项目，不考虑由于损益的变化而应当补分的利润或股利。例如，由于会计政策变化，增加了以前期间可供分配的利润，该企业通常按净利润的 20% 分派股利。但在计算调整会计政策变更当期期初的留存收益时，不应当考虑由于以前期间净利润的变化而需要分派的股利。

在财务报表只提供列报项目上一个可比会计期间比较数据的情况下，上述第 (2) 项，在变更会计政策当期，列报前期最早期初留存收益金额，即为上期资产负债表所反映的期初留存收益，可以从上年资产负债表项目中获得；需要计算确定的是第 (1) 项，即按变更后的会计政策对以前各期追溯计算，所得到的上期期初留存收益金额。

累积影响数通常可以通过以下步骤计算获得：

第一步，根据新会计政策重新计算受影响的前期交易或事项；

第二步，计算两种会计政策下的差异；

第三步，计算差异的所得税影响金额；

第四步，确定前期中的每一期的税后差异；

第五步，计算会计政策变更的累积影响数。

需要注意的是，对以前年度损益进行追溯调整或追溯重述的，应当重新计算各列报期间的每股收益。

【例 29-1】甲公司 2005 年、2006 年分别以 4 500 000 元和 1 100 000 元的价格从股票市场购入 A、B 两只以交易为目的的股票（假设不考虑购入股票发生的交易费用），市价一直高于购入成本。公司采用成本与市价孰低法对购入股票进行计量。公司从 2007 年起对其以交易为目的购入的股票由成本与市价孰低改为公允价值计量，公司保存的会计资料比较齐备，可以通过会计资料追溯计算。假设所得税税率为 25%，公司按净利润的 10% 提取法定盈余公积，按净利润的 5% 提取任意盈余公积。公司发行普通股 4 500 万股，未发行任何稀释性潜在普通股。两种方法计量的交易性金融资产账面价值如表 29-1 所示。

表 29 -1　　两种方法计量的交易性金融资产账面价值

单位：元

会计政策 / 股票	成本与市价孰低	2005 年年末公允价值	2006 年年末公允价值
A 股票	4 500 000	5 100 000	5 100 000
B 股票	1 100 000		1 300 000

根据上述资料，甲公司的会计处理如下：

1. 改变交易性金融资产计量方法后的累积影响数（见表 29 -2）

表 29－2　　　改变交易性金融资产计量方法后的累积影响数

单位：元

时间	公允价值	成本与市价孰低	税前差异	所得税影响	税后差异
20×5年年末	5 100 000	4 500 000	600 000	150 000	450 000
20×6年年末	1 300 000	1 100 000	200 000	50 000	150 000
合计	6 400 000	5 600 000	800 000	200 000	600 000

甲公司 2007 年 12 月 31 日的比较财务报表列报前期最早期初为 2006 年 1 月 1 日。

甲公司在 2005 年年末按公允价值计量的账面价值为 5 100 000 元，按成本与市价孰低计量的账面价值为 4 500 000 元，两者的所得税影响合计为 150 000 元，两者差异的税后净影响额为 450 000 元，即为该公司 2006 年期初由成本与市价孰低改为公允价值的累积影响数。

甲公司在 2006 年年末按公允价值计量的账面价值为 6 400 000 元，按成本与市价孰低计量的账面价值为 5 600 000 元，两者的所得税影响合计为 200 000 元，两者差异的税后净影响额为 600 000 元，其中，450 000 元是调整 2006 年累积影响数，150 000 元是调整 2006 年当期金额。

甲公司按照公允价值重新计量 2006 年年末 B 股票账面价值，其结果为公允价值变动收益少计了 200 000 元，所得税费用少计了 50 000 元，净利润少计了 150 000 元。

2. 编制有关项目的调整分录

(1) 对 2005 年有关事项的调整分录：

①调整会计政策变更累积影响数：

借：交易性金融资产——公允价值变动　　600 000
　贷：利润分配——未分配利润　　450 000
　　　递延所得税负债　　150 000

②调整利润分配：

按照净利润的 10% 提取法定盈余公积，按照净利润的 5% 提取任意盈余公积，共计提取盈余公积 450 000×15%=67 500（元）。

借：利润分配——未分配利润　　67 500
　贷：盈余公积　　67 500

(2) 对 2006 年有关事项的调整分录：

①调整交易性金融资产：

借：交易性金融资产——公允价值变动　　200 000
　贷：利润分配——未分配利润　　150 000
　　　递延所得税负债　　50 000

②调整利润分配：

按照净利润的 10% 提取法定盈余公积，按照净利润的 5% 提取任意盈余公积，共计提取盈余公积 150 000×15%=22 500（元）。

借：利润分配——未分配利润 22 500

贷：盈余公积 22 500

3. 财务报表调整和重述（财务报表略）

甲公司在列报2007年财务报表时，应调整2007年资产负债表有关项目的年初余额、利润表有关项目的上年金额及所有者权益变动表有关项目的上年金额和本年金额。

①资产负债表项目的调整：

调增以公允价值计量且其变动计入当期损益的金融资产年初余额800 000元；调增递延所得税负债年初余额200 000元；调增盈余公积年初余额90 000元；调增未分配利润年初余额510 000元。

②利润表项目的调整：

调增公允价值变动收益上年金额200 000元；调增所得税费用上年金额50 000元；调增净利润上年金额150 000元；调增基本每股收益上年金额0. 0033元。

③所有者权益变动表项目的调整：

调增会计政策变更项目中盈余公积上年金额67 500元，未分配利润上年金额382 500元，所有者权益合计上年金额450 000元。

调增会计政策变更项目中盈余公积本年金额22 500元，未分配利润本年金额127 500元，所有者权益合计本年金额150 000元。

（二）未来适用法

未来适用法，是指将变更后的会计政策应用于变更日及以后发生的交易或者事项，或者在会计估计变更当期和未来期间确认会计估计变更影响数的方法。

在未来适用法下，不需要计算会计政策变更产生的累积影响数，也无须重编以前年度的财务报表。企业会计账簿记录及财务报表上反映的金额，变更之日仍保留原有的金额，不因会计政策变更而改变以前年度的既定结果，并在现有金额的基础上再按新的会计政策进行核算。

（三）会计政策变更会计处理方法的选择

对于会计政策变更，企业应当根据具体情况，分别采用不同的会计处理方法：

(1) 法律、行政法规或者国家统一的会计制度等要求变更的情况下，企业应当分别以下情况进行处理：①国家发布相关的会计处理办法，则按照国家发布的相关会计处理规定进行处理。②国家没有发布相关的会计处理办法，则采用追溯调整法进行会计处理。

(2) 会计政策变更能够提供更可靠、更相关的会计信息的情况下，企业应当采用追溯调整法进行会计处理，将会计政策变更累积影响数调整列报前期最早期初留存收益，其他相关项目的期初余额和列报前期披露的其他比较数据也应当一并调整。

(3) 确定会计政策变更对列报前期影响数不切实可行的，应当从可追溯调整的最早期间期初开始应用变更后的会计政策；在当期期初确定会计政策变更对以前各期累积影响数不切实可行的，应当采用未来适用法处理。

不切实可行，是指企业在采取所有合理的方法后，仍然不能获得采用某项规定所必需的相关信息，而导致无法采用该项规定，则该项规定在此时是不切实可行的。

对于以下特定前期，对某项会计政策变更应用追溯调整法，或对某项重要的前期差错更正采用追溯重述法是不切实可行的：①应用追溯调整法或追溯重述法的累积影响数不能确定。②应用追溯调整法或追溯重述法要求对管理层在该期的意图作出假定。③应用追溯调整法或追溯重述法要求对有关金额进行重大估计，并且不可能将提供有关交易发生时存在状况的证据（例如，有关金额确认、计量或披露日期存在事实的证据，以及在受变更影响的当期和未来期间确认会计估计变更的影响的证据）和该期间财务报表批准报出时能够取得的信息这两类信息与其他信息客观地加以区分。

在某些情况下，调整一个或者多个前期比较信息以获得与当期会计信息的可比性是不切实可行的。例如，企业因账簿、凭证超过法定保存期限而销毁，或因不可抗力而毁坏、遗失，如火灾、水灾等，或因人为因素，如盗窃、故意毁坏等，可能使当期期初确定会计政策变更对以前各期累积影响数无法计算，即不切实可行，此时，会计政策变更应当采用未来适用法进行处理。

对根据某项交易或者事项确认、披露的财务报表项目应用会计政策时常常需要进行估计。本质上，估计是主观行为，而且可能在资产负债表日后才作出。当追溯调整会计政策变更或者追溯重述前期差错更正时，要作出切实可行的估计更加困难，因为有关交易或者事项已经发生较长一段时间，要获得作出切实可行的估计所需要的相关信息往往比较困难。

当在前期采用一项新会计政策或者更正前期金额时，不论是对管理层在某个前期的意图作出假定，还是估计在前期确认、计量或者披露的金额，都不应当使用“后见之明”。例如，按照《企业会计准则第 22 号——金融工具确认和计量》的规定，企业对原先划归为持有至到期投资的金融资产计量的前期差错，即便管理层随后决定不将这些投资持有至到期，也不能改变它们在前期的计量基础，即该项金融资产应当仍然按照持有至到期投资进行计量。

五、会计政策变更的披露

企业应当在附注中披露与会计政策变更有关的下列信息：

(1) 会计政策变更的性质、内容和原因。包括：对会计政策变更的简要阐述、变更的日期、变更前采用的会计政策和变更后所采用的新会计政策及会计政策变更的原因。

(2) 当期和各个列报前期财务报表中受影响的项目名称和调整金额。包括：采用追溯调整法时，计算出的会计政策变更的累积影响数；当期和各个列报前期财务报表中需要调整的净损益及其影响金额，以及其他需要调整的项目名称和调整金额。

(3) 无法进行追溯调整的，说明该事实和原因以及开始应用变更后的会计政策的时点、具体应用情况。包括：无法进行追溯调整的事实；确定会计政策变更对列报前期影响数不切实可行的原因；在当期期初确定会计政策变更对以前各期累积影响数不切实可行的原因；开始应用新会计政策的时点和具体应用情况。

需要注意的是，在以后期间的财务报表中，不需要重复披露在以前期间的附注中已披露的会计政策变更的信息。

第二节 会计估计及其变更

一、会计估计概述

会计估计，是指企业对结果不确定的交易或者事项以最近可利用的信息为基础所作的判断。会计估计具有如下特点：

第一，会计估计的存在源于经济活动中内在的不确定性因素。在会计核算中，企业总是力求保持会计核算的准确性，但有些经济业务本身具有不确定性。例如，坏账、固定资产折旧年限、固定资产残余价值、无形资产摊销年限等，因而需要根据经验作出估计。可以说，在进行会计核算和相关信息披露的过程中，会计估计是不可避免的。

第二，进行会计估计时，往往以最近可利用的信息或资料为基础。在会计核算中，由于经营活动中内在的不确定性，不得不经常进行估计。一些估计的主要目的是确定资产或负债的账面价值，例如，坏账准备、担保责任引起的负债；另一些估计的主要目的是确定将在某一期间记录的收益或费用的金额，例如，某一期间的折旧、摊销的金额。企业在进行会计估计时，通常应根据当时的情况和经验，以一定的信息或资料为基础进行。但是，随着时间的推移、环境的变化，进行会计估计的基础可能会发生变化，因此，进行会计估计所依据的信息或者资料不得不经常发生变化。由于最新的信息是最接近目标的信息，以其为基础所作的估计最接近实际，所以进行会计估计时，应以最近可利用的信息或资料为基础。

第三，进行会计估计并不会削弱会计确认和计量的可靠性。企业为了定期、及时地提供有用的会计信息，将延续不断的经营活动人为划分为一定的期间，并在权责发生制的基础上对企业的财务状况和经营成果进行定期确认和计量。例如，在会计分期的情况下，许多企业的交易跨越若干会计年度，以至于需要在一定程度上作出决定：某一年度发生的开支，哪些可以合理地预期在其他年度能够产生以收益形式表示的利益，从而全部或部分向后递延，哪些可以合理地预期在当期能够得到补偿，从而确认为费用。由于会计分期和货币计量的前提，在确认和计量过程中，不得不对许多尚在延续中、其结果尚未确定的交易或事项予以估计入账。

企业应当披露重要的会计估计，不具有重要性的会计估计可以不披露。判断会计估计是否重要，应当考虑与会计估计相关项目的性质和金额。企业应当披露的重要会计估计包括：

(1) 存货可变现净值的确定。

(2) 采用公允价值模式计量的投资性房地产公允价值的确定。

(3) 固定资产的预计使用寿命与净残值；固定资产的折旧方法。

(4) 生物资产的预计使用寿命与净残值；各类生产性生物资产的折旧方法。

(5) 使用寿命有限的无形资产的预计使用寿命与净残值。

(6) 可收回金额按照资产组的公允价值减去处置费用后的净额确定的，确定公允价值减去处置费用后的净额的方法。

可收回金额按照资产组预计未来现金流量的现值确定的，预计未来现金流量的确定方法。

(7) 合同完工进度的确定。

(8) 权益工具公允价值的确定。

(9) 债务人债务重组中转让的非现金资产的公允价值、由债务转成的股份的公允价值和修改其他债务条件后债务的公允价值的确定。

债权人债务重组中受让的非现金资产的公允价值、由债权转成的股份的公允价值和修改其他债务条件后债权的公允价值的确定。

(10) 预计负债初始计量的最佳估计数的确定。

(11) 金融资产公允价值的确定。

(12) 承租人对未确认融资费用的分摊；出租人对未实现融资收益的分配。

(13) 探明矿区权益、井及相关设施的折旧方法；与油气开采活动相关的辅助设备及设施的折旧方法。

(14) 非同一控制下企业合并成本的公允价值的确定。

(15) 其他重要会计估计。

二、会计估计变更

会计估计变更，是指由于资产和负债的当前状况及预期经济利益和义务发生了变化，从而对资产或负债的账面价值或者资产的定期消耗金额进行调整。

由于企业经营活动中内在的不确定因素，许多财务报表项目不能准确地计量，只能进行估计，估计过程涉及以最近可以得到的信息为基础所作的判断。但是，估计毕竟是就现有资料对未来所作的判断，随着时间的推移，如果赖以进行估计的基础发生变化，或者由于取得了新的信息、积累了更多的经验或后来的发展可能不得不对估计进行修正，但会计估计变更的依据应当真实、可靠。会计估计变更的情形包括：

第一，赖以进行估计的基础发生了变化。企业进行会计估计总是依赖于一定的基础。如果其所依赖的基础发生了变化，则会计估计也应相应发生变化。例如，企业的某项无形资产摊销年限原定为 10 年，以后发生的情况表明，该资产的受益年限已不足 10 年，相应调减摊销年限。

第二，取得了新的信息、积累了更多的经验。企业进行会计估计是就现有资料对未来所作的判断，随着时间的推移，企业有可能取得新的信息、积累更多的经验，在这种情况下，企业可能不得不对会计估计进行修订，即发生会计估计变更。例如，企业原根据当时能够得到的信息，对应收账款每年按其余额的 5% 计提坏账准备。现在掌握了新的信息，判定不能收回的应收账款比例已达 15%，企业改按 15% 的比例计提坏账准备。

会计估计变更，并不意味着以前期间会计估计是错误的，只是由于情况发生变化，或者掌握了新的信息，积累了更多的经验，使得变更会计估计能够更好地反映企业的财务状况和经营成果。如果以前期间的会计估计是错误的，则属于前期差错，按前期差错更正的会计处理办法进行处理。

三、会计估计变更的会计处理

企业对会计估计变更应当采用未来适用法处理。即在会计估计变更当期及以后期间，采用新的会计估计，不改变以前期间的会计估计，也不调整以前期间的报告结果。

第一，会计估计变更仅影响变更当期的，其影响数应当在变更当期予以确认。例如，企业原按应收账款余额的 5% 提取坏账准备，由于企业不能收回应收账款的比例已达 10%，则企业改按应收账款余额的 10% 提取坏账准备。这类会计估计的变更只影响变更当期。因此，应于变更当期确认。

第二，既影响变更当期又影响未来期间的，其影响数应当在变更当期和未来期间予以确认。例如，企业的某项可计提折旧的固定资产，其有效使用年限或预计净残值的估计发生的变更，常常影响变更当期及资产以后使用年限内各个期间的折旧费用，这类会计估计的变更应于变更当期及以后各期确认。

会计估计变更的影响数应计入变更当期与前期相同的项目中。为了保证不同期间的财务报表具有可比性，如果以前期间的会计估计变更的影响数计入企业日常经营活动损益，则以后期间也应计入日常经营活动损益；如果以前期间的会计估计变更的影响数计入特殊项目，则以后期间也应计入特殊项目。

第三，企业应当正确划分会计政策变更和会计估计变更，并按不同的方法进行相关会计处理。企业通过判断会计政策变更和会计估计变更划分基础仍然难以对某项变更进行区分的，应当将其作为会计估计变更处理。

四、会计估计变更的披露

企业应当在附注中披露与会计估计变更有关的下列信息：

(1) 会计估计变更的内容和原因。包括变更的内容、变更日期以及为什么要对会计估计进行变更。

(2) 会计估计变更对当期和未来期间的影响数。包括会计估计变更对当期和未来期间损益的影响金额，以及对其他各项目的影响金额。

(3) 会计估计变更的影响数不能确定的，披露这一事实和原因。

第三节 前期差错及其更正

一、前期差错概述

前期差错，是指由于没有运用或错误运用下列两种信息，而对前期财务报表造成省略或错报：(1) 编报前期财务报表时预期能够取得并加以考虑的可靠信息。(2) 前期财务报告批准报出时能够取得的可靠信息。前期差错通常包括计算错误、应用会计政策错误、疏忽或曲解事实以及舞弊产生的影响等。没有运用或错误运用上述两种信息而形成前期差错的情形主要有：

(1) 计算以及账户分类错误。例如，企业购入的五年期国债，意图长期持有，但在记账时记入了交易性金融资产，导致账户分类上的错误，并导致在资产负债表上流动资产和非流动资产的分类也有误。

(2) 采用法律、行政法规或者国家统一的会计制度等不允许的会计政策。例如，按照《企业会计准则第 17 号——借款费用》的规定，为购建固定资产的专门借款而发生的借款费用，满足一定条件的，在固定资产达到预定可使用状态前发生的，应予资本化，计入所购建固定资产的成本；在固定资产达到预定可使用状态后发生的，计入当期损益。如果企业固定资产已达到预定可使用状态后发生的借款费用，也计入该项固定资产的价值，予以资本化，则属于采用法律或会计准则等行政法规、规章所不允许的会计政策。

(3) 对事实的疏忽或曲解，以及舞弊。例如，企业对某项建造合同应按建造合同规定的方法确认营业收入，但该企业却按确认商品销售收入的原则确认收入。

需要注意的是，就会计估计的性质来说，它是个近似值，随着更多信息的获得，估计可能需要进行修正，但是会计估计变更不属于前期差错更正。

二、前期差错更正的会计处理

如果财务报表项目的遗漏或错误表述可能影响财务报表使用者根据财务报表所作出的经济决策，则该项目的遗漏或错误是重要的。重要的前期差错，是指足以影响财务报表使用者对企业财务状况、经营成果和现金流量作出正确判断的前期差错。不重要的前期差错，是指不足以影响财务报表使用者对企业财务状况、经营成果和现金流量作出正确判断的会计差错。

前期差错的重要性取决于在相关环境下对遗漏或错误表述的规模和性质的判断。前期差错所影响的财务报表项目的金额或性质，是判断该前期差错是否具有重要性的决定性因素。一般来说，前期差错所影响的财务报表项目的金额越大、性质越严重，其重要性水平越高。

企业应当采用追溯重述法更正重要的前期差错，但确定前期差错累积影响数不切实可行的除外。追溯重述法，是指在发现前期差错时，视同该项前期差错从未发生过，从而对财务报表相关项目进行更正的方法。

（一）不重要的前期差错的会计处理

对于不重要的前期差错，企业不需调整财务报表相关项目的期初数，但应调整发现当期与前期相同的相关项目。属于影响损益的，应直接计入本期与上期相同的净损益项目；属于不影响损益的，应调整本期与前期相同的相关项目。

（二）重要的前期差错的会计处理

对于重要的前期差错，企业应当在其发现当期的财务报表中，调整前期比较数据。具体地说，企业应当在重要的前期差错发现当期的财务报表中，通过下述处理对其进行追溯更正：

(1) 追溯重述差错发生期间列报的前期比较金额。

(2) 如果前期差错发生在列报的最早前期之前，则追溯重述列报的最早前期的资产、负债和所有者权益相关项目的期初余额。

对于发生的重要的前期差错，如影响损益，应将其对损益的影响数调整发现当期的期初留存收益，财务报表其他相关项目的期初数也应一并调整；如不影响损益，应调整财务报表相关项目的期初数。

在编制比较财务报表时，对于比较财务报表期间的重要的前期差错，应调整各该期间的净损益和其他相关项目，视同该差错在产生的当期已经更正；对于比较财务报表期间以前的重要的前期差错，应调整比较财务报表最早期间的期初留存收益，财务报表其他相关项目的数字也应一并调整。

确定前期差错影响数不切实可行的，可以从可追溯重述的最早期间开始调整留存收益的期初余额，财务报表其他相关项目的期初余额也应当一并调整，也可以采用未来适用法。当企业确定前期差错对列报的一个或者多个前期比较信息的特定期间的累积影响数不切实可行时，应当追溯重述切实可行的最早期间的资产、负债和所有者权益相关项目的期初余额(可能是当期)；当企业在当期期初确定前期差错对所有前期的累积影响数不切实可行时，应当从确定前期差错影响数切实可行的最早日期开始采用未来适用法追溯重述比较信息。

需要注意的是，为了保证经营活动的正常进行，企业应当建立健全内部稽核制度，保证会计资料的真实、完整。对于在资产负债表日至财务报告批准报出日之间发现的报告年度的会计差错及报告年度前不重要的前期差错，应按照《企业会计准则第 29 号——资产负债表日后事项》的规定进行处理。

三、前期差错更正的披露

企业应当在附注中披露与前期差错更正有关的下列信息：

(1) 前期差错的性质。

(2) 各个列报前期财务报表中受影响的项目名称和更正金额。

(3) 无法进行追溯重述的，说明该事实和原因以及对前期差错开始进行更正的时点、具体更正情况。

在以后期间的财务报表中，不需要重复披露在以前期间的附注中已披露的前期差错更正的信息。

第三十章 资产负债表日后事项

第一节 资产负债表日后事项概述

一、资产负债表日后事项的定义

资产负债表日后事项，是指资产负债表日至财务报告批准报出日之间发生的有利或不利事项。在理解这一定义时，应当注意以下三个方面。

（一）资产负债表日

资产负债表日是指会计年度末和会计中期期末。年度资产负债表日是指每年的 12 月 31 日，中期资产负债表日是指各会计中期期末。

（二）财务报告批准报出日

财务报告批准报出日是指董事会或类似机构批准财务报告报出的日期，通常是指对财务报告的内容负有法律责任的单位或个人批准财务报告对外公布的日期。

（三）有利事项和不利事项

资产负债表日后事项包括有利事项和不利事项。“有利或不利事项”是指，资产负债表日后对企业财务状况和经营成果具有一定影响（既包括有利影响也包括不利影响）的事项。

二、资产负债表日后事项涵盖的期间

资产负债表日后事项涵盖的期间应当包括：

(1) 下一报告期间的第一天至董事会或类似机构批准财务报告对外公布的日期。

(2) 财务报告批准报出以后、实际报出之前又发生与资产负债表日后事项有关的事项，并由此影响财务报告对外公布日期的，应以董事会或类似机构再次批准财务报告对外公布

的日期为截止日期。

【例 30-1】某上市公司 2014 年的年度财务报告于 2015 年 2 月 20 日编制完成，注册会计师完成年度财务报表审计工作并签署审计报告的日期为 2015 年 4 月 17 日，董事会批准财务报告对外公布的日期为 2015 年 4 月 17 日，财务报告实际对外公布的日期为 2015 年 4 月 23 日，股东大会召开日期为 2015 年 5 月 10 日。

分析：根据资产负债表日后事项涵盖期间的规定，本例中，该公司 2014 年年报资产负债表日后事项涵盖的期间为 2015 年 1 月 1 日至 2015 年 4 月 17 日。如果在 4 月 17 日至 23 日之间发生了重大事项，需要调整财务报表相关项目的数字或需要在财务报表附注中披露，经调整或说明后的财务报告再经董事会批准报出的日期为 2015 年 4 月 25 日，实际报出的日期为 2015 年 4 月 30 日，则资产负债表日后事项涵盖的期间为 2015 年 1 月 1 日至 2015 年 4 月 25 日。

三、资产负债表日后事项的内容

资产负债表日后事项包括资产负债表日后调整事项（以下简称调整事项）和资产负债表日后非调整事项（以下简称非调整事项）。

（一）调整事项

资产负债表日后调整事项，是指对资产负债表日已经存在的情况提供了新的或进一步证据的事项。

如果资产负债表日及所属会计期间已经存在某种情况，但当时并不知道其存在或者不能知道确切结果，资产负债表日后发生的事项能够证实该情况的存在或者确切结果，则该事项属于资产负债表日后事项中的调整事项。如果资产负债表日后事项对资产负债表日的情况提供了进一步的证据，证据表明的情况与原来的估计和判断不完全一致，则需要对原来的会计处理进行调整。

企业发生的调整事项，通常包括下列各项：①资产负债表日后诉讼案件结案，法院判决证实了企业在资产负债表日已经存在现时义务，需要调整原先确认的与该诉讼案件相关的预计负债，或确认一项新负债。②资产负债表日后取得确凿证据，表明某项资产在资产负债表日发生了减值或者需要调整该项资产原先确认的减值金额。③资产负债表日后进一步确定了资产负债表日前购入资产的成本或售出资产的收入。④资产负债表日后发现了财务报表舞弊或差错。

【例 30-2】甲上市公司为一家施工企业，施工过程中因混凝土外泄污染当地引用水源，造成当地居民和牲畜中毒以及引起鱼类等死亡，对临近居民的身体健康造成严重损害带来了重大的财产损失，为此，2014 年 11 月 11 日，当地居民向法院提起诉讼，要求赔偿 500 万元。2014 年 12 月 31 日法院尚未判决，考虑到当地居民胜诉要求甲公司赔偿的可能性较大，甲公司为此确认了 500 万元的预计负债。2015 年 2 月 20 日，在甲公司 2014 年度财务报告对外报出之前，法院判决当地居民胜诉，要求甲公司支付赔偿款 700 万元。

分析：甲公司在2014年12月31日结账时已经知道当地居民胜诉的可能性较大，但不能知道法院判决的确切结果，因此，确认了500万元的预计负债。2015年2月20日法院判决结果为甲公司预计负债的存在提供了进一步的证据。此时，按照2014年12月31日存在状况编制的财务报表所提供的信息已不能真实反映企业的实际情况，应据此对财务报表相关项目的数字进行调整。

（二）非调整事项

非调整事项，是指表明资产负债表日后发生的情况的事项。非调整事项的发生不影响资产负债表日企业的财务报表数字，只说明资产负债表日后发生了某些情况。

（三）调整事项与非调整事项的区别

资产负债表日后发生的某一事项究竟是调整事项还是非调整事项，取决于该事项表明的情况在资产负债表日或资产负债表日以前是否已经存在。若该情况在资产负债表日或之前已经存在，则属于调整事项；反之，则属于非调整事项。

【例30-3】甲公司应收乙公司2 000万元工程款，至2014年12月31日，乙公司尚未付款。假定甲公司在编制2014年度财务报告时有两种情况：(1) 2014年12月31日甲公司根据掌握的资料判断，乙公司有可能破产清算，估计该应收账款将有20%无法收回，故按20%的比例计提坏账准备；2015年1月20日，甲公司收到通知，乙公司已被宣告破产清算，甲公司估计有70%的债权无法收回。(2) 2014年12月31日乙公司的财务状况良好，甲公司预计应收账款可按时收回；2015年1月20日，乙公司发生重大火灾，导致甲公司50%的应收账款无法收回。

2015年3月15日，甲公司的财务报告经批准对外公布。

分析：

(1) 导致甲公司应收账款无法收回的事实是乙公司财务状况恶化，该事实在资产负债表日已经存在，乙公司被宣告破产只是证实了资产负债表日乙公司财务状况恶化的情况。因此，乙公司破产导致甲公司应收款项无法收回的事项属于调整事项。

(2) 导致甲公司应收账款损失的因素是火灾，火灾是不可预计的，应收账款发生损失这一事实在资产负债表日以后才发生。因此，乙公司发生火灾导致甲公司应收款项发生坏账的事项属于非调整事项。

第二节 调整事项的会计处理

一、调整事项的处理原则

企业发生的调整事项，应当调整资产负债表日的财务报表。对于年度财务报告而言，由于资产负债表日后事项发生在报告年度的次年，报告年度的有关账目已经结转，特别是损益类科目在结账后已无余额。因此，年度资产负债表日后发生的调整事项，应具体分别以下情况进行处理：

(1) 涉及损益的事项，通过“以前年度损益调整”科目核算。调整增加以前年度利润或调整减少以前年度亏损的事项，记入“以前年度损益调整”科目的贷方；调整减少以前年度利润或调整增加以前年度亏损的事项，记入“以前年度损益调整”科目的借方。

涉及损益的调整事项，如果发生在该企业资产负债表日所属年度（即报告年度）所得税汇算清缴前的，应调整报告年度应纳税所得额、应纳所得税额；发生在该企业报告年度所得税汇算清缴后的，应调整本年度（即报告年度的次年）应纳所得税额。

由于以前年度损益调整增加的所得税费用，记入“以前年度损益调整”科目的借方，同时贷记“应交税费——应交所得税”等科目；由于以前年度损益调整减少的所得税费用，记入“以前年度损益调整”科目的贷方，同时借记“应交税费——应交所得税”等科目。

调整完成后，将“以前年度损益调整”科目的贷方或借方余额，转入“利润分配——未分配利润”科目。

(2) 涉及利润分配调整的事项，直接在“利润分配——未分配利润”科目核算。

(3) 不涉及损益及利润分配的事项，调整相关科目。

(4) 通过上述账务处理后，还应同时调整财务报表相关项目的数字，包括：①资产负债表日编制的财务报表相关项目的期末数或本年发生数。②当期编制的财务报表相关项目的期初数或上年数。③经过上述调整后，如果涉及报表附注内容的，还应当作出相应调整。

二、资产负债表日后调整事项应用举例

1. 资产负债表日后诉讼案件结案，法院判决证实了企业在资产负债表日已经存在的现时义务，需要调整原先确认的与该诉讼案件相关的预计负债，或确认一项新负债

这一事项是指导致诉讼的事项在资产负债表日已经发生，但尚不具备确认负债的条件而未确认，资产负债表日后至财务报告批准报出日之间获得了新的或进一步的证据（法院判决结果），表明符合负债的确认条件。因此，应在财务报告中确认一项新负债；或者在资产负债表日虽已确认，但需要根据判决结果调整已确认负债的金额。

【例 30-4】甲公司（从事建筑施工业务）与乙公司签订一项不可撤销的合同，由于甲公司未能按照约定条款履行合同义务，致使乙公司发生重大经济损失。2014 年 12 月，乙公司将甲公司告上法庭，要求甲公司赔偿 450 万元。2014 年 12 月 31 日法院尚未判决，甲公司按或有事项准则对该诉讼事项确认预计负债 300 万元。2015 年 2 月 10 日，经法院判决甲公司应赔偿乙公司 400 万元，甲、乙双方均服从判决。判决当日，甲公司向乙公司支付赔偿款 400 万元。甲、乙两公司 2014 年所得税汇算清缴均在 2015 年 3 月 20 日完成。

分析：2015 年 2 月 10 日的判决证实了甲、乙两公司在资产负债表日（即 2014 年 12 月 31 日）分别存在现时赔偿义务和获赔权利。因此，两公司都应将“法院判决”这一事项作为调整事项进行处理。甲公司和乙公司 2014 年所得税汇算清缴均在 2015 年 3 月 20 日完成。因此，应根据法院判决结果调整报告年度应纳税所得额和应纳所得税额。

1. 甲公司的账务处理如下：

(1)2015 年 2 月 10 日，记录支付的赔款，并调整递延所得税资产：

借：以前年度损益调整　　1 000 000

　　贷：其他应付款　　1 000 000

借：应交税费——应交所得税　　250 000

　　贷：以前年度损益调整（1 000 000×25%）　　250 000

借：应交税费——应交所得税　　750 000

　　贷：以前年度损益调整　　750 000

借：以前年度损益调整　　750 000

　　贷：递延所得税资产　　750 000

借：预计负债　　3 000 000

　　贷：其他应付款　　3 000 000

借：其他应付款　　4 000 000

　　贷：银行存款　　4 000 000

注：2014 年年末因确认预计负债 300 万元时已确认相应的递延所得税资产，资产负债表日后事项发生后递延所得税资产不复存在，故应冲销相应记录。

(2) 将“以前年度损益调整”科目余额转入未分配利润：

借：利润分配——未分配利润　　750 000

　　贷：以前年度损益调整　　750 000

(3) 因净利润变动，调整盈余公积：

借：盈余公积　　75 000

　　贷：利润分配——未分配利润 (750 000×10%)　　75 000

(4) 调整报告年度财务报表：

①资产负债表项目的年末数调整：

调减递延所得税资产 75 万元；调增其他应付款 400 万元，调减应交税费 100 万元，调减预计负债 300 万元；调减盈余公积 7.5 万元，调减未分配利润 67.5 万元。

②利润表项目的调整：

调增营业外支出 100 万元，调减所得税费用 25 万元，调减净利润 75 万元。

③所有者权益变动表项目的调整：

调减净利润 75 万元，提取盈余公积项目中盈余公积一栏调减 7.5 万元，未分配利润一栏调减 67.5 万元。

2. 乙公司的账务处理如下：

(1) 2015 年 2 月 10 日，记录收到的赔款，并调整应交所得税：

借：其他应收款　　4 000 000

　　贷：以前年度损益调整　　4 000 000

借：以前年度损益调整　　1 000 000

贷：应交税费——应交所得税　　1 000 000

借：银行存款　　4 000 000

贷：其他应收款　　4 000 000

(2) 将“以前年度损益调整”科目余额转入未分配利润：

借：以前年度损益调整　　3 000 000

贷：利润分配——未分配利润　　3 000 000

(3) 因净利润增加，补提盈余公积：

借：利润分配——未分配利润　　300 000

贷：盈余公积　　300 000

(4) 调整报告年度财务报表相关项目的数字（财务报表略）：

①资产负债表项目的年末数调整：

调增其他应收款 400 万元，调增应交税费 100 万元，调增盈余公积 30 万元，调增未分配利润 270 万元。

②利润表项目的调整：

调增营业外收入 400 万元，调增所得税费用 100 万元，调增净利润 300 万元。

③所有者权益变动表项目的调整：

调增净利润 300 万元，提取盈余公积项目中盈余公积一栏调增 30 万元，未分配利润一栏调增 270 万元。

2. 资产负债表日后取得确凿证据，表明某项资产在资产负债表日发生了减值或者需要调整该项资产原先确认的减值金额

这一事项是指在资产负债表日，根据当时的资料判断某项资产可能发生了损失或减值，但没有最后确定是否会发生，因而按照当时的最佳估计金额反映在财务报表中。但在资产负债表日至财务报告批准报出日之间，所取得的确凿证据能证明该事实成立，即某项资产已经发生了损失或减值，则应对资产负债表日所作的估计予以修正。

【例 30-5】安建建工公司于 2014 年 12 月 31 日编制 2014 年会计报表时，因客户大华公司 2014 年度财务状况恶化，根据当时的情况判断对应收该客户的款项 2 500 万元计提了 20% 的坏账准备，2015 年 3 月 5 日，安建建工公司收到法院通知，大华公司因资不抵债被宣告破产，安建建工预计可收回 2 500 万元中的 40%，安建建工公司 2014 年度所得税汇算清缴工作于 2015 年 2 月 15 日完成，安建建工公司董事会批准的财务报告报出日为 4 月 5 日。

分析：安建建工公司在收到法院的通知后，可以判断该事项属于资产负债表日后调整事项，安建建工公司应补提坏账准备 1 000 万元。

(1) 补提坏账准备：

借：以前年度损益调整　　10 000 000

贷：坏账准备　　10 000 000

(2) 调整递延所得税资产：

借：递延所得税资产　　2 500 000

　　贷：以前年度损益调整　　2 500 000

(3) 将“以前年度损益调整”科目余额转入利润分配：

借：利润分配　　7 500 000

　　贷：以前年度损益调整　　7 500 000

(4) 调整盈余公积：

借：盈余公积　　750 000

　　贷：利润分配——未分配利润　　750 000

(5) 调整报告年度报表（略）。

3. 资产负债表日后进一步确定了资产负债表日前购入资产的成本或售出资产的收入

这类调整事项包括两方面的内容：①若资产负债表日前购入的资产已经按暂估金额等入账，资产负债表日后获得证据，可以进一步确定该资产的成本，则应对已入账的资产成本进行调整。②企业在资产负债表日已根据收入确认条件确认资产销售收入，但资产负债表日后获得关于资产收入的进一步证据，如发生销售退回等，此时也应调整财务报表相关项目的金额。需要说明的是，资产负债表日后发生的销售退回，既包括报告年度或报告中期销售的商品在资产负债表日后发生的销售退回，也包括以前期间销售的商品在资产负债表日后发生的销售退回。

资产负债表所属期间或以前期间所售商品在资产负债表日后退回的，应作为资产负债表日后调整事项处理。发生于资产负债表日后至财务报告批准报出日之间的销售退回事项，可能发生于该企业年度所得税汇算清缴之前，也可能发生于该企业年度所得税汇算清缴之后，其会计处理分别为：

(1) 涉及报告年度所属期间的销售退回发生于该企业报告年度所得税汇算清缴之前的，应调整报告年度利润表的收入、成本等，并相应调整报告年度的应纳税所得额以及报告年度应缴的所得税等。

【例30-6】甲公司2014年11月8日销售一批工程物资给乙公司，取得收入120万元（不含税，增值税税率17%）。甲公司发出工程物资后，按照正常情况已确认收入，并结转成本100万元。2014年12月31日，该笔货款尚未收到，甲公司未对应收账款计提坏账准备。2015年1月12日，由于质量问题，本批货物被退回。甲公司于2015年2月28日完成2014年所得税汇算清缴，2014年度的财务报告批准报出日为2015年4月1日。

分析：本例中，销售退回业务发生在资产负债表日后事项涵盖期间，属于资产负债表日后调整事项。由于销售退回发生在甲公司报告年度所得税汇算清缴之前，因此，在所得税汇算清缴时，应扣除该部分销售退回所实现的应纳税所得额。

甲公司的账务处理如下：

(1) 2015年1月12日，调整销售收入：

借：以前年度损益调整　　1 200 000

　应交税费——应交增值税（销项税额）　　204 000

　贷：应收账款　　1 404 000

(2) 调整销售成本：

借：库存商品　　1 000 000

　贷：以前年度损益调整　　1 000 000

(3) 调整应缴纳的所得税：

借：应交税费——应交所得税　　50 000

　贷：以前年度损益调整　　50 000

(4) 将"以前年度损益调整"科目的余额转入利润分配：

借：利润分配——未分配利润　　1500 00

　贷：以前年度损益调整　　150 000

(5) 调整盈余公积：

借：盈余公积　　15 000

　贷：利润分配——未分配利润　　15 000

(6) 调整相关财务报表（略）。

(2) 资产负债表日后事项中涉及报告年度所属期间的销售退回发生于该企业报告年度所得税汇算清缴之后，应调整报告年度会计报表的收入、成本等，但按照税法规定，在此期间的销售退回所涉及的应缴所得税，应作为本年的纳税调整事项。

【例 30-7】沿用【例 30-6】，假设销售退回发生在 2015 年 3 月 12 日，即发生在所得税汇算清缴之后，则甲公司相关的账务处理为：

(1) 2015 年 1 月 12 日，调整销售收入：

借：以前年度损益调整　　1 200 000

　应交税费——应交增值税（销项税额）　　204 000

　贷：应收账款　　1 404 000

(2) 调整销售成本：

借：库存商品　　1 000 000

　贷：以前年度损益调整　　1 000 000

(3) 调整应缴纳的所得税：

借：递延所得税资产　　50 000

　贷：以前年度损益调整　　50 000

(4) 将"以前年度损益调整"科目的余额转入利润分配：

借：利润分配——未分配利润　　1500 00

　贷：以前年度损益调整　　150 000

(5) 调整盈余公积：

借：盈余公积　　15 000

　　贷：利润分配——未分配利润　　15 000

(6) 调整相关财务报表（略）。

发生在所得税汇算清缴后的损益调整，不调整报告年度的应交所得税，应作为本年度的纳税调整事项，通过递延所得税的调整来消除所得税汇算清缴后的损益调整对报告期所得税费用的影响。

第三节 非调整事项的会计处理

一、非调整事项的处理原则

资产负债表日后发生的非调整事项，是表明资产负债表日后发生的情况的事项，与资产负债表日存在状况无关，不应当调整资产负债表日的财务报表。但有的非调整事项对财务报告使用者具有重大影响，如不加以说明，将不利于财务报告使用者作出正确估计和决策。因此，应在附注中进行披露。

二、非调整事项的具体会计处理

应当在报表附注中披露每项重要的资产负债表日后非调整事项的性质、内容及其对财务状况和经营成果的影响。无法作出估计的，应当说明原因。

资产负债表日后非调整事项的主要例子有：

(1) 资产负债表日后发生重大诉讼、仲裁和承诺；

(2) 资产负债表日后资产价格、税收政策、外汇汇率发生重大变化；

(3) 资产负债表日后因自然灾害导致资产发生重大损失；

(4) 资产负债表日后发行股票和债券以及其他巨额举债；

(5) 资产负债表日后资本公积转增资本；

(6) 资产负债表日后发生巨额亏损；

(7) 资产负债表日后发生企业合并或处置子公司；

(8) 资产负债表日后，企业利润分配方案中拟分配以及经审议批准宣告发放现金股利或利润。